全世界无产者，联合起来！

# 列 宁 全 集

## 第二版增订版

## 第四十五卷

1905年1月—1910年11月

中共中央 马克思 恩格斯 列 宁 斯大林 著作编译局编译

人民出版社

《列宁全集》第二版是根据中国共产党中央委员会的决定，由中共中央马克思恩格斯列宁斯大林著作编译局编译的。

# 凡　　例

1. 书信卷正文和附录中的文献分别按篇或组的写作或签发时间编排并加编号。

2. 在正文中,文献标题下括号内的日期是编者加的,文献本身在开头已注明日期的,标题下不另列日期。

3. 1918 年 2 月 14 日以前,在俄国写的书信的日期为俄历,在国外写的书信则为公历;从 1918 年 2 月 14 日起,所有书信的日期都为公历。

4. 目录中标题编号左上方标有星花 * 的书信,是《列宁全集》第 1 版刊载过的。

5. 在正文中,凡文献原有的或该文献在列宁生前发表时使用过的标题,其左上方标有五角星☆。

6. 未说明是编者加的脚注为写信人的原注。

7. 著作卷《凡例》中适用于书信卷的条文不再在此列出。

# 目　录

## 1906 年

## 1907 年

## 1908 年

## 1910 年

# 附 录

# 插　图

# 前　言

　　本卷收载列宁在 1905 年 1 月至 1910 年 11 月期间的书信。这一时期的列宁著作编入本版全集第 9—19 卷。

　　列宁 1905 年 1 月初至 11 月初在国外流亡中写的书信占了本卷前面三分之一的篇幅。1905 年 1 月 9 日（俄历）发生在彼得堡的"流血星期日"事件揭开了俄国第一次资产阶级民主革命的序幕。列宁在瑞士的日内瓦获悉革命爆发的消息后，密切注视革命的发展趋势。从他这一时期给报刊写的大量政论、时评以及其他阐述革命问题的著作可以看出，他对革命的性质、革命进程中的重大事件、俄国社会民主工党在革命中应执行的方针等重大问题都作了论证。

　　本卷中 1905 年 1 月初至 11 月初的书信主要反映俄国社会民主工党第二次代表大会（1903 年 7—8 月）后布尔什维克（多数派）和孟什维克（少数派）所进行的尖锐、复杂的斗争。列宁这一时期的书信大都写给当时在国内和国外的一些俄国社会民主党人如罗·萨·捷姆利亚奇卡、弗·亚·诺斯科夫、列·波·克拉辛、列·叶·加尔佩林、彼·阿·克拉西科夫、奥·伊·维诺格拉多娃、加·达·莱特伊仁、阿·安·普列奥布拉任斯基、尤·米·斯切克洛夫、弗·德·邦契-布鲁耶维奇、潘·尼·勒柏辛斯基等，还有一些写给俄国社会民主工党的地方组织如彼得堡委员会、敖德萨委员会等。在这些信件中,列宁反复说明俄国社会民主工党党内斗争的性质和原因,揭露孟什维克分裂党的行为,并尽力争取党的基层组织站到布尔什维克方面来。他在1月29日给多数派委员会常务局委员亚·亚·波格丹诺夫的信中指出:千万不要相信孟什维克和当时已由孟什维克控制的中央委员会,不管在什么场合都要最坚决地无条件地和他们决裂。在3月11日写给多数派委员会常务局书记、党的彼得堡委员会书记谢·伊·古谢夫的信中,他又说:孟什维克当时比布尔什维克强,必须进行殊死的斗争,长期的斗争。这些信件说明了列宁为壮大布尔什维克的力量所作的努力。他认为布尔什维克寻求年轻的新生力量的支持至为重要。在2月15日他给古谢夫的信中说:务必使我们同新生力量、同青年、同朝气勃勃的小组**直接**联系。不要忘记革命组织的力量就在于它有多少关系。同时指出,一个职业革命家应当在每个地方都建立几十个新的关系,把一切工作放手交给他们,不要通过说教而要通过工作去教育和提高他们;然后到别的地方去,隔一段时间再回来检查这些年轻助手的工作。

这一时期的书信反映了列宁为召开俄国社会民主工党第三次代表大会所做的大量组织工作。俄国社会民主工党自第二次代表大会后发生分裂以来,列宁一直认为摆脱党内危机的出路就是尽快召开第三次代表大会。但统一的第三次代表大会没有开成。这说明党内两个互相对立的部分之间的裂缝并未得到弥合。事实上,1905年4月由布尔什维克单独在伦敦举行了第三次代表大会,与此同时,孟什维克则在日内瓦召开了自己的代表大会。从列宁的一些信件可以看出,布尔什维克举行的第三次代表大会及其决议没有被孟什维克所承认。

　　列宁 1905 年下半年写给俄国社会民主工党中央委员会的多封书信,严厉批评中央委员会工作所存在的缺点。他在 7 月 11 日的信中指出:没有人觉察到中央委员会的存在,看不出它对党的政治领导。在 9 月 7 日的信中他说明是孟什维克的做法造成了两个中央机关并存的局面。至于俄国社会民主工党的统一的恢复,他在 7 月 12 日的信中明确指出,"在没有根据经验制定出一个**切实可行的**关于统一的计划以前,任何关于统一的议论都是空话。"(见本卷第 52 页)在 10 月 3 日的一封信中他又写道:"我们不应当把统一**两个部分**的政策同**混淆**两个部分的行为混为一谈。统一两个部分,我们同意。混淆两个部分,永远办不到。"(见本卷第 97 页)俄国革命的迅猛发展迫切需要革命无产阶级政党的正确引导,需要俄国社会民主工党的统一。列宁指出,布尔什维克和孟什维克共同投入当时的革命运动、共同进行工作是消除分歧的主要办法。他 10 月底给格·瓦·普列汉诺夫的一封信强烈地表达了统一的愿望,认为俄国社会民主工党最优秀的力量因为分歧而置身于工作之外是一种极不正常的现象。他坦率地分析了存在的困难及克服困难、消除分歧的可能性,诚恳地表示愿与普列汉诺夫会晤,以消除误会。列宁把党的统一的事业寄托在普列汉诺夫身上,希望普列汉诺夫对此发挥自己的强大影响。

　　1905 年列宁在流亡中的革命活动主要是以《前进报》和《无产者报》为依托进行的。这一年的 1—5 月和 5—11 月先后在日内瓦出版的这两种秘密的布尔什维克报纸主要由列宁编辑。本卷中这一时期的书信大量涉及列宁为报纸的组稿、撰文、出版、建立通讯员网、筹集印刷经费等所进行的工作。这些书信也说明,列宁是把这个时期的报纸工作当做党的组织工作和宣传工作来做的,他通过报纸联络、争取更多的俄国社会民主党人,并对广大工人群众进行教育。他在提到党的中央机关在当时的俄国革命中对全党的领导时,认为把重点放在用报刊进行领导上的策略是正确的。他在10月26日给玛·莫·埃森的信中说:在运动像当时那样一日千里地异常迅速发展的情况下,只有通过报刊领导全党。在上述10月底给普列汉诺夫的那封信中,列宁提到了当时已在国内创办的《新生活报》。这是一份实际上由一些著名的布尔什维克著作家编辑和撰稿的合法报纸。列宁殷切希望普列汉诺夫能回国参加该报编辑部的工作,认为俄国无产阶级非常需要他的渊博知识和丰富的政治经验,并希望联合起来把该报办成一个革命的社会民主党的政治报刊。

　　1905年10月,全俄政治罢工发展成武装起义。列宁在10月13日给古谢夫的信中说明武装起义是俄国当时政治斗争的最高方式。为了使起义取得胜利,必须广泛地发展工人运动的各个方面。他指出了马克思主义关于无产阶级斗争的三种基本形式:经济斗争、政治斗争、理论斗争。在阐述前者同后二者的关系时,他说:一分钟也不要忘记政治斗争,不忘记用社会民主主义的思想教育整个工人阶级,必须力求使工人运动的各个方面紧密地联系起来形成一个完整的真正的社会民主主义运动。如火如荼的俄国革命高潮愈来愈吸引着身在异国的列宁。他在10月26日给埃森的信中是这样表述自己当时的心情的:"我们俄国的革命真是好极了!我们希望赶快回去,看情况很快就可以如愿以偿。"(见本卷第120页)列宁1905年11月初回到彼得堡后,立即全身心投入紧张的革命斗争。因为忙于实际工作,忙于撰写直接论述革命的文章,从1905年11月到1907年6月列宁在亲身参加俄国第一次革命的整个过程中留下的书信很少,收入本卷的仅有两封。从1907年"六三"政变到同年年底列宁在革命失败后仍暂滞留于靠近俄国的芬兰边境地带时写的书信,本卷所载也仅为六封。1908年1月,列宁抵达瑞士,步入第二次流亡生活。

革命失败后,俄国开始了斯托雷平反动时期。1908—1910年,列宁先是住在日内瓦,后迁居巴黎。反动年代的俄国政治形势引起了俄国社会民主工党的剧烈震荡和改组,使党内斗争具有了新的特点。孟什维克中出现了主张放弃革命斗争、取消秘密党组织的取消派;与此同时,布尔什维克中也出现了拒绝利用合法工作形式并建议从国家杜马中召回社会民主党党团的召回派。党内的一些知识分子消沉、颓废,对革命的前途悲观失望,有的甚至脱离了社会民主党的队伍。流亡中的列宁重新出版布尔什维克的秘密报纸《无产者报》,后来又参加移至国外出版的俄国社会民主工党的秘密中央机关报《社会民主党人报》的工作,为未来的革命积蓄力量,准备斗争武器。列宁此时进行了两条战线的斗争,既反对取消派,也反对召回派,而他在这一阶段的书信主要反映了反对召回派的斗争。召回派及其变种最后通牒派、造神派、"前进"集团的领袖人物及其参加者有亚·亚·波格丹诺夫、格·阿·阿列克辛斯基、阿·瓦·卢那察尔斯基、米·尼·波克罗夫斯基等。本卷收载了列宁给他们的书信。

列宁同卢那察尔斯基的书信往来是列宁同众多俄国社会民主工党著作家联系的表现之一。卢那察尔斯基先后参加《前进报》、《无产者报》《新生活报》编辑部的工作,又是党的第三、四、五次代表大会(1905、1906、1907年)的代表,与列宁过从甚密。本卷收载列宁在俄国第一次革命走向高潮时期给他的书信五封(1905年

8—10月)以及革命失败后反动时期开始阶段给他的书信八封(1907年11月—1908年4月)。列宁十分重视卢那察尔斯基的著述活动,无论是在研究俄国第一次革命中的重要理论问题方面,还是在从思想上同孟什维克作斗争方面,都对他很器重。列宁在1905年10月11日给他的信中,同他就议会斗争和革命的关系问题交换意见。列宁指出:当时俄国还没有议会,应当进行革命斗争来争取强有力的议会,而不是通过软弱无力的议会(国家杜马之类)来争取革命;当时的俄国如果没有革命的胜利,那么议会中的全部胜利都等于零。列宁1907年11月2日和11日之间给他的信,就他所写论党同工会的关系的小册子如何修改一事谈到了工会运动中的工团主义问题。列宁认为,只有布尔什维克才能以革命的观点而不是以普列汉诺夫之辈的学究立宪民主主义观点来驳倒引起无数混乱思想(这种混乱思想对俄国特别危险)的工团主义。在反动时期,卢那察尔斯基作为召回派的领袖之一进行了非布尔什维克的活动,列宁毫不调和地与之进行斗争。列宁在给其他一些社会民主党人的书信中严厉批判他的行为。

　　无产阶级的文学家阿·马·高尔基此时倾向于召回派,并参加召回派的活动。本卷所载列宁给高尔基的书信数量较大。列宁是在俄国第一次革命的高潮中结识高尔基的。但同高尔基的书信往来则始自这次革命失败之后。此时,高尔基侨居意大利的卡普里岛。列宁曾先后两次(1908年4月和1910年7月)去那里拜访他。高尔基一直是列宁所主持的布尔什维克报刊的积极撰稿人,写过一些有影响的出色的政论和杂文。列宁就重新出版《无产者报》的问题于1908年2月7日写信给他说,党需要一份正常出版并能坚持不懈地执行同颓废、消沉作斗争的路线的政治性机关报,希望他定期地经常地写些文章,加入政治报纸的大合奏。高尔基由于思想上的迷误而陷入召回派的一些活动,列宁耐心地诚恳地开导他。即使他因接受召回派所宣扬的唯心主义哲学而在艺术创作上表现出不良倾向时,列宁仍把他当做伟大的艺术家而不当做蹩脚的哲学家对待。列宁在 2 月 25 日给他的信中说,他在艺术创作问题上是行家,他从自己的艺术经验里,从即使是唯心主义的哲学里也能汲取对自己有益的东西,作出大大有利于工人政党的结论。当高尔基对社会民主运动悲观失望时,列宁给予鼓励。列宁在 1909 年 11 月 16 日给他的信中说:"过去您用自己的艺术天才给俄国(而且不仅仅是俄国)的工人运动带来了如此巨大的益处,今后您还将带来同样的益处,无论如何您绝不要被国外斗争的枝节问题所引起的沉重心情压倒。"(见本卷第 275 页)

　　列宁在给高尔基以及波格丹诺夫、卢那察尔斯基和瓦·瓦·沃罗夫斯基的信中,表明了他对反动时期召回派领袖人物所宣扬的造神说所持的批评态度。造神说自称要创造一种新的"社会主义的"宗教。列宁认为这种同马克思主义相对立的文学和宗教哲学思潮对工人危害很大。他在 1908 年 4 月 16 日给卢那察尔斯基的一封短信中说,他跟那些鼓吹把科学社会主义同宗教结合起来的人走的不是一条路。列宁在这些信件中由造神说谈到了一般哲学问题。俄国第一次革命失败后党内一部分知识分子背离马克思主义、热衷于宣传唯心主义的现象使列宁深感忧虑。造神派著作家们的文集《关于马克思主义哲学的论丛》的出版使布尔什维克在哲学问题上原来就有的意见分歧更加尖锐化了。列宁在 1908 年 2 月 7 日给高尔基的信中说,他为了对哲学问题发表意见,正在加强自己在这方面的修养,正在认真阅读党的哲学家如经验一元论者波格丹诺夫和经验批判论者巴扎罗夫、卢那察尔斯基等人的著作。列宁表示他赞成唯物主义,反对经验一元论、经验批判论等学说。在哲学问题上,他赞扬普列汉诺夫的观点。他在这个期间的书信中多次指出,普列汉诺夫在俄国第一次革命中执行的策略是极其庸俗卑劣的,但在哲学方面捍卫的是正确的东西。列宁不主张把哲学问题同党的工作方针、同布尔什维主义联系起来,认为哲学争论应该同整个党的工作分开,布尔什维克不应因哲学争论而引起分裂。列宁对哲学问题深入研究的成果之一是他在1908年写出的专著《唯物主义和经验批判主义》(见本版全集第18卷),有关该书写作和出版的情况,本卷中的书信也有所反映。

列宁1909年的一些书信涉及召回派创办卡普里学校的小集团活动。以给俄国社会民主工党培养工作干部为名而在意大利卡普里岛设立的这所"党校"是召回派、最后通牒派、造神派的派别组织中心。列宁在1909年4月11日以前给俄国社会民主工党莫斯科委员会的信指出了正在筹建的这所学校的非布尔什维主义性质。同年8—10月间列宁写给阿·伊·柳比莫夫的若干封书信都谈到了这所学校的问题。列宁拒绝到该校授课,但表示愿意在巴黎给国内派来的学员讲课。为促使该校结束活动,列宁在这个期间还多次分别给学校的组织者和学员写信,反复说明和仔细分析了该校讲课人的派别倾向,指出,卡普里的学校是**故意避开党办的学校**。到那里学习就是学习特殊的派别组织的"学问"。卡普里学校大约存在了四个月(1909年8—12月),便开始瓦解。

列宁1909年底至1910年底在一些书信中由布尔什维克的分裂谈到了孟什维克的分裂。普列汉诺夫于1908年12月退出取消派的《社会民主党人呼声报》编辑部,于1909年重新出版《社会民主党人日志》,表现出同取消派作斗争的倾向。以普列汉诺夫为首的孟什维克护党派主张巩固和保存党的秘密组织,并为此与布尔什维克结成联盟。列宁1909年12月2日给伊·伊·斯克沃尔佐夫-斯捷潘诺夫的信在叙述了这一事实后提出,为了巩固党,应当与孟什维克护党派接近。列宁在1910年3月29日曾直接写信给普列汉诺夫本人,表示赞同普列汉诺夫的主张:在反对取消主义和召回主义的斗争中,一切真正的社会民主党人必须紧密真诚地相互接近。同年3月27日和4月7日在先后给尼·叶·维洛诺夫的信中,列宁提出了在同孟什维克护党派联盟的基础上争取党的统一的问题。他认为,比较理想的出路是同普列汉诺夫派一起反对呼声派而捍卫党。在10月14日给格·李·什克洛夫斯基的信中,列宁再次强调,只有同普列汉诺夫派一起才能建设党,而且应当同他们一起建设党。

俄国社会民主党人列·达·托洛茨基在俄国第一次革命失败后的反动时期,在布尔什维克和孟什维克的斗争中,持"非派别组织"的中派立场,实际上支持取消派以及召回派。列宁这段时间同托洛茨基没有直接的通信联系,但在给其他人的书信中一再谈论到他。如列宁在1908年2月13日给高尔基的一封信中提到,尽管在1903—1905年托洛茨基还是孟什维克的时候,列宁同他有过很大的争论,但到反动时期开始,列宁为了党的共同事业,邀他为布尔什维克报纸撰稿,但遭拒绝。在1909年8月24日给格·叶·季诺维也夫的信中,列宁提出,托洛茨基的行为表明他是一个最卑鄙的野心家和派别活动者,他的行动比所有其他派别活动者还坏。在同年9月14日和20日之间给米·巴·托姆斯基的信中,列宁又指出,托洛茨基不是想同布尔什维克一起建设党,而是想建立他自己的派别。1910年3月21日和4月6日先后给列·波·加米涅夫的两封信谈到了如何同托洛茨基作斗争的问题,同年9月30日和10月9日给卡·拉狄克的两封信谈的也是要写文章驳斥马尔托夫和托洛茨基的事情。

本卷收载了列宁分别给季诺维也夫和加米涅夫的书信若干封。在俄国第一次革命中崭露头角的年轻的布尔什维克季诺维也夫和加米涅夫在革命中与列宁接触颇多,革命失败后又都先后到国外参加俄国社会民主工党的报刊工作。季诺维也夫于1908年夏末到国外后成为《无产者报》的编辑,从1909年起又和列宁一起代表布尔什维克参加俄国社会民主工党中央机关报《社会民主党人报》编辑部。在两报工作期间,季诺维也夫写了许多论述革命问题的文章。本卷所载列宁1909年8—9月间给他的几封信都是有关报纸编务和撰稿事宜的。加米涅夫于1908年底来到国外后和列宁、季诺维也夫合编《无产者报》,从事著述和党的活动,1910年1月又曾被派往维也纳参加托洛茨基派《真理报》编辑部的工作,4月退出。列宁1909年8月—1910年4月给他的书信反映了上述事实。1909—1910年期间列宁和季诺维也夫、加米涅夫等人共同签署而由季诺维也夫起草的几封信件,收在本卷的《附录》内。列宁和季诺维也夫、加米涅夫还一同作为俄国社会民主工党的代表出席1910年8月举行的第二国际哥本哈根代表大会,列宁此时的一些书信反映了这一活动。

俄国的社会民主主义运动是当时的国际社会民主主义运动的一个组成部分。俄国社会民主工党在其活动之初就参加了第二国际。本卷前后所载列宁的许多书信说明了俄国社会民主工党同第二国际的密切联系。1905年2月8日列宁写给第二国际和德国社会民主党的主要领导人之一奥·倍倍尔的信以及同月 22 日为多数派委员会常务局的一个委员所拟给倍倍尔的信,是就倍倍尔打算调解布尔什维克和孟什维克之间的分歧和俄国社会民主工党筹备召开第三次代表大会一事而写的。第三次代表大会后,列宁在同年 7—10 月间写给社会党国际局及其书记卡·胡斯曼的若干封书信,其主要内容仍然是国际社会民主党领袖调解俄国社会民主工党内两派分歧一事以及普列汉诺夫参加社会党国际局的代表权问题。在 10 月 27 日的信中,列宁告知社会党国际局,他已被正式指派为俄国社会民主工党参加社会党国际局的代表之一。俄国第一次革命失败后,在 1908—1910 年间,列宁作为俄国社会民主工党的代表,同胡斯曼通信相当频繁。通信反映了经常的事务联系,如关于组织问题以及交纳会费、参加会议、寄送文件等问题。列宁 1910 年 9 月 2 日的信件根据俄国社会民主工党中央委员会全体会议的决定,请求社会党国际局接受他和普列汉诺夫两人为参加国际局的代表。此外,本卷中列宁给罗·卢森堡、莱·梯什卡、尤·马尔赫列夫斯基等人的信说明列宁和当时国际社会民主主义运动的一些活动家的联系。

在《列宁全集》第 2 版中,本卷编入列宁的书信 220 件,其中一半以上是第 1 版所未收载的。《附录》所载的 21 篇新文献中,有列宁参加签署的以集体名义发出的信件和声明如 1907 年 8 月 18 日和 24 日之间给威·海伍德的致敬信、1910 年 2 月 22 日给奥·倍倍尔的贺信、同年 9 月 3 日给季·基尔科娃的贺信,还有列宁为一些俄国社会民主党人所开的证明书等。

弗·伊·列宁

（1900 年）

# 1905 年

## 1

## 致罗·萨·捷姆利亚奇卡

（不早于 1 月 1 日）

**列宁致捷姆利亚奇卡（私人信件）**

接到您怒气冲冲的来信，我赶紧回复。您生气生得没有道理。如果说我骂了人，说实在话，那我是出于好意，而且还有个前提：如果利亚多夫的消息是确实的。[1]我们对您争取 15 个委员会和组织 3 个代表会议[2]的巨大工作评价极高。您从前一封有关北方代表会议的信①中可以看出这一点。没有您，我们寸步难行，无论过去和现在都是这样。到彼得堡去的那位姑娘[3]答应利用她的私人关系筹集点钱，给 Н.И.的信我们是让转给您的，绝不是要撇开您（信上写明"私人信件"完全是为了对付敌人）。给 Н.И.的信所引起的误会，我们将立即向她解释清楚。至于 Н.И.，当然不去管她。

多谢各委员会寄来的地址。希望你们继续寄来。古谢夫已经走了，利亚多夫一有钱就走。

利亚多夫对俄国国内机关报情况的叙述不够准确，如果我一

---

① 见本版全集第 44 卷第 325 号文献。——编者注

时发火错怪了您,请您原谅。

关于常务局发表公开声明一事,我不想再争论。两周的时间当然不算什么。[4]请您相信,国内的意见我一定充分地从各方面来考虑,不过我郑重地请求您一点,请务必经常把这方面的意见告诉我。如果我的罪过在于受国外布尔什维克情绪的影响,那么我是无辜的罪人[5],因为国内的来信太少太少了。我完全服从并且是由衷地服从北方代表会议的选举[6]。请设法筹措经费并请来信告诉我您不生气了。

完全属于您的　列宁

从日内瓦发往彼得堡

载于 1925 年《无产阶级革命》杂志
第 3 期

译自《列宁全集》俄文第 5 版
第 47 卷第 4—5 页

# 2

## 致 A.Φ.涅菲奥多夫

1 月 5 日

亲爱的同志:我们收到了与您联系的地址。**伯尔尼**大概已经有人写信告诉过您,多数派已着手出版自己的机关报《前进报》[7]。明天出第 1 号。很想同您建立直接联系。

因此,收到此信后,请立即告知,地址:17a 号。

通讯稿件也可按此地址寄来。

同时请告知,密码是否已解开,是否可以继续按这个地址给您写信，如果不行的话，请将新地址寄来。

我们等得知您已经收到我们的信之后，将写信和您详细谈谈党内事务以及为什么我们认为必须单独办机关报的问题。《前进报》给您寄往哪些地方，请把地址告诉我们。望来信谈谈当地的情况等等。

致同志的敬礼！

列　宁

发往顿河畔罗斯托夫

译自《列宁文集》俄文版第38卷第20—21页

## 3

# 致加·达·莱特伊仁

1905年1月6日

亲爱的朋友：谢谢您的详细的来信。如果您能更积极地把地方工作抓起来，那就太好了。

至于您所谈到的编辑部在它的第2号"秘密"传单[8]中提出的那些论断，暂时我只能发表以下意见。最引人注意的是"秘密"一词实在荒唐万分，因为第一，毫无秘密可言，第二，那些见解第79号已经说过了（叶卡捷琳诺达尔的游行示威、记者的文章和编辑部的短评）。而对第79号，《前进报》第1号已作了探讨。[9]星期一以前您收到《前进报》时就会看到，我们是怎样提出问题的。现在用传单进行秘密活动是极端可笑的，这种做法我要格外激烈地反对。

编辑部在它的新作中所表述的"见解",实质上似乎是提出了两个主要论点:(1)斯塔罗韦尔的观点,编辑部在引用,《火星报》**10**上也有说明;(2)**玩**议会活动游戏,"讲排场,耍手腕",不信任无产阶级,由于惊恐羞怯地企图**后退**(据说,"由于惊恐"这个说法可能是"多余的"(!))。

**这需要加倍着重指出**

关于第一点。我认为,在第 77 号(**社论**)上表述得很鲜明的斯塔罗韦尔的观点非常混乱,请特别注意。我准备在报刊上加以分析。**11** 斯塔罗韦尔为了证明他提出的混乱的决议案是正确的,就"编造出"一种**好**资产阶级,虚构出一种不同于"地方自治人士"和自由派的"资产阶级民主派"(好像地方自治人士不是资产阶级民主派一样!),这里所指的实际上是**知识分子**(仔细读一读第 77 号和第 79 号您就会清楚地看到,资产阶级民主派和"激进的知识分子"、"民主派知识分子"以及"知识分子民主派"——例如第 78 号第 3 版第 3 栏倒数第 9 行以及其他各处——是被看做一个东西的)。

把不同于地方自治人士等等的知识分子当做资产阶级民主派,真是荒谬透顶。号召他们成为"一支独立的力量"(《火星报》第 77 号加上了着重标记),也是一种庸俗的举动。这里忽略了广大民主派的现实基础(农民和手工业者等),忽略了**社会革命党人**是激进派知识分子的必然**左派**。我在这里只能提提这些论点,因为需要在报刊上更详尽地论述它们。

斯塔罗韦尔编造的胡言乱语很多,说什么"民主派知识分子"是自由派的"原动神经"(!)等等。他力图把指明"第三种分子"即文化人、在地方自治机关服务的知识分子等叫做"最新成就",这也是令人发笑的。请参看我在《曙光》杂志[12]第2—3期合刊上发表的内政评论,那里有**整整的一章**论述"第三种分子"。[①] 只有新《火星报》才会在这里发现"最新成就"。

有人说身为先锋队的社会民主党人只能对民主派知识分子发生影响,这不合事实。他们也能够对地方自治人士发生影响,**而且现在正在发生影响**。我们对地方自治人士和司徒卢威先生的影响是明摆着的事实,只有那些迷恋于堂皇的演说的"明显的、可以感觉到的结果"的人才看不到这一事实。

有人说除了地方自治人士和民主派知识分子以外,没有什么人好影响的(都是些农民、手工业者等等),这不合事实。

有人说知识分子跟自由派不同,它是"资产阶级民主派",这不合事实。

有人说法国的激进派和意大利的共和派未曾模糊过无产阶级的阶级意识,这不合事实。

有人说"协议"(编辑部在第1号传单里提到的)**可能**指斯塔罗韦尔的"条件"而言,这不合事实。这是无稽之谈。编辑部明明看到这些条件**事实上**并不存在,它只得转弯抹角。

关于第二点。我认为第2号传单的字里行间特别明显地表露了第二个论点。例如:

> "我们认为,在我们的阶级敌人和临时的政治同盟者完成历史赋予他们担负的政治领袖和解放民族的作用的领域内,我们应该跟随着他们;**无产阶级应该在这个领域内跟资产阶级较量实力**[②]。"

这真是**玩**议会活动游戏的杰作! 较量实力——这一伟大的概

---

① 见本版全集第5卷第293—301页。——编者注
② 黑体是列宁用的。——俄文版编者注

念竟被我们高谈阔论的知识分子败类贬为少数工人在地方自治会议上的示威行动！真是歇斯底里地抓住暂时的情势瞎忙（现在地方自治人士在"前台"，就让他们在执行历史所赋予的作用的那个领域内干一番！先生们，做点好事吧！别说得那么漂亮！）。"无产阶级要同居于政治前台的资产阶级**全面**接触。"还有什么能比同叶卡捷琳诺达尔市"废物"的市长直接接触"更全面"啊！

为"动员的高级形式"这一思想所提出的辩护词不十分明确，因为您在这里是转述他人的话，而不是引证。可是这一思想正是他们混乱的**焦点**。把"示威"分成"一般性的"和"政治性的"（第2号传单真也是这样写的吗？这是印好的传单吗？您能不能弄到抄件？能弄到一份吗?），这简直是**奇闻**。我认为，首先应该把敌人向这边驱赶，因为他们正是在这里陷于窘境。并不是地方自治会议上的示威行动不好，而是关于高级形式的傲慢见解**鄙俗不堪**。

就此停笔。需要准备今天的报告。[13]据说孟什维克分子决定不去。

《前进报》第1号今天出版。[14]

请来信详告您对《前进报》的印象，并望为该报**组稿**，特别是工人栏。

> 建议您把编辑部的第2号传单跟第77号、第78号、斯塔罗韦尔以及第79号联系起来看。

　　　　　　　　　　　　　　　　您的　尼·列宁

写于日内瓦

载于1934年《列宁文集》俄文版第26卷

译自《列宁全集》俄文第5版第47卷第1—4页

# 4

# 致亚·亚·波格丹诺夫

**列宁致司索伊卡(私人信件)**

1905年1月10日

亲爱的朋友:我们终于出版《前进报》了,我很想同您详细地谈一谈它的情况。后天第2号就要出版。我们打算一周出一号。写作力量足够。情绪很饱满,大家的工作能力都很强(性情有些忧郁的瓦西·瓦西·除外)。我们相信,只要不垮台,事情会很顺利。每一号需要花400法郎(150卢布),而我们手里仅有1 200法郎。头几个月非常非常需要帮助,因为,如果不能按期连续出版,多数派的整个阵地就要蒙受难以挽回的巨大打击。请不要忘记这点,设法筹集(**特别是从高尔基那里**[15])一些钱来。

其次,目前特别重要的是通知拉赫美托夫,让他尽一切力量组织国内的写作力量。周报的成就首先要靠国内著作家和社会民主党人热心为它工作。请写信给拉赫美托夫,让他为此把**芬**,**把柯伦泰**(有关芬兰的文章最为需要)动员起来,把**鲁勉采夫**,把**安德列·索柯洛夫**,特别是后者动员起来。我根据长年的经验知道,在这种事情上国内的人拖拉得简直令人不能容忍和难以置信。因此必须,第一,以身作则;第二,不信赖诺言,必须力求拿到成品。务必让拉赫美托夫亲自去约短文和通讯,并亲自去取,亲将它们寄出,稿未交来时不能坐等。(我还要提出**苏沃洛夫和伦茨**,当然,拉赫美托夫还认识许多人。)最需要的是(1)有关俄国生活问题的短文,以6 000到18 000字母为宜;(2)同一主题的短评,以2 000到6 000字母为宜;(3)各种问题的通讯,篇幅不限;(4)俄国地方出版物和专门出版物的摘要和引文;(5)对俄国出版的报刊文章的评论。最后三项,工人、特别是青年学生完全能够胜任,因此必须注意这一点,宣传这一工作,鼓动和激发公众,用具体的事例教育他们,使他们懂得现在需要什么和应当怎样利用一切小事情,要向他们说明,国外万分需要来自国内的**原始**材料(文字加工和在文章中运用,我们自己会做!),为文字上的毛病不好意思是最愚蠢的,如果希望国外的刊物成为自己的刊物,那就应当习惯于跟它进行自然的交谈和坦率的通信。我认为在这种情况下给**每一个**大学生小组和**每一个**工人小组按通信处(国外的通信处,这样的通信处现在很多,将来还会更多)分送《前进报》是完全必要、绝对必要的。肯定地说,在我们的委员们当中有一种反对把通信处广泛开给地方青年的愚蠢的偏见。必须大力反对这种偏见。请把通信处开出去,要求他们跟《前进报》编辑部**直接联系**。不这样做机关报便办不起来。非常需要工人的来信,但是现在很少。必须让成百上千的工人直接向《前进报》投稿。

还应该使工人们直接把本人的通信处寄来,以便把《前进报》用信寄去。工人们不必担心。警察连十分之一的信也截不了。《前进报》篇幅少(4版),期数频繁,对我们来说,用信封邮寄的问题便成为报纸最迫切的问题。应当坚决扩大《前进报》的工人订户,使他们习惯于直接往国外寄钱(一个卢布也算不了什么!)和自己的通信处。如果好好地把这一工作抓起来,的确可以使国内传播秘密书刊的工作革命化。请不要忘记,运输至少每4个月才有一次。而我们发行的是周报！而信封邮寄可能有 50％—75％ 是用快件寄到的。

其次是著作家。必须直接和他们约定每一周或每两周定期写些东西：可以对他们说，否则，我们就不能认为你们是规矩人，我们就会中断一切关系。一般的托词是：我们不知道写什么题目，我们担心白费气力，我们认为，"他们已经有了"。拉赫美托夫应当亲自出马，来对付这种庸俗愚蠢的托词。主要的题目是评论俄国内政问题（即登在厚本杂志上的内政评论和社会新闻栏里的东西），其次是就俄国专门出版物（统计、军事、医学、监狱、宗教等等）上的资料所写的短文和短评。我们经常缺乏这两方面的稿件。这两方面的稿件只有国内的人、而且唯有国内的人才写得好。**这里最主要的东西是：新鲜的事实、新鲜的印象、国外难以得到的专门材料，而决不是从社会民主主义观点所发表的议论和评价。**因此，这样的短文和短评永远也不会白费气力，因为我们总要用它们。目前拉赫美托夫的直接责任就是组织这件工作，向我们提供哪怕是 5 个优秀的、实干的、不懒惰和不要滑头的撰稿人，最好他们每个人能同编辑部建立直接联系。只有在同撰稿人建立起直接联系的情况下，才能使工作的各个部分完全协调。必须这样来吸引人们：他们的作品不论投到哪里，都不如投到周报"发表"得快。

最后，再谈几句目前组织工作方面的口号。在《是结束的时候了》一文（《前进报》第 1 号）①发表之后，这个口号本来应该很清楚了，但公众是因循守旧的，拉赫美托夫应当竭尽全力加以解释，加以详细说明并使之牢牢记住。现在已经**完全分裂了**，因为我们一

____

① 见本版全集第 9 卷第 123—127 页。——编者注

切办法都用尽了。违反中央委员会和总委员会**16**的意愿并**撇开它们召开第三次代表大会**。跟中央委员会完全决裂。直接声明我们有自己的常务局。**17**把孟什维克和新火星派分子从各级组织中开除出去。我们曾经为和睦共处做了一切,而现在必须公开地、直截了当地声明,只有各干各的了。轻信和天真只能带来重大的危害。

我们恳求尽快发表关于常务局的公开的果断的声明。必须(1)表示完全拥护《是结束的时候了》一文并重申它的号召;(2)声明《前进报》是多数委员会的机关报,常务局和它完全一致并协调地共同工作;(3)中央委员会和总委员会以最可耻的方式欺骗了党并破坏了召开代表大会的工作;(4)现在除了召开**没有**中央委员会和总委员会参加的各委员会本身的代表大会之外,没有其他出路;(5)常务局负责帮助各委员会有效地工作;(6)中央机关报由于动摇和说谎已完全失去信任。

请您相信,我们非常器重捷姆利亚奇卡,但是她反对老大爷①是不对的,她的错误有待您去纠正。尽快地跟中央委员会全面决裂并立即公布常务局的情况,宣布它是组织委员会,它将召开第三次代表大会。

从日内瓦发往特维尔

载于 1925 年《无产阶级革命》杂志
第 3 期

译自《列宁全集》俄文第 5 版
第 47 卷第 5—9 页

---

① 指马·马·李维诺夫。——编者注

# 5

# 致弗·亚·诺斯科夫、列·波·
# 克拉辛、列·叶·加尔佩林①

致中央委员格列博夫

尼基季奇

瓦连廷

1905 年 1 月 13 日于日内瓦

诸位阁下：

随信附上我的声明[18]，作为对你们发表在《火星报》第 77 号上那项声明的答复。代表我出席仲裁法庭的，是施瓦尔茨和沃伊诺夫同志。同他们联系的地址是：《前进报》发行部转交。

**尼·列宁**

此信用两个信封寄交：阿尔夫桥　林荫路 4 号　帕·阿克雪里罗得先生。

译自《列宁全集》俄文第 5 版
第 47 卷第 9 页

---

① 信上有列宁的批注："**留底**。"——俄文版编者注

# 6

# 致亚·亚·波格丹诺夫

1905年1月29日

亲爱的朋友：我请您务必把拉赫美托夫骂一顿，狠狠地骂一顿。他对待我们的态度简直同解放派和加邦神父对待社会民主党的态度一样。我刚查看了我们和国内信件往来的登记表。[19]古谢夫10天内寄来了6封信，而拉赫美托夫30天才寄来两封。信写得怎么样呢？什么消息也没有。给《前进报》一行都没有写。关于工作、计划和联系也只字未提。这简直无法想象，真糟透了。《前进报》第4号日内就要出版，第5号接着也要（数天后）出版，而拉赫美托夫却没有给予任何支持。彼得堡10日的来信今天刚到，很简短。关于1月9日事件，竟没有人组织一篇内容丰富的好通讯！

我写信给拉赫美托夫请他组织通讯稿①，也不见答复！

关于常务局和代表大会也只字不提。而迅速发表关于常务局的声明和召开代表大会的消息却非常重要。千万不要相信孟什维克和中央委员会，不管在什么场合都要最坚决地无条件地和他们决裂，决裂，一定决裂。我们在这里由于热衷于革命，在一次公开的会议上几乎要同孟什维克实行联合，但是他们这一次也可耻地欺骗了我们。[20]我们奉劝所有不愿受骗的人：和他们决裂，无条件

---

① 见本卷第4号文献。——编者注

地决裂。

从日内瓦发往彼得堡

载于1925年《无产阶级革命》杂志
第2期

译自《列宁全集》俄文第5版
第47卷第10页

# 7

# 致奥·倍倍尔

1905年2月8日于日内瓦

尊敬的同志：

您给我写信²¹的那天，我们正在给海尔曼·格罗伊利希同志写信①，信中叙述了俄国社会民主工党的分裂在目前成为既成事实的过程和原因。这封信我们将抄寄德国社会民主党党的执行委员会。

我党第三次代表大会将由国内多数派委员会常务局召开。《前进报》编辑部和这个常务局只是临时的中央机构。无论是我或是我所知道的《前进报》的任何编辑、撰稿人和拥护者，没有党代表大会的决定，目前都不能负责采取任何重大的、约束全党的新步骤。因此，您的建议只能传达给这次党代表大会了。²²

我的德文不好，请原谅。

---

① 见本版全集第9卷第213—218页。——编者注

致社会民主党的敬礼!

尼·列宁

发往柏林

原文是德文

1905年由日内瓦《火星报》编辑部
出版社用德文和俄文印成单页

译自《列宁全集》俄文第5版
第47卷第11—12页

# 8

# 致谢·伊·古谢夫

### 致哈里顿

1905年2月15日

亲爱的朋友:非常感谢您的来信。请务必保持这种精神,只是还须注意:(1)决不要仅限于简述转给您的信件或报道,而一定要把它们(除了您的信以外)**全部**寄来;(2)务必使我们同新生力量、同青年、同朝气勃勃的小组**直接**联系。不要忘记革命组织的力量就在于它有多少关系。我们应当根据转给我们的**新的**俄国国内关系的数字来判断我们的朋友们的活动能力和工作成绩。直到现在,**所有**彼得堡人(他们真丢脸)还没有给过我们**任何一个**新的俄国国内的关系(无论是谢拉菲玛,或是司索伊卡,或是捷姆利亚奇卡,或是尼古·伊万·,都没有给过)。真荒唐,真糟糕,真要命!一定要向孟什维克学习。《火星报》第85号上有许多通讯。既然您把《前进报》读给青年听过,为什么您不让我们同这些青年中的任何一个人取得联系呢?? 要记住,如果您不能给我们找到**几十个**新的、年轻的、忠实的、会工作又会联络的、不靠您就能独立通信的《前进报》的朋友,一旦您出了事,我们就会一筹莫展。要记住这一点!! 一个职业革命家应当在每个地方都建立几十个新的关系,把一切工作放手交给他们,不要通过说教而要通过工作去教育和提高他们。然后到别的地方去,隔一两个月再回来检查年轻的助手。我可以肯定地告诉您,我们中有人有某种愚蠢的、庸俗的奥勃洛摩夫式的害怕青年的毛病。我恳求您:竭力克服这种毛病。

您的　**列宁**

从日内瓦发往彼得堡

载于 1925 年《无产阶级革命》杂志
第 4 期

译自《列宁全集》俄文第 5 版
第 47 卷第 12—13 页

9

## 多数派委员会常务局的一个委员
## 给奥·倍倍尔的信的草稿[23]

1905 年 2 月 22 日

最尊敬的同志:

我是刚从俄国来的俄国社会民主工党国内多数派委员会常务局的委员。约在一个星期前,在俄国已经印发了该常务局关于召开俄国社会民主工党第三次代表大会的通知。现随信附上通知的译文①,请转交德国社会民主工党党的执行委员会。如能将这个译文刊登在党的一份刊物上,使整个德国党都知道,我将十分感谢。

列宁同志已把您1905年2月3日给他的信和1905年2月8日他给您的回信②的抄件转给我了。作为常务局的委员,我认为,列宁只能作出这样的答复。您向我们提过由您进行调解,现在,当我们党的代表大会即将**在最近期间**召开的时候(这一点我只告诉**您本人**,因为召开代表大会的日期我们不得不最严格地保密),已有可能出现③非常有利于您来调解的条件。我希望您不要拒绝利用这种可能性,不用说,它是不会很快再次出现的。我认为有义务告诉**您本人**(也要保密),代表大会将不在俄国国内召开。因此,您能够亲自出席④大会,并运用您的全部巨大威望,以敦促我国所谓党内少数派的所有机关和组织也出席代表大会。这样,您进行调解的尝试将最有希望获得成功。

致社会民主党的敬礼!

                                                                    **NN**

给我的回信请用**两个**信封:外面的信封上写《前进报》发行部的地址,里面的信封上写斯捷潘诺夫**转常务局委员** NN。

写于日内瓦

载于1926年《列宁文集》俄文版
第5卷

译自《列宁全集》俄文第5版
第47卷第13—14页

---

①　在"译文"一词上写着:"和原文(?)。"——俄文版编者注
②　见本卷第7号文献。——编者注
③　在"已有可能出现"这个词语上写着:"条件正在形成。"——俄文版编者注
④　在"出席"一词上写着:"发言。"——俄文版编者注

# 10

# 致谢·伊·古谢夫

1905 年 2 月 25 日

我们刚刚从利亚多夫的来信中得悉,中央委员会已经同意召开代表大会。[24]我们恳求常务局千万不要相信中央委员会,在召开代表大会问题上决不要放弃完全的独立性。常务局无权对中央委员会作丝毫的让步。不然,我们将在这里造反,而一切坚如磐石的委员会将和我们站在一起。中央委员会已被邀请出席代表大会,那就让它和孟什维克们一道来吧,然而,召开代表大会的是我们,而且只能是我们。星期二(1905 年 2 月 28 日)《前进报》第 8 号要出版了,上面将转载常务局的通知和我们的强有力的补充[①]。务请采取一切措施把这封信尽快转给利亚多夫、司索伊卡、捷姆利亚奇卡。

您的　**列宁**

从日内瓦发往彼得堡

载于 1925 年《无产阶级革命》杂志
第 2 期

译自《列宁全集》俄文第 5 版
第 47 卷第 15 页

---

[①]　见本版全集第 9 卷第 265—267 页。——编者注

# 11

# 致詹·拉·麦克唐纳[25]

1905年2月27日

阁下：

感谢您2月24日的来信。我代表我的组织(《前进报》和俄国社会民主工党国内多数派委员会常务局)当然同意接受您的条件，并保证履行这些条件。领取60英镑和20英镑并说明其用途的收据将刊登在我们的《前进报》上。

我的英文不好，请原谅。

您的真诚的　　弗拉·乌里扬诺夫

从日内瓦发往伦敦

原文是英文

载于1931年《列宁文集》俄文版
第16卷

译自《列宁全集》俄文第5版
第47卷第15—16页

# 12

# 致谢·伊·古谢夫

## (不晚于 3 月 8 日)

### 致国民

亲爱的朋友:多谢您的来信。您简直是使我们摆脱了国外的印象。希望您以后也能这样做。千万请您设法搞一些工人自己写的通讯来。为什么他们不写呢?? 这简直丢人! 您详尽地叙述了委员会在选举施德洛夫斯基委员会[26]时所进行的鼓动工作,好极了。我们一定登载。

还有一个问题:你们是否已经接纳了那 6 名工人参加委员会?务请告知。我们建议采取一切措施接纳工人参加委员会,至少要占½。不这样你们就不足以对付孟什维克,他们正从这里派去大批增援。

常务局的人谁也不写文章谈代表大会。这使我们不安,因为水妖(您也有一点)认为中央委员会同意召开代表大会是件好事,这种乐观情绪使人万分担忧。我们非常清楚,中央委员会想欺骗你们。在对待中央委员会方面必须做一个悲观论者。对它万万相信不得! 要抓紧时机促使少数派的委员会,特别是泥潭派的委员会出席代表大会。最重要的是对基辅、罗斯托夫、哈尔科夫下功夫:**我们知道,**这 3 个中心地区的**工人**和知识分子中都有"前进派"。**无论如何必须从他们中间选派**一些**有发言权的代表出席代表大会**①。对莫斯科的印刷工人也应该这样。常务局没有把我们邀请工人组织出席代表大会的决定②公布出来,实在遗憾得很,这是一个**极大的错误**。请您务必尽快纠正这个错误。

恳切建议你们在圣彼得堡全体 **300 个有组织的工人**当中进行**宣传鼓动**,要**他们自己出钱派一两个有发言权**的代表参加代表大会。工人们大概会非常高兴,他们会热情地去做这件事。不要忘记,孟什维克在工人中间拼命破坏代表大会的名誉,说过去没有工人参加。对此必须考虑,一定要加倍重视工人代表问题。圣彼得堡的工人大概能为两个工人代表募集 300 卢布(或者由哪位有钱的赞助人特别捐赠),每人捐 5 个戈比的鼓动工作将是规模巨大的,会成为家喻户晓的事。它的意义很大。在委员会里以及组织员和宣传员的会议上一定要把这个意义讲透。是不是我们所有的组织员和宣传员都向工人们谈过直接和《前进报》联系的事呢??

紧紧握手!

您的  **列宁**


附言:常务局的两份传单(第 1 份是关于起义,第 2 份是关于对自由派的态度)都挺好,我们要在《前进报》上全文转载。[27]这样干下去就很好!! 顺便说一句:不知道为什么著作家集团宣布它属于圣彼得堡委员会的组织。这种做法是不恰当的,因为属于委员会的著作家集团没有出席代表大会的委托书。如果它作为一个**单独的集团**,不是属于委员会的而是**全俄性的**"加入俄国社会民主工

---

① 请把这一切告诉水妖和魔鬼。
② 见本版全集第 9 卷第 95 页。——编者注

党的著作家集团",它就有权派遣(**经常务局许可**)一名**有发言权**的代表了。请您安排这件事!我们不公布它是彼得堡委员会下面的一个小组。(1)可由彼得堡委员会把它除名;(2)让它成为(哪怕是暂时的)一个单独的和特殊的小组;(3)让它"提出申请书"(瞧,又是官僚主义!),要求允许它派一名有发言权的代表出席代表大会;(4)由常务局批准。难道几十个著作家还拿不出200个卢布给一名代表?? 一个代表(例如,鲁勉采夫或别的什么人)对代表大会一定会是有用的。请把这一点报告给常务局,或者,最好**不打什么报告自己办理**这一切。

从日内瓦发往彼得堡

载于1925年《无产阶级革命》杂志
第2期

译自《列宁全集》俄文第5版
第47卷第16—18页

# 13

# 致　某　人[28]

1905年3月9日

　　亲爱的朋友:您提出的大部分问题,我都无法回答,因为我自己知道的并不比您多。沃伊诺夫似乎不赞成一个中央机关,国内的人是赞成的。能不能通过,我不知道。我更赞成老办法,[29]但是我不认为这有什么特别重要的意义。问题的关键在于中央委员会和编辑部之间举行会议,而这大概**实际上**又回到总委员会。

　　"走着瞧吧。"

　　我不可能向莫斯科介绍您,因为在那里我没有熟人,这件事应该慎重。最好等他们自己决定以后再说。

　　我的报告(《第三次代表大会的任务》)提纲找到以后①就寄给您,这个提纲**很**简单,几乎同《前进报》上的《编者按语》②所谈的一样。

　　使中央委员会同意召开代表大会,我一直没有做到。我很担心中央委员会在耍花招。您从《前进报》上已经看得出我们的态度。少数派的中央委员会现在几乎整个垮了,只有费舍、尼基季奇、卡尔普等人幸免于难,甚至施泰因和厨师也都被抓走了。**30** 大概这会使孟什维克一蹶不振。这里马尔土什卡在自己一伙人中一提到代表大会简直就跟疯了一样。根据这种情况,他们是不会参加的。但是谁能肯定知道呢? 我已经作了最坏的准备,准备从我们方面造成分裂,但我认为这还不至于。

　　难道您没有弄到捷依奇的十分卑鄙的大吹大擂的**详细记录**吗? 要知道,这是最糟糕的了!! 没想到他会这样厚颜无耻。应该把他的话**记录下来**,公布"他们"小组的**名单**,或者把这份记录转交给代表大会,好让国内的人知道这些先生多么厚颜无耻。

　　握手!

**尼·列宁**

写于日内瓦

载于1926年《列宁文集》俄文版
第5卷

译自《列宁全集》俄文第5版
第47卷第18—19页

---

①　已经找到了,但是不能寄去,因为在提纲的草稿上有的字迹看不清。我建议以第二次代表大会的经验为依据吧。
②　见本版全集第9卷第265—267页。——编者注

# 14

# 致谢·伊·古谢夫

列宁致国民

1905 年 3 月 11 日

　　亲爱的朋友：我刚刚接到第 10 号和第 11 号①。多谢您，特别感谢您在第 10 号上的责骂。我喜欢人们责骂，这说明他们知道自己在做什么，说明他们有路线。您把"老狼"痛骂了一顿，他甚至一看到就搔头！但是第 11 号表明，您希望轻而易举地制服彼得堡的孟什维克，这还是太乐观了。啊呀，我怕希腊人[31]，我劝您也要小心！请您注意，凡是对他们不利的东西他们就只在嘴上讲讲，不留文件，中央委员会同意召开代表大会就是一个例子。今天出版的《火星报》第 89 号，刊载了 1905 年 3 月 8 日总委员会反对召开代表大会的决定，这是一个荒谬狂妄的决定（"参加代表大会的人的行为使他们自外于党"），它认为 1905 年 1 月 1 日前就有 33 个"有权利能力的党组织（中央机构除外）"（无耻的谎言，捏造根本不存在的委员会，如库班委员会和未得到批准的喀山委员会，搞混波列斯克委员会和西北委员会得到批准的日期，把 1905 年 4 月 1 日说成 1905 年 1 月 1 日）。十分清楚，总委员会以及同盟[32]和中央机关报参加代表大会的问题是根本谈不上的。我为此十分高兴，而且**我不相信**国内的孟什维克会来参加，我不相信。直到现在你们谁也没有弄到一个文件，说明

---

① 谢·伊·古谢夫给列宁的第 10 号和第 11 号信。——编者注

哪一个孟什维克委员会同意参加代表大会。请不要陷入幻想！如果彼得堡的孟什维克愿意让步，那就要向他们提出一个必须执行的条件，要求他们**承认**常务局召开的**代表大会**，并且承认圣彼得堡委员会是唯一**合法的、与工人运动有联系的**委员会，一定要写成文件，一定要把抄件（要他们亲笔签字）寄给《前进报》，而且一定要用孟什维克圣彼得堡小组全体成员的名义。即使这样，也还是不能让他们接上**任何关系**，否则你们就会给自己树立内部敌人。请记住我的话！

立刻发急电给拉赫美托夫，告诉他1905年3月20日左右这里将召开一个有社会革命党人和**大批**其他政党参加的极重要的代表会议，讨论为起义达成协议的问题。[33]拉赫美托夫**必须**出席，让他快来，一天也不要耽搁。

最后再向您说一遍：您不了解少数派在全国的力量，因而陷入幻想。这是不对的。孟什维克现在比我们强，必须进行殊死的斗争，长期的斗争。国外的圣像[34]在弄大笔的钱。我认为，**在他们**（和拉脱维亚人）和中央委员会开过代表会议[35]**以后**（记录公布在《最新消息》[36]和《火星报》第89号上）再来和我们谈跟崩得等达成协议的事，是极**不体面的**。这简直是乱弹琴，好像是我们在纠缠不清，而人家却对我们说：我们不认识你们，我们已经和中央委员会商议好了。算了吧，这是可耻的！！

紧紧握手！

**列 宁**

从日内瓦发往彼得堡

载于1925年《无产阶级革命》杂志
第2期

译自《列宁全集》俄文第5版
第47卷第19—20页

# 15

# 致俄国社会民主工党彼得堡委员会

## (3 月 13 日)

英国的一个无产阶级机构——"劳工代表委员会"(Labour Representation Committee,书记是**麦克唐纳**),通过《**前进报**》编辑部为 1 月 9 日(22 日)在彼得堡牺牲的工人们的遗孤遗孀汇出的 **60 英镑**(1 506 法郎)①已经收到。《前进报》编辑部把这笔款子寄给了俄国社会民主工党圣彼得堡委员会,并要求它一定要把这次捐款的事毫无例外地通知到我们党的所有工人组织(各区委员会、组织员会议、工厂小组等等),以便这些组织本身能协助合理地分发这笔款子。最好是让工人们把收到款子的事亲自告知他们的英国同志们。

"劳工代表委员会"除汇来 60 英镑供受难者所需外,随即又汇来 20 英镑,由《前进报》支配以供起义的需要。

现在,《前进报》编辑部于 3 月 13 日(2 月 28 日)又收到了该委员会汇来的 90 英镑(约 900 卢布),其中 50 英镑(约 500 卢布)是供援助在争取自由的斗争中牺牲的工人们的遗孤遗孀用的。这笔款子我们日内即可领到并寄往彼得堡。

鉴于某些工人有朋友在伦敦,现把这个委员会的确切地址告诉你们备用:伦敦　西南区　维多利亚街 28 号　维多利亚大厦

---

① 约 600 卢布。

劳工代表委员会书记詹·拉姆赛·麦克唐纳。

务请复信。

写于日内瓦

载于1926年《列宁文集》俄文版
第5卷

译自《列宁全集》俄文第5版
第47卷第21页

# 16

# *致谢·伊·古谢夫*

### 列宁致古谢夫

1905年3月16日

　　亲爱的朋友:现在我才知道,在这里召开的 **18个**社会民主党和其他**革命**政党(其中包括社会革命党和波兰社会党)的代表会议,在崩得的请求下延期到4月初举行。在我们说来,最最重要的是和拉赫美托夫共同解决关于我们参加这次代表会议(会议的目的是为起义达成协议)的一系列根本性问题。《火星报》正在进行最可耻的阴谋活动。如果拉赫美托夫还没有启程,请您尽力催促他马上动身,并请您立即比较确切地告诉我,您知道他在什么时候动身。

　　我们在这里也很为代表大会担心。您、伊哥尔和利亚多夫倒好,来信说老头焦急不安了。我们在这里四面受敌,敌人的消息比我们灵通,这种处境怎么不叫人焦急。在这方面真是不可以原谅常务局。举例说,关于东部的情况我们只知道捷姆利亚奇卡去乌拉尔转了一圈,利亚多夫到过萨拉托夫。后面这个地方的回信不清不楚,含含糊糊。"东部地区各委员会"签署的传单究竟印好了没有,我们也不知道。这真丢脸!! 不久前,社会革命党人给我们看了这样一份传单,尽是胡说八道,是反对加邦的! 显然,这是中央委员会的阴谋,但是常务局里在东部待过的两个人难道会什么都不知道? 难道他们不能及时写信告诉我们,免得我们在敌人面前茫然不知所措? 他们把《前进报》置于十分尴尬的境地,难道不觉得难为情吗? 而且不只是尴尬,因为《火星报》恬不知耻地利用了一切。在《火星报》第89号上,总委员会把所有去参加代表大会的人开除出党。那里投的票又做了手脚。把1905年1月1日前的票数定为75票(33×2=66,加上中央委员会、中央机关报和总委员会的9票)。捏造出从未得到批准的喀山委员会和库班委员会,后来又扯谎说,波列斯克委员会和西北委员会是在1905年1月1日前就得到批准的。事实上它们是在1905年4月1日才得到批准的。我们已经在《前进报》第10号上揭穿了这一点①。

请您注意:在《火星报》看来,代表大会必须有 **19个委员会参加** 才是合法的。据我们计算,这是不正确的。但是,如果**俄国国内享有全权的组织**在1905年1月1日是28个(同盟除外),那么有**14—15个参加代表大会是最好不过的了。差不多是必需的。** 而我们有13-1(叶卡捷琳诺斯拉夫)+2(沃罗涅日和图拉)=14,而且这还是把梯弗利斯计算在内,后者是有问题的。当然,即使只有12个委员会参加,代表大会反正也是要召开的,并且愈快愈好。只要是代表

---

①　见本版全集第9卷第318—320页。——编者注

大会,不管什么样的都行。但是,关于常务局访问中立的或孟什维克的委员会的消息怎么**一点也没有呢??** 不是决定常务局要邀请和访问所有的委员会吗？为什么利亚多夫没有去库班委员会？为什么他经过顿河区、哈尔科夫、戈尔诺扎沃茨克、基辅时不邀请这些地方的组织参加代表大会?? 为什么也不邀请这些城市中的某些小组呢？鼓动工人的最好方法是号召他们**亲自**参加代表大会。为什么不这样做呢?? 要知道这样做是有巨大意义的啊!! 为什么有关库尔斯克、波列斯克委员会等处的消息一点也没有呢？我们愿意在这里尽我们的全力,但是这里能做的事有限。和喀山、西伯利亚、库尔斯克、波列西耶、萨拉托夫稍稍挂上了钩,但这都还有问题。如果这5 个地方加上乌拉尔都出席代表大会,那么,代表大会的充分合法性,即使根据《火星报》的计算法也是毫无疑义的了。请来信。

　　　　　　　　　　　　　　　　　您的　**列宁**

从日内瓦发往彼得堡

载于 1925 年《无产阶级革命》杂志
第 2 期

译自《列宁全集》俄文第 5 版
第 47 卷第 22—23 页

# 17

# 致 E.D.米德尔顿

1905 年 3 月 23 日

阁下：

　　非常感谢你们的捐款。我已经收到一张 80 英镑（2 008 法郎）

的支票,并根据你们的意见,将60英镑(1 506法郎)寄给圣彼得堡俄国社会民主工党圣彼得堡委员会①。我还收到另外一张90英镑的支票(这些钱还没有兑换成法郎)。同样将寄50英镑救济1月9日(22日)彼得堡遇难工人(劳动者)的遗孤遗孀。

　　致良好的祝愿!

您的真诚的　　**弗·乌里扬诺夫**

(《前进报》编辑)

瑞士　日内瓦　科林街3号
《前进报》编辑弗·乌里扬诺夫

发往伦敦

原文是英文

载于1946年8月18日《不列颠同盟者》杂志第33期

译自《列宁全集》俄文第5版
第47卷第24页

# 18

## 致俄国社会民主工党敖德萨委员会

### (3月25日)

#### 列宁致敖德萨委员会

　　亲爱的朋友们:我想和你们谈谈关于派代表参加代表大会的

---

① 见本卷第15号文献。——编者注

事。如果你们准备从国内派代表来，那么我的信就算白写了。不过我听说，你们想把委托书给予这里的一个人。如果这个传闻属实，那么，我想建议你们把委托书给予你们在这里的**两位**候选人，就是约瑟芬和丹尼拉，一个有表决权，另外一个有发言权（也就是说，写封信给代表大会，说敖德萨委员会**请求代表大会**准许南方局的委员约瑟芬在大会上**有发言权**，他在咨询方面是一个很得力的工作人员，再比如说，丹尼拉就非常熟悉外层组织，他在敖德萨无产阶级中间进行过非常出色的工作）。可以相信，代表大会一定会尊重委员会的这种请求。请向委员会**全体**委员宣读这封信，并请回信。[37]

附言：你们是否接纳工人参加委员会？这很必要，十二万分必要！为什么不使我们和工人直接取得联系呢？没有一个工人向《前进报》写稿。**这不像话。**我们无论如何需要**几十名**工人通讯员。恳求你们把这封信的最后这一部分也不仅向委员会全体委员宣读，而且向多数派全体组织员和宣传员宣读。

向全体同志致敬！

你们的    **列宁**

写于日内瓦

载于1925年《无产阶级革命》杂志
第7期

译自《列宁全集》俄文第5版
第47卷第24—25页

# 19

# 致 伊 克 斯[38]

## （3 月 29 日以前）

《前进报》编辑部(科林街 3 号)的信箱里有一封写着"列宁收"的信。这封署名"伊克斯"的来信谈了一条非常重要的消息。列宁有充分根据认为,写信人是著作界知名的伊克斯同志。鉴于这条消息涉及到一位同志的人身安全,事关重大,务请直接告知作者的真实姓名。

写于日内瓦(本埠信件)

载于 1934 年《列宁文集》俄文版
第 26 卷

译自《列宁全集》俄文第 5 版
第 47 卷第 25—26 页

# 20

# 致伊·伊·施瓦尔茨

## （不早于 3 月 31 日）

### 发往叶卡捷琳诺斯拉夫

亲爱的同志:最近几天内我们将详细答复您的来信。现在只把下面这件事赶紧告诉您:如果有站在多数派一边的组织员的话,请立即做到以下两点中的一点:(1)以**他们的**名义写**信**给代表大会,对委员会表示抗议并表达要参加代表大会的愿望;(2)如果能搞到50卢布和物色到一个人的话,就请立即派一名代表到我们这里(我们日内瓦的地址)来,用我们的密码给他写一份委托书。

暂且写到这里。过两天再写。请注意不要拖延并设法立即按照我们的要求去做,做到第二点比做到第一点更好。

写于日内瓦

载于1926年《列宁文集》俄文版第5卷

译自《列宁全集》俄文第5版第47卷第26页

# 21

# 致谢·伊·古谢夫

## 烦交古谢夫,列宁托(私人信件)

1905年4月4日

亲爱的朋友:您自己也来信说,您被监视了。此外,我在这里从彼得堡来人(他们不久前才离开那里)处得到的消息,也完全证实了这个事实。事实确凿无疑。我根据自己的和很多同志的经验知道,对一个革命者说来,**及时**离开危险地区恐怕是最困难的事了。往往是在必须丢下某个地区的工作的时候,这一工作就显得特别有意义、**特别需要**,每一个做工作的人总会这样认为,肯定总会这样认为。所以,我感到我有义务最坚决地**要求**您暂时离开彼得堡。这是绝对必要的。**任何**借口、任何对工作的考虑都不能推迟这一步。难免的被捕所带来的危害将是巨大的。离开的害处却是微乎其微的,而且是表面的。您可以**暂时**(一两个月)提拔一些青年助手来接替高级职务,请您相信,工作虽然在极短期间会受到一点损失,但总的讲来将会是非常有利的。青年人将在比较负责的工作中学到东西;他们可能犯的错误我们会很快加以纠正。但是,被捕将破坏我们安排中心工作的最重要时机。再说一次:我坚持劝您**马上**到外省去一个月。到处都有很多的事情,到处都需要总的指导。如果您**愿意**(而且应当愿意),离开的事随时可以安排。

我在这里就不提1905年3月12日的协定[39]了。这事无可指责。显然不这样也不行。现在的问题是大力筹备代表大会和增加代表人数。用钱请不要大手大脚,要爱惜,因为代表大会以后还更需要用钱。

从日内瓦发往彼得堡

载于1925年《无产阶级革命》杂志
第2期

译自《列宁全集》俄文第5版
第47卷第26—27页

# 22

# 致彼·阿·克拉西科夫

1905年4月5日

亲爱的朋友:时间我暂时还不能肯定。[40]我认为,您还来得及到列日去,如果您能在星期日回来,或者**不买返程票**,而且不回巴黎的话(最好现在就买一张有效期为45天的环行票,巴黎——列日等地——巴黎)。我再说一遍,尽管我不知道确切的日期,星期一以前**大概**是不可能的。原来规定至迟在4月5日(今天)从彼得堡动身,因此星期一以前是不行的。现在还没有人到达目的地。星期五将有两个人从这里动身,他们也许要顺便去一下您所在的城市,不过用的是绝密的化名。

看到普列汉诺夫的《日志》[41]了吗? 无可奈何的语调多么忧郁! 可怜的老头子,生气是没有用的,好头脑却……

我们**对待代表**的方针应该是非常和平的方针,因为我们"不会失去任何东西,而会赢得一切(在胜利的时候)",我们的对手却相反。您自己会从多数派委员会常务局和中央委员会的传单[42]以及第13号(《组织问题》)[43]上明白这一点。

请您赶快把国外组织委员会的报告[44]、**委员名单**以及所有文件都准备好,快,快。

再见!

您的　**尼·列宁**

**向小猫问好**! 她近来怎样?

从日内瓦发往巴黎

载于1931年《列宁文集》俄文版
第16卷

译自《列宁全集》俄文第5版
第47卷第27—28页

# 23

# 致奥·伊·维诺格拉多娃[45]

## (4月8日)

### 列宁致叫花子

亲爱的同志：我兴致勃勃地读了您关于手工业者中的基层组织的来信(第6号)。在工厂中，这样的基层组织应当是工厂委员会，而在手工业中呢？您主张行业小组，您的反对者是什么主张呢？我不了解他们的主张。很抱歉，我也不知道过去的行业"委员会"是什么样的？它们什么时候存在过？是怎样组织起来的？社会民主党的工作和行业组织的工作是怎样结合起来的？

由于不了解这个实际问题的具体方面，我暂时不打算发表意见。也许以后的来信会使我了解得更切实些，那时再说吧。改组时应当了解过去的经验，应当慎重从事，这是肯定无疑的。但是这和经济主义有什么相干，我不清楚。难道在工厂委员会里主要的不是谈工厂的(也是行业的)利益吗？可是谁也没有反对过工厂委员会应当是**社会民主党**组织的基层组织。生活条件，集会条件，会晤条件，共同工作的条件很重要，因为基层组织应该特别活跃、特别经常、特别正常地发挥作用。最后，组织的类型是否必须划一呢？为了适应各种不同的条件和积累较丰富的经验，多种多样的类型是不是更好一些?

　　谢谢您的来信。请继续来信,不然的话我们对**日常的**工作情况(最有兴趣的)就知道得太少了。

列　宁

从日内瓦发往敖德萨

载于1925年《无产阶级革命》杂志
第7期

译自《列宁全集》俄文第5版
第47卷第28—29页

## 24

# 致加·达·莱特伊仁

1905年4月19日

　　亲爱的莱·:要由组织委员会发给您一份向代表大会[46]致贺词的委托书是办不成了。我起先以为我们的代表大会将在4月22日之前召开,并能直接由代表大会发给您委托书,但是这一点没能做到;我们的代表大会延期了。您就说是受《前进报》编辑部的委托并以编辑部的名义向代表大会致贺词的,而**通过编辑部**也就代表了俄国社会民主工党。这将是最好的办法。

　　抨击马尔托夫谎言[47]的那篇短评即将见报。大会期间望来信。

您的　**弗·乌里扬诺夫**

　　附言:考茨基在《新时代》杂志第29期上又编造关于《前进报》

和《火星报》的谎言了！[48]您要能**在大会上**发言时把他"纠正"一下就好了。

从日内瓦发往博蒙

载于 1931 年《列宁文集》俄文版
第 16 卷

译自《列宁全集》俄文第 5 版
第 47 卷第 29—30 页

## 25

# 致阿·安·普列奥布拉任斯基

### （4 月 21 日以前）

亲爱的同志：来信收悉，消息令人非常高兴。您排除了前来掩盖真相的大名鼎鼎的代办员们所设置的那些障碍[49]，值得祝贺。务请采取最有力的措施和我们按时进行通信联系。这是非常需要的。等通信联系上以后，我们将立即委托您办几件有意义的事。现在我们正等待代表大会的召开。大会最近就要开了。至今还没有完全弄清楚中央委员会和普列汉诺夫的立场。气氛表明分裂似乎是不可避免的。如果您想比所有的人更确切、更迅速地了解代表大会的情况，就请立即回信。

紧紧握手！

您的　　**列宁**——

您过去的庄邻。[50]您曾经领到我家来的那个激进农民[51]还活着吗？他现在怎样了？您为什么不让我们跟农民联系呢?

从日内瓦发往萨马拉

载于 1926 年《列宁文集》俄文版
第 5 卷

译自《列宁全集》俄文第 5 版
第 47 卷第 30—31 页

# 26

# 致　某　人

## (5 月 1 日以前)

　　我要赶紧提醒您,有一篇文章**必须**尽快翻译和出版,这件事我在同您谈话时忘记提出来(虽然我老早就注意到这篇文章!)。这篇文章就是弗里德里希·恩格斯的维护帝国宪法的运动,载于梅林出版的马克思和恩格斯文集(马克思……的遗著,第 3 卷)。这是单独的一篇文章,务必印成单行本。这篇文章在目前有**特别**重大的意义。[52]

写于日内瓦

载于 1931 年《列宁文集》俄文版
第 16 卷

译自《列宁全集》俄文第 5 版
第 47 卷第 31 页

# 27

# 致詹·拉·麦克唐纳

1905 年 5 月 20 日

阁下：

25 英镑已经收到，非常感激。其中 5 英镑将按照你们提出的意见作为救济之用。你们的全部捐款已在我们给您寄去的《前进报》上一一列出。现在我再把公布捐款的那几份报纸寄给您，并用蓝铅笔将这些地方标出。

我们已经写信给俄国社会民主工党圣彼得堡委员会，要他们务必在一些工人群众大会上把收到"劳工代表委员会"捐款的消息告诉大家①。由于同我们党组织的一切联系都是秘密进行的，所以要过一些时候才能得到答复。本星期有几位俄国同志要前往圣彼得堡，我又向他们提出了我的请求。他们答应用一切办法尽快在圣彼得堡宣布这项消息，并写信通知您。您 1905 年 4 月 22 日的来信，也将寄给圣彼得堡委员会。

阁下，我希望您很快能收到我们的同志从彼得堡寄出的信，把在俄国首都工人群众大会上宣布这项消息的情况告诉您。

我的英文不好，请原谅。

---

① 见本卷第 15 号文献。——编者注

致以衷心的谢意!

您的真诚的  **弗·乌里扬诺夫**

（《前进报》编辑）

瑞士    日内瓦    科林街3号

弗·乌里扬诺夫

发往伦敦

原文是英文

译自《列宁全集》俄文第5版
第47卷第31—32页

载于1946年8月18日《不列颠
同盟者》杂志第33期

# 28

## 给俄国革命社会民主党人
## 国外同盟的信的草稿

### （5月23日和27日之间）

**致同盟**

尊敬的同志们：

兹寄上俄国社会民主工党第三次代表大会的通知。你们对第三次代表大会及其所产生的党中央持什么态度，请告知。

致社会民主党的敬礼！

**中央委员会**

附言:务请你们在两星期内答复我们。如不答复,我们只能认为同盟不承认第三次代表大会。① 当然,在必要时上述期限我们可以延长。<sup>53</sup>

写于日内瓦(本埠信件)　　　　　　译自《列宁全集》俄文第 5 版
　　　　　　　　　　　　　　　第 47 卷第 33 页
载于 1926 年《列宁文集》俄文版
第 5 卷


# 29

# 致尤·米·斯切克洛夫②

## (5 月 27 日以后)


尊敬的同志:

　　编委瓦西·瓦西·同志告诉我,在社会民主党人之间展开的关于当前策略问题和组织问题的争论中,您现在总的说来是站在《无产者报》<sup>54</sup>一边的。这个消息使我们《无产者报》的全体编辑委员会成员感到非常高兴。小组时代的老矛盾决不应当妨碍在共同的原则基础上、在严格的党的关系的条件下进行合作,这一点对我们来说是毋庸置疑的。正因为如此,我们认为自己有责任向您提出为俄国社会民主工党中央机关报《无产者报》撰稿的建议。如果

---

① 　这里不知谁加了一句:"因为你们的代表在给第三次代表大会代表的那封大家都知道的信上签了名,不得不使人作出这种推测。"——俄文版编者注

② 　据米·斯·奥里明斯基证实,这封致尤·米·斯切克洛夫的信没有寄出。——俄文版编者注

用这种方法我们能够开辟道路,通过真正的党的联系来团结尽可能多的社会民主党内有影响的代表人物,我们将感到万分高兴。

致社会民主党的敬礼!

**尼·列宁**

写于日内瓦

载于1931年《列宁文集》俄文版
第16卷

译自《列宁全集》俄文第5版
第47卷第33—34页

# 30

# 致莉·亚·福季耶娃

## (6月1日或2日)

最亲爱的小猫:

刚刚给您发了一份电报。不管有没有用,我说明一下这是怎么一回事。有人邀请我到巴黎办一件事情。我之所以不肯放过这次旅行的机会,只是因为我要作专题报告。讲题是《第三次代表大会及其决议》。内容是对我们的决议和孟什维克的决议作对比分析,他们刚刚发表了他们的代表会议的通报,我也要对这个通报加以分析。我只能在**星期二**作报告(我星期一到达,晚上将有别的事情),并且一定要在一天之内结束。如果可能,请你租一个最大的礼堂(就是我在那里作过驳斥司徒卢威的报告的地方,菲拉托夫和其他人都知道),请通知尽可能多的听众。如果还没有明确地给我回电,请你明天来一份电报,**确切**告知礼堂是不是已经租到。也许还来得及给我写一封**快信**(至迟在星期日早晨寄到),如果有什么重要情况,务必电告。

今天我在这里也是作报告。

握手!

您的　**列宁**

见反面。

万一不能作专题报告,也许我根本不去了,因此请您务必告知。**55**

从日内瓦发往巴黎

载于 1931 年《列宁文集》俄文版
第 16 卷

译自《列宁全集》俄文第 5 版
第 47 卷第 34—35 页

# 31

# 致布拉克-德鲁索

## (不早于 6 月 11 日)

波尔-鲁瓦雅尔林荫路 47 号　　**德鲁索**先生

亲爱的同志:

您对别利斯基同志说过,关于社会民主党参加临时革命政府的问题,保·拉法格有过一次谈话。如果您能尽快把载有这次谈话稿的小册子寄给我们,或者把关于这次谈话的详细情况告诉我们,我们将不胜感激[56]……

　　我的法文不好,请原谅。

从日内瓦发往巴黎

原文是法文

载于1931年《列宁文集》俄文版
第16卷

译自《列宁全集》俄文第5版
第47卷第35页

## 32

## ☆致社会党国际局书记

1905年7月3日于日内瓦

亲爱的公民:

　　来信收到,得悉已把5 049法郎23生丁汇给普列汉诺夫先生。我们的发行部主任已给普列汉诺夫先生去信,说我们在等着他把这笔款子的半数汇给我们。

　　亲爱的公民,我想提醒您:您把钱汇给普列汉诺夫先生是个错误。我们荣幸地通知过您,从我党第三次代表大会召开时起,《火星报》已不再是党的机关报,普列汉诺夫先生也不再是我党驻国际局的代表了。我们还荣幸地通知过您,我党中央委员会尚未派出专任代表参加国际局,因此,在任何情况下您都应该跟乌里扬诺夫先生接洽。

　　您建议我们同普列汉诺夫先生达成协议。您该知道,在普列汉诺夫先生同党的关系没有正式处理好以前,我党同他达成任何协议都是绝对不可能的。因此,我有义务请您通知普列汉诺夫先生,此款的半数应该寄交我党中央委员会(乌里扬诺夫先生)。

亲爱的公民,请接受我们的兄弟般的敬礼!

**代表俄国社会民主党中央委员会**

**弗拉·乌里扬诺夫(尼·列宁)**

发往布鲁塞尔

原文是法文

载于1931年《列宁文集》俄文版
第16卷

译自《列宁全集》俄文第5版
第47卷第35—36页

# 33

## ☆致社会党国际局书记处

1905年7月8日于日内瓦

亲爱的同志们:

7月6日来信收到,我们略感惊讶。你们早该知道,普列汉诺夫公民不再是俄国社会民主党驻社会党国际局的代表了。

在《**火星报**》第101号上普列汉诺夫公民发表了下面这封信,现在我们把它逐字翻译过来,普列汉诺夫似乎也应该把它通知国际局。

"同志们,代表会议〈从党内分裂出去的那部分[57]的。——弗·乌·〉的决议,给我党各中央机构以致命的打击,这迫使我卸却中央机关报编辑和总委员会第五名委员(这是在**合法的**第二次代表大会上选出来的)的头衔。

**格·普列汉诺夫**

附言:我想利用这个机会,在报上问一下党的另一部分(它认为"第三次"代表大会的决议是必须遵守的),它是否愿意让我在社会党国际局内照旧代表这一现在(唉!)已分裂的党。只有在**两派**都愿意的情形下,我才能够继续担任俄国社会民主工党的代表。

1905 年 5 月 29 日于蒙特勒"

党的中央机关报《无产者报》编辑部今年 6 月 13 日在第 5 号上刊登了以下的说明,作为对普列汉诺夫公民的这个声明的回答:

"对于普列汉诺夫同志的附言,我们可以声明如下:关于普列汉诺夫同志在国际局的代表权问题,目前已提交党中央委员会解决。"

问题还没有解决,所以,普列汉诺夫公民目前也就不能以党的代表的身份签署国际局发出的任何文件。[58]

有鉴于此,亲爱的同志们,我们愿提请你们注意,现在我们通过这样一个同志和国际局联系很不方便,因为这个同志自己已**公开**声明,在党还没有肯定授权给他以前,他不能代表党。我们向国际局书记处再一次提出我们的请求,在社会党国际局的代表权问题没有解决以前,凡是涉及我们的东西(信件、宣言、文件、经费等等),请径寄党中央委员会(日内瓦  科林街 3 号  弗·乌里扬诺夫)。

亲爱的同志们,请你们相信我们对你们的兄弟般的情谊!

发往布鲁塞尔

原文是法文

载于 1931 年《列宁文集》俄文版
第 16 卷

译自《列宁全集》俄文第 5 版
第 47 卷第 36—38 页

# 34

# 致卡·胡斯曼

1905年7月8日于日内瓦

亲爱的公民们：

我们已经收到了你们汇给俄国社会民主党人的款子的半数，即2 524法郎61.5生丁。但把这笔款子汇给普列汉诺夫同志却是个错误。我们已经荣幸地通知过你们，普列汉诺夫同志不再是我党的代表，凡与我党有关的一切事务，只能找我党中央委员会，即日内瓦 科林街3号 乌里扬诺夫先生接洽。

亲爱的公民们，请接受我们的兄弟般的敬礼！

代表俄国社会民主工党中央委员会

**尼·列宁（弗拉·乌里扬诺夫）**

发往布鲁塞尔

原文是法文

载于1962年《苏维埃俄罗斯世界手册》杂志第4期

译自《列宁全集》俄文第5版第47卷第38页

# 35

# 致俄国社会民主工党中央委员会

列宁致中央委员们(私人信件)

1905 年 7 月 11 日

亲爱的朋友们:俄国各地寄来的许多信,亚历山德罗夫的消息,同克列希以及其他一些刚来的同志的谈话,都使我肯定地认为,中央委员会的工作存在着某种内在的缺点,组织和工作安排上的缺点。大家都认为中央委员会不存在,没有人感觉到它,觉察到它。许多事实也证实了这一点。看不出中央委员会对党的政治领导。可是所有的中央委员却累得筋疲力尽! 这是怎么回事呢?

我看,主要的原因之一是中央委员会没有定期印发传单。在革命时期,用口头谈话和个人交往的方式来从事领导,是一种极端的空想。必须公开地进行领导。必须使**所有其他的**工作方式完全无条件地从属于这一种方式。中央委员会中负责写作的人首先应当关心的是每星期写(或让撰稿人写,不过编辑自己应当经常准备亲自写稿)两篇关于党和政治问题(如关于自由派、社会革命党人、少数派、分裂、地方自治派的代表团、工会,如此等等)的传单,并且尽一切力量把它们翻印出来,如果没有印刷所,那就马上胶印出50 份,分发给各地委员会翻印。《无产者报》上的文章有时稍加修改或许也可以当这种传单。我不能理解,为什么这些工作都没有做?? 难道施米特和维尔涅尔忘了我们有关这方面的谈话了吗?

难道每个星期撰写和印发一篇传单也做不到吗?? 关于第三次代表大会的《通知》①,直到现在国内还没有一个地方全文翻印过**59**,这太不像话了,中央委员会所有的这些有名的"技术部门"如此腐败,我简直不明白文特尔为什么不管? 佐梅尔等人为什么不管? 再说,我们各地方委员会不是有印刷所吗?!?

看来,中央委员们根本不理解"公开露面"的任务。而不这样做就没有中央,就没有党! 他们辛辛苦苦地工作,但是他们像鼹鼠一样,只是在秘密接头地点、在会议上进行工作,只是向代办员等等进行工作。这简直是浪费精力! 如果人手不够,那就让三流人才,甚至末流人才来做这类工作,但是你们自己一定要进行政治领导,首先要印发传单。其次就是亲自出席各区的代表大会(在波列西耶,谁也没去参加代表大会。真是糟糕。那几次大会差点没砸锅!)、代表会议等。必须直接印发中央委员会日志、中央委员会公报之类的文件,对各个重大问题每星期印发两次传单加以评论。而要印发这些传单并不困难:胶印50份分发出去,由某个委员会印好寄到这里来。重要的是要公开表示意见,**现在**是这样,**将来**也要这样,不能再做哑巴了。不然我们在这里就会完全被隔绝了。

也许,需要补充一下中央委员会的成员吧? 是否需要再添6个代办员? 在这方面我相信是可以找到人的。我现在有一个具体建议:由于中央委员之间几乎完全没有通信联系(我们从维尔涅尔和文特尔那里总共收到过两封信,从亚历山德罗夫那里只接到他旅途中的一些消息,"旅途观感",仅此而已。),必须绝对**执行**我们1905年5月10日全体通过的关于在1905年9月1日以前召开代

---

① 见本版全集第10卷第200—204页。——编者注

表大会的决议[60]。千万别拖延,不要舍不得花费 200 — 300 卢布。否则就大有危险,我们就不能搞好工作。而现在工作根本没有搞好,从所有的消息中都可以看出这一点。

现在离 9 月 1 日还有一个半月。还来得及准备并及时安排启程,但预先写信同亚历山德罗夫商量一下派谁出席。等你们的回信。

从日内瓦发往俄国

载于1926年《列宁文集》俄文版
第5卷

译自《列宁全集》俄文第 5 版
第 47 卷第 39 — 40 页

## 36

# 致俄国社会民主工党中央委员会

### (7月12日)

列宁致中央委员会

亲爱的朋友们:我对你们最近几封来信的意见是:除了下面两个决定外,所有的决定我全同意。(1)委任马特廖娜当代办员,我坚决反对,并且恳请你们重新考虑。此人头脑不清,他会使我们受害无穷,还会多次倒戈,他会做蠢事使我们名誉扫地,如此等等。还是让他留在委员会工作为好,他绝对不适宜当代办员。是不是安排他做点技术工作呢? 至于斯坦尼斯拉夫,请告诉我,他是怎样一个人,是怎么回事。从我这方面来说,我极力推荐拉拉扬茨当代办员,他曾在敖德萨和南方局表现出卓越的组织才能,大家都说他的工作做得非常出色。他是整个地方工作的灵魂,——甚至对"死硬派"并无好感的许多敖德萨人也这样说。而且他是个原则性极强的人。

(2)关于普列汉诺夫,我感到非常奇怪的是,你们用沉默来回避当初我和文特尔在这里提出的问题。难道我们能够委任一个不愿意加入党和不愿意承认第三次代表大会的人担任党的代表吗?要知道,他现在在刊物上公开声明,他不认为第三次代表大会是合法的,他要做代表就**只能**做两派的代表。文特尔在这里的时候,这里就有许多同志指出,如果我们委任普列汉诺夫,那就是迁就他,彻底毁了他。我起先赞成普列汉诺夫,但是现在感到不能无条件地委任他。请具体想一想,派一个谁也不和他讲话,并且也**无法**使他真正"**代表**"**中央委员会**而不"代表"他自己的人担任驻国际局的代表会意味着什么! 我们现在终于和国际局(社会党国际局)直接联系了,我们看到有不少零碎的事情如款项方面和其他方面的事情要做(不久以前我曾以俄国的名义就俄国的事情向他们提出了要求;他们最近问过我关于代表产生的方法,等等)。国际局来信说又有个什么"倍倍尔的建议"[61](还没有寄到我们这里);想必是这个老头又想来进行"调解"了(考茨基曾就印发德文版《通知》一事发表了一篇最卑鄙的文章[62])。请你们设想一下,如果普列汉诺夫当了代表,而且让他就"讲和"问题和倍倍尔打交道的话,我们的处境会怎样呢!?? 我很明白,一些非常有力的理由使我们所有的人尤其使你们希望"讲和",希望委任普列汉诺夫,但是我可以肯定,如果讲和没有**实际**保证,这些步骤就只会是虚有其名,会把问题弄得更加复杂,会造成新的分裂、破坏协议,争吵和**新的**仇恨,结果只会**使**统一的工作**延迟**。我认为，在没有根据经验制定出一个**切实可行的**关于统一的计划以前，任何关于统一的议论都是空话。事情正在朝这一方面发展，必须等待几个月，让大家都知道代表会议的决议荒唐，**经验**会摧毁他们的愚蠢的"组织章程"，**经验**会迫使他们压缩自己的要求（因为整个说来，我们的情况胜过他们，并且我们显然是在走向胜利），到那个时候，才能使两个中央机构不必经过调解人而开始进行直接的谈判，到那个时候，我们才能制定出（当然，究竟是一下子就能制定出来，还是要经过两次、三次才能制定出来，这就很难说了）共处的方式。但是现在必须进行斗争。

我的意见是：可以按照你们的心意向普列汉诺夫提出"建议"，**但是要有条件**，就是他愿意承认第三次代表大会，愿意到党内来并且愿意服从党的决议。这样做，我们既保持了外表上的体面，又可以防止一切可能发生的混乱。

在没有得到你们的答复以前，我决不向普列汉诺夫提出任何建议。务请你们推迟到9月间我们会面时再作决定。

我非常奇怪，你们对于雷涅尔特执笔并寄给我的那封《公开信》[63]为什么只字未提呢？这是怎么回事呢？我真不能理解。为什么在**决定**里丝毫也没有提到这件事呢？？请你们尽快告诉我，是否需要送到中央机关报登载？如果需要，我十分希望在策略分歧这方面略加修改，以免和我的小册子（柳比奇将要告诉你们）发生矛盾。[64]我希望我们在这一点上不要有分歧，如果可以的话，我要求让我来作这个修改。

非常奇怪，国内没有把《通知》全文登载出来。这简直不像话！！！赶快督促所有的技术部门把这个工作抓起来，千万！！

多谢你们寄来了详细的决定、地方委员会的信件和传单。我们之间终于建立了某种近乎正常的关系！请你们不要抛弃这个习惯,并且在彼得堡找一个好秘书。我们迫切需要从彼得堡了解党的事务,了解自由派,了解各小组讨论党内生活问题的情况,等等,等等。别忘了,崩得和孟什维克在这里比我们消息灵通得多！

　　紧紧握手！

**尼·列宁**

从日内瓦发往俄国

载于 1926 年《列宁文集》俄文版
第 5 卷

译自《列宁全集》俄文第 5 版
第 47 卷第 41—43 页

37

## ☆致布鲁塞尔社会党国际局书记处

1905 年 7 月 24 日于日内瓦

　　亲爱的同志们:几天以前我们收到了你们 6 月 28 日的来信以及随信附来的重要材料(倍倍尔同志和普列汉诺夫同志的信),但是由于太忙,我们没有能够立刻给你们回信。

　　一、关于普列汉诺夫公民的信,我们必须作如下说明:(1)普列汉诺夫公民说在我们党的第二次代表大会(1903 年 8 月)以后我们只是在组织问题上有意见分歧,这是完全不符合实际情况的。第二次代表大会上的"少数派"(以阿克雪里罗得、维·查苏利奇和马尔托夫等公民为首)实际上在代表大会一结束就分裂了党,宣布抵制代表大会选出的中央机构并建立了"少数派"的秘密组织,这个组织直到 1904 年秋天才解散。普列汉诺夫公民本人在第二次党代表大会和俄国社会民主党国外同盟代表大会(1903 年 10 月)上是站在我们这边的,虽然,他自己显然对于我们的意见分歧有过稍微不同的看法,他在《火星报》第 52 号(1903 年 11 月)上公开宣称,为了避免党的分裂,必须善于向"修正主义者"(普列汉诺夫语)作让步。

(2)说党的第三次代表大会是"擅自"召开的,这也不符合实际情况。按照党章规定,只要有半数的委员会提出要求,总委员会必须召开代表大会。但是总委员会竟无视党的章程(这一点你们读了已经译成法文的第三次代表大会的决议一定知道了)。党的这些委员会和它们选出的多数派委员会常务局,无论从道义上来说,或者按规定来说都有责任召开代表大会,虽然这是违反了不肯召开代表大会的总委员会的意志。

(3)你们从第三次代表大会的决议中可以知道,选派代表出席这次代表大会的不是什么"近半数享有全权的组织",大多数最大的委员会都选派了代表。

(4)的确,在我们党内有一些同志被人戏称为"泥潭派"。他们在党内斗争中经常从一方倒向另外一方。这些倒戈分子中的第一个是普列汉诺夫公民,他在 1903 年 11 月从多数派倒向少数派,到 1905 年 5 月 29 日又脱离了少数派,退出了《火星报》编辑部。我们不赞成这种倒过来倒过去的行为,但是我们认为,"泥潭派"分子经过长期的动摇决定追随我们,我们是不能责怪他们的。

(5)普列汉诺夫公民在给国际局的信(1905 年 6 月 16 日)中忘记提到自己在 1905 年 5 月 29 日写的信,是很不应该的,这封信发表在《火星报》第 101 号上,其确切的完整的译文我们已经寄给你们了。

(6)普列汉诺夫公民谈到党的另一派别聚集在旧的中央机关报《火星报》的周围,但是又忘了补充说,"少数派"代表会议(1905年 5 月)废除了第二次代表大会所通过的党章,没有创办新的中央机关报。我们认为社会党国际局应当有这次代表会议各项决议的完整译文。如果《火星报》不愿意把这些决议的译文寄给国际局,我们愿意代劳。

(7)普列汉诺夫公民说,赞成召开第三次代表大会的只有两个未被捕的中央委员[65](其余的都被捕了)。普列汉诺夫公民信上写的日期是 1905 年 6 月 16 日;第二天,即 17 日,在第三次代表大会创办的党的中央机关报《无产者报》第 4 号上登载了如下的声明:"读了中央委员会给党总委员会主席普列汉诺夫公民的公开信以后,我们完全赞同中央委员会的意见,由于某种原因(凡是熟悉党内生活发展经过的同志都知道这种原因),我们认为必须公开声明我们赞同中央委员会的意见。"声明上署的都是假名,有马、别姆、弗拉基米尔、英诺森、安德列、老鸦等六人。我们可以秘密地告诉你们,这些人就是**被捕的中央委员**。可见,中央委员们一知道在召开代表大会的问题上中央同普列汉诺夫公民(也就是同总委员会)发生冲突,多数人就立刻表示拥护中央而反对普列汉诺夫公民。我们务请国际局书记处告诉我们,普列汉诺夫公民是不是认为必须把被捕的中央委员的这一重要声明向国际局作介绍呢? 这一声明完全驳倒了普列汉诺夫公民 6 月 16 日信中的断语。

(8)普列汉诺夫公民说两个派别都请他留任党在国际局中的代表,这是他弄错了。直到现在,我们党的中央委员会根本没有提出过这方面的任何请求。我们在前几天告诉过你们,这个问题虽然提上了议程,但是还没有最后解决。

(9)普列汉诺夫公民以为,在我们的意见分歧这个问题上,他不难做到不偏不倚。但是,综上所述,我们认为这对于他是相当困难的,几乎是办不到的,至少在目前是如此。

**二、下面谈一谈倍倍尔同志**就我们的事情提出的**建议**。

这里我必须作如下的说明:

(1)我只是一个中央委员,只是党中央机关报《无产者报》的主编。我只能代表整个中央委员会处理国外事务和某些委托我负专责的事务。在任何情况下,我的一切决定都可以被中央委员会全体会议否决。因此,我不能决定由国际局出面干预我们党内事务的问题。但是,我把你们的信以及倍倍尔和普列汉诺夫两位公民的信立即寄给在俄国的所有中央委员了。

(2)为了使中央委员会能够更快地作出答复,国际局最好能作某些必要的说明:(a)"干预"(intervention)这个字眼是不是应该了解为仅仅具有道义力量而没有强制力量的调停和忠告?(b)还是说国际局指的是仲裁法庭作出的必须服从的决议?(c)国际局执行委员会是不是要让社会党国际局全体会议就我们的意见分歧作出最终的不能上诉的决定?

(3)从我这方面来说,我认为必须告诉国际局,倍倍尔公民在第三次代表大会前不久已经向我和我的同志们提出过这种建议,他向我们表示他自己或者整个德国党执行委员会(Parteivorstand)愿意担任仲裁,调停我党多数派同少数派的争论。

我回答说,党代表大会快要召开了,我个人不能代替党或者以党的名义作决定。

多数派委员会常务局拒绝了倍倍尔公民的建议。第三次代表大会对这个建议没有作出任何决定,也就是默认了多数派委员会常务局的答复。

(4)国际局认为可以从"某些德国报纸"了解情况,因此我不得不声明,几乎所有的德国社会党报纸,特别是《新时代》杂志和《莱比锡人民报》[66]完全站在"少数派"方面,阐述我们的情况很片面很不真实。例如,考茨基自称不偏不倚,其实并非如此,他甚至不让人在《新时代》杂志上反驳罗莎·卢森堡一篇为破坏党组织的行为辩护的文章[67]。考茨基甚至在《莱比锡人民报》上劝大家不要散发载有第三次代表大会决议译文的德文小册子!! 这就不难了解,为什么俄国有许多同志都觉得德国社会民主党对待俄国社会民主党队伍中的分裂问题是不公正的,是抱有很大成见的。

亲爱的同志们,请接受我们兄弟般的敬礼!

弗拉·乌里扬诺夫(尼·列宁)

1905 年用法文和俄文印成胶印　　　　　　译自《列宁全集》俄文第 5 版
传单　　　　　　　　　　　　　　　　　　第 47 卷第 43—47 页

38

# 致俄国社会民主工党中央委员会

第 1 号

1905 年 7 月 28 日

亲爱的朋友们:必须尽快决定下面两个重要问题:(1)关于普列汉诺夫的问题。我们专门派了一个代办员(利亚多夫)去向你们

报告情况。这里我再简单地谈谈。普列汉诺夫干得非常无耻,他
给社会党国际局写了一封信,说他已经得到两派的承认(!),他还
用种种恶言辱骂和诽谤我们的第三次代表大会。国际局已经把他
的信抄寄给我。我将把它寄给你们。我费了很大的周折才和社会
党国际局取得了直接联系,并且批驳了普列汉诺夫。普列汉诺夫
于是拒绝再当代表。你们知道,我过去根本不是绝对反对委任普
列汉诺夫,但是现在再这样做简直是不可思议的了。这样出尔反
尔,会使我处境为难。这会使我们在社会党国际局的心目中声誉
扫地。不要忘记,几乎所有外国的社会民主党人都和"圣像"站在
一边,他们把我们不当一回事,瞧不起我们。你们只要一不谨慎,
就会毁坏整个事业。因此万分希望维尔涅尔和施米特尽快地(哪
怕是暂时地)肯定我所采取的步骤。这是一。第二,可以让普列汉
诺夫代表俄国社会民主工党中央委员会主办一个学术刊物,但是
要有条件,就是他必须承认第三次代表大会和服从代表大会的决
议。如果他拒绝了,那是他的过错,我们已经表明我们和解的心意
了。如果他接受了,那么我们就采取下一个步骤。因此,关于代表
资格的决定我坚决建议取消,而关于学术刊物的决定[68]我建议根
据这个条件加以修改。(2)关于社会党国际局提出的进行调解的
建议。建议全文已由利亚多夫带去,但是我还要寄给你们一份。
社会党国际局为了从中调解,建议召开一个由社会党国际局委员
主持、有我们和少数派的代表参加的代表会议。外国的社会民主
党人(倍倍尔等人)竭力主张社会党国际局对我们施加压力。甚至
英国人也写来了这样的信(是"社会民主联盟"[69]写来的,我这里有
信的抄件,信中用通常的调解语气说,在这种时候争吵是犯罪的等
等)。我已写信告诉社会党国际局,说这个问题我自己没有权利决

定,必须由整个中央委员会来决定,我说我马上写信给中央委员会。接着我就问他们,他们只是要进行调解呢,还是要设立双方必须服从的仲裁法庭。我说我必须把这件事函告中央委员会。他们还没有回信。

我的意见是这样的。召开代表会议非同意不可。时间可定在9月1日左右。一定要从国内派1—2名中央委员参加(不要忘记,9月1日以前规定要召开我们党的代表大会,这次代表大会从各方面来说都是极其必要的)。我们对于调解表示感谢。但是对于仲裁法庭的必须服从的决定,我们要根据第三次代表大会的决定[70]加以拒绝,因为第三次代表大会的决定是我们必须无条件遵守的,而这个决定规定,和少数派完全合并的条件必须提交第四次代表大会批准。第三次代表大会委托我们准备和拟定这些条件,但不是最后批准这些条件。为了执行第三次代表大会的委托,我们接受调解,我们力求制定出一个最详细的马上达成协议和逐步进行合并的方案。如果顺利的话,达成协议可以马上实现,而合并计划将提交第四次代表大会,这次代表大会必须和少数派各组织都要参加的他们的代表大会同时同地召开。最重要的是要考虑到,孟什维克没有一个他们必须服从其决定的中央。《火星报》不从属于组织委员会。我们不要当傻瓜,不要去和那些无权代表也不能代表整个少数派说话的人谈判。因此必须马上提出警告,出席有社会党国际局参加的大会的少数派代表,应当既有组织委员会的代表,又有《火星报》的代表。此外,这些代表还应当保证在短期内征求少数派各组织的意见,并把这些组织的名单交给我们。同时,如果根据国内的情况你们认为更重要的是让国内的孟什维克派更多的代表,那么你们商量一下《火星报》是否需要有特派代表。这个问题你们更清楚些。但是不要忘记,不得到《火星报》的同意,一切协议都将是空的。另外还有一个问题:是否需要把第三次代表大会的秘密决定告诉社会党国际局? 我们是否有权这样做? 我拿不定主意。当然,告诉欧洲的社会党人同志们并不是把决定"公开",并且,我们可以嘱咐他们不要公开。但是这样做是否恰当? 请你们决定一下。即使不把我们必须遵守的第三次代表大会的决议告诉国际局,也还是可以作圆满的解释的。

给组织委员会的公开信我将登在《无产者报》第 11 号上(第 10 号已经出版了),没有及早登载是因为等你们的说明,而你们的说明昨天才寄到。十分希望你们能在每个文件上批注:是否发表和是否马上发表。

因此,请尽快以维尔涅尔和施米特的名义至少回答以下的问题:(1)你们预备自己答复社会党国际局呢,还是委托我来答复?(2)你们是否同意我的答复? (3)不同意的话,非常希望赶紧回信,我们好把问题充分谈清;在这些事情上发生任何误解、含糊不清或互不通气,都会酿成大祸。


附言:请把我的信转给杜布瓦,我不知道他的住址。

从日内瓦发往俄国

载于 1926 年《列宁文集》俄文版
第 5 卷

译自《列宁全集》俄文第 5 版
第 47 卷第 48—50 页

# 39

# 致弗·德·邦契-布鲁耶维奇

## （7月31日）

亲爱的弗拉·德米·：

给您寄上"公文"一件①。

派您去总务委员会在目前是不合适的，因为这样做不会减少摩擦，反而会增加摩擦。**71**

有事请随时来找我。我并不认为有理由害怕摩擦。当然，碰到什么变动时，应该讲究策略和谨慎从事。

听说没有纸印下一号了！

向维·米·问好！握手！

您的 **列宁**

写于日内瓦(本埠信件)

载于1931年《列宁文集》俄文版
第16卷

译自《列宁全集》俄文第5版
第47卷第51页

---

① 见本卷附录第19号文献。——编者注

# 40

# 致阿·瓦·卢那察尔斯基

## (8月1日)

亲爱的阿纳·瓦·:

给您寄上普列汉诺夫一本新的小册子[72]。他对马赫主义者的冲撞和"刺激"多么轻微啊！从实质上讲,我觉得普列汉诺夫对马赫的批判是正确的,因而这样轻微的冲撞和"刺激"就使我感到更为遗憾。

我想写一篇短文——《格·普列汉诺夫的新言论》。

请为您的小册子《西欧无产阶级革命斗争史纲要》[73]准备一篇前言。关于二月革命的文章[74]我们将另行发表。

中央委员会从国内来信说,希望您多写点东西。[75]没有您经常的和密切的合作,我们感到十分困难。确实,报纸是在出版,但内容显得有点单调。这是一。第二,没有小册子,特别是通俗的小册子。您要继续保持《彼得堡的工人是怎样向沙皇请愿的?》一文的风格。

我的小册子[76]将于本周出版。我会寄给您的。

代表大会的记录大概在8月份出版。

瓦西·瓦西·全被琐事缠住了,因而什么也没有写。这使人感到极为遗憾。

握手!

您的　**列宁**

从日内瓦发往维亚雷焦(意大利)

载于1934年《列宁文集》俄文版
第26卷

译自《列宁全集》俄文第5版
第47卷第51—52页

# 41

# 致阿·瓦·卢那察尔斯基

1905年8月2日

亲爱的阿纳·瓦西·:昨天我发了一封"事务性的"信给您,并请人给您寄去了《火星报》第105号[①]和普列汉诺夫的路·费尔巴哈。今天想同您谈谈日常事务以外的事情。

我们在日内瓦的人情绪很坏。我常常觉得奇怪,一点事情就足以使那些还不完全独立、还不惯于独立进行政治工作的人情绪低落,精神不振。而我们日内瓦的布尔什维克的情绪也坏极了。斗争很激烈,第三次代表大会根本没有结束这场斗争,只是开辟了斗争的新阶段。火星派机灵活跃,到处奔忙,像买卖人那样恬不知耻,并且富有长期进行蛊惑宣传的经验,而我们的人大半还抱着一种"善良的愚蠢"或"愚蠢的善良"。他们不善于自己进行斗争,他们不机灵、不活跃、笨拙、胆小……  他们是好伙伴,然而却是一些

---

① 据说社论[77]满篇是胡言乱语! 您是不是尽快写篇反驳的文章呢? 如写,**请来电告知**。

十分不中用的政治家。他们不顽强,没有斗争精神,不灵活,不敏
捷。在这方面,瓦西·瓦西·是一个非常典型的人物:他是一个最
可爱的人,一个最忠实的工作人员,一个最诚实的人,但是,我担心
他一辈子也成不了**政治家**。他善良有余,甚至令人很难相信"加廖
尔卡的"小册子是他写的。但他既没有给机关报(他还老是抱怨我
不让他写关于崩得的赞美文章!),也没有给全体侨民增添战斗精
神。到处都笼罩着灰心丧气的气氛,然而所有的人(我在别墅共住
了3个星期,每星期到城里去**3**次,有时**4**次,每次4—5小时!)都
责备我,说他们那里的事情搞得不好,说孟什维克活跃得多等等,
等等!!

　　而我们的中央委员会,第一,也不很像"政治家",也是善良有
余,而顽强、机智、锐敏不足,不善于从政治上利用党内斗争中的每
件小事。第二,它过于看不起国外,坚决不让一切优秀人物到这里
来,或者把这样的人从这里调走。所以我们在这里,在国外,常常
落在后面。缺乏酵母素、推动力、发动力。人们不会人自为战。在
自己的会议上缺少报告人。没有人来鼓劲,没有人从原则上提出
问题,没有人能够高出于日内瓦的泥潭,更加严肃认真地对待利益
和问题。因此整个事业都遭了殃。在政治斗争中,停滞就是死亡。
要求很多,而且愈来愈多。新火星派并没有打瞌睡(现在,他们还
在"截获"来日内瓦的水兵[78],大概还用他们在政治方面所特有的
那种商人的吹嘘来引诱这些水兵,大力拉拢他们,在事后"利用"这
次敖德萨事件为他们的集团谋私利)。我们的力量少到**不能**再少
了。我不知道瓦西·瓦西·什么时候才写东西,作为一个报告人
和政治核心,他毫无可取之处,与其说他在激励人,在对人进行有
教育意义的训诫,不如说他在散布灰心丧气的情绪。施瓦尔茨不

在这里：他在那边写文章写得又勤又好，甚至好像比在这里写得更好，但只是写写而已。要他亲自去影响别人、指导群众和会议就不大擅长了，甚至在日内瓦也是这样。这里是一个很大、很重要的中心。俄罗斯人很多。来往的人川流不息。夏天更是个活跃的时机，因为在许许多多来日内瓦旅游的俄罗斯人中，有相当一部分人是应当而且可以加以利用、激励、吸引和指导的。

所有这一切都请您考虑一下，并且较为详尽地给我来封信（最好写我个人的住址：达维德·迪富尔路3号）。您记得吗？您曾经在信中说，我不在日内瓦不会有什么损失，因为我写的东西很多，并且已经出版。事情确是这样，您写的东西很多，报也办得**凑合**（充其量是这样，但是我们十分需要比这更好）。不过，损失不仅有，而且很大。这一点一天比一天令人更明显地感觉到。个人的影响和会议上的发言在政治上有极大的作用。没有这些就没有政治活动，甚至所写的文章在政治上的意义也会减少。而对手在国外拥有强大的力量，我们每个星期损失的东西，甚至一个月也弥补不上。维护党的斗争还没有结束，如果不竭尽全力，便不能取得真正的胜利……

握手！

您的　尼·列宁

从日内瓦发往维亚雷焦（意大利）

载于1934年《列宁文集》俄文版
第26卷

译自《列宁全集》俄文第5版
第47卷第52—54页

# 42

# 致俄国社会民主工党中央委员会

## 列宁致中央委员会

1905 年 8 月 14 日

亲爱的朋友们:刚才在《火星报》第 107 号上读到中央委员会和组织委员会 1905 年 7 月 12 日会议的记录。[79]直到现在**不见**你们答应寄来的记录,实在令人愁闷。信也没有。真的,办事情不能这样!发表《公开信》的计划如何,谈判是怎么安排的,打算作哪些让步,我一概不知。难道能够这样对待一个同事吗?? 请想一想,你们把我置于怎样的境地了! 这样的处境实在令人难堪,因为在这里,在国外,我得公开回答所有的人,你们冷静地想一想也应当承认这点。

你们给组织委员会的回答引起了一系列的误会。我真不了解,你们是要滑头还是怎么呢?? 第三次代表大会专门通过一项决议,规定合并的条件必须由另一次代表大会批准,难道你们忘记了?? 在两个竞争的机构同时存在的情况下,怎么能真正谈得上增补中央委员呢?? 允许两个中央机关报同时存在是完全背离第三次代表大会的章程和决议的,对这种行为怎么能够不闻不问呢?? 在组织问题上怎么能够不向孟什维克提出下列原则性的最后通牒呢?? (1)党的最高机关是代表大会,而不是全党投票;(2)党的书刊无条件服从党;(3)直接选举中央委员会;(4)少数(不带引号的)服从多数,等等。

关于运输的"协定"马上就被常礼服①撕毁,因而再次激起众怒,这一可悲的经验难道还没有向你们提出警告吗??[80]再没有什么东西比这项虚构的、谁也不满意的、会酿成新的斗争的协定更有害于未来的统一事业了。这项"协定"**必然**只会导致新的分裂,激起更大的愤怒!

也许你们是在耍滑头吧? 你们是想"欺骗"组织委员会呢,还是想离间国内孟什维克和国外孟什维克的关系?? 过去这方面的经验还不够证明这些打算是徒劳的吗?

我再次郑重说明:你们使我处于**难堪**的境地。我并不夸大。我恳求你们回答下面几个问题:(1)代表大会是不是像我们已决定的那样将在9月1日召开,或者你们取消了这个决定? (2)如果你们已经取消,那么你们的(中央委员的)代表大会将怎样召开,在什么时候和什么地方召开? 你们打算采取什么措施,让我能够投自己的一票并且(这更重要**得多**)了解你们的**真正的**意图。很多事情极其需要面谈。我们没有钱。不知道为什么德国人不给。如果你们不寄来3 000卢布,我们就要破产了。记录差不多全部排好版了[81],出版费需要1 500卢布。**从来还没有像现在这样一文不名。**

奥廖尔-布良斯克委员会的决议算什么决议呢?[82](《火星报》第106号)乱七八糟。务请告知你们所知道的情况。不能派一个人,如沃罗涅日的柳比奇到那边去吗?

从日内瓦发往俄国

载于1926年《列宁文集》俄文版第5卷

译自《列宁全集》俄文第5版第47卷第54—56页

---

① 指维·列·柯普。——编者注

# 43

# 致俄国社会民主工党
# 中央委员会和彼得堡委员会

寄交绝对者

列宁致中央委员会和圣彼得堡委员会委员们

8 月 14 日

亲爱的同志们:收到了康斯坦丁·谢尔盖耶维奇同志的来信和"声明"之后,我认为有责任作出以下答复,并请向彼得堡委员会的**全体**委员宣读。当然,按照党章规定,冲突应由中央委员会审理,而我完全无意于要求从这里自行作出判断。但由于提到了"卢申的信"这一国外产物,我就应该发表自己的意见。卢申是由于没有被邀请参加第三次代表大会感到受屈而从多数派转向少数派的卑鄙无耻的变节分子之一。"卢申的信"是在这之前,即在第三次代表大会之前由他(印刷)公布的。信中荒谬地指责多数派同少数派的斗争**不够坚决**(!)。在这封信上签名是康斯坦丁·谢尔盖耶维奇同志的错误,但因为这个错误而指责他则是极不明智的。对一个不熟悉国外"习气"(或者更确切地说:不良习气)的人来说,这种错误是完全可以原谅的。康斯坦丁·谢尔盖耶维奇自己也立即同卢申这个家伙断绝了往来。原先我知道康斯坦丁·谢尔盖耶维奇是个**卓越的**通讯员,是难能可贵的通讯员之一,后来我在日内瓦又**亲自结识了**他,总之,我应当帮他这个工作人员说几句话,并坚决反对把"卢申的信"拿来作指责康斯坦丁·谢尔盖耶维奇的借口。[83]

从日内瓦发往彼得堡

载于1926年《列宁文集》俄文版
第5卷

译自《列宁全集》俄文第5版
第47卷第56—57页

## 44

# 致阿·瓦·卢那察尔斯基

## (8月15日和19日之间)

亲爱的阿纳·瓦西·:

信收到了。请您最好用我个人的地址写信:达维德·迪富尔路3号。

关于科斯特罗夫的小册子[84]我不知道怎么办。印出来以后我还没有读过,但是根据旧手稿我知道这是个什么玩艺儿。您说的一点不差,这是本"黑帮著作"。您问:怎样回答呢?

瓦西·瓦西·给《无产者报》写了一篇短评,平淡无奇,我不想登载。奥林作了一次专题报告,他也在写,但他不会写。依我看这里需要两样东西:第一,"分裂情况简述",要通俗。要从头说起,从经济主义说起。要附上各种精确的文件。要划分时期:1901—1903年;1903年(第二次代表大会);1903年8月26日—1903年11月26日;1903年11月26日—1904年1月;1904年1—8月;

1904年8月—1905年5月;1905年5月(第三次代表大会)。

我想这可以写得很清楚、很确切、很扼要,连科斯特罗夫的读者也都会读它。

第二,要写一篇生动、尖锐、**透彻**和详尽的述评(文学批评式的)来剖析这班黑帮分子。实际上,这种伪善既是尔·马·(您读了第107号上那些乱七八糟的东西了吗?施瓦尔茨要写文章回答。我不知道是不是值得?)也是斯塔罗韦尔的衣钵。必须搜集许多这类的文章和小册子,戳穿这种粗暴的谎言,**抓住它**,使它脱不了身,正是要把它当做"黑帮著作"加以痛斥和制裁。现在新火星派提供了一大堆材料,如果仔细加以研究,彻底揭露这些**造谣中伤**、暗中诽谤等卑鄙手法,那就会产生很有分量的文章来。光是尔·马·的这些闪烁其词的"人身攻击"就已经是多么醒龊啊!!

第一个题目我可能会写,但不是现在,不是马上;现在没有工夫①(可是到那时也许完全耽误了!)。

第二个题目我不打算写,而且我认为**只有**您才能做这件事。不用说,这是一件不愉快的、惹人讨厌的工作,但是我们不是厌恶工作的人,我们是办报的人,而对社会民主党的评论家来说,对"丑行与毒害"不加痛斥是不容许的。

请考虑并请来信。

应该写一本关于群众性政治罢工的小册子,这在您并不是难事。

_____

① 我现在正着手答复普列汉诺夫(《社会民主党人》第2期[85])。必须把他痛骂一顿,因为他也有许多卑鄙行为和毫无价值的论据。但愿我能成功。

其次,我正在反复考虑《工人阶级和革命》这本通俗小册子的提纲[86],小册子将评述民主主义和社会主义的任务,然后作出起义和成立临时革命政府等的结论。我想,这样一本小册子是必要的。

您还应当继续写一些通俗的小册子,选择一个比较迫切的题目。什么题目,我就很难说了。谈谈布里根杜马吗?必须等到公布出来。**87**

最好是谈谈工人组织。把我们的章程(第三次代表大会)和代表会议的章程加以比较,反复解释、说明无产阶级的**革命**组织(特别是为了起义)的思想、重要性和方法,说明党的组织和靠近党的组织的差别等等。在某种程度上这也是对科斯特罗夫的答复,对群众说来,这是对一个迫切问题的通俗说明。请试试看!

紧紧握手!

您的　**尼·列宁**

从日内瓦发往维亚雷焦(意大利)

载于1934年《列宁文集》俄文版第26卷

译自《列宁全集》俄文第5版第47卷第57—59页

45

# 致阿·瓦·卢那察尔斯基

### (8月26日以前)

亲爱的阿纳·瓦·:

得知您要写小册子《三次革命》的计划我很高兴。您最好先别回答普列汉诺夫,让这个恼火的学理主义者自己去叫骂好了。在这种时候还专门去钻哲学!?应当全力以赴地为社会民主党工作,不要忘记,您应当拿出**全部工作时间**。

　　赶快认真地写三次革命吧。这个问题应当**详细地**好好地加以研究。我相信,您一定能够写成。要通俗地叙述社会主义的任务,社会主义的实质和实现的条件。其次,目前革命的胜利,农民运动的意义(专门一章),**现在**怎样才能取得完全的胜利?临时政府,革命军队,起义——新的斗争形式的**意义和条件**。类似1789年和1848年的革命。最后(最好把这一点当做第二部分,而把前一部分当做第三部分),说明革命的资产阶级性质,比较详细地说明**经济**方面,然后彻底揭露解放派的全部**意图**、策略和政客手腕。

　　这的确是很丰富的题材,并且是反对《火星报》的庸人们的战斗题材。请赶快动笔吧,并多加研究。写出一本有关这个题材的内容丰富又很通俗的读物是极端重要的。

　　然后再谈一下分裂问题。您没有了解我的意思。您不必等待我,因为题材是各式各样的:有的谈历史(我们努力来整理这个历史);有的专门评述他们的论战手法。譬如书评可以用这样的题目:《粗俗的书刊》。这已经可以写成整整一本包括几章的小册子,加上引文和说明,来彻底分析斯塔罗韦尔、马尔托夫等人同《无产者报》论战时的庸俗性,以及在《布尔什维主义还是孟什维主义》中的老调子等等。盯住他们**渺小可怜**的作战**手法**。把他们当做一种**典型**。用他们的话描绘他们的全貌。我相信,只要稍微搜集一下材料,您就能写出来。

　　紧紧握手!

您的　**列宁**

　　附言:关于库兹明-卡拉瓦耶夫的论文收到了。有关48年的小品文也收到了。

从日内瓦发往维亚雷焦（意大利）

载于 1934 年《列宁文集》俄文版
第 26 卷

译自《列宁全集》俄文第 5 版
第 47 卷第 62—63 页

# 46

# 致潘·尼·勒柏辛斯基

## （8 月 29 日）

致俄国社会民主工党国外组织

**日内瓦小组代理书记**

奥林同志

中央委员会国外代表的**决定**，**必须**在最近一次小组会上（即今天，8 月 29 日，如果这一决定是在开会期间送到的话）**全文宣读**。

今天，1905 年 8 月 29 日晚 8 时，中央委员会国外代表收到了日内瓦小组给发行委员会的信的抄件和后者给日内瓦小组的复信的抄件。

根据这些文件，俄国社会民主工党中央委员会国外代表要向日内瓦小组说明，这个小组表现出对党的纪律无知，并且违反了党章。发行人是中央委员会的代表。对中央委员会的代办员的任何不满，应首先由中央委员会亲自审理。党内的一切冲突，尤其是党的各种组织的党员与中央委员会代办员之间的冲突，由中央委员会根据党章予以审理。因此,邀请中央委员会的代办员参加小组会议,从这个小组方面说,是一种在组织手续上既不正确同时又不合情理的措施。

如果这种邀请不是作为组织手续上的一种措施,那就没有必要用书面形式搞得那么郑重其事。

"负责人员的""个人行为",如果真的只是个人的(职务以外,与职务无关的)行为,那么小组来处理这种行为就是**无谓争吵**。如果个人行为和职务有关,那么,凡是不满这种行为而又坚持**按组织手续正式地**审理这种不满的党员,**必须首先按组织手续通知中央委员会**。俄国社会民主工党日内瓦小组在没有**按组织手续**把问题通知中央委员会以前,就向小组"**提出了**"从**组织手续上**处理不满意中央委员会的代办员的问题,这就又犯了不了解党纪和党章的错误。

我这里所指的**无谓争吵**和**对一个负责人员进行批评**的区别(任何一个党员都**有义务**批评,但是对各中央机构或代表大会要进行公开和直接的批评,而不是进行背后的、私下的和小圈子的批评),小组显然还没有清楚地意识到。

因此中央委员会的国外代表有责任警告小组的全体青年同志。在国外的"侨居"环境中,常常可以碰到一些沾染着专事无谓争吵、无事生非、搬弄是非的坏习气的人;常常也有些人对中央委员会或代表大会委托他们的职务不好好执行,但偏偏最爱议论别的党员执行其他职务如何不能令人满意。有些同志由于没有经验、好奇和无主见,常常会听信这些人。其实不应当听信他们,应该马上打断他们的话,**在"负责人员的个人行为"需要按组织手续解决的问题没有通过组织手续提交党的有关机构审理并解决以前,不许**他们提出这类问题。

　　国外的党员很容易沾染我指出的那种坏习气,但所有年轻的和神经正常的同志应该严格地监督自己和别人,因为要消除这种坏习气,**唯一的**方法就是在一切无谓争吵和搬弄是非的企图**刚一开始出现的时候**,立即**毫不留情地**加以制止。

　　所以,中央委员会国外代表特作如下决定:

　　一、**要求**日内瓦小组**收回** 8 月 28 日给发行部的信。

　　这就是最迅速地制止这种坏事的最好办法,事情的进程本身有使这种坏事引起最不愉快的纠纷和分裂的危险。

　　**我以中央委员会的名义**提出的**请求**,小组自然不一定非执行不可。我所以提出这个**请求**,是因为我**与这些同志**有往来,而且我同他们还从来没有发生过一次正式的冲突。

　　二、如果小组拒绝我的请求,那么决定的第一项就失去了意义。如果是这样,我建议小组:

　　(1)通知我小组是否服从以上对党章所作的那种说明,也就是说,是否服从**我以中央委员会的名义作出的决定**(对这项决定可以提出申诉:(一)向中央委员会全体会议;(二)向代表大会,但在最高机构将它废除以前,它必须得到遵守)。

　　(2)根据党章第 11 条,请把小组成员的情况以及在目前这一不幸事情方面"小组的全部活动"(表决等等)统统告诉我。

俄国社会民主工党中央委员会国外代表

**尼·列宁**

写于日内瓦(本埠信件)

载于 1931 年《列宁文集》俄文版
第 16 卷

译自《列宁全集》俄文第 5 版
第 47 卷第 59—61 页

# 47

# 致潘·尼·勒柏辛斯基

(8 月 29 日)

根据瓦西·瓦—奇同志的要求,我把我的决定中他指出的那个地方(可能有些人自己不好好工作,但很爱议论别人的缺点)说明一下。有人说我在这里想责备某人,这是没有根据的。**每一个党的工作人员**在工作上都有缺点,但是在批评缺点或向党的各个中央机构分析这些缺点时,应当**慎重**、注意分寸,否则就成为搬弄是非。我的决定的整个精神,完全在于提出这种**警告,请求**马上制止这种错误的、不正常的情况。

**尼·列宁**

写于日内瓦(本埠信件)

载于 1931 年《列宁文集》俄文版
第 16 卷

译自《列宁全集》俄文第 5 版
第 47 卷第 62 页

# 48

# 致《无产者报》的一位通讯员

## （9月初）

尊敬的同志：

您的《我们怎么办？》一文不宜刊登。您**在制造并不存在的**分歧。我们已经有这么多重大的分歧了，所以必须防止再引起分歧。谁在什么地方**特意**说过要强行驱散的话呢？[88]我想没有人说过。只是有人设想过可能出现一种**超乎**我们意志的**不可避免的**结果。我们号召去参加集会，**甚至**要**强行**挤进去宣传**我们的**口号。也许，有时有过一些不恰当的说法，但是对此进行挑剔就意味着重复新《火星报》[89]的卑劣伎俩。您当然不会存心挑剔，这是毫无疑问的。但您没有拿出什么来证明有"失去分寸"的地方。而说"整个策略必须表现在分寸这个词上"等等——要知道，这就完全……"不怎么样"了。

致同志的敬礼！

尼·列宁

从日内瓦发往俄国

载于1924年莫斯科红色处女地出版社出版的《〈前进〉和〈无产者报〉。1905年最早的布尔什维克报纸》一书

译自《列宁全集》俄文第5版第47卷第11页

# 49

# 致俄国社会民主工党中央委员会

## 列宁致中央委员

1905年9月7日

亲爱的朋友们:今天得知你们同意和崩得、拉脱维亚人等等举行代表会议讨论国家杜马问题。<sup>90</sup>虽然这已经是一个月以前的事情了,我却只是今天才知道! 我只好写信再一次向你们提出"抗议"(看来,这种差事成了我的职业了)……

当然,我要向第四次代表大会正式控告你们犯有"违反党章和党的意志而恢复两个中央机关并存的局面"的罪行。我一定要这样做。请想一想,难道你们不是造成了两个中央机关并存的局面! 我的**职务**不是**负责**领导中央委员会机关报吗? 不是这样吗? 要是关于任何策略问题都**丝毫**不写信告诉我,对于正式质询关于"预定"公历9月1日会见一事也不答复,那我究竟怎么领导呢? 你们想一想,要是我们发生意见分歧,这会产生什么结果? 难道叫一个人及时写信谈一下"国家大事"也困难吗??

我在《无产者报》第12、14、15号上都写了有关国家杜马的文章。在公历9月12日出版的第16号上我还要写<sup>①</sup>。崩得在《最新消息》(公历9月1日,第247号)上说了些简直是活见鬼的话。<sup>91</sup>我们要狠狠地揍它一顿,让它一辈子也忘不了。这些崩得分

---

① 见本版全集第11卷第160—167、172—180、188—199、232—237页。——编者注

子都是些大笨蛋和自吹自擂的人,傻瓜和白痴,简直令人不能容忍。《火星报》真是信口胡说,特别是马尔托夫在维也纳的《工人报》(公历8月24日——译文载于《无产者报》第15号)上信口胡说。**92**千万请你们不要急于作出正式的决议,并且对于这次崩得分子和新火星报分子的代表会议丝毫不要让步。难道又不作记录??同这些寡廉鲜耻的人开会难道可以不作记录吗?

关于"亚美尼亚社会民主联盟"**93**我要特别提出警告。如果你们已经同意他们参加代表会议,你们就犯了**致命的**错误,**无论如何**都要改正过来。这些人只是在日内瓦的寥寥无几的破坏组织者,在这里出版一些根本不值一提的东西,同高加索没有任何**认真的**联系。这些人是一些为培育高加索的崩得主义而专门虚构出来的**崩得的**亲信。你们要是让这伙人参加**国内的**代表会议,就是说参加在俄国工作的各组织的代表会议,那你们就会狠狠地碰一鼻子灰。高加索的同志们全都反对这一帮破坏组织的文人(我从好多人那里知道这一点);而且我们很快就要在《无产者报》上把他们大骂一顿。你们只会惹起高加索的抗议,只会惹起**新的**纠纷,而不会是"和平"和"团结"。别那么做吧!怎么能忽视高加索联合会,忽视很多在俄国工作的人,而跟这些日内瓦泥潭里的沉渣混在一起!! 我哀求你们不要这样做。

关于同组织委员会平分经费的决定已收到。一定执行无误。

握手!

**尼·列宁**

从日内瓦发往俄国

载于1926年《列宁文集》俄文版
第5卷

译自《列宁全集》俄文第5版
第47卷第63—65页

# 50

# 致彼·阿·克拉西科夫

1905年9月14日

　　亲爱的朋友:我赶紧回答您的悲观的来信。我不能核对这些事实,但是我觉得您把它们夸大了,这是第一。中央委员会的快报很好,《工人报》**94**第1号非常好。这是件大事。财务状况现在不好,但是有门路,并且大有前途。搞了一个大企业,很牢靠也很赚钱,因此,"财政家"①**显然**没有睡觉。第二,您对问题的看法是不对的。期待中央委员会或它的代办员当中完全团结一致,这是空想。这"不是小组,而是党",亲爱的朋友! 请把重点放到各地方委员会去,它们是**自主的**,它们那里有广阔的余地,它们那里可以放手进行财务上的和其他方面的联系,可以无拘束地在书刊上发表言论等等。要当心,自己不要犯您指责别人所犯的那种错误,不要唉声叹气,如果代办机构不合您的心意,那您就努力去做委员会的工作,并鼓励自己的同志也去努力做这种工作。假定您同"代办员们"有分歧,您就在委员会中(特别是如果能组成一个同心协力的、有原则的委员会的话)实行自己的观点,并在这个委员会中执行公开的、直接的、坚决的路线,这比同"代办员们"争吵要合适得多。如果您所说的委员会患贫血症和"代办机构"太多是真的,那你们手中就有治这种病的药:你们可以大批地拥进委员会去。委员会

---

　　① "财政家"即列·波·克拉辛。——编者注

是自主的。各委员会在代表大会上**决定**一切。委员会可以通过决
议。委员会有权发表文章。不要坐待"领导"，而要独立地去进行
工作。你们现在活动的范围是广阔的、自由的，在一个最重要的委
员会中工作是独立的、自主的、容易收效的。埋头到这种工作中去
吧，挑选一批同心协力的人，更大胆更广泛地到工人中去，尽速印
发传单，**为我们，为施瓦尔茨、我、加廖尔卡定制这种传单**，用委员
会的名义大声宣布自己关于党务的意见。您可以相信，您用这种
办法按您所希望的方向影响全党和中央委员会比您个人影响代办
员和中央委员，效果要大一千倍。我觉得，您是用老眼光看问题，
是用小组的眼光而不是用党的眼光看问题。中央委员会是经过选
举产生的，代表大会的日期已经不远了，你们有自己的权利，要利
用这些权利，并带领一切有毅力的、坚决的同志走这样的道路：到
委员会去!! 应当正式地通过委员会来施加压力，而不是个人通过
同代办员谈话来施加压力。要知道，谁愿意到委员会去工作，就不
一定去当代办员!

  您写道：代办员米雅姆林说，《火星报》上赫列斯塔科夫式的意
见[95]是正确的。好。这是他的权利。但是中央委员会在《快报》第
1号上宣布，党内有三分之二的人是站在我们这方面的。这就是
说，米雅姆林自己打了自己的嘴巴! 你们应当做的事是通过**自己
的**委员会制止米雅姆林们，并且揭露、拆穿他们，而不是通过同他
们对话的方式。是各委员会选举那些任命米雅姆林之流的人，而
不是米雅姆林之流决定党的命运。让坚决的人掌握委员会，这就
是对一切人的口号，我劝您广泛宣传解释和贯彻执行这个口号。

  代办员米雅姆林主张有两个中央机关报。又是同样的问题：
由谁来决定? 由各委员会和他们在第四次代表大会上的代表决

定。准备一个或几个委员会：这就是你们的崇高的和**实际的**任务。假定米雅姆林之流取得胜利。**各委员会**有权创办自己的机关报，甚至单独一个委员会也有权创办！！您抱怨说："人们在印刷托洛茨基的传单"（如果传单在修改后将就能用的话，这丝毫没有坏处。假如你们能把他的传单修改一下，我也劝圣彼得堡委员会印刷他的传单），或者您抱怨说："波里斯这样的人快要堕落了"，这是因为您陷到旧的、党成立前的观点中去了，所以您错了。我弄不明白。假定有波里斯这样的人，而且这些宝贝总是不少，假定波里斯之流和米雅姆林之流在大多数（**委员会**，不要忘了这一点，是**委员会**）中都有，那又有什么了不起。可是您断定说，这样就会"前功尽弃"。为什么？难道《无产者报》因此就垮台了，或者将要因此而倒闭吗？？即使"两个中央机关报"的荒诞言论也不能危害《无产者报》，而只能把谬论加到章程中去。生活本身会使《无产者报》存在下去而扫除掉谬论。而且米雅姆林之流也不敢关闭《无产者报》。最后，我们就假定会产生像您那样悲观设想的最坏结局：关闭《无产者报》。那我就要问：彼得堡委员会算干什么的呢？难道彼得堡委员会的机关报《无产者报》比"两个"中央机关报中的哪一个差吗？？请立刻采取坚决的措施，使彼得堡委员会同《无产者报》不是保持形式上的关系，而是保持切实的、紧密的、经常的关系，并且你们要加强自己的阵地和加强自己的思想影响，做到即使有几百个米雅姆林也不足为惧。彼得堡委员会是比所有的"代办员"加在一起还大两倍的力量。要把《无产者报》当做彼得堡委员会的机关报，把彼得堡委员会当做大力宣传《无产者报》的**思想**和策略的机构，这就是同米雅姆林派进行的**实际**斗争，而不是怨声载道和唉声叹气的斗争。在彼得堡可以找到几百个地址，在彼得堡可以碰到很多很多方便的机会,可以设立通讯员,活跃联系,定制传单,把《无产者报》上的文章重印成传单、缩写成传单、改写成传单等等。在传单上也可以而且应当谈论全党的问题(前两天科斯特罗马委员会给我们送来了反对任命普列汉诺夫参加国际局的决议:一个耳光,也就够了!)。同米雅姆林派进行斗争的方法应当是,**模范地**进行委员会的鼓动工作,**向党内散发战斗性的传单**,而不是向中央委员会发牢骚!

您说的是《曙光》杂志第5期(??)上我的哪一篇(关于普罗柯波维奇的)论文?我记不清了。您对鲁边有什么不满?一定要设法让我直接同他和拉拉扬茨发生密切的联系。

紧紧握手!经常来信,别发愁!用不着把米雅姆林们放在心上!

您的　尼·列宁

从日内瓦发往彼得堡

载于1926年《列宁文集》俄文版
第5卷

译自《列宁全集》俄文第5版
第47卷第65—68页

# 51

# 致俄国社会民主工党中央委员会

1905年9月15日

亲爱的同志们:钱(1 000卢布折合2 640法郎)和《工人报》第1号都收到了。这份报纸给人的印象很好。可以预期,用生动的通俗方法来说明问题这一难题会在很大程度上得到解决。叙述的语调和风格使人感到清新。有鲜明的战斗性。总之，我衷心祝贺已经取得的成就，并希望取得更大的成就。我个人现在只有以下两点意见：(1)鉴于该报是"解释性"的报纸，最好多谈一些有关**社会主义**的问题；(2)最好把战斗的政治口号同第三次代表大会的**决议**，以及同我们革命的社会民主党的策略的总精神更密切、更直接地联系起来。

现在谈一谈你们 1905 年 8 月 24 日的来信[96]，这封信的语调使我们大家非常惊奇。第一，关于互通声气的问题。你们"不可能做更多的事情"。这种说法是不对的，因为我们看到而且知道，崩得、孟什维克和很多布尔什维克都可以做而且正在做很多事情。事实是：国外的中央委员在了解情况方面不如崩得分子和《火星报》。应该纠正这种现象，应该坚定不移地不断地纠正这种现象。这里举一个最近的例子。你们关于积极抵制的决议[97]，我们最近**几天才收到**。可是从俄国来的人**早在 6 月**就知道这个决议了！！而你们却说"不可能做更多的事情"???? 由于决议来迟了，以致我们中间发生了意见分歧（不是我的过错），因为不知道你们是怎样解释的，我在《无产者报》上对"积极抵制"作了另一种解释①。

还可以给你们举一个你们恢复两个中央机关并存的事实。实质上，意见分歧并不大，但是在全党的活动方式问题上发生分歧终究是不妥当的。我觉得(1)从第三次代表大会决议的角度来看，把起义和临时革命政府的口号直接作为宣传运动的中心提出来，是非常重要也是唯一正确的；(2)建议"用暴力驱散"复选人大会是绝

--------

① 见本版全集第 11 卷第 160—167 页。——编者注

对错误的。这是有害的策略。二者必居其一:或者是没有大规模采用暴力的条件,于是只好进行鼓动、演讲、罢工、游行示威,说服复选人,但决不是"驱散"他们。或者是有大规模采用暴力的条件,那就应当用暴力去对付,但对付的不是复选人,而是警察和政府。那时就应该举行起义。否则你们就有陷入十分荒唐的境地的危险:工人"用暴力驱散"复选人,政府却用暴力保护他们!!这实际上说明,不直接坚决地提出起义口号作为反对杜马的鼓动中心内容,就会产生多大的危害。这个鼓动中心内容就是,准备起义,说服所有的人(包括复选人在内)准备起义,说明起义的目的、形式、方法、条件、机构和前提。但是当力量还没有积蓄起来的时候,决不要白白浪费**力量**,如果你们不说服复选人,而用暴力驱散他们,那简直是疯狂行为,对社会民主党说来是自杀行为。

其次,第二,你们来信说,对组织委员会没有耍花招,而是执行第三次代表大会的意志。我认为,你们显然是不对的。我还在①……曾写信告诉你们,为了统一,必须准备好实行统一的**条件**并且召开**两个代表大会**(在同一地点、同一时间内,每个组织都必须服从**自己的**代表大会的决定)。这就是说,没有分歧意见。但是,你们忘记了关于合并的条件**必须**经过第四次代表大会批准的秘密决议(下面我要谈到这个决议),这个事实终究是事实。我曾强调过这一点。组织委员会在自己的声明(中央委员会的《快报》第3号第5页)的第2点和第3点中,**直接表示反对**用召开代表大会的办法实行统一。这一点是决不能否认的。而你们**在答复中一**

---

① 手稿上在"还在"两个字后面留了空白,以便填写给中央委员会这封信的日期:7月28日(见本卷第38号文献)。娜·康·克鲁普斯卡娅勾掉了"还在"两个字并写上"以前就"三个字。——俄文版编者注

点也没有表示你们不同意！！结果正是你们取消了这个决议。无
疑这是一个错误，必须纠正。

最后，还有一个无可辩驳的错误：没有直接答复组织委员会。
你们来信说，"是指在第三次代表大会的基础上合并"。先生们，算
了吧！为什么要欺骗自己呢？为什么要用明显的两面手法削弱自
己的真实立场呢？？

在第三次代表大会的基础上实行合并的建议被拒绝了。文特
尔也好，瓦季姆也好还在这里时就直接向普列汉诺夫和组织委员
会提出过这个建议。实行这种合并就会只有一个中央机关报（普
列汉诺夫甚至通过他的代言人提出"三人小组"的建议）。实行这
种合并就会只有一个必须由两部分人组成的中央委员会，就是说，
"增补"不再是增补，而是真正的合并。

但是这个建议被拒绝了。这就是说，只有在第四次代表大会
以前达成协议和"在第四次代表大会的基础上"实行合并了。你们
不是直接地明确地答复，也不是公开地声明，而是在群众面前以沉
默来回避问题的实质（因为组织委员会明显地提出不在第三次代
表大会的基础上合并，而你们却回答说：总的来说是可以接受的，
好吧，我们再谈谈吧！）。而你们给我的来信说："第三次代表大会
的章程是我们的最后通牒"。这不是自己欺骗自己吗？要知道，如
果你们当众这样讲，首先所有的布尔什维克都要耻笑你们，其次，
孟什维克就会对你们这样回答：让你们对合并的一切善良愿望都
见鬼去吧！

我认为，最好直截了当地向全党声明：可惜，他们拒绝在第三
次代表大会的基础上合并。让我们这样来筹备第四次代表大会，
在同一时间，同一地点召开两个代表大会吧。让我们拟定合并计

划吧。比如,**在各地**所有的平行的组织中,两派的人数各占一半(仿照尼古拉耶夫[98])。如果是这样,就拟定一个平行的组织的名单,完备的名单,征求所有这些组织的意见。其次,假定中央委员会也是两部分,即各占一半。在实行彻底**合并**的情况下,原则上是不能反对这种"增补"的(尽管问题实际上要复杂些,应该知道有多少个平行的组织等等)。(顺便指出,很遗憾,你们在《快报》第1号上大吹大擂地说,三分之二的党员都站在我们这一边。这样说就等于说明你们将不同意"各占一半"。但你们说的三分之二是确有其事吗??)再其次,关于中央机关报的问题。我认为,在实行**合并**的情况下,还有两个中央机关报存在,这简直是荒谬绝伦的。我认为布尔什维克完全可能宁肯让一些委员会根据党章出版自己的机关报,也不会做这种荒谬的事情。在两个中央机关报相互**竞争**的情况下,合并只不过是一句空话。在这种情况下,最好是"达成协议"(在类似"尼古拉耶夫的"原则上),就是说,在各地设立由两派的同等人数参加的联合委员会或协商委员会。

第三,关于经费问题。你们说,中央机关报应该"靠国外经费"出版,中央委员会的垮台将**从中央机关报开始**,这种说法使我们大家很吃惊。你们说这不是气话,也不是指责。我不能够相信你们的话。如果这是严肃认真、心平气和、头脑冷静时说出来的,那就等于宣布中央机关报同党**决裂**,而这一点你们是不可能想做的。党中央机关报不是靠党的经费,而是靠国外的经费出版的,硬说党的垮台将从中央机关报**开始**(而不是结束),这真是稀罕的事情。如果我们信以为真,而不认为这是由于暂时的困难所表现出来的一种神经过敏(因为一般说来你们的收入是很"富裕的",预期还可以得到6万收入和一家"赢利"三倍于此的"企业"),那我们就会立刻采取措施,"靠国外经费"出版国外组织委员会的机关报。但是再说一遍,我认为,你们的这种骇人听闻的行为不过是神经过敏,但愿能够当面谈谈,因为我认为,这不是开始破裂,而是出于误会。

　　紧紧握手!

**尼·列宁**

从日内瓦发往俄国

载于1926年《列宁文集》俄文版
第5卷

译自《列宁全集》俄文第5版
第47卷第68—72页

## 52

# 致卡·胡斯曼

（9月16日）

亲爱的同志:

　　你们提议由社会党国际局出面调解我党两个派别的信件,均已全部寄往国内的中央委员会。现在我可以通知你们,中央委员会准备参加你们所说的会议,但是有一个条件,就是这个会议的性质应该只是一种预备会议。我想,中央委员会的代表在最近就能到达日内瓦或柏林,可能是9月间就到。

　　但是我必须通知你们,中央委员会准备同党内少数派的执行机关——组织委员会在国内订立协议。预备谈判已经进行过了,两党已经就国外组织为俄国革命拨款的款额达成了协议。协议文本已经在两星期以前寄给你们了。

鉴于只有国内同志完全谈妥以后和解的持久性才有保证,所以最好等这些谈判有了结果以后再来召开你们向我们提出的会议。

**弗拉基米尔·乌里扬诺夫(尼·列宁)**

从日内瓦发往布鲁塞尔

原文是法文

载于1929年《列宁全集》俄文
第2、3版第8卷

译自《列宁全集》俄文第5版
第47卷第72—73页

# 53

# 致谢·伊·古谢夫

## 列宁致国民

1905年9月20日

亲爱的朋友:谢谢您的第三封信。我们可能发表一部分。[99]您同编辑部不只是谈论一些形式问题(关于章程、联系、通讯处等等),也不只是谈论通讯的题材(发生了这样或那样的事情),而是谈论您的见解的**内容**,谈论您对于我们策略的**理解**,谈论**您**在实际中**如何**通过报告、会议等等贯彻这个策略。这是您的创举。同俄国国内的实际工作者进行这样的谈心,对我们是**很宝贵的**,我极其恳切地请求您到处宣传、提醒、坚持这样的意见:凡是想把中央机关报看做**自己的**中央机关报的人(当然所有的党员都应当这样想),就不应当仅仅写一些官样文章的复信和报告,而应当同编辑部谈心,**不是为了发表**,而是为了建立思想联系,同编辑部谈论他们怎样执行某种观点。如果认为这种谈心是闲聊天,那就是陷入了鼠目寸光的实践主义,等于对我们整个实际工作和整个鼓动工作的原则性、思想性统统放任不管,因为没有明确的、深思熟虑的、有思想性的内容,宣传鼓动就成了漂亮的空话。而要制定明确的、有思想性的内容,单给中央机关报撰稿是不够的,还必须同实际工作者共同讨论如何**理解**这些和那些原理,**他们实际上如何贯彻**这些和那些观点。不这样做,中央机关报编辑部就会悬在空中,就会不知道它的宣传是否被领会了,对这些宣传反应如何,实际生活如何改变这种宣传,需要作哪些修改和补充。不这样做,社会民主党人就会降低到这种地步:作家管写,读者管读[100]。我们的人对于党的联系的认识还是很不够的,必须用言语和实例来加强这种认识。

我尽量利用您的实例,发表您的来信的一部分。整个说来,我们同意您的看法(您的意见同我在《两种策略》中的意见一致)。其中我认为,您没有必要攻击孟什维克的"使**群众**作好起义的准备"这一说法。如果这算是错误,那也不是根本性的。

紧紧握手!

您的   **列宁**

从日内瓦发往敖德萨

载于1926年《列宁文集》俄文版
第5卷

译自《列宁全集》俄文第5版
第47卷第73—74页

# 54

# 致俄国社会民主工党中央委员会

## 列宁致中央委员会

1905年9月30日

亲爱的朋友们：

（1）给你们寄上要同马蕾赫签订的合同的草案，提请整个中央批准。[101]我建议批准它，否则这里就有一批人无以为生，而党又不能够维持他们的生活（其中包括《无产者报》的编辑和撰稿人）。这是个严重问题，务请不要一斧头砍掉，否则会引起极大的危机。

（2）我建议从50％提高到100％。马蕾赫应该会同意这一点的。

（3）还有，要使马蕾赫务必现在就服从某个人的思想**领导**（而不仅仅是监督），人选由她同中央委员会去商定好了。这是完全可以办到的，她是会同意的；这一条有原则性的重大意义，而且今后的实际意义也将会是非常巨大的。

（4）你们没有委派代表参加代表会议[102]，也不派原已答应派出的几位中央委员到这里来，这样，你们就使我，特别也是使你们自己在国际局面前处于难堪的境地。你们千万要明白，你们这样做又重新引起整个国际社会民主运动的反对。关于中央委员会这种令人奇怪的缄默，我已受到国际局的质问（我回答说，你们在原则上是同意参加不设仲裁法庭的代表会议的，你们很快就会派出代表,在俄国国内,组织委员会和中央委员会之间正在进行谈判)。

必须给国际局作出确切而明白的正式答复,否则你们将会使自己的名誉蒙受莫大的损害,似乎你们是在故意回避。[103]

(5)对你们来的事我已不抱希望了。为什么只字不提司索伊卡完蛋的事?请写信告诉我,你们是否确定放弃了来的打算?总而言之,我已经有一个多月没有从你们那里得到关于任何人的消息了。

(6)我告诉你们这里的一些有关普列汉诺夫的传闻。由于我们向国际局揭露了他,他明显地对我们怀有敌意。他在《社会民主党人日志》第 2 期中,像一个马车夫那样骂街。人们时而谈论他那份独特的报纸,时而谈论他回《火星报》的问题。结论是:对他的不信任定会加深。

握手!请回信,哪怕随便写点什么都行。

你们的　**列宁**

从日内瓦发往彼得堡

载于 1926 年《列宁文集》俄文版
第 5 卷

译自《列宁全集》俄文第 5 版
第 47 卷第 74—75 页

# 55

# 致俄国社会民主工党中央委员会

## (10月3日)

今天(公历1905年10月3日!!)才接到你们1905年6月24日印发的《快报》第2号。("统一的中央"——过了**3个月**才通知自己的委员……)

《党组织的原则》这篇文章很好。我以为,孟什维克是多么需要好好地从头学起! 真是很需要。这篇文章的作者写得很出色。我想把它登在《无产者报》上。[104]当然是迟了,但迟做总比不做好。

这篇文章使我想到,你们不能也不应当把中央委员会变成哑巴,而应当使它经常说话。通过同代办员秘密接头和会见时"窃窃私语"的办法进行思想领导的时代已经过去了! 应当用政治书刊进行领导。《工人报》不适合于这个任务,它有另外的作用。你们**绝对有必要**出版篇幅不超过**两个印刷页**的中央委员会简报,**每周出两次**。每期发表一篇有关政治、策略或组织问题的短文,其次再刊登一些两三行的简短通知。只是必须(1)用铅印,因为胶印很坏(难道连一个**迅速**工作的小机器也没有吗?),(2)认真地经常地这样做。

我不清楚你们想把《工人报》改成小型周报的计划。我认为,出版通俗化的机关报(我并不支持这件事,既然代表大会决定了,那就算了)是一回事,出版刊登真正领导性的一般政治文章的**简报**

是另一回事。三四个优秀的撰稿人你们那里是有的,这就是说,一个星期写两篇文章是轻而易举的事,而意义却很重大!

从日内瓦发往俄国

载于1926年《列宁文集》俄文版第5卷

译自《列宁全集》俄文第5版第47卷第76页

56

# 致俄国社会民主工党中央委员会

1905年10月3日

亲爱的朋友们:收到了一大堆文件并听了迭尔塔的详细叙述。现在我赶紧逐条答复。

(1)我不能按规定的日期到达,①因为现在不可能放下报纸。[105]沃伊诺夫滞留在意大利。奥尔洛夫斯基被派去办事了。无人可以托付。就是说,事情要拖到俄历10月,正如你们所定的那样。

(2)再一次最恳切地请求:请你们正式答复国际局。是否派人出席国外代表会议。确切说明:派谁去和什么时候去。现在是否指定什么人,也请确切说明。不然你们就会在国际局面前丢脸。

(3)关于普列汉诺夫也要给以正式的和最终的答复:是或不是。究竟派谁?[106]拖延这个问题是极端危险的。

(4)关于公开出版的事情请赶快用正式决定解决。我起草的

———————

① 此处和以下各处用波浪线画出的词句(请参看插图)表明应译成密码。——俄文版编者注

1905 年 10 月 3 日列宁给俄国社会民主工党
中央委员会的信的第 1 页

（按原稿缩小）

那个同马蕾赫①订立合同的草案丝毫不妨害你们，因为这还是草案。我要重复说明的只是，马蕾赫付给了这里一批人工资，而这些人党是没有力量来维持的。请不要忘记这一点。我想建议，既同马蕾赫订合同，也按照施米特的办法继续同其他人打交道。**107**

　　(5)关于几乎所有代办员都反对中央委员会的问题，我有以下的意见：第一，我十分赞成增补因萨罗夫和柳比奇两人，这可能大大地改善情况。第二，某些代办员显然有些夸大其词。第三，是否可以把一部分代办员派到各委员会中去，委托他们照顾两三个邻近委员会的整个区域的工作？不要过分强调策略的一致性；各委员会有某些不同的行动和计划也不碍事。

　　(6)我认为筹备召开第四次代表大会非常重要。是时候了。它大概至少会推迟半年，或许还更久些。然而终究是时候了。我觉得，我们放松了对某些委员会的监督，没有坚持要它们遵守第三次代表大会关于容纳孟什维克的条件的决议，我们在这方面是有些错误的。如果这些同时既承认又不承认第三次代表大会的委员会，在第四次代表大会前不划清界限，就会产生混乱。它们之中有一部分将不出席第四次代表大会。又是麻烦事。一部分将出席代表大会并在代表大会上背叛。我们不应当把统一**两个**部分的政策同**混淆**两个部分的行为混为一谈。统一两个部分，我们同意。混淆两个部分，永远办不到。我们应当要求各委员会，先明确划清界限，然后召开两个代表大会，那时才实行统一。在同时同地召开两个代表大会，它们将讨论并通过预先准备好的关于统一的草案。

　　而现在必须最坚决地**反对**把党的两部分**混淆起来**。我建议最

---

　　①　见本卷第54号文献。——编者注

肯定地向代办员们提出这样的口号,并责成他们实现这个口号。

　　如果不这样做,那就会一团糟。一切混乱都对孟什维克有利,他们会千方百计地制造混乱。这对他们"不会更坏"(因为再没有什么能比他们所造成的组织紊乱状况更坏的了),而我们珍视自己的组织,即便是萌芽的组织,而且将竭力捍卫它们。弄乱一切并把第四次代表大会变成新的争吵是有利于孟什维克的,因为他们关于召开**自己的**代表大会甚至连想都不想。而我们却应当用一切力量和一切方法去团结,去改善**我们**这部分党组织。这个策略好像是"自私自利的",但是它是唯一合理的。如果我们团结得很好,组织得很完备,如果我们能从自己队伍中驱除一切腐败分子和倒戈分子,那么我们的坚定核心,即便是不大的核心,也会领导起全部"组织散乱的"大众。而如果我们没有核心,那么孟什维克在瓦解了自己以后,也会瓦解我们。如果我们有一个坚强的核心,我们就会很快地迫使他们与我们统一。而如果我们没有核心,那么,获得胜利的不会是另一核心(它是没有的),而会是**那些糊涂虫**,那时我敢断言就会闹新的纠纷,产生新的必不可免的分裂和比先前更厉害百倍的怨恨。

　　让我们来加强**自己的**力量并制定党章和策略标准的**明确**草案,为真正的统一作准备吧。而那些**混淆**党的两个部分间的关系、空谈统一的人们,在我看来应该被无情地从我们的队伍中清除出去。

　　握手!

你们的　尼·列宁

从日内瓦发往俄国

载于1926年《列宁文集》俄文版
第5卷

译自《列宁全集》俄文第5版
第47卷第79—81页

# 57
# 致米・安・雷斯涅尔

1905年10月4日

尊敬的米哈伊尔・安德列耶维奇：非常感谢您的来信[108]，您的信比费利克斯・亚历山德罗维奇所讲的同您交谈的情况更详细，它使我了解到我们所谓的立宪民主党人的计划和策略。您来信说自由派、维特等人对于积极抵制怕得要命，这个情况非常宝贵。我刚刚接到俄国来的消息，说社会民主党各派（俄国社会民主工党的两部分，崩得，大概还有拉脱维亚人等）联席代表会议已经召开。积极抵制的策略终于通过。

您的提纲中有几点我不清楚：(1)立宪民主党人将拒绝参加国家杜马的选举，难道有一点希望吗？我认为一点希望也没有。(2)如果同激进派达成协议，要求他们拿出几百万卢布来武装圣彼得堡的工人，这对我们说来不是比现在进行立宪会议的选举更好吗？在同特列波夫进行斗争以前或者不同他进行斗争，从选举中能得到什么好处呢？

当然，这需要更详细地讨论。我首先寄希望于您最近就要同我的一个朋友在柏林的会面[109]，其次寄希望于费利克斯信中所谈的我们在这里同您的会面。祝积极抵制的斗争成功。

愿为您效劳的……

从日内瓦发往柏林

载于1926年《列宁文集》俄文版
第5卷

译自《列宁全集》俄文第5版
第47卷第81—82页

# 58

# 致俄国社会民主工党中央委员会

1905 年 10 月 5 日

亲爱的朋友们:刚刚接到雷涅尔特新的来信。我仔细地考虑了他的建议,同迭尔塔商量了一番,我改变了在 1905 年 10 月 3 日信中的否定答复。①

过一个星期我可以把奥尔洛夫斯基叫回来。那时我离开,工作也许可以凑合维持两个来星期,我可以事先写好几篇文章,有一部分还可以在路上写一点。但是我认为你们的计划仍然是极不合理的。根据现在国外报纸大量刊登的各种消息来看,芬兰目前群情激愤。报纸直截了当地报道,很多地方一触即发,起义也在准备中。现在调到那里去的军队特别多。岸防警察和海上警察增强了三倍。"约翰·格拉夫顿"号事件[110]以后,凡靠岸的船只都受到专门的注意。很多地方发现了武器,现在搜查武器特别严格。据认为,这很可能是要故意引起冲突,以便用武装手段进行干涉。

在这种情况下,在那里召开大会是完全没有必要的冒险。这简直是不要命的事。只要有一点意外(现在在芬兰这种可能性特别大),就会使整个中央委员会和中央机关报彻底垮台,因为到那

---

①　见本卷第 56 号文献。——编者注

时这里的一切会全部瓦解。应当正视这件事:这表示把党完全交给孟什维克的领袖们去宰割。我相信,你们考虑以后一定会同意,我们是无权这样做的。

请研究一下,是否可以把计划改变成这样:大家都到斯德哥尔摩去。这同现有的计划比较起来对你们有些不便,但是好处很大。不便之处就是来去都要多花半天(从原定会晤地点亚波算起)或者至多多花一天时间。总共是2天,就算它是4天。这也完全是微不足道的小事。而好处是安全得多了。那时绝不会整个垮台了。这就是说,我们一点也不会拿中央机关报和整个中央委员会的命运去冒险了;我们不会盲目地断送自己了。你们当中某些人可以完全公开地到那里去:他们不可能被逮捕。另外一些人可以弄到别人的护照,或者没有护照也可以通行(迭尔塔说,芬兰同志们很容易安排过境的事)。万一暴露,也只是:第一,个别人,而不是全体,第二,绝对没有罪证,这样在审讯的时候警察根本得不到任何重大情况。那时我们就有保证召开2—3天完全安全的会议;可以有全部文件(我把这些文件带来,你们先把自己的文件邮寄给我,等等),在可能的情况下尽量作记录,起草宣言等。最后,我们还可以借此试探一下,我能不能经常去斯德哥尔摩,从那里为你们和为小报等工作(看来,孟什维克在南方就是这样做的)。

请认真地讨论一下这个计划。如果你们赞成,就给我发个电报来,通讯处是:日内瓦　达维德·迪富尔路3号　克鲁普斯基,末尾署名:鲍列斯拉夫,并写上个数目字,表示我应当到达斯德哥尔摩的日期(30=我应当在9月30日到达;2或3=我应当在10月2日或3日到达,依此类推)。

握手！

**尼·列宁**

从日内瓦发往俄国

载于 1926 年《列宁文集》俄文版
第 5 卷

译自《列宁全集》俄文第 5 版
第 47 卷第 82—84 页

# 59

# 致俄国社会民主工党中央委员会

1905 年 10 月 8 日

　　亲爱的朋友们：我赶紧告诉你们在国际局的代表资格问题上发生的一个重大变化。关于这个问题，孟什维克南俄代表会议通过了一项决议，其中，(1)就我个人撒了弥天大谎。我在《无产者报》第 20 号上作了答复①，后天出版；(2)请普列汉诺夫当**他们那部分党的**代表。

　　这正是我们所需要的！普列汉诺夫当然会尊重他们的请求。他那对我们极为有害的伪中立的面目将被揭穿，这正是我们所需要证明的。就让国际局中有两派代表吧：一派代表布尔什维克，一派代表孟什维克。这再好不过了。而且，如果普列汉诺夫代表孟什维克，**这就更好了**。这是为将来的统一开了最好的先例。我恳求你们：现在完全抛掉对普列汉诺夫的念头，从布尔什维克中指派自己的代表。只有这样我们才会完全有保障。

---

　　①　见本版全集第 11 卷第 310—312 页。——编者注

最好是指派奥尔洛夫斯基。他懂几种外语,善于辞令,并且仪表堂堂。大部分联系都是书面联系,几乎所有的人,连我们在内,当然都会进行商议。虽然没有什么可商议的:根据经验我可以肯定地告诉你们,这个代表资格是**纯粹形式主义**。普列汉诺夫过去曾多次委派柯尔佐夫当代表,可是从来也没有因此发生过什么糟糕的事,虽然柯尔佐夫无论在哪方面也不适于当"议员",而且一般说来是彻头彻尾的笨伯。①

　　握手!

**尼·列宁**

从日内瓦发往俄国

载于 1926 年《列宁文集》俄文版
第 5 卷

译自《列宁全集》俄文第 5 版
第 47 卷第 84—85 页

---

①　在这封信的第 3 页空白信笺上有列宁写的俄国社会民主工党中央委员会会议的日期推算表:
　　　"发信……………………… 10 月 6 日
　　　收到回信………………… 10 月 12 日　　　10 月 16 日
　　　动身……………………… 10 月 18 日　　　22 日
　　　　　　　　　　　　　　 10 月 20 日　　　24 日
　　　会议………………… 10 月 20—22 日　　　24—26 日
　　　返回………………… 10 月 22—24 日　　　26—28 日
　　　　　　　　　　　　　　　 ┃+7 日┃　　┃+3 日┃。"
　　关于这个问题请见上一号文献。——俄文版编者注

# 60

# 致赫尔松的布尔什维克们[111]

## (10 月 10 日)

亲爱的同志们:我们从去过你们那里的一位同志处得到了你们的通信地址,现在赶紧用这个地址跟你们直接联系。我们认为直接联系和交换意见具有重要的意义,所以才来作建立联系的尝试。来信请写下列地址:莱比锡　马里恩街 13$^{\text{II}}$ 号　阿尔伯特·米尔德先生。(Albert Milde,Marienstrasse,13$^{\text{II}}$.)

**尼·列宁**

写于日内瓦

载于 1934 年《红色文献》杂志
第 1 期

译自《列宁全集》俄文第 5 版
第 47 卷第 85 页

# 61

# 致阿·瓦·卢那察尔斯基

10 月 11 日

亲爱的阿纳·瓦西·:您的文章抓住了一个很有意义的问题,非常及时。[112]不久前,《莱比锡人民报》在社论中嘲笑了地方自治人士的九月代表大会,说他们"玩宪制游戏",假装**已经**是议员等等,等等。帕尔乌斯和马尔托夫的错误也需要从**这**方面加以分析。但是您的分析是不成功的。我看,应当按照下面两种方案之一把文章改写一下:一种是着重写我们的"玩议会活动游戏"的新火星派,详细指出议会活动的相对的暂时的意义,指出"议会幻想"在革命斗争时期的庸俗性等等,要用基本的知识来说明问题(这对俄国人是极为有益的!),引用希法亭[113]只是为了说明问题,稍稍谈一下就可以了。另一种是用希法亭作为文章的基本内容,那样文章就可以少修改一些,换上另外的标题,但要更清楚地叙述一下希法亭对问题的提法。当然,您也许还有另外的改写办法,不过请您一定要立刻改写。时间还有,因为这一号报纸不可能刊登这篇文章(莫斯科事变[114]+旧材料已经挤满了)。这就是说,把文章送来的日期可以在10月17日星期二。恳请您写成详细的文章,并在10月17日以前送来。最好是按第一个方案改写,也许可以能出一篇社论呢!

假定我们已经有了议会,我们一定会支持立宪民主党人,支持米留可夫等人反对《莫斯科新闻》[115]。例如当进行复选的时候等等。那时这样做丝毫不会破坏社会民主党这个阶级政党的独立性。但是在非议会时期,在革命时期(在您的标题中已经指出了这种区别),支持**无力进行革命斗争的**人,就等于是,(1)破坏我们党的独立性。交易不可能是明显的公开的。这正像您所说的那样,是"出卖"自己进行革命的权利,而不是**使用**自己的权利进行支持。只有在丝毫不模糊自己政治面貌的情况下,我们才在议会中进行支持。如果我们现在**让**米留可夫们在一定的条件下**代表我们**说话,我们就会模糊自己的政治面貌。其次,主要的是,(2)这种支持是背叛革命。现在还没有议会,只有米留可夫们的**幻想**。应当进行革命斗争来**争取**议会,而不是通过议会活动来争取革命,应当进行革命斗争来争取**强有力的**议会,而不是通过**软弱无力的**"议会"来争取革命。现在在俄国如果**没有**革命的胜利,那么"议会"(国家杜马或类似的东西)中的**全部胜利都等于零**,甚至比零还糟,因为**假象**会蒙住眼睛。帕尔乌斯不明白这一点。

立宪民主党人已经成了有资格参加政府的人(特鲁别茨科伊们和曼努伊洛夫们当了大学校长等),已经爬上了集会自由的第二层楼(代价是使集会庸俗化),爬上了准议会活动那层楼。他们所以要这样做,只是为了让无产阶级想象自己是站在第二层楼上,幻想自己是一支议会力量,并同意"进行支持"的"条件"等等,而**实际上仍然留在地下室里**。这是个很丰富的题材! 我们现在在人民革命斗争方面很强,然而在准议会活动方面却很弱。**立宪民主党人正相反**。他们的全部打算就是把我们拉进准议会活动中去。《火星报》让自己受了愚弄。在这里正需要适当地**详细**分析"'议会活动'对革命的关系"((参看马克思论1848年法兰西阶级斗争))。

这就是从您的文章中可以看出来的那些思想(当然我叙述得很一般化,也不确切),应当发挥这些思想,用极浅显的话解释明白。俄国人现在极端需要用基本知识搞清楚议会活动和革命之间的关系。而马尔托夫之流却患了歇斯底里症,大叫:赶快合法化吧! 赶快公开吧! 不管怎么样都可以,只要能合法化! 我们现在正需要有坚毅精神,需要继续革命,同可怜的半合法化进行斗争。《火星报》不明白这一点。像所有的机会主义者一样,他们不相信工人革命斗争的毅力和顽强精神。莫斯科事件给他们上了一课。而这里还有庸人帕尔乌斯在把搞无谓交易的策略搬到俄国来!!

接到了我的信吗？紧紧握手！向安·亚历·问好！

您的　**列宁**

从日内瓦发往佛罗伦萨

载于 1931 年《列宁文集》俄文版
第 16 卷

译自《列宁全集》俄文第 5 版<br>第 47 卷第 85—87 页

62

# 致谢·伊·古谢夫

## 列宁致国民

1905 年 10 月 13 日

　　亲爱的朋友:敖德萨委员会关于工会斗争的决议(第 5 号还是第 6 号"决定"弄不清了;是在第 24 封信中。注明的日期是 1905 年 9 月),我认为是极其错误的。依我看,热心同孟什维克斗争自然而然地说明了这个决议,但是不应当陷入另一个极端。而决议正是陷入了另一个极端。因此我想批判地分析一下敖德萨委员会的决议,请同志们讨论我的意见,这些意见绝不是出于故意找碴。

　　决议中有三部分(没有标号码)是叙述理由的,有五部分(标有号码)是决议本身。第一部分(头一点理由)很好:担负起"领导无产阶级阶级斗争的**一切**方面"的任务,并且"任何时候也不忘记"领导工会斗争的"任务"。好极了。其次,第二点:说要把为武装起义作准备的任务提到"首要地位",并且(第三点或最后一点理由)"因此,领导无产阶级的工会斗争的任务必然要退居第二位"。我认为,这种提法在理论上是不对的,从策略上讲是错误的。

把"为武装起义作准备的任务"和"领导工会斗争的任务"这**两者**等量齐观、相提并论,在理论上是不对的。说什么一个任务占第一位,另一个任务占第二位。这种说法是把不同性质的东西互作比较。武装起义是目前时期政治斗争的方法。工会斗争则是整个工人运动经常的、在资本主义制度下永远需要的、一切时期都必然会有的一种现象。我在《怎么办?》一书中引用过恩格斯的一段话①,他在这段话里区别了无产阶级斗争的三种基本形式:经济斗争、政治斗争、理论斗争,也就是工会斗争、政治斗争、理论(科学、思想、哲学)斗争。怎么能够把一种基本斗争形式(工会斗争)同另一种基本斗争形式的目前时期所采用的**手段**相提并论呢?怎么能够把整个工会斗争当做一个"任务"同政治斗争目前应当采取的**而且远不是唯一的**方式相提并论呢?这根本是不能并论的东西,就像十分之几和百分之几不通分母不能相加一样。我认为,这两点(第二点和第三点)理由应当取消。与"领导工会斗争的任务"并列的,只能是领导整个政治斗争的任务,领导整个思想斗争的任务,而决不能是政治斗争或思想斗争的某些局部的、一定条件下的、目前时期的**任务**。这两点应当代之以如下的内容:指出一分钟也不要忘记政治斗争,不忘记用社会民主主义的思想教育整个工人阶级,必须力求使工人运动的各个方面紧密地联系起来形成一个完整的真正的社会民主主义运动。上面这一点可以当做第二点理由。第三点可以指出,必须警惕资产阶级竭力宣传的工会斗争的

① 见本版全集第6卷第24—26页。——编者注

狭隘观念和对这一问题的狭隘提法。当然,我不是在提决议草案,也不牵涉到是否值得专门谈这些内容的问题;我只是分析一下,怎样表达你们的思想在理论上才是正确的。

在策略上,决议用这样的形式提出武装起义的任务也是很不妥当的。武装起义是**政治**斗争的最高方式。为了使起义取得无产阶级所认为的胜利,即为了使社会民主党所领导的无产阶级的起义(不是别种起义)取得胜利,必须广泛地发展工人运动的各个方面。因此把起义的任务同领导工会斗争的任务对立起来的思想是极不正确的。这会降低和缩小起义的任务。起义本是**整个**工人运动的总结和完成,而现在它却被分离出来。这里好像是把两件事情混在一起了。一件是关于整个工会斗争的决议(敖德萨委员会的决议正是这个**题目**),一件是在敖德萨委员会的目前工作中分配力量的决议(你们的决议很像这一种,而这完完全全是另一码事)。

现在谈谈真正的决议部分标有号码的各点。

关于(一)。"揭露与工会有关的幻想"……这还可以,虽然最好取消。第一,这一点可以放在叙述理由的部分,在那里应当指出运动的各个方面的密切联系。第二,没有说明是什么样的幻想。要写这一点,就应当作这样的补充:关于在资本主义社会里能够满足工人阶级的经济和其他需要的资产阶级幻想。

"……特别强调指出,同工人运动的最终目的比较起来,**它们**〈工会?〉是狭隘的"。这就等于说,所有的工会都是"狭隘的"。那么同无产阶级的政治组织联系在一起的**社会民主主义的**工会呢?中心问题不在于工会是"狭隘的",而在于把这一方面(正因为它是一方面,才是狭隘的)同其他方面联系起来。因此,或者是把这些话删去,或者就得再一次叙述必须建立和加强一个方面同其他所有方面的**联系**,用社会民主主义的内容,用社会民主主义的宣传把工会充实起来,把它包括在**整个**社会民主主义的工作中去等等。

关于(二)。可以。

关于(三)。根据上述理由,把武装起义这一"最迫切的首要的任务"同工会的任务相提并论是不正确的。在关于工会斗争的决议中不必谈武装起义,因为它是第二点所谈的"推翻沙皇专制制度"的手段。工会能够扩大我们从中吸取起义力量的基地,因此,我再说一遍,把这两件事对立起来是错误的。

关于(四)。对"在工会问题上"转向"经济主义"的"所谓少数派进行坚决的思想斗争"。作为敖德萨委员会的决议来说,这是不是太一般化了? 这是不是有点过甚其词呢? 因为报刊上没有批评过所有孟什维克的任何一个关于"工会"的决议。过去只是指出,由于他们表现了超出理智地热心于这个问题的倾向,自由派大为称赞。但由此只能得出[结论]:我们应当"有理智地"热心,但热心却是十分应当的。我认为,或者把这一点完全删去,只指出应严防狭隘性,应同资产阶级和自由派企图歪曲工会任务的做法进行斗争;或者专门联系孟什维克在这方面的某个决议来叙述这一点(目前我还不知道有这类的决议;莫非在你们南方出现了阿基莫夫分子的某些决议)。

关于(五)。这一点很重要。我觉得应该把"如果可能,领导"这几个字改成"和领导"。我们总是"如果可能"才去做。这些文字放在这里,而且只是在这里,会引起错误的理解,好像我们不太想去领导似的等等。

我认为,整个说来,应当谨防夸大同孟什维克在这个问题上的斗争。现在,各种工会显然正在开始迅速产生。不应当回避,更不要使人想到应当回避,而是力求参加,力争发生影响等等。工人中有一个特殊阶层,如老人、家属等,他们现在在政治斗争中能做的事情少极了,但是在工会斗争中却能做很多事情。应当利用这个阶层,在这方面只要对他们的行动加以指导就行了。对于俄国社会民主党来说,重要的是一开始就定出一个关于工会问题的正确调子,马上在这个部门建立起社会民主党开创、参加并进行领导的传统。当然,在实践当中力量可能不够,但这完全是另外一个问题了,即使这样也应该说:如果善于利用所有各种各样的力量,工会工作也总是会找到力量的。事实上已找到力量写出关于工会的决议,也就是说已在进行思想指导了,这是最主要的!

握手! 收到此信后请速回信并告知你们对这封信的看法。

您的 尼·列宁

从日内瓦发往敖德萨

载于1926年《列宁文集》俄文版
第5卷

译自《列宁全集》俄文第5版
第47卷第88—92页

# 63

# 致俄国社会民主工党中央委员会

## 致中央委员会

1905年10月16日

亲爱的同志们:我同伊万·瓦西里奇派来的人交换了意见,昨天已去电表示同意。如能从彼得罗夫那里取回《告贫苦农民》一书，则我授权伊万·瓦西里奇或谢尔盖·瓦西里奇对它作必要的删改。我同意从彼得罗夫那里取回这本书，但有一个条件，就是这样做不至于造成和彼得罗夫破裂并使人感到我这方面简直在欺骗彼得罗夫，因为**我答应过彼得罗夫**去试一试出版这本书。就是说，(1)无论如何要赔偿彼得罗夫的损失(伊万·瓦西里奇派来的人对此已表示同意)；(2)要使彼得罗夫同意服从上级委员会的决定(就是说，我允许彼得罗夫去试一试，而中央委员会决定交给别洛夫，——使得彼得罗夫没有理由把我看做不守信用的订约人)。如果彼得罗夫已经能够出版了，则我坚决主张不要从他那里取回，因为我看不出别洛夫哪点儿比彼得罗夫强；(3)这件事请同我的姐姐接洽(写信要她来并不困难)，因为她可能已经代表我作过一些安排。**116**

至于彼得罗夫，我要在这里向大家讲几件事：(1)中央委员会没有批准合同；(2)我们没有丧失就每一本书的出版问题单独同彼得罗夫订约的权利，因为并没有规定专利权；(3)建议同更有利的、更有党性的、中央委员会的出版社接洽。

看来就是这些吧？请来信告知，我是否完全正确地理解了你们的意思。

你们同诺林签订的合同不错，但我担心，这个合同会不会是一纸空文？"编辑委员会"＝7－4－1＝2！！况且这两个人尽忙别的事！！这是一个空架子，而不是什么编辑委员会。再说，同诺林签订合同之后，你们仍然把很多作品(拉金、加米涅夫、维尔涅尔、施米特、利亚多夫、巴扎罗夫、费多罗维奇等等，等等——但愿别洛夫没有欺骗我吧？)交给了别洛夫。这算什么呢？诺林——为了精神,而别洛夫——为了实体,难道不是这样吗?如果我们不能见面的话,那就得劳你们驾用书面形式向我详细解释清楚,这是怎么回事。身份不公开的人或者俄国社会民主工党党员根本不可能做这种复杂而又烦琐的出版工作。这就是别洛夫(而彼得罗夫并不比别洛夫差)之所以胜过我们的原因。因此,我可以十分肯定地预言,今后仍然会这样,因为别洛夫那里有一批**全力以赴地**投身于事业的精干人员,而诺林的"编辑委员会"(可以确定无疑地说)却连拨出百分之一的力量投入**这一**事业也办不到。我们将谈论、评论、争论、开会(从夏天起我们就忙于从事这些值得夸奖的工作,**有半年了**),而别洛夫和彼得罗夫则将去办事。我说这些话并非是责备,因为对这一点加以责备是可笑的,——这是情况发展的必然结果。要改变这种情况,(1)要么是自由了,那时一切都将会改变;(2)要么是皮亚特尼茨基也像别洛夫和彼得罗夫**那样**去干,而这是他力不胜任的,因为他要花费很多精力做别的工作。

　　附言:《工人报》第2号已经收到了。关于那篇杂文[117]我准备详细写信给您。此文作者本来不应该选取这类题材,因为出现了某种非常危险的、"温情脉脉的"社会主义。

从日内瓦发往彼得堡

载于1931年《列宁文集》俄文版
第16卷

译自《列宁全集》俄文第5版
　第47卷第92—94页

# 64

# 致弗·德·邦契-布鲁耶维奇①

1905年10月17日

尊敬的同志：

同朔尔茨的事发生了很大的周折，因为印刷所经理的过错，党遭受重大损失的可能性愈来愈明显了。**118**

此外，在党的印刷所完成"平民"出版社的订货，由于工作安排不当同样也会使党遭受损失。

鉴于上述情况，并考虑到中央委员会委托我监督的"平民"出版社的事务，他们**不能**要求您在伦敦待到公历10月21日以后，经伊万·巴·同意，我**坚决**要求您放弃柏林之行，并**赶快**动身返回日内瓦处理中央委员会委托您办的事务。

**尼·列宁**

附言：我提醒您注意：借口"平民"出版社的事务来为您继续不来此地辩护，从您这方面来说是不对的，因为我已同伊·巴·联系过，因而确信"平民"出版社的事务现在也同样要求您**赶快**返回。

10月17日朔尔茨已起诉（要求赔偿2 031法郎25生丁）。付款期限为10月27日。还需要花几天时间（至少5天）同律师

---

① 信上有列宁的批注："1905年10月17日寄。"——俄文版编者注

商量。又及。

从日内瓦发往伦敦

载于 1931 年《列宁文集》俄文版
第 16 卷

译自《列宁全集》俄文第 5 版
第 47 卷第 94—95 页

# 65
# 致俄国社会民主工党中央委员会

## (10 月 18 日)

　　亲爱的同志们:社会党国际局给我寄来瓦扬的一封信,信中陈述了法国社会主义工人党的提案。国际局要我把这个提案转交我党中央机关讨论并在最短的时间内给予答复。瓦扬的信上说:

　　"在我信里提出的、您已通告各处的那个问题,本来是应当有一个明确的提案的。今天我把这一提案寄给您。我未能寄得更早些,因为要使它具有足够的分量,就必须以整个党,即以社会党(国际工人党法国支部)的名义提出;党已于 9 月 24 日〈9 月 11 日〉星期日在巴黎召开的全国委员会会议上由它的全权代表一致通过了这个提案。下面就是供社会党国际局讨论以便通过决议的提案:'一旦事变——公开的或秘密的——可能使各国政府间有发生冲突的危险并将导致战争时,有关国家的社会党应立即接受社会党国际局的邀请直接进行联系,以确定并集中工人和社会主义者的联合力量施加影响的各种手段,来防止和制止战争。

　　与此同时,其他国家的党将应社会党国际局的邀请参加一有可能就立即召开的会议,以便确定,为了防止和制止战争,整个国际和有组织的工人采取何种行动最为适宜。'

　　我和饶勒斯一起请您赶快给所有的党再发一封通告信。您明白,各国的社会党人,如果他们同意我们的意见的话,也都会明白,由于可能发生的事变,不把这个问题拖到遥遥无期的国际局会议上去讨论,而把自己同意的意见直接寄到国际局,是多么重要。这样,要是提案如我们所希望的那样得到通过,那么在发生冲突的情况下,它就可以立即付诸执行。"

我这方面要补充一点:在我看来,这个提案有点天真,因为在各国政府之间发生冲突时唯一能起作用的,就是无产阶级专政。

从日内瓦发往俄国

载于 1934 年《列宁文集》俄文版第 26 卷

译自《列宁全集》俄文第 5 版第 47 卷第 95——96 页

## 66

# 致俄国社会民主工党
# 中央委员会总务委员会

## (10 月 20 日)

应同志们的请求,我把总务委员会的情况尽可能确切地介绍如下。

总务委员会是由中央委员会国外代表特别委任的一些同志组成的。

目前(1905 年 10 月 20 日)参加该委员会的有以下几位同志:邦契-布鲁耶维奇(印刷所经理)、克鲁奇宁娜(出纳员,发行部主任)、伊林、列宁娜(中央委员会秘书)、阿布拉莫夫、克诺尔、韦钦金、拉德日尼科夫和尼古·瓦西里奇。

总务委员会的职能,总的说就是完成中央委员会国外的日常事务工作并协助中央委员会进行其全部国外工作。其中包括技术工作(印刷所、发行部等)、财务、运输、派人去俄国、有关武器的事务等,还包括统一协调所有中央委员会代办员的工作,分别对每个代办员的工作进行监督等等,直至包括中央委员会特别委托总务委员会办的各项事务。

总务委员会自行选出该委员会的主席或书记等,并在各委员之间进行分工,各常任主管人员(发行部主任、财务处处长、秘书处主任、印刷所经理、运输部主任等)的任命除外,他们的任命由中央委员会决定。

中央委员会或中央委员会国外代表可以撤销总务委员会的决定,但是如果总务委员会的委员中没有人向上级申诉或者没有人提出反对意见的话,总务委员会的决定本身就无须提请中央委员会批准。

为了监督中央委员会某些代办员(出纳员、秘书、印刷所经理等)的工作,总务委员会可从它的委员中委派一些同志全面了解某一代办员的整个工作情况,向总务委员会提出改进这一代办员工作的措施的报告,并定期检查他的工作进展情况。只有中央委员会因某种原因划成完全独立而不受总务委员会监督的那些特殊工作或特殊的工作部门才能除外。中央委员会的所有一般的和日常的事务都应受总务委员会的经常性的监督。

总务委员会协助中央委员会领导国外组织委员会的工作,不是用对国外组织委员会作指示的方式,因为国外组织委员会是一个有自治权的组织,而是用研究它的工作报告、讨论它的工作、了解如何安排工作及如何拟定其改进措施等方式。

———

如果那些曾表示希望更确切地规定总务委员会职能的同志们

认为,有必要制定一份详细的章程,那就让总务委员会在全体委员会议上议定这一章程,然后由中央委员会批准。

写于日内瓦(本埠信件)

载于1926年《列宁文集》俄文版
第5卷

译自《列宁全集》俄文第5版
第47卷第96—98页

# 67

# 致加·达·莱特伊仁

1905年10月23日于日内瓦

亲爱的莱·:

　　我刚才收到了布拉克以法国社会党名义寄来的通知,说他们党的代表大会将于10月27—30日及11月1日在索恩河畔沙隆召开。外国代表团将受到十分友好的接待。

　　您去参加吗?**务请回信**。如果去的话,那就请您当代表,还请您一定要作一个**详尽的**发言,代表**革命的**俄国社会民主党表示祝贺。

　　如果您不去的话,请**立即**通知我。我们将从这里发一份详细的贺电去。[119]

　　总之,盼复!

　　　　　　　　　　您的　尼·列宁

发往巴黎

载于1931年《列宁文集》俄文版
第16卷

译自《列宁全集》俄文第5版
第47卷第98页

# 68

# 致俄国社会民主工党中央委员会

1905 年 10 月 25 日

亲爱的朋友们:刚刚收到你们指定我参加国际局(遗憾的是,没有指定奥尔洛夫斯基[120],这个问题等见面以后再谈)以及在敖德萨(柏林)会晤的信。必须赶快会晤。我建议不在敖德萨,而在华沙(柯尼斯堡)[121]会晤,条件都一样,但是距离近一点,而且更出乎警察意料之外。在最好的条件下(有合法的护照,我建议现在就开始积极地注意这件事),在后一个地方你们的工作在 **4 天**内就可以结束。在最坏的条件下,时间也不会太长,如果可能,最好参加的人多增加一些。如果选定这个不寻常的城市(柯尼斯堡离彼得堡只有 22 小时的路程),就可以按照旅行指南,在预先约定的咖啡店、旅馆或者啤酒店会晤。

今天我给国际局写了信,谈到代表会议和开会日期问题。①一接到回信就立刻转给你们。请你们赶快安排会晤事宜,甚至不要管国际局什么时候开会。②

各派联席代表会议[122]是不是作了记录? 如果作了记录,请务必寄给我们。

从日内瓦发往俄国

载于 1926 年《列宁文集》俄文版
第 5 卷

译自《列宁全集》俄文第 5 版
第 47 卷第 98—99 页

---

① 见本卷第 70 号文献。——编者注
② 见本卷第 58 号文献。——编者注

# 69

# 致玛·莫·埃森

1905 年 10 月 26 日

亲爱的小兽：

最近接到您的一封长信。多谢！我们很少得到彼得堡的消息，各种传单也很少给我们送来。请不要放弃您的打算，把各式各样的新鲜材料和通讯统统给我们送来吧。

至于党内的事情，我认为您有点过于悲观。我是根据这里的情况说的。在这里我经常听到"外层组织"说，《无产者报》显然在走下坡路，事情进行得糟透了，报纸每况愈下等等。梦是可怕的，但上帝是仁慈的。面临着现在这样巨大的运动，世界上任何一个秘密党的中央委员会也不能满足千分之一的需要。而且我们的口号，《无产者报》的口号已不再是旷野里的呼声了，即使从一些合法报纸所报道的消息中(消息说一所大学里举行 10 000—15 000 人的集会等等)我们也可以明显地看出这一点。我们俄国的革命真是好极了！我们希望赶快回去，看情况很快就可以如愿以偿。

我们一定设法同中央委员会见面。现在这已不成问题，事情也都安排好了。

至于意见分歧，您好像也有点夸大了。我在这里看不出《无产者报》同中央委员会有什么分歧。起义的时间吗？由谁来确定呢？我个人希望把它拖到春天，拖到在满洲的军队回来的时候，在我看来，把时间拖一拖整个说来对我们是有利的。不过，反正不会有人来问我们的。要抓住目前大规模的罢工。

谈到中央委员会把重点放在用书刊进行领导上,我认为这是正确的策略。我只是希望,除了对于目前时期极为有益的《工人报》之外,要再出一种**鼓动性的**简报,篇幅要小,两页,至多四页,要活泼,经常出版,每周至少一次,或者两次。在运动像现在这样一日千里异常迅速发展的情况下,只有通过报刊领导全党。还要创办一些生动活泼的、灵活的、迅速的、简短的传单式的简报,通过它提出主要的口号,总结主要的事件。

至于中央机关报停刊,这是误解。他们担心整个事业垮台,根本没有想扼杀中央机关报。但是,总的说来国外的作用现在正**与时**俱下,而且这是必不可免的。当然,在我们还不能把《无产者报》搬到彼得堡涅瓦大街出版以前,我们无论如何也不会抛掉它。不过现在对合法报纸也应当多加注意。国外已经不得不局部地收摊(宣传性书刊),很快就会全部收摊,到彼得堡去开市。

在为武装起义作准备方面,我劝你们马上到处去进行最广泛的宣传,组织**群众**,建立几百个几千个很小的(**3 个人的**)**自动的**战斗队伍,这些队伍要尽量用各种方式自己武装起来,并且千方百计作好准备。再重复一遍,我**希望**把起义的时期**拖到**春天,当然,我在千里之外判断事情是很困难的。

紧紧握手!

您的　**尼·列宁**

从日内瓦发往彼得堡

载于 1926 年《列宁文集》俄文版
第 5 卷

译自《列宁全集》俄文第 5 版
第 47 卷第 99—101 页

# 70

# 致社会党国际局

1905 年 10 月 27 日于日内瓦

亲爱的同志:

您在 6 月 28 日给我们寄来了倍倍尔同志就我们党内的意见分歧所提出的建议。

7 月 24 日我曾经写信告诉您①,我不能以我们党的中央委员会的名义答复你们,因为我仅仅是中央委员会的委员之一,我并且请国际局给我作几点解释。我收到了胡斯曼公民 8 月 5 日的复信,他在信中说执行委员会的干预只是道义上的影响。我当即把倍倍尔建议的确切意思转告我们党的中央委员会。现在我已经收到中央委员会的答复,中央委员会接受你们的建议并且指派瓦西里耶夫、施米特和列宁三位同志为自己的代表。施米特同志现在在国内。所以我们必须预先知道召开会议的日期(至少在 3 个星期以前)。

其他两个代表现在都在瑞士。

请接受我的真诚的敬意!

**弗·乌里扬诺夫(列宁)**

附言:刚才我又收到一封信,说施米特同志不久(大概在 11 月间)将出国,处理一些有关我们党的事情。因此,尽快得到我们党

---

① 见本卷第 37 号文献。——编者注

的另一派对召开会议的日期的答复,对于我是极其重要的。我们党在国内工作的党员出国是极其困难的事情,所以,最好能立刻确定召开会议的日期,就是说,希望另一派和国际局的委员能尽早告诉我们,他们想要在什么时候召开这个会议。

发往布鲁塞尔

原文是法文

载于1929年《列宁全集》俄文
第2、3版第8卷

译自《列宁全集》俄文第5版
第47卷第101—102页

# 71

# 致俄国社会民主工党中央委员会

## (10月27日)

### 致中央委员会

请马上写信告诉我,你们是不是让我邀请普列汉诺夫参加我们的扩大的编辑委员会(七人委员会)和《新生活报》[123]编辑部。请电告(署名——鲍列斯拉夫。收电人——克鲁普斯卡娅)可否。我愿再次尝试同他接近,虽然希望并不很大。

从日内瓦发往彼得堡

载于1926年《列宁文集》俄文版
第5卷

译自《列宁全集》俄文第5版
第47卷第102—103页

# 72

# 致格·瓦·普列汉诺夫

（10月底）

尊敬的格奥尔吉·瓦连廷诺维奇：

　　我给您写这封信，是因为我确信社会民主党必须统一的问题已经完全成熟了，而统一的可能性现在特别大。有两点理由使我刻不容缓地直接写信给您：(1)在彼得堡创办了社会民主党人的公开报纸《新生活报》；(2)近来发生了许多事件。[124]如果这些事件也还不能使我们很快回俄国的话，无论如何现在离回国的日子是非常非常近了，社会民主党的报纸也为我们创造着立刻共同进行重大工作的条件。

　　我们布尔什维克殷切希望同您一起工作，这一点未必还要我再三向您说明了。我给彼得堡去了信，要新报纸的全体编辑（现在共有7人：波格丹诺夫、鲁勉采夫、巴扎罗夫、卢那察尔斯基、奥尔洛夫斯基、奥里明斯基和我）共同正式请求您参加编辑委员会。但是事不待人，而邮路又断，因此我认为我没有权利只是因为实际上的一个手续而延迟这件必要的事情。事实上我可以确有把握地说，大家会一致同意我的建议并为它感到高兴。我很清楚，所有的布尔什维克往往把同您的分歧看做是暂时性的，是由某些特殊情况引起的。是的，斗争常常要我们采取一些措施，如发表声明和演说，这不能不给将来的统一造成某些困难；但是我们一直**渴望**统一，一直感到俄国社会民主党人的最优秀的力量置身于工作之外

是一种**极不正常的现象**,一直感到整个运动**极需要**您的领导,您的
热心的、直接的参加。同时我们大家坚信,尽管目前还有不少困难
和障碍,我们和您的联合不是今天就是明天,不是明天就是后天,
反正是要实现的。

　　但是,今天联合比明天好。现在,事情的变化很可能发生**延
误**,因此我们要尽力做到不致延误。

　　您愿意同我们一起工作吗? 要是您同意我们两人会晤一下并
谈谈这件事情,我是非常高兴的。我深信,私人的会晤能够消除许
许多多的误会,而阻碍统一事业的许多表面上的困难也会迎刃而
解。但是恐怕您根本不同意或者现在还不能同意,因此我不妨预
先把一些困难谈一谈。

　　困难是:第一,您和新编辑部许多成员的意见分歧;第二,您不
愿意参加社会民主党两派中的任何一派。头一个困难我认为已经
不存在了。我们同您大约对十分之九的理论问题和策略问题的看
法是一致的,而因为对十分之一的问题的看法有分歧就各行其是
是不合算的。您一直想修改我的著作中若干在您看来是错误的论
断。但我从来不想故意用自己的观点去束缚任何一个社会民主党
人;新编辑部中也没有一个人,绝对没有一个人自荐为"列宁派"。
巴尔索夫在第三次代表大会上的讲话在这方面表达了共同的观
点。您认为上述 7 个人中有 3 个人[125]的哲学观点是错误的。但
是这 3 个人过去和现在都不想把自己的这些观点同党的任何正式
工作联系起来。就是这 3 个人也会因为能同您共同工作而感到非
常高兴(我不是信口开河,而是根据我确知的一些事实说的)。我
们从您的报告中,从您最近的著作中,并间接从最可能同您的观点
一致的帕尔乌斯的立场中看到,总的看来,您对多数派的观点是同

情的,在现在这种时候同您在政治上分手极不相宜、极不妥当,对社会民主党是极其有害的。

新的公开的报纸(它将拥有几万,甚至几十万工人读者)和国内将来的全部工作,使俄国无产阶级非常需要您的渊博知识和丰富的政治经验,这一切将造成一个**新的基础**,在这个基础上最容易忘掉旧事,并在生气勃勃的工作中协调起来。从日内瓦转到彼得堡工作,从心理的角度和党的角度看来都是再好不过的事,这有利于从分歧走向一致。因此我殷切希望我们不要错过时机,因为这样的时机从第二次代表大会以来还没有过,而且大概不会很快再有。

再谈谈第二个困难。您可能不愿意同党内的一派统一。您要求全党统一作为您参加工作的必需条件。这样的统一是大家希望的,也是必需的,在这一点上您完全正确。但是**现在**能这样统一吗?您自己对这一问题的回答也会是否定的,因为不久前您也只是建议组成联盟。**现在**我们影响无产阶级的最大讲坛是彼得堡的**日报**(我们能够发行10万份,力求使每份定价1戈比)。**现在**同孟什维克组成联合编辑部可能吗?? 我们认为不可能。孟什维克也认为不可能。根据您的联盟建议看来,您也认为不可能。那么难道需要3种报纸吗? 我们之间其实没有组织上的分歧,并且将来党一旦转向公开,关于阴谋活动的种种疑虑也会消失,在这种情况下,难道我们不能够联合起来办一个革命的社会民主党的**政治**报刊吗? 革命本身以惊人的速度扫除我们在策略上的意见分歧,何况您并没有对第三次代表大会的**决议**提出什么分歧的意见,而这些**决议**是把我们所有的布尔什维克结合在一起的唯一的党的法令。

在这种情况下,我认为您转向我们是完全可能的,这不会增加将来统一的困难,而只会促进和加快统一。由于您的离开而旷日持久的目前的斗争将会结束，整个革命的社会民主党必将更加稳定。斗争也会更加平和，更加有节制。广大的社会民主党人都会顿然感到信心百倍、充满希望，精神焕然一新，新的报纸将开始不断地占领社会民主党中的先进阵地，它不向后看，不计较过去的细枝末节，只是坚毅地领导目前战场上的工人阶级。

最后，再一次请求您同意我同您会晤；再一次表达我们布尔什维克一致的信念：我们认为同您共同工作是有益的、重要的和必需的。[126]

真诚尊敬您的　　弗·乌里扬诺夫

写于日内瓦（本埠信件）

载于 1926 年《列宁文集》俄文版
第 5 卷

译自《列宁全集》俄文第 5 版
第 47 卷第 103—106 页

# 73

## 致俄国社会民主工党敖德萨组织的
## （"多数派"）党员莫嘉和科斯佳

### （10 月 31 日以后）

**敖德萨**

"致敖德萨组织的'多数派'党员莫嘉和科斯佳"

同志们：收到了你们的"给同志们的信"。我不打算刊登它，你们也别请求。但我认为有责任给你们回信。我把我在报刊上不止一次申述过的东西再向你们说一遍。为分裂而抱怨和悲伤都无济于事。要**做些实事**去消除分裂,要考虑**如何统一**,而不是泛泛空谈,长吁短叹。抱怨**两派**的斗争而建立**第三派**,而且是**秘密的**(正如你们背着两个组织偷偷摸摸地所做的一样),这是**加剧**分裂。你们因为违反组织准则而被开除,这是罪有应得。你们力图模糊事情真相,力图把事情说成这样:好像开除你们是因为你们的观点,是因为你们的调和主义而不是因为你们的破坏行为,这是枉费心机的。

"成立大会"是一句**空话**。请你们**稍稍**动脑筋想一想:究竟哪些集团应当派代表和派多少代表?? 请稍稍想一想:如果有人主张召开**没有**选举权原则的成立大会,你们会作出什么反应? 你们不会说这是骗人的花招吗??

为什么你们对在同时同地召开**两个代表大会**(多数派代表大会和少数派代表大会)的主张避而不谈呢?? 这一主张是中央委员会和《无产者报》提出的。[127] 由**现存的**两派召开两个代表大会,不是比先建立**第三派**(为建立第三派你们需要花**几个月**的时间,甚至要花几年时间)然后再召开**3**个代表大会更方便吗?? 不预先弄清出席"成立大会"的代表是否确是社会民主党人,是什么样的社会民主党人以及他们占的比例多少就服从这个大会,哪有这种傻瓜呢???

"两个代表大会"的口号有以下有利条件:(1)两派中有一派同意。(2)多数派对召开代表大会有充分准备,**他们**召集大会的原则和他们的代表大会的**职权**已经清楚。(3)在**另外**一派的各个小组和组织中也有可能很快做到这一点:公布所有的小组,征求它们的意见,刊印代表大会的章程草案。

而你们的"成立大会"的口号不过是一些无病呻吟的悲叹,因为**哪一**派也不知道这个代表大会任何方面的**原则**。你们真是一些信仰不坚、意志薄弱的人,看见肮脏的病和恶臭的脓疮就扭头走开。从人之常情来看这是可以理解的,但这是不合理的。我们认为,扭头走开是不行的,第三派解决不了任何问题,现有的两派仍能统一,虽然不能马上,虽然要经过痛苦的手术。

写于日内瓦

载于1931年《列宁文集》俄文版
第16卷

译自《列宁全集》俄文第5版
第47卷第107—108页

# 74

# 致加·达·莱特伊仁

## (11月初)

亲爱的莱·:劳您驾,请您将访问盖得、拉法格和布拉克时就临时革命政府和我们参加该政府的问题进行的谈话写篇短文,或者哪怕写篇简讯也好。这篇文章要供《无产者报》用(或者供《新生活报》用,看情况决定)。哪怕几行字也行,但一定要写,并且要快一点![128]

您的    尼·列宁

从日内瓦发往巴黎

载于1931年《列宁文集》俄文版
第16卷

译自《列宁全集》俄文第5版
第47卷第108页

# 75

# 致尼·费·纳西莫维奇

### (11月9日以前)

季尔克斯同志:请告诉弗拉·德米·邦契-布鲁耶维奇,必须立即出版党纲的**单行本**,加封面、版本目录、发行部地址等等,并且要**打纸型**。

在这以前,请你们务必再**共同仔细地**校对一遍,看有没有极其微小的印刷错误。要根据第二次党代表大会的记录校对。

既要定出单行本的零售价格,也要定出**批发价格**(100本的、1 000本的)。

译自《列宁全集》俄文第5版
第54卷第354页

# 1906 年

## 76

## 致格·阿·库克林

（9 月 14 日）

日内瓦　康多尔街 15 号　格·库克林先生

尊敬的同志：

我对一包具有历史意义的文件的下落极为担忧。[129]这包文件遗留在您所保存的、今年夏天一位历史杂志的编辑同您谈论过的那些文件里。

如果您能写封短信告诉我找出并寄来这包文件的事进行得怎样了：那只提箱或木箱放在什么地方，在那里这包文件是不是容易找到？——我将不胜感激。

致社会民主党的敬礼！

**弗·乌里扬诺夫**

地址：彼得堡市

丰坦卡街　奥布霍夫桥头　铁路管理局

伊万·尼古拉耶维奇·切博塔廖夫

从库奥卡拉(芬兰)发往日内瓦

译自《列宁全集》俄文第 5 版
第 47 卷第 109 页

# 1907 年

## 77

## 致艾·阿韦纳尔[130]

1907 年 3 月 1 日(14 日)

亲爱的阿韦纳尔先生:

谢谢您的来信。

我想请您作如下的修改:

(1)第 6 页(№1)。您将我的话说成这样:"不要进行有利于资产阶级革命的工作,这个革命是会愚弄工人阶级的。"

这种说法非常不确切。我们,社会民主党的革命者不仅**应该**进行有利于资产阶级革命的工作,而且还要领导这个革命,引导这个革命,**同农民一起**,去反对沙皇制度,**反对自由派**。

或许,这样说比较好:"……是同民主主义的农民一起行动,共同反对愈来愈反革命的资产阶级的卑鄙行径和背叛行为,而不是同要取消革命的自由派资产阶级一起行动。"

我们,布尔什维克,我们**也**主张无产阶级参加**资产阶级**革命。但是我们和卡·考茨基都认为,恰恰是同农民一起,而绝不是同自由派一起,无产阶级才能使资产阶级革命取得最后胜利。

(2)第3—4页。

斯托雷平在《新时报》[131]上的文章发表于1月4日(俄历),而不是1月6日。

(3)应该补充一点:米留可夫去斯托雷平那里是**1月15日**。

(4)您的文章最后一句中的几个词是:"……无数的农民**无产者群众**"。

不是"农民无产者",而是"民主主义的农民"。

在社会(社会主义)革命中我们所能指望的只是城市无产者和农村无产者。可是现在在我们俄国进行的不是社会革命,而是**资产阶级**革命。只有无产阶级同农民一起,同民主主义的农民一起,同广大的农民群众一起,才能把**这样的**革命引向胜利。

您的   尼·列宁

附言:您的来信我很迟才收到,现在我只有几分钟的时间。匆匆作复,请原谅。

从库奥卡拉(芬兰)发往彼得堡

原文是法文

译自《列宁全集》俄文第5版
第47卷第110—111页

1906—1907 年列宁在库奥卡拉居住的"花瓶"别墅

# 78

# 致阿·马·高尔基

1907 年 8 月 14 日,星期三

亲爱的阿列克谢·马克西莫维奇:我今天同梅什科夫斯基来到了这里,明天就动身到斯图加特去。[132] 特别特别要紧的是希望您也能到那里去。[133] 第一,这是通过中央委员会正式邀请您(享有发言权)。第二,见见面该有多好,不然也许很久见不到面。第三,从您那里来总共才几天的路程,**最多**一个星期(这不是伦敦!)。您要是在星期日甚至在星期一起程,一点也不晚。

总之,大家全都希望您来。只要您身体健康,一定要来。别错过机会看看国际社会党人的**工作**,这完完全全不是一般的拜访朋友和饭后谈天。下一次代表大会要过 3 年才召开。此外,如果不见见面而单靠互相通信,永远也没办法把我们的那些事儿说清楚。总之,请您一定来。再见!

热切地向玛丽亚·费多罗夫娜问好!

您的　**尼·列宁**

发往卡普里岛(意大利)

载于 1930 年《列宁文集》俄文版第 13 卷

译自《列宁全集》俄文第 5 版第 47 卷第 111—112 页

# 79

# 致格·阿·阿列克辛斯基

## (9月底—10月初)

## 交彼得

亲爱的彼·:我不知道您的信是您同这里的一位朋友会面以前写的呢,还是会面以后写的。现在我还是来答复您的问题。

关于钱的问题,娜·康·已经讲过**多**次了。她还要再讲,我也要再讲。

我没有给《长虹》杂志[134]去信,因为不久前(当我在那边时),我曾亲自见到过那里来的两位同志,并把有关您的事全都同他们谈过了。

您问我,对您在那里的工作有什么考虑和看法?

这是难以用三言两语说清楚的。等您了解情况之后,您自己就会看到,从那里可以送来一些什么样的材料、消息等等,但这是比较次要的和容易解决的问题。比较困难的是那里的基本工作条件。我想,您还没有见到过像在国外的侨居生涯那样恶劣的条件吧。在那里必须**非常**谨慎。这不是说我要劝阻对机会主义者采取战斗行动。相反,在那里进行战斗是非常需要,也非常应该的。但战斗的性质是卑劣的。您将会遇到来自各方面的恶意中伤,遇到来自孟什维克方面的公然"挑衅"(他们将连续不断地对您进行挑畔),而很少能得到**真正的**同情,因为在那里同俄国隔绝得很厉害,无所事事和闲散无聊的心理状态,即神经过敏、歇斯底里、发泄不满和蔑视一切的心理状态,占了支配地位。在那里,您在工作上将会遇到与俄国国内的困难**完全不同**的困难:"自由"几乎是充分的,但**生气勃勃的**工作和生气勃勃地进行工作的环境却几乎没有。

依我看,最重要的是您在那里要有事做,有您自己的事做。《长虹》杂志可能给您事做……　其次,更重要的是您要同俄国国内的**组织**保持联系,这样,您在那里才不会失去根基。最后,最重要的是使我们大家,不论在那里还是在这里,都行动**一致**,步伐整齐,更经常地交流各种观点(如果并不是所有的观点都能从报刊发表的文章中看到的话)。谁能够在国外使自己的工作同国内的**组织保持联系**,谁就能够——也只有他才能够——使自己不至于陷入苦闷、烦恼、神经过敏地怨天尤人等等折磨人的泥潭中去。我对这种"国外生涯"真是记忆犹新,所以才有这种经验之谈。

假如您能与克努尼扬茨和托洛茨基一起行动,那就太好了。有这样三个人在一起,许多事情就容易办了。

好吧,您去了解一下情况,您自己就会看到这一切。

往这儿写信**不能**用您过去用的那个地址了。除此以外,我很快就要离开这里。暂时请按下述地址写信给我:泰里约基　卡科·**帕沃**先生,里面写(**只能**在里面写)交列宁。望尽快把您那里的地址寄来。

握手! 热切地**向克尼波维奇全家**问好!

您的……①

---

① 手稿上的署名写得不清楚。——俄文版编者注

地址:**柏林**    乌兰德街145号    伊·拉德日尼科夫

出入口**在院子里**。这是私人的地址。阿布拉莫夫也住在那里,在上一层楼。对面,乌兰德街52号,是局的所在地。早上可以在那里碰上他们。这虽然是您可能已经知道了的,我还是写上,也许有用。

写于库奥卡拉(芬兰)

译自《列宁全集》俄文第5版
第47卷第112—113页

80

# 致卡·亚·布兰亭<sup>135</sup>

(10月18日以前)

尊敬的同志:

女送信人是我们的一位党员同志。**<sup>136</sup>**恳请您给她以指导和协助。特别是她担负着在斯德哥尔摩搜集我们社会民主党的书籍和文件,必要时还要把它们转往别处的任务。这些书籍等等一部分存放在斯德哥尔摩民众文化馆的地下室里(用木箱装着),一部分则可能放在伯尔耶松或比耶尔克同志那里(德罗特宁加坦街62号    比耶尔克—伯尔耶松书店)。

我希望,在您的帮助之下,来人将能完成交给她办的这项我认为非常重要的任务。

致最崇高的敬礼！

**尼·列宁**

写于库奥卡拉(芬兰)

译自《列宁全集》俄文第5版
第47卷第114页

# 81

# 致阿·瓦·卢那察尔斯基

## （11月2日和11日之间）

亲爱的阿纳·瓦西·：

终于收到了您的小册子[137]，头一部分老早就收到了。我一直盼望后一部分，好把整本书读完，但总盼不到。直到现在还没有收到第三篇附录(《马克思如何看……》)。这实在可惜，因为全书没有收到，就很难交给出版者付排。如果第三篇附录还没有寄出，请尽快寄来①。寄去的钱(200卢布)收到了没有？

您的小册子的内容我是很喜欢的，大家也都很喜欢。很有意思，写得也很不错。只是有许多表面上的疏忽大意的地方，就是说，有些地方会被各种各样的社会革命党人、孟什维克和工团主义者等拿去**吹毛求疵**。我们曾经共同商议过，是修改一下呢，还是在序言里预先声明一下？已决定采取后一种办法，因为舍不得修改，怕过分损害论述的完整性。

--------

① 见本卷第86号文献。——编者注

　　当然，认真和细心的读者能正确地了解您，但您仍然应当**特意提防**冒牌的解释者，因为这种人数不胜数。例如，我们当然应该批评倍倍尔，但我也不赞成托洛茨基(不久前他给我们寄来了一篇对埃森代表大会和整个德国社会民主党满口赞颂的文章)。您说得对，倍倍尔对埃森代表大会的看法是不正确的，对军国主义问题，对殖民政策问题(更确切地说是对激进派在斯图加特就这一点进行斗争的性质[138])的看法也是不正确的。但是指出这一点时应当说明，犯这些错误的人是同我们走同一条道路的人，而这些错误也只有在这条马克思主义的、社会民主主义的道路上才能得到纠正。要知道我们这里有许多人(您大概还没有读过他们的著作)，**为了颂扬**社会革命党的精神、工团主义(类似叶泽尔斯基、科兹洛夫斯基、克里切夫斯基——见《教育》杂志[139]等)和无政府主义而恶毒地讥笑倍倍尔。

　　依我看，任何时候都可以而且应当这样来论述您的**全部**思想，使得批评的矛头不是指向正统思想，不是指向一般的德国人，而是指向**机会主义**。这样，您的观点就**不会**被歪曲了。这样，结论就会清楚：布尔什维主义不仅要向德国人学习，而且还要**吸取**他们的**教训**(您这个要求是万分正确的!)，它善于从工团主义中吸取**一切有生气的东西去歼灭俄国的工团主义和机会主义**。对于我们布尔什维克来说，这样做是最容易最自然的，因为在革命斗争中最坚决反对议会迷和普列汉诺夫式的机会主义的正是我们。也只有我们才能以革命的观点而不是以普列汉诺夫之辈的学究立宪民主主义观点来驳倒引起无数混乱思想(这种混乱思想对俄国特别危险)的工团主义。

　　《无产者报》[140]第 17 号出版了，已寄上。《闪电》文集[141]也出版了，也已寄上。您收到了吗? 您读不读《同志报》[142]? 您觉得它现在怎样? 您是否可以拿出当年的劲头来写些诗讥讽他们一下? 请来信。

　　紧紧握手!

您的　列宁

从库奥卡拉(芬兰)发往意大利

载于1934年《列宁文集》俄文版
第26卷

译自《列宁全集》俄文第5版
第47卷第114—116页

## 82

## 致米·谢·克德罗夫

(11月23日和12月6日之间)

　　尊敬的同志:按照我们约定的条件,第2卷的材料应该在10月1日以前交出,第3卷的材料应该在10月10日以前交出。[143]第1卷拖延了时间。第2卷我已经交出了12个印张,接下去的7个印张已经准备好,以后几个印张(约有5个印张或7个印张)很快就可以交出。但是我想知道一下,您是不是真的这样急着要这全部材料? 您是不是马上就要付排? 第2卷的12个印张您是不是已经付排了? 如果第2卷最后部分迟交一下会不会影响出版? 如果有影响,只要您需要,我可以把第2卷的最后部分立刻送上。但是我有一个计划,想在第2卷的结尾写一篇长文章,谈一谈俄国土地分配情况(根据1905年新的统计资料)和土地地方公有问题(参考《资本论》第4卷或《剩余价值学说史》,也是1905年出版的）。我认为，这篇文章会使读者感到很大兴趣，而且是很及时的。写这篇文章所需要的材料我差不多都已经挑选好了，一部分已经加了工。但要做完这项工作还需要几个星期。我希望在几个星期之内能写好这篇文章。

因此，请告诉我，您是希望立刻要第2卷的材料，而不等这篇新文章呢，还是宁肯再过一个月到一个半月光景，等我把第2卷的材料连同这篇新文章一并寄上。

从芬兰发往彼得堡

载于1930年《列宁文集》俄文版第13卷

译自《列宁全集》俄文第5版第47卷第116—117页

# 83

# 致　某　人[144]

1907年12月28日

最尊敬的同志：

我同伯尔耶松先生已经谈妥了。不过，遗憾的是他不能保证为我们领取全部信件和邮包。很抱歉，因此我还得请您替我们**再**物色**一位**党员，这个人最好能**每星期**在斯德哥尔摩领取装有信件和书籍的包裹并转寄到别处去（寄往芬兰和反过来寄往日内瓦）。

星期二①我打算到柏林去。

———————

① 星期二，即1907年12月31日。——俄文版编者注

　　致最崇高的敬礼！

　　　　　　　　　您的　伊·弗雷

马斯脱萨缪尔斯加坦街 63 号

马尔姆斯滕饭店

　　附言：我将于星期一下午 4 时到您处。如果这对您有所不便的话，请打电话到马尔姆斯滕饭店。

写于斯德哥尔摩（本埠信件）　　　　　译自《列宁全集》俄文第 5 版

原文是德文　　　　　　　　　　　　　第 47 卷第 117 页

# 1908 年

## 84

## 致格·阿·阿列克辛斯基

1908 年 1 月 7 日

亲爱的彼得:

今天我同娜·康·来到了日内瓦。**145** 尚未最后决定住在哪里,因为亚历·亚历·很反对住在日内瓦。我们正在寻找别的地方。

但是在这里也应该把情况完全弄清楚。[请]① 立刻来信说明:(1)您是[不是]知道有**合适的**人来[管]理印刷所和[发]行工作**146**?(2)您认为医[生]这个身份怎样?(3)关于印刷所应该特别注[意哪]些事情? 既然印刷所[属于]斯德哥尔摩代表大会布尔什维克[派]的中央机关报,[它是否需要]有一个所有者? 为什么您认为只有**孟什维克的**印刷所才是中央委员会的财产?(4)您是不是认为可以出版周报? 销路大概会怎样? 300 份,500 份,还是1 000 份?

我们在柏林收到您的来信时正处于因 17 个人被捕**147** 而引起

---

① 信纸已经残缺不全,方括号内的词语是根据意思和保存下来的个别字母复原的。——俄文版编者注

的惊慌之中，因此信没有来得及仔细看就销毁了。

请按下列地址[……]回信

身体好吗？[您][大概]什么时候能回到这里来？这段时期以来您的健康[是否]多少恢复了[一些]？

握手……

从日内瓦发往维也纳

载于 1930 年《列宁文集》俄文版
第 13 卷

译自《列宁全集》俄文第 5 版
第 47 卷第 118—119 页

# 85

# 致阿·马·高尔基

1908 年 1 月 9 日于日内瓦

亲爱的阿列·马·：日前我和妻子来到这里。我俩在途中都感冒了。我们在这里好歹安置下来，因为是暂住，所以一切都不顺手。读了您的来信非常高兴。真的，如果能到卡普里岛去一下该多好！我一定抽时间去拜访您。可惜目前不能去。我们受托到这里来办报：把《无产者报》从芬兰迁到这里来。我们是选择日内瓦还是别的城市，现在尚未最后决定。无论如何必须加紧进行，重新安顿麻烦很多。夏天或者春天可能去拜访您，那时事情该上轨道了！你们卡普里岛什么时候最好？

您身体如何？精神可好？工作顺利吗？我路经柏林时，听说您和卢那察尔斯基一同漫游了意大利,特别是畅游了罗马。[148]意大利使您满意吗?见到的俄国人多吗?

我想在您工作不太忙的时候到您那里去,这样我们可以一同信步漫谈。

您收到了我的书(《十二年来》文集第 1 卷)没有?我是托彼得堡方面直接寄给您的。

热切地向玛·费多—夫娜问好!再见!

您的    尼·列宁

我的地址:**日内瓦    双桥街 17 号**(屈普费尔处)
**弗拉·乌里扬诺夫**先生

发往卡普里岛(意大利)

载于 1924 年《列宁文集》俄文版
第 1 卷

译自《列宁全集》俄文第 5 版
第 47 卷第 119—120 页

# 86

# 致阿·瓦·卢那察尔斯基

1908 年 1 月 13 日

亲爱的阿纳·瓦西·:

我和我的妻子待在日内瓦已有好几天了……  重返这倒霉的日内瓦真是糟糕,叫人愁闷,可是又毫无办法!在芬兰遭到破坏后,除了把《无产者报》迁往其他国家之外,别无出路。编委会也就这样决定了。问题仅仅在于:是迁到日内瓦还是迁到别的地方。我们目前正在了解情况,不过,我个人认为,日内瓦和伦敦是唯一自由的地方。但伦敦开销大。

您写的关于斯图加特的小册子我全部读完了:第三篇附录很迟才收到,我在动身之前刚刚赶着读完。依我看,您写得很好,同志们对小册子全都感到非常满意。① 我们大家认为没有必要加以"修改",因为抹去您的特色、破坏一部写得很生动的作品,实在太可惜了。何况,这本小册子里并没有工团主义,在我看来,只是有一系列可以被普列汉诺夫及其一伙人"利用"的重大疏忽。您在《教育》杂志或《现代世界》杂志上看到他的吹毛求疵和卑劣借口了吗?**149**我们总是会遇到这类论敌的,所以应当格外当心。此外,您还忘了提到社会革命党人,这些人早就在攻击德国社会民主党人了,他们利用对工团主义者的批判并把这种批判加以**歪曲**,来**咒骂**马克思主义。

我不知道我们的人能否在现在出版您的小册子。现在出版是有困难的。

您收到我的第1卷了吗?

近况如何?继承人好吗?听说您同高尔基一起作过一次很好的旅行,是吗?

请来信谈谈您在做些什么。无论是为《无产者报》撰稿,还是作专题报告,我们都一定要指望您了。不是吗?

高尔基现在在哪里?我给他写了一封信寄到卡普里岛(布拉

---

① 见本卷第81号文献。——编者注

埃苏斯别墅)。能收到吗?

　　紧紧握手!

　　　　　　　　　　　　　您的　列宁

　　地址:**日内瓦**　双桥街 17 号(屈普费尔处)

　　　**弗拉·乌里扬诺夫**先生

发往意大利

载于 1934 年《列宁文集》俄文版
第 26 卷

译自《列宁全集》俄文第 5 版
第 47 卷第 120—121 页


# 87

# 致卡·胡斯曼

1908 年 1 月 14 日

亲爱的胡斯曼同志:

　　可惜,我的地址已经不是芬兰而是日内瓦了:日内瓦　双桥街
17 号(屈普费尔处)　弗拉·乌里扬诺夫……①

　　……在芬兰最近几次逮捕期间,我党上次召开的伦敦代表大
会的部分记录[遗失了]。如果我没记错的话,有人跟我说过,这次
代表大会的材料和文件[150]曾寄给过社会党国际局。这确实吗?

---

　　① 　两行字无法辨认。该页此处破损,缺结尾部分。下面的一段话是写在该页背
　　　　面的。——俄文版编者注

我将十分[感谢]您，如果您能……

发往布鲁塞尔

原文是法文

载于 1962 年《苏维埃俄罗斯世界
手册》杂志第 4 期

译自《列宁全集》俄文第 5 版
第 47 卷第 122 页

# 88

# 致格·阿·阿列克辛斯基

## （1 月 14 日和 22 日之间）

亲爱的彼得：我对您有一个请求。我写了一篇关于土地纲领问题的长文章[151]，其中详细地分析了第二届杜马的争论。我缺少向第二届杜马提出的某些**文件**。

我指的是**穆申科**提出的 104 人或者 105 人法案，这不是第一届杜马的那个"有名的"劳动派法案（这个法案在第二届杜马也曾经提出过），而是**新的、社会革命党**的法案。这个法案曾用法文转载于社会革命党在斯图加特代表大会上的报告中。您有没有俄文的？您能不能弄到？如蒙帮助，不胜感激。[152]

这个材料是不是单独出版过？在什么地方，什么时候出版的？

您的　**弗·乌里扬诺夫**

从日内瓦发往维也纳

载于 1930 年《列宁文集》俄文版
第 13 卷

译自《列宁全集》俄文第 5 版
第 47 卷第 119 页

# 89

# 致阿·瓦·卢那察尔斯基

## (1月15日)

### 致阿纳托·瓦西—奇

亲爱的阿纳·瓦西·:

有件重要的事情。您认识佛罗伦萨的瓦西里·瓦西里耶维奇·卡里亚金吗?怎样才能找到他?请把他的地址寄来,或来信说明**怎样才能找到他**,不管要通过佛罗伦萨的什么人都行。望赶快回信。

等待着您把关于《无产者报》的消息(和答复)以及您有关该报的打算告诉我。

您的 **乌里扬诺夫**

从日内瓦发往意大利

载于1934年《列宁文集》俄文版
第26卷

译自《列宁全集》俄文第5版
第47卷第122页

90

# 致阿·马·高尔基和
# 玛·费·安德列耶娃

1908年1月15日

亲爱的阿·马·和玛·费·:

今天接到你们的快信。真迷人,恨不得马上跑到你们卡普里岛去! 您描写得太好了,我一定去,并且尽量邀妻子同往。只是日期还无法确定,因为目前我不能不为《无产者报》忙碌,必须把它**办起来**,无论如何也得把工作安排妥当。这至少需要一个多月。不过必须这样做。春天我们就可以来喝卡普里岛的白葡萄酒,欣赏那波利的风光,并和你们畅谈一番了。我已开始学意大利文,而且像小学生一样急忙辨认玛丽亚·费多罗夫娜写的地址,espresso 应为 expresso! 不信请查查字典!

其次,关于《无产者报》的运送问题是你们自己提出来的。现在你们想不管可不那么容易了! 这里有一堆事情要委托玛·费·:

(1)在与俄国有来往的船上务必寻找一位船员工会(一定会有这样的组织!)的书记。

(2)向他探问船只**起至地点**,**多久往返一次**;托他**每星期**务必为我们安排一次**运送**。这需要多少费用? 应该给我们物色一个**可靠的人**(有没有可靠的意大利人?)。是否必须把在俄国(比如敖德萨)交报的地址告诉他们？他们是否可以在敖德萨某个意大利旅馆老板那里**暂时**存放少量的报纸？这对我们**至关重要**。

(3)如果所有这些工作玛·费·不能亲自安排、张罗、物色、解释、检查等，那么务必请她介绍我们和这位书记直接联系，我们可以马上写信和他商量。

这件事必须速办，因为两三星期后《无产者报》就要在这里出版，需要立即发送。[153]

好吧，在卡普里岛见！阿·马·要注意保重！

你们的    **弗·乌里扬诺夫**

从日内瓦发往卡普里岛(意大利)

载于1924年《列宁文集》俄文版第1卷

译自《列宁全集》俄文第5版第47卷第123—124页

# 91

# 致马·尼尔森

1908年1月27日

最尊敬的同志：

布鲁塞尔的社会党国际局书记卡米耶·胡斯曼向我转告了您的询问。我是俄国社会民主工党驻社会党国际局的代表，我可以通知您，爱沙尼亚社会民主党人(如果我没搞错的话，是叫"爱沙尼亚社会民主党人联盟")是我党的一部分。毫无疑问，在雷瓦尔是有一个大部分由爱沙尼亚人组成的俄国社会民主工党委员会。至于说到 M.尤里松和 Ж.Г.谢平两位公民,则我并不知道这两个名字。这绝对没有丝毫反对这两位公民的意思,因为我党的组织是秘密的,我本人连一个爱沙尼亚同志都不认识。我将写信到俄国去,向我们党的中央委员会询问这两位公民的情况(也不妨试试问一下雷瓦尔委员会),但是我们不能期望很快就有答复。

　　致社会民主党的敬礼

**弗拉·乌里扬诺夫(尼·列宁)**


　　地址:**日内瓦**　双桥街17号(屈普费尔处)

　　**弗拉·乌里扬诺夫**


发往克里斯蒂安尼亚(现称奥斯陆)

原文是德文

译自《列宁全集》俄文第5版第47卷第124—125页


# 92

# 致卡·胡斯曼

1908年1月27日

亲爱的胡斯曼同志:

　　我收到了您1908年1月24日的来信,并已写信到克里斯蒂安尼亚答复马格努斯·尼尔森同志①:俄国社会民主工党雷瓦尔委员会**确实存在**,爱沙尼亚社会民主党人是[我党]②的一部分。

---

①　见上一号文献。——俄文版编者注
②　手稿已部分损坏。方括号内的词语是根据意思复原的。——俄文版编者注

至于[尤里松]和谢平两位公民,我并不认识他们,我个人[根本不]认识任何一个爱沙尼亚社会民主党人;不应该忘记,我党的组织是秘密的。我将写信回俄国请他们告知这两位公民的详细情况。但不能指望很快就有答复。

　　致兄弟般的敬礼!

**弗拉·乌里扬诺夫**

从日内瓦发往布鲁塞尔

原文是法文

载于 1962 年《苏维埃俄罗斯世界
手册》杂志第 4 期

译自《列宁全集》俄文第 5 版
第 47 卷第 125—126 页

# 93

# 致卡·胡斯曼

1908 年 1 月 29 日

亲爱的胡斯曼同志:

　　我得到通知,说各党向斯图加特国际社会党代表大会提出的报告第 3 辑过几天就要出版了,并说我党的报告尚未准备好……①

　　我党的报告能否在第 3 辑发表? 提交报告的最后限期是哪一

---

①　手稿已部分损坏。文中方括号内的词语是根据意思复原的。——俄文版编
　　者注

天?① 想必是芬兰的几次逮捕使我党的同志未能写完报告,因为两个月前,当我在芬兰时,曾亲耳听说中央委员会[把这项工作委托给]一位同志,这位同志[为完成]这个报告工作得非常积极。

[亲爱的]同志,[请接受我的兄弟般的敬礼!]

**弗拉·乌里扬诺夫**

从日内瓦发往布鲁塞尔

原文是法文

载于1962年《苏维埃俄罗斯世界手册》杂志第4期

译自《列宁全集》俄文第5版第47卷第126页

# 94

# 致费·阿·罗特施坦

1908年1月29日

亲爱的同志:

两个半至三个月前我在芬兰收到您的信,信中提及债款的事154;我已把信转寄中央委员会。现在,"芬兰遭到破坏"迫使我到日内瓦去,而这一转移耗费了我许多时间和精力。今天这里的一位同志告诉我,您老提债款的事,那个英国人甚至以登报公布相要挟(!)等等。

我马上再写信到俄国去,说明债款应当归还。但是您知道,现

---

① 见本卷第98号文献。——编者注

在要做到这一点是**万分**困难的！芬兰遭到破坏,许多同志被捕,文件被抄走,必须迁移印刷所,转送许多同志到国外去——所有这些事需要**一大笔**完全意外的费用。加之这两年来大家失去了做地下工作的习惯,被公开的和半公开的工作"宠坏",党的财政状况就更惨了。几乎需要从头整顿秘密组织,这就得用一大笔钱。而知识分子和小市民都抛弃了党:知识分子大批退出。剩下清一色的无产者,也就无法公开募集捐款。

应当把这一点向那个英国人讲清楚,向他讲明白:借钱是在第二届杜马时期,那时的情况和现在完全不同;当然,党一定会还清这笔款子的,但是**现在**还债是不可能的,是不可想象的,这简直是高利盘剥等等。

应当说服那个英国人。钱他未必能拿到。吵闹也没有用。

记得是**各派**委员分别签字的[155],是不是应该由**各派**还呢?

握手!

您的　尼·列宁

附言:我不知道您的地址,所以写信给奎尔奇,请他搜集一些书籍。**我万分感谢他**,我怕我的蹩脚英语不是常常都能使他明白。

我的地址:**日内瓦　双桥街 17 号　弗拉·乌里扬诺夫**

发往伦敦

载于 1930 年《列宁文集》俄文版
第 13 卷

译自《列宁全集》俄文第 5 版
第 47 卷第 127—128 页

# 95

# 致《伯尔尼哨兵报》编辑部

## (1月30日和2月2日之间)

**声明**。《伯尔尼哨兵报》[156]第24号(1月30日,星期四)载有尔·马尔托夫关于在日内瓦被捕的一位俄国同志谢马什柯大夫案件的声明。在这个声明中马尔托夫令人奇怪地只把谢马什柯当做参加了斯图加特国际社会党代表大会的记者来谈;与此同时,他却把自己称做"俄国社会民主党出席斯图加特代表大会的代表"。

马尔托夫的这种说法,无疑将会使瑞士的工人们理解为:俄国社会民主党与谢马什柯毫无关系。

为了使马尔托夫的这种完全不符合事实的说法不致引起任何人的错觉,作为俄国社会民主党驻社会党国际局的代表,我提出如下声明:谢马什柯大夫是我党的一位老党员,他是既作为我党党员,也作为党报的记者出席国际代表大会的。

我认为这样的说明是必要的,因为我们的瑞士同志无疑会对谢马什柯的被捕表示很大的关切。所有认识他的俄国同志都坚信,他与梯弗利斯的"剥夺"毫无牵连,也不可能与此有牵连。这不仅因为我党最近一次代表大会(伦敦代表大会)坚决否定了这种"斗争方式",而且还因为谢马什柯大夫从1907年2月起一直住在日内瓦从事写作活动。

我们坚信,国际社会民主党报刊在最近期间将同样有理由欣然祝贺在日内瓦被捕的这位同志获释,如同当年《前进报》[157](在柏林)和《人道报》[158](在巴黎)祝贺在巴黎无辜被捕的同志们获释一样。

俄国社会民主工党驻社会党国际局代表

**尼·列宁**

从日内瓦发往伯尔尼

原文是德文

载于1908年2月5日《伯尔尼哨兵报》第29号

译自《列宁全集》俄文第5版第47卷第128—129页

96

# 致阿·马·高尔基

1908年2月2日

亲爱的阿·马·:

有两件事告诉您。

第一件是关于谢马什柯的事。如果您本人**不认识**他,就不必过问下面的事情。如果认识,可以过问一下。

尔·马尔托夫在伯尔尼社会民主党的报纸上发表了一个"声明",说谢马什柯并不是斯图加特代表大会的代表,只是一个**记者**。他只字不提谢马什柯是社会民主党的党员。这是孟什维克对一位被捕入狱的布尔什维克所玩弄的卑劣手腕。我已经以俄国社会民主工党驻国际局的代表的资格寄出了正式声明。① 如果您本人认

———————

① 见上一号文献。——编者注

识谢马什柯,或者曾在下诺夫哥罗德和他相识,那么请您**务必**也写信给该报,说马尔托夫的声明使您感到愤怒,并说您本人认识谢马什柯,他是社会民主党党员,并且深信他和国际警察所炮制的事件无关。下面我把这家报馆的地址和马尔托夫的声明全文照抄一份给您,声明全文玛·费·会替您翻译。给编辑部的信您自己用俄文写,请玛·费·附上德文译文。

第二件事是从俄国派来安排《**无产者报**》的3个人都在此地会合了(波格丹诺夫、我和一位"实践家"①)。一切都准备妥当,日内就发出刊预告。[159]我们把您列入了撰稿人。您能不能为头几号写点东西(像《**新生活报**》上所发表的**论小市民**那样的东西或者您现在正在写的中篇小说的片段等均可[160]),请写封短信告诉我。

紧紧握手! 热切地向玛·费·问好!

您的　**弗·乌里扬诺夫**


1908年1月30日《**伯尔尼哨兵报**》(编辑部在伯尔尼　卡培尔街6号。该报是社会民主党机关报)第24号上刊载了如下的声明:

"**声明**。据报载,不久前在日内瓦被捕的谢马什柯大夫是俄国社会民主党日内瓦小组出席斯图加特代表大会的代表。为批驳这一点我声明:谢马什柯大夫并非出席上述大会的俄国代表团团员,他没有任何代表委托书。他只是以记者的身份出席了大会。

俄国社会民主党出席斯图加特代表大会的代表**尔·马尔托夫**"。

————

声明的全文就是这样。它卑劣就卑劣在要社会民主党简直就

————

①　指约·费·杜勃洛文斯基。——编者注

像抖掉灰尘那样把谢马什柯推开不管！

从日内瓦发往卡普里岛(意大利)

载于1924年《列宁文集》俄文版
第1卷

译自《列宁全集》俄文第5版
第47卷第129—131页

# 97

# 致阿·瓦·卢那察尔斯基

## (2月2日)

### 致阿纳托利·瓦西里耶维奇

亲爱的阿纳·瓦西·:请写封短信告诉我,您是否完全安顿好了？是否已经可以工作了？我们指望您能为《无产者报》(1)写意大利通讯。每月(大致)两次,8 000—12 000个字母。第一篇过3个星期左右寄来。(2)不时写些政论文章来。您能否看到俄文报纸(高尔基那里有很多)？

请来信。

握手！

您的　**老头**

从日内瓦发往卡普里岛(意大利)

载于1924年《列宁文集》俄文版
第1卷

译自《列宁全集》俄文第5版
第47卷第123页

# 98

# 致卡·胡斯曼

1908年2月2日

亲爱的胡斯曼同志：

感谢您30日的来信。这么说来，如果我理解得对的话，我们还有两个月的时间供[提出]①我党报告之用。

[至于]会费，[请您]告诉[我]，1908年需付[多少]……②

致兄弟般的敬礼！

**弗拉·乌里扬诺夫**

从日内瓦发往布鲁塞尔

原文是法文

载于1962年《苏维埃俄罗斯世界手册》杂志第4期

译自《列宁全集》俄文第5版
第47卷第131页

---

① 手稿已部分损坏。方括号内的词语是根据意思复原的。——俄文版编者注
② 有两行字无法辨认。——俄文版编者注

# 99

# 致格·阿·阿列克辛斯基

1908年2月3日

这真是帮了个大忙！竟把地址和关系都给了孟什维克曼德尔贝格。这真太天真了。**无论如何也不能**让曼德尔贝格接近我们，既然已经干了这种蠢事，就必须把地址从他手里要回来，骗他一下。

昨天给您写信谈了关于《**无产者报**》的问题。[161]派别斗争在**各地**都大大地尖锐起来了，这是不可避免的。详情以后面谈。

**弗·乌里扬诺夫**

从日内瓦发往维也纳

载于1930年《列宁文集》俄文版
第13卷

译自《列宁全集》俄文第5版
第47卷第132页

# 100

# 致阿·马·高尔基

1908年2月7日

亲爱的阿·马·：关于您的声明我将同亚·亚·商量一下。

依我看,既然您本人从前不认识他,就没有必要发表了。[162]

您把论犬儒主义的文章寄给哪本布尔什维克文集了呢? 我真弄不清楚,因为关于各个布尔什维克文集的情况常常有人热心地写信告诉我,但您说的那本文集我从来没听说过。希望是寄给彼得堡那本文集了。[163] 给显克微支的信,如果有副本,请寄来(请注明这封信是**什么时候**寄出的),不过既然是征询意见,显克微支肯定会发表的。[164]

您的计划很有意思,我很乐意去。但是您知道,我不能放下党的工作,这项工作需要马上加以安排。安排一件新工作是困难的。我不能丢下不管。大约过一两个月就能安排就绪,那时我可以自由自在地离开一两个星期。

您认为必须**经常不断地**同政治上的颓废、变节、消沉等现象进行斗争,这个意见我万分同意。至于对"社会"和"青年"的看法,我不认为我们之间有什么分歧。知识分子在我们党内的作用日益降低:知识分子从党内**逃跑**的消息在在皆是。这些败类跑得正好。党内的这些市侩垃圾清除掉了。工人将担负起更多的工作。职业工人的作用正在加强。这一切好极了,我相信您的"踢几脚"也就是这个意思。

现在谈谈如何产生影响的问题。究竟"创办"什么样的"刊物"? 文集**还是**《无产者报》? 当然最容易的回答是:不是**还是**,而是**两者都办**。这个回答是无可非议的,但不大实际。公开的文集当然应当有,我们彼得堡的同志正在为这些文集流汗,我离开伦敦住在克瓦卡拉①时也是搞这个工作。如果有可能,应该**全**力支持

_____

① 库奥卡拉的戏称。——编者注

他们继续出这些文集。**165**

但是,从伦敦到1907年11月(半年!)的经验使我相信,现在不能创办**经常性的**公开刊物。我坚信,**党**现在需要有一份正常出版并能坚持不懈地执行同颓废、消沉作斗争的路线的政治性机关报——**党的**机关报,一份政治报纸。许多国内的人不信任在国外办的机关报。这是一种错误。我们编委会决定把《无产者报》迁来这里不是没有原因的。当然,把它安排好并使它活跃起来是困难的。但应当这样做,而且一定会做到。

为什么它不可以包括文学批评呢?篇幅少吗?我当然不知道您的工作安排。可惜我们在会面时聊天多,谈正经事少。如果您对于写定期的(一两星期一次)短小文章不感兴趣,如果您觉得写**大本**著作更好,我当然不希望您中断。它会带来更大好处!

但是,如果您也愿意一起参加办政治报纸的工作,为什么不写些像《新生活报》上的《谈谈小市民习气》一类体裁的东西呢?依我看,您已经开了个好头,为什么不继续下去呢?我"有意"在最初写给您的一封信中提到这一点,我想:既然这种体裁这样吸引他,他一定会把它抓起来的。现在我还认为,在最近的一次来信中您好像是把它抓起来了。是不是我搞错了呢?要是报纸不像从前那样片面,党的工作会从中多得到多少倍好处啊!而著作家的工作如果同党的工作,同经常不断影响全党的工作更紧密地联系起来,也会多得到多少倍好处啊!我们需要的不是一些"袭击",而是毫不停顿毫不间断的全线总进攻;社会民主党布尔什维克不仅限于逐个地进攻那些形形色色的蠢材,而是要夺取一切的一切,像日本人从俄罗斯人手中夺取满洲一样。

您打算为文集写的三类文章（哲学，文学批评，当前策略），其中一类半即当前策略和一半的文学批评最好由政治报纸，由《无产者报》刊载。哎，各种半党派性杂志和非党杂志所刊载的专门的文学批评文章，长篇大论，没有什么好东西！我们最好设法远远离开这种知识分子的陈旧的老爷派头，也就是说，把文学批评也同党的工作，同领导全党的工作**更紧密地**联系起来。欧洲成年的社会民主党就是这样做的。我们也应当这样做，不必害怕在这一工作中集体办报初期会碰到的种种困难。

长篇的文学批评著作要汇编成书，部分由杂志发表。

定期地经常地写些文章，加入政治报纸的大合奏，同党的工作联系起来，继续发扬在《**新生活报**》上已开始运用的精神，——告诉我，您愿意这样做吗？

第三类是哲学。我强烈地意识到自己在这方面的修养不够，这使我不能公开发表意见。但是作为一个普通的马克思主义者，我在认真阅读我们党的哲学家的著作，认真阅读经验一元论者波格丹诺夫的著作和经验批判论者巴扎罗夫、卢那察尔斯基等人的著作，而**他们**迫使我**完全**倾向**于普列汉诺夫**！要有力量防止受情绪左右，像普列汉诺夫那样！他的策略是极其庸俗卑劣的。但在哲学方面他捍卫的是正确的东西。我赞成唯物主义，反对"经验……"之类的东西。

可以不可以、应当不应当把哲学同党的工作方针，同布尔什维主义联系起来呢？我想现在不能这样做。让我们党的哲学家们对理论再研究一些时候，再争论一些时候并且……谈通。目前我赞成唯物主义者和"经验……"者之间的**这些**哲学争论同整个党的工作分开。

等您回信，暂时写到这里。

您的    **列宁**

从日内瓦发往卡普里岛（意大利）

译自《列宁全集》俄文第 5 版
第 47 卷第 132—135 页

载于 1934 年《列宁文集》俄文版
第 26 卷

# 101
# 致 某 人

抄件

1908 年 2 月 9 日

阁下：

对于您 1908 年 2 月 4 日的来信谨答复如下：《**无产者报**》编辑部接受您的条件，但需作下列一些修改（此事昨天您已和我们的发行人谈过）。

（1）机器使用费由我们和皮尤涅先生按一天 8 马克共同支付。我们保留在使用机器的前一天解除合同的权利。

（2）只有经鉴定人确认是由于我们的排字工人的过失而造成机器发生事故和损毁，我们才对此承担责任。

（3）纸张采用 **8 个比利时法郎**一令的普通纸。

致以敬意！

**弗·乌里扬诺夫**

原文是德文

译自《列宁文集》俄文版第 39 卷
第 58 页

# 102

# 致阿·瓦·卢那察尔斯基

## 致阿纳托·瓦西—奇

1908 年 2 月 13 日

亲爱的阿纳·瓦西·:

关于布林格曼,我昨天给您寄去一封短信,现在赶紧回复您 2 月 11 日的来信。

我不大明白您为什么为我的信感到不高兴,该不是又为哲学吧!

您打算在《**无产者报**》辟一小说栏并委托阿·马—奇负责,这是再好不过的事,我非常高兴。我也希望把《**无产者报**》上的**文学批评**栏固定下来,委托阿·马—奇负责。但是我**害怕**,而且非常害怕直接提出这一点,因为我**不了解**阿·马—奇的工作性质(和工作爱好)。如果一个人正在从事严肃的、巨大的著述工作,如果分心去干琐碎事情、报纸工作、政治评论会危害这一工作,那么妨碍和打扰他就是干蠢事,就是犯罪! 我十分了解这一点并深深感觉到这一点。

亲爱的阿纳·瓦西·,您在当地应该比我了解得更清楚。**如果您认为我们不会危害**阿列·马—奇的工作,如果我们可以把党的正规工作套在他身上(这样做无疑会使党的工作得到许多好处!),您就大力安排这件事吧。

《无产者报》第 21 号在 2 月 13 日(26 日)出刊。就是说时间还有。最好是在**星期五**前得到稿子,以便从容赶上星期三出刊的那一号。要是匆忙的话,稿子在星期日(为了加快一点请把稿子直接寄给我),甚至在星期一(不能再迟了!)寄到也还来得及。

您自己也一定要写。您不给 21 号寄点评论国内事务的政治杂文(10 000—16 000 个字母),或者是评述费里拒绝工作[166]的文章(8 000—10 000 个字母)吗? 如果不是"或者—或者",而是"又—又"就更好了。

紧紧握手! 请回信告诉我,请阿·马—奇为《无产者报》撰稿的事谈妥了没有。如已谈妥,就请他马上开始,**别等**"代表大会"[167]和协议了。

从日内瓦发往卡普里岛(意大利)

载于 1924 年《列宁文集》俄文版
第 1 卷

译自《列宁全集》俄文第 5 版
第 47 卷第 135—136 页

# 103

# 致阿·马·高尔基

1908 年 2 月 13 日

亲爱的阿列·马—奇:

在您提出来的有关我们的分歧的问题中,我认为有些纯粹是误解。例如,我并没有像愚蠢的工团主义者那样想"驱逐知识分子",或者否认他们在工人运动中的重要作用。在所有**这些**问题上，我们之间**不可能**有分歧；这一点我是深信不疑的，我们既然现在无法开会，就需要马上一起工作。通过工作我们就会轻而易举地顺利地最终取得一致。

您打算为《无产者报》写点小东西（预告已寄给您了），我十分高兴。不过，您既然有重要的工作，**也不要打断**。

关于托洛茨基，我上次就想答复您，但是忘记了。我们（指这里的《无产者报》编辑部，包括亚历·亚历·、我和"英诺"，他是俄国布尔什维克的优秀工作人员）一开始就决定邀他参加《无产者报》的工作。我们曾写信给他，并给他拟好了一个题目。我们**一致同意**以"《无产者报》编辑部"的名义署名，希望把事情放在集体的基础上（例如我个人就和托洛茨基有过很大的争论，那是在1903—1905年他还是孟什维克的时候发生的一场相当激烈的争吵）。托洛茨基是不是不高兴这种形式我不知道，不过他寄来了一封信，不是他亲自写的，说"托洛茨基同志嘱托"通知《**无产者**报》编辑部，他很忙，不能写稿。

我看这是装腔作势。在伦敦代表大会上他也是装腔作势。我不知道他是否愿意和布尔什维克携手……

孟什维克在这里发出了出版《社会民主党人呼声报》**[168]**（月刊）的预告，在预告上署名的有：普列汉诺夫、阿克雪里罗得、唐恩、马尔托夫、马尔丁诺夫。我弄到这个刊物后当即寄给您。斗争可能尖锐化。而托洛茨基却想"超越正在斗争的两派"……

关于作为世界观的唯物主义，我想我和您的意见在实质上是不一致的。这里说的不是"唯物主义历史观"（我们的"经验……"

者[169]也不否认这点),而是哲学唯物主义。我坚决反对把盎格鲁撒克逊人和日耳曼人的市侩习气以及罗马人的无政府主义归咎于"唯物主义"。作为哲学的唯物主义,**在他们那里处处遭到鄙视**。最稳健高明的机关刊物《新时代》杂志对哲学漠不关心,它从来就不是哲学唯物主义的热烈拥护者,而在最近竟不加任何说明就刊登了经验批判主义者的文章。有人说,从马克思和恩格斯教导我们的**那种**唯物主义中可以产生僵死的市侩习气,这是胡说八道!社会民主党中所有的小市民派别都是首先反对哲学唯物主义,而倾向于康德、新康德主义和批判的哲学。恩格斯在《反杜林论》中所论证的哲学,决不会容纳市侩习气。普列汉诺夫把**这方面的**斗争和派别斗争拉扯在一起,这有害于这种哲学。然而任何一个俄国社会民主党人都不应当把今天的普列汉诺夫和昔日的普列汉诺夫混同起来。

　　亚历·亚历·刚离开我这里。关于"代表大会"的事我将再次转告他。如果您坚持,不久后可以找一两天时间安排一下。
　　握手!

列　宁

从日内瓦发往卡普里岛(意大利)

载于1924年《列宁文集》俄文版
第1卷

译自《列宁全集》俄文第5版
第47卷第136—138页

# 104

# 致阿·瓦·卢那察尔斯基

## (2 月 25 日)

**致阿纳托·瓦西—奇：**

亲爱的阿纳·瓦西·：您为什么不把关于费里的文章寄来？我们在急切地等待着。请您**赶快**寄来。万一这篇文章要耽搁的话，那么您一定要马上写封短信告诉一声，好让我们知道该怎么安排第 22 号。

握手！

您的　尼·列宁

从日内瓦发往卡普里岛(意大利)

载于 1934 年《列宁文集》俄文版第 26 卷

译自《列宁全集》俄文第 5 版第 47 卷第 138 页

# 105

# 致阿·马·高尔基

1908 年 2 月 25 日

亲爱的阿·马·：没有立刻给您回信，是因为您的文章[170]（或者说同您的文章有某些关系)在我们编辑部里引起了我同亚历·亚历·的一场相当严重的争吵,这件事乍看起来是很奇怪的……不,不……我说的可**不是**您想的**那个**地方,也不是那个原因。

事情是这样的。

《关于马克思主义哲学的论丛》**171**这本书使布尔什维克在哲学问题上原来就有的意见分歧更加尖锐化了。我认为自己在这些问题上还不够内行,不想急于发表文章。不过我一向很注意我们**党内**在哲学方面的争论,最早是80年代末到1895年普列汉诺夫同米海洛夫斯基那批人的斗争,然后是1898年和以后几年他同康德主义者的斗争(那时我不仅注意,而且从1900年起曾以《**曙光**》**杂志**编辑部成员的身份部分地参加了这一斗争),最后是他同经验批判论者那批人的斗争。

我开始注意波格丹诺夫的哲学著作是从我看了他的唯能论著作《自然史观》以后,这本书我在西伯利亚时仔细研究过。对波格丹诺夫来说,这种观点只是他向其他哲学观点的过渡。我同他认识是在1904年,当时我们就立刻互相赠送了自己的著作;我送他一本《进一步,退两步》①,他送我一本他**当时**写的哲学著作**172**。我并且很快(1904年春天或夏初)就从日内瓦写信到巴黎告诉他:他的著作使我更不相信他的观点是正确的,而更相信普列汉诺夫的观点是正确的。

我同普列汉诺夫在一起工作的时候,曾多次谈到波格丹诺夫。普列汉诺夫向我解释波格丹诺夫观点的错误,但他认为这种偏差决没有严重到不可挽回的地步。我清楚地记得,1903年夏天我和

---

① 见本版全集第8卷第197—425页。——编者注

1908 年 2 月 25 日列宁给阿·马·高尔基的信的第 1 页
（按原稿缩小）

普列汉诺夫以《曙光》杂志编辑部的名义同《实在论世界观论丛》编辑部的代表在日内瓦谈过话，**同意撰稿**，我负责谈土地问题，普列汉诺夫负责**在哲学上批判马赫**。[173]普列汉诺夫提出把批判马赫作为撰稿的**条件**，《论丛》编辑部的代表完全接受了这个条件。当时普列汉诺夫把波格丹诺夫看做是反修正主义斗争中的同盟者，然而是一个由于追随奥斯特瓦尔德，后来又追随马赫而犯了错误的同盟者。

1904年夏天和秋天我们同波格丹诺夫等几个**布尔什维克**的意见完全一致，我们达成默契，大家不谈哲学，把哲学当做中立地区，这个同盟在整个革命时期一直存在着。它使我们有可能在革命中共同贯彻革命的社会民主党（＝布尔什维主义）的策略，这种策略我深信不疑地认为是唯一正确的策略。

在革命火热的时候很少研究哲学。1906年初波格丹诺夫在狱中又写了一部著作，大概是《经验一元论》第3卷。1906年夏天他送了一本给我，我仔细读了一遍。我读完之后非常生气，因为我更清楚地看出，他走的是极端错误的道路，非马克思主义的道路。我那时就向他"表白爱情"，给他写了一封关于哲学问题的长达三个笔记本的信。我在信中明白地告诉他，在哲学方面我当然是一**个普通的马克思主义者**，但正是他那些明白易懂、写得很出色的著作使我完全相信他根本错了，而普列汉诺夫是正确的。这些笔记本我曾给某些朋友（其中包括卢那察尔斯基）看过，本来想用《一个普通马克思主义者的哲学札记》这个标题发表出来，但是没有下决心。现在很后悔当初没有立即把它发表。前几天我写信到彼得堡请求把这些笔记本[174]找出来寄给我。

现在《关于马克思主义哲学的论丛》已经出版。除了苏沃洛夫那篇文章(我正在看)之外,其余的我都看了,每篇文章都使我气得简直要发疯。不,这不是马克思主义!我们的经验批判论者、经验一元论者和经验符号论者都在往泥潭里爬。他们劝读者相信"信仰"外部世界的真实性就是"神秘主义"(巴扎罗夫),他们把唯物主义同康德主义混淆得不成样子(巴扎罗夫和波格丹诺夫),他们宣传不可知论的变种(经验批判主义)和唯心主义的变种(经验一元论),教给工人"宗教无神论"和"崇拜"人类最高潜在力(卢那察尔斯基),宣布恩格斯的辩证法学说为神秘主义(别尔曼),从法国某些"实证论者"(主张"符号认识论"的该死的不可知论者或形而上学者)的臭水沟里汲取东西(尤什凯维奇)!不,这太不像话了。当然,我们是普通的马克思主义者,对哲学没有研究,但是为什么要这样欺侮我们,竟要把这些东西当做马克思主义哲学奉送给我们!我宁愿受车裂之刑,也不愿加入宣传这类东西的机关报或编委会。

我又想到了《一个普通马克思主义者的哲学札记》,我已开始在写了[175],我在看《论丛》的过程中当然已经把自己的印象直率地、不客气地告诉了亚历·亚历一奇。

您会问,这同您的文章有什么关系呢?有关系,因为正好在布尔什维克中间的这些分歧有特别尖锐化的危险的时候,您给《无产者报》写文章,公开阐述一个流派的观点。我当然不知道您整篇文章是怎样写的,写些什么。此外,我认为艺术家可以在任何哲学里汲取许多对自己有益的东西。最后,我完全地、绝对地相信,在艺术创作问题上您是行家,您从自己的艺术经验里,**从即使是唯心主义的哲学里**汲取**这种**观点,您一定会作出大大有利于工人政党的结论。这一切就是这样。然而《无产者报》应该对我们在哲学上的一切分歧绝对保持中立。不要给读者**一丝一毫的借口**，来把代表俄国社会民主党革命派的策略路线的布尔什维克派同经验批判主义或经验一元论联系在一起。

我反复地看了您的文章以后，对亚·亚—奇说，我不同意登载这篇文章，他的脸色顿时变得很难看。我们这里简直笼罩着分裂的气氛。昨天我们召开了编辑部三人小组会议特别讨论这个问题。这时《新时代》杂志的一个愚蠢的举动突然帮了我们的忙。在第 20 期上登载了一个不知名的译者译的一篇波格丹诺夫论马赫的文章，并且在序里信口开河地说，普列汉诺夫和波格丹诺夫的分歧有变成俄国社会民主党内布尔什维克和孟什维克**派别**意见分歧的倾向！写这篇序的蠢男蠢女用这些话使我们团结起来了。我们立即一致认为完全必要在《无产者报》最近一号上声明我们的中立。《论丛》出版以来，这算是我的一件极称心的事。声明已经拟好，已经一致通过，明天就登在《无产者报》第 21 号上，并将寄一份给您①。

至于您的文章，我们决定把这问题搁一下，由《无产者报》的三个编辑每人写一封信向您说明整个情况。我和波格丹诺夫尽快地到您那儿去一趟。

这样您会接到亚历·亚历·的信和另一位编辑的信，这个人我曾有一次在信上同您谈过。

我认为有必要直率地告诉您我的意见。我认为，现在布尔什维克之间在哲学问题上发生某些争吵是完全不可避免的。但

---

① 见本版全集第 16 卷第 405 页。——编者注

因此而闹成分裂,我看是愚蠢的。我们订立同盟是为了在工人政党内执行既定的策略。直到现在为止,我们执行这个策略始终**没有意见分歧**(唯一的意见分歧就是抵制第三届杜马的问题,但是第一,这个分歧在我们中间并没有尖锐到分裂的地步,甚至连分裂的迹象也没有;第二,这个分歧和唯物主义者同马赫主义者的分歧毫不相干,例如,马赫主义者巴扎罗夫也和我一样,曾反对抵制,并且在《无产者报》上就这个问题写过一篇很长的杂文)。

由于争论究竟是唯物主义还是马赫主义而妨碍在工人政党内执行革命的社会民主党的策略,我看这是不可宽恕的蠢事。我们进行哲学上的争论应该使《无产者报》和布尔什维克这个**党内的派别不致受到伤害**。这是完全可能的。

我认为,您也应该在这方面给予帮助。您可以替《无产者报》就文学批评、政论和文艺创作等等中立的(即同哲学没有什么关系的)问题写文章,以此来给予帮助。如果您愿意防止分裂,帮助制止新的争吵扩大,您最好把文章修改一下:把那些即使是同波格丹诺夫哲学间接有关的一切都挪到别处去。好在您除了《无产者报》以外还有的是地方发表文章。凡是同波格丹诺夫哲学无关的(您的文章**大**部分同他的哲学没有关系),可以写成若干篇文章给《**无产者报**》。如果您采取另一种行动,即拒绝修改文章或拒绝为《无产者报》写稿,那我认为不可避免地将会使布尔什维克中的冲突更加尖锐,使新的争吵难以制止,使实际上和政治上迫切需要的俄国革命的社会民主党的事业遭到削弱。

这就是我的意见。我把所想到的一切都告诉您了,现在专等您的回音。

我们本想今天到您那儿去,但不能如愿,至少得推迟一个星期,也许得推迟两三个星期。

紧紧握手!

您的 尼·列宁

从日内瓦发往卡普里岛(意大利)

载于1924年《列宁文集》俄文版第1卷

译自《列宁全集》俄文第5版第47卷第141—145页

# 106

# 致阿·瓦·卢那察尔斯基

1908年2月27日

亲爱的阿纳托利·瓦西里耶维奇:我一次又一次地催您寄关于费里的文章。如果没有寄出,那就太糟糕了!

还有,我们很想约您为《无产者报》第3号(第23号)(纪念专号)写一篇关于**巴黎公社**的短文。[176]也许您有饶勒斯和迪布勒伊合写的那本新书,——虽然这两位先生未必能正确地评价公社。毫无疑问,应当重新提一提我和您不止一次地谈论过的马克思给库格曼的书信,并引用这封信来教训机会主义者。

这篇纪念文章的篇幅最多为15 000个字母。期限是**下星期三**(3月4日)。**请赶快**回信告知,能否寄来。

寄来吧!

握手!

您的   列宁

从日内瓦发往卡普里岛(意大利)

译自《列宁全集》俄文第5版
第47卷第146页

载于1934年《列宁文集》俄文版
第26卷

# 107

# 致卡·胡斯曼

1908年3月1日

亲爱的同志:

我的朋友们从布鲁塞尔写信给我,说那里正等着我最近去参加社会党国际局的会议。

如果您能告知这是否属实,我将不胜感激。您能否确切地(或至少是[大致地])[告诉我]①:国际局最近的一次会议将在什么时候召开。**177**我最近不得不到意大利去几个星期,因此,知道是否需要去布鲁塞尔,对我来说是十分重要的。

亲爱的同志,请接受我的兄弟般的敬礼!

弗拉·乌里扬诺夫

从日内瓦发往布鲁塞尔

原文是法文

译自《列宁全集》俄文第5版
第47卷第146—147页

载于1962年《苏维埃俄罗斯世界
手册》杂志第4期

---

①  手稿已部分损坏。方括号内的词语是根据意思复原的。——俄文版编者注

# 108

# 致阿·马·高尔基

### (3月1日和16日之间)

　　亲爱的阿·马·:好久没有给您写信了。我们的旅行还要延期,因为目前主要的阻碍是得不到布鲁塞尔的消息。那里的朋友们来信说,他们等我去参加社会党国际局的会议。我曾问过书记,我该在什么时候动身(我说因为我还要到意大利去)①。**一直没有回音。**但是到布鲁塞尔去的机会决不能错过。

　　您收到《**无产者报**》了吗? 您对这张报纸有什么打算? 阿纳·瓦西·有什么打算? 他拒绝写关于公社的文章,我感到很遗憾。我们的第三个编辑是**英诺森**。

　　如果您和阿纳·瓦西·对于《无产者报》有什么计划,请来信告知。

　　握手!

您的　**列宁**

从日内瓦发往卡普里岛(意大利)

载于1924年《列宁文集》俄文版第1卷

译自《列宁全集》俄文第5版第47卷第147页

---

① 见上一号文献。——编者注

# 109

# 致阿·马·高尔基

1908 年 3 月 16 日

亲爱的阿·马·：

很遗憾，不能到您那里去了。布鲁塞尔方面来了回信，那里没有拖延。可是没有钱，没有时间，也不能扔下报纸不管。

知道您确实养了一只山羊，这说明您心情舒畅，观点正确，生活正常。我们这边却不很顺利。正是由于哲学我几乎常常要和亚历·亚历·吵起来。我因为自己的哲学癖好丢下了报纸；今天读一个经验批判论者的文章，我要骂街，明天读另一个人的文章，我要骂娘。而英诺森也在骂人，是因为工作，因为不重视《无产者报》。不协调。

可是又不得不这样。玉不琢不成器。

假如您能为《无产者报》写点文章而又不妨碍您的大本著作，那就再好不过了。

握手，并热切地向阿·瓦西·和玛丽亚·费多罗夫娜问好！

　　　　　　　　　您的　**列宁**

从日内瓦发往卡普里岛（意大利）

载于 1924 年《列宁文集》俄文版第 1 卷

译自《列宁全集》俄文第 5 版第 47 卷第 148 页

# 110

# 致莱·梯什卡

1908 年 3 月 18 日

亲爱的同志：

　　昨天柯恩来看我,给我看了您给他的电报,对电报的异常生硬的"警察"口吻极为神经质地、激动地抱怨说,他对这一点最不能谅解,因为您是懂得德语表达上的细微差别的人。我认为,应当把我同柯恩的这场很有特色的谈话转告您。我当然回答说：我不知道有些什么新的变化,但我相信,您没有充分理由是不会发这样的电报的；指责阿列克辛斯基(何况还指责您)想反对调查则是非常可笑的。**178**

　　柯恩秘密地(对您当然不保密)对我说,有重要的材料足以指控李维诺夫；说他柯恩很了解李维诺夫,不想把李维诺夫置于死地,或者不想采取对李维诺夫有任何严重后果的措施；他不想这样做,但他柯恩认为只是绝对必须向欧洲(特别是向德国社会民主党)表明：俄国社会民主工党的审讯不是装装样子的,这个党是会尽到自己的责任的。"对这件事,难道不把人置于死地就找不到办法了吗？"——柯恩激动地说。我当然回答他,依我看,完全可以找到办法,他用不着担心。审讯无论如何是会进行的,党会去做这件事的,——有什么可担心的呢？柯恩说,如果阿列克辛斯基阻挠审讯的话,那将是一件丢脸的事。我说这是胡扯！阿列克辛斯基**不想**也**不可能**阻挠审讯和调查。而丢脸的事已经**有了**,那是**孟什**

维克干的，我说，你去看看《社会民主党人呼声报》第1—2号合刊上《是结束的时候了》这篇文章[179]吧。**这篇文章柯恩没有看过！！**请您想一想，当调查**正在进行**时，当李维诺夫的嘴被封住时，当**不许发表调查文件**时，却有人在报上写匿名文章泼脏水！李维诺夫的处境怎样呢？？ 要知道，**事实上**这家报纸是国外中央局[180]的**机关报**，是由它供给经费办的报纸。这也算法官？？！ 我就是这样向柯恩解释阿列克辛斯基的行为的。为避免引起任何误会和曲解，我认为有必要把这件事转告您，因为不管我对柯恩来**找我**感到多么奇怪，但事实毕竟是事实。而且我有点担心：他，这位由**德国党**派驻国外中央局的代表，可别把我的话转达得不确切。我想，不能信赖**这样的人**去向德国党的执行委员会报告俄国的事情。必须让您本人作为高级委员会的成员亲自同执行委员会谈一谈，并且**一定要**把《社会民主党人呼声报》第1—2号合刊上的那篇文章给他们译出来。否则，这一类使我受气的荒唐事情是不可避免的，就像柯恩那样**可以**跑到我这里来"抱怨"，说什么阿列克辛斯基在搞反对审讯的活动！ 凡事都得有个限度……

　　紧紧握手！

您的　　弗·乌里扬诺夫

　　附言：请一定要**赶快**回信，告诉我您是否同意将我寄给您的文章用俄文发表在《**无产者报**》上（加上一个说明：该文是为《社会民主党评论》杂志写的），**什么时候**发表。[181] 我们《**无产者报**》的稿源发生**严重危机**，所以我十分急切地等着您的回信。

　　柯恩来找我后见到过列兵，而且好像还向列兵作过暗示，他仍然把您禁止给人看的那份记录[182]私下给他的那些孟什维克朋友看了…… 天知道,这算什么! 又及。

从日内瓦发往柏林

译自《列宁全集》俄文第5版
第47卷第148—150页

# 111

# 致阿·马·高尔基

致阿列·马—奇(私人信件)

1908年3月24日

亲爱的阿·马·:您针对我和马赫主义者争论所写的那封信已经收到了。我完全了解和尊重您的情谊,同时我应当告诉您,我从彼得堡友人那里也收到了类似的信,不过我可以深信不疑地说,您错了。

您应当明了,当然,您也完全明了:一个党员一旦认识到某种学说极端错误和**有害**时,就必须起来反对这种学说。如果我不是绝对相信(我愈是阅读巴扎罗夫、波格丹诺夫之流的晦涩的原作,就愈相信)他们的著作从头至尾,从叶至根(直到马赫和阿芬那留斯)都**完全**是荒谬、有害、庸俗、说教的作品,我也不会来争论的。普列汉诺夫反对他们实质上是**完全**正确的,只是他不会或者不想或者懒于**具体地**、细致地、简明地说出自己的看法,而是用深奥的哲理不必要地去吓唬读者。我无论如何要**按自己的方式说出自己**

的意见。

亲爱的阿·马·,这里有什么"和解"可言呢?别那么想了,提和解是可笑的。斗争**绝对**不可避免。党员不应力图掩盖、拖延或回避斗争,而应当力争使党实际上所需要的工作**不受损害**。您应当关心这个问题,十分之九的俄国布尔什维克会在这方面帮助您,并对您表示深深的感谢。

应当怎样做呢?"中立"么?不,在这样的问题上不可能有中立,也**不会有**中立。如果可以谈中立,那也只是指这样一种**特定的**意思,即必须**把**这一切争论和派别**分开**。到现在为止,您一直是"超脱地"在写作,置身于派别刊物之外,希望以后继续这样。只有这样,派别才不至于被迫担负责任、**受牵连**,被迫在明后天**作决定**、**付表决**,使争论长期拖延不得解决。

因此这就是我为什么**反对**将随便什么哲学文章都在杂志[183]上发表的原因。我知道人家会指责我说:自己不开口,又想堵别人的嘴!但是请您冷静地考虑一下,是不是这回事。

现在谈谈载有哲学文章的杂志。第 1 期载有巴扎罗夫、波格丹诺夫、卢那察尔斯基 3 篇批驳普列汉诺夫的论文;我的一篇文章中说:《关于马克思主义哲学的论<u>丛</u>》=别尔嘉耶夫主义加僧侣主义。

第 2 期载有波格丹诺夫、巴扎罗夫、卢那察尔斯基以激动的口吻驳斥普列汉诺夫和列宁的 9 篇文章。我的一篇文章,从另一方面论证了《关于马克思主义哲学的论<u>丛</u>》=僧侣主义。

第 3 期全是叫嚣和怒骂!

我可以写 6 篇或 12 篇文章来反驳《关于马克思主义哲学的论<u>丛</u>》,针对每一个作者和他们观点的每一方面各写一篇文章。但是,能一直这样继续下去吗?争论到什么时候呢?**这**不会由于无休无止的攻讦和责骂而使分裂**不可避免**吗？**这**并不能用决定来约束派别：尽管你决定，尽管你分析，尽管你用投票表决来结束"争论"……

　　如果您害怕分裂，就请把这点好好地考虑一下。实际工作者们是否愿意推销进行这种"斗争"的书刊呢？像从前一样**超脱地**进行写作，置身于派别刊物之外，这样做不是更好吗？您可以在旁边搏斗，派别**暂时**等一等。如果说有什么办法可以**减弱**不可避免的愤慨，我以为就只有这样做。

　　您来信说：孟什维克将在争论中赢得胜利。您错了，完全错了，阿·马·！如果布尔什维克派不能使自己和3个布尔什维克的哲学分开，孟什维克就会获得胜利。**到那时**，他们就会赢得彻底胜利。如果哲学争论在派别之外进行，那么孟什维克就会被完全牵到政治上来，在这里他们只有死路一条。

　　所以我说：要**把**争论和派别**分开**。当然，在活人身上实行这种分离不免会有些困难和痛苦。需要时间。需要细心的同志。在这方面实际工作者们会来帮助，您也应该给予帮助，——这里有"心理学"，您是行家。我相信在这件事情上您能够大力帮助，——当然，这要在您读了我驳斥《论丛》的著作后不会像我疯狂地反对他们那样来疯狂地反对我的情况下才有可能。

　　关于杂志请仔细考虑一下，并尽快答复我。我还有点怀疑，**现在**我们是否值得一起到您那里去？徒伤脑筋，有什么好处？"送得愈远"①……争吵反正是不可避免的。不作长久的谈判，不开隆重而毫无意义的会议，尽量简单地解决杂志的事情不是更好吗？我

---

　　① 这是一句成语，全句是："送得愈远，流泪愈多。"——编者注

这只是提出问题来和您商量。

热切地向玛·费·问好！我一定到卡普里去，并尽量设法邀妻子一起去，只是希望这同哲学上的争论毫无关系。

紧紧握手！

您的　**列宁**

附言：附上关于您那里的暗探的**重要**消息。

从日内瓦发往卡普里岛(意大利)

载于 1924 年《列宁文集》俄文版
第 1 卷

译自《列宁全集》俄文第 5 版
第 47 卷第 150—153 页

## 112

# 致基·巴·兹林琴科[184]

1908 年 3 月 30 日

尊敬的同志：

对您的事业的宗旨我深表同情，但恳请您原谅我，因为在最近几个月里，我有紧急工作要做，实在无法参加。

致社会民主党的敬礼！

**尼·列宁**

从日内瓦发往洛桑(瑞士)

载于 1930 年《列宁文集》俄文版
第 13 卷

译自《列宁全集》俄文第 5 版
第 47 卷第 153 页

# 113

# 致亚·亚·波格丹诺夫

## （3月底）

昨天我们同梯什卡谈过，他今天将到您那里去。照我们的看法，他还一点不知道我们在哲学上的分歧已经**尖锐化**，因而极为重要的就是（为了我们在中央委员会中的工作获得成功）不要让他知道这件事。

握手！

**列　宁**

写于日内瓦(本埠信件)　　　　　　译自《列宁全集》俄文第 5 版
　　　　　　　　　　　　　　　　　第 47 卷第 153 页

# 114

# 致阿·马·高尔基

## （4月上半月）

亲爱的阿·马·：您为什么不来信？您早就来信说，您已经完成了大本著作，准备帮助我们，为《无产者报》写稿。到底什么时候写呢？能不能写点关于托尔斯泰或其他作家的小品文？请来信告诉我，您是否打算写。[185]

亚历·亚历·已动身到您那里去。我不能抛开报纸,也不能放下工作。不过这只是延期,我是一定会来看您的。

您觉得《无产者报》怎样？它无依无靠。我从来还没有这样马虎地对待过自己所办的报纸。我现在整天阅读该死的马赫主义者的文章,而给报纸的文章却写得非常仓促。

握手！

您的　**列宁**

向玛·费·多多致意！我将骑自行车去拜望她！

请您也约阿纳托·瓦西—奇为《无产者报》写稿！请帮帮《无产者报》的忙吧,好让我从事哲学批判！

从日内瓦发往卡普里岛(意大利)

载于1924年《列宁文集》俄文版第1卷

译自《列宁全集》俄文第5版第47卷第154页

# 115

# 致阿·瓦·卢那察尔斯基

### 致阿纳托·瓦西—奇

1908年4月16日

亲爱的阿·瓦·:

来信收到。知道您要为《无产者报》写稿,我非常高兴。这是十分**必要的**,您拟定的题目＋意大利的通讯,更是**特别**需要。要注意,别忘了您是党报的撰稿人,也别让周围的人忘了这点。

紧紧握手!

您的　**列宁**

附言:**附带谈一下哲学**:我不能奉还您那些恭维话,我想您很快就会把它们收回去的。我跟那些鼓吹"把科学社会主义同宗教结合起来"的人以及一切马赫主义者走的不是一条路(恐怕永远如此)。

从日内瓦发往卡普里岛(意大利)

载于1934年《列宁文集》俄文版
第26卷

译自《列宁全集》俄文第5版
第47卷第154—155页

# 116
# 致阿·马·高尔基

1908年4月16日

亲爱的阿·马·:

今天接到您的来信,就赶紧写回信。现在去对我是有害无益的。我**不能**也不想同那些鼓吹把科学社会主义同宗教结合起来的人交谈。笔记本时期已经过去了。不必争吵,徒伤脑筋是愚蠢的。应当**把**哲学和党的(派别的)事情**分开**:布尔什维克中央的决议也责成这样做。

我已经把一份可以说是最正式不过的宣战书[186]送去付印了。这方面用不着耍外交手腕。当然，我不是从坏的方面来谈，而是从好的方面来谈外交手腕的。

亲爱的阿·马·：从您这一方面来说，"好的"外交手腕（如果您也不信神的话）应当是把我们的共同的（包括我在内）**事情**和哲学分开。

目前谈哲学以外的其他事情是谈不起来的，结果一定很不自然。不过，如果真是这些**其他的**事情（**不是**哲学问题，而是例如《**无产者报**》的事情）要我**现在**就到您那里去谈谈，我也可以去（我不知道能不能弄到旅费，恰巧现在有点拮据），但是，我再重说一遍：要有一个条件，那就是我不谈哲学和宗教问题。

等我工作告一段落，我一定到您那边去和您畅谈。

紧紧握手！

您的    列宁

热切地向玛·费·问好！她不信神，是吗？

从日内瓦发往卡普里岛（意大利）

载于1924年《列宁文集》俄文版第1卷

译自《列宁全集》俄文第5版第47卷第155—156页

# 117

# 致阿·马·高尔基

1908年4月19日

亲爱的阿·马·:

收到了您和玛·费·的电报,今天或明晨我就回电谢绝。我再重说一遍,**绝不容许把著作家们关于哲学的争论和党的(派别的)事情混淆起来**。这点我已经写信告诉阿纳·瓦西一奇[187]。为避免因我拒绝前去而发生种种谣传和误解,我将**再次向全体同志说明**。我们对于自己派别的工作仍应和从前一样协力进行,因为我们中间没有一个人对于在革命时期所采取的政策表示懊悔。因此,我们有责任在党的面前**坚持**这个政策。我们只有同心协力才能做到这一点,并且应该在《**无产者报**》及党的整个工作中做到这一点。

如果这时为了哲学问题 A 骂 B 或 B 骂 A,那我们就**应当采取特殊的办法来做到这一点**,就是说,不要妨害工作。

切盼您和同志们不要误解我谢绝前去的意思。很抱歉,由于整个情势和编辑部的情况我不能前去。

和大家紧紧握手!

您的  **列宁**

我们希望阿纳·瓦西·把答应写的关于罗马罢工的文章尽快寄来。希望全体著作家都来帮助《**无产者报**》,国内的人对于报纸不大满意,我们大家对此都负有责任。

请亚历·亚历—奇好好**张罗一**下经费!! 国内因为没有钱已经叫起来了。

从日内瓦发往卡普里岛(意大利)

载于1924年《列宁文集》俄文版第1卷

译自《列宁全集》俄文第5版
第47卷第156—157页

# 118

# 致玛·费·安德列耶娃

## (4月30日或5月1日)

亲爱的玛丽亚·费多罗夫娜:寄上我们图书馆馆员给阿·马·的信。

事情是这样的。我请求阿·马·**给**俄国各报纸写一封**合法的**公开信,请它们寄一些革命时期的报纸和有关革命历史的材料来,以**帮助**日内瓦的库克林**图书馆**[188]。

这封短信向广大读者**说明**,帮助这个图书馆**对于**高尔基本人以及他所熟悉的其他许多著作家的**工作**具有多么重要的意义。

我请您设法把这封信用胶版印出来(希望季诺维·阿列·不要拒绝协助),并寄**给**正派一点的**俄国各**报章杂志。

这一切工作**请**您设法安排一下!

还要请季诺·阿列·把维克多没有拿走的书(如果纳塔·波

格丹·也**没有**拿走的话)以**普通**邮件寄来。

　　紧紧握手!

　　　　　　　　　　　　　　您的　**列宁**

祝五一节好!

从日内瓦发往卡普里岛(意大利)

载于1930年《列宁文集》俄文版
第13卷

译自《列宁全集》俄文第5版
第47卷第157—158页

# 119

# 致卡·胡斯曼

## (5月16日)

亲爱的胡斯曼同志:

　　未能在民众文化馆碰上您,深感遗憾。**189**同我一起去要向您请教的,是我的一位同志,原第二届杜马代表罗曼诺夫。有人对我说过,社会党国际局有[指定]①供杜马代表用的200[法郎]。社会民主党中央委员会……

　　……没有回答我们。我认为,在这种[情]况下,我有权提请付给罗曼诺夫代表50法郎(此事由我[负]责),他已经几个月没有工作了。

--------

　　①　手稿已部分损坏。方括号内的词语是根据意思和保存下来的个别字母复原的。——俄文版编者注

请您按下列地址回信：

布鲁塞尔　戈帕尔街　格奥尔吉·索洛蒙先生

**弗拉·乌里扬诺夫**

我的地址是：……

写于布鲁塞尔（本埠信件）

原文是法文

载于1962年《苏维埃俄罗斯世界
手册》杂志第4期

译自《列宁全集》俄文第5版
第47卷第158页

## 120

## 致卡·胡斯曼

### （5月29日以前）

伦敦　西中央区　塔维斯托克广场21号

亲爱的胡斯曼同志：

伊谢茨基同志（布鲁塞尔　戈帕尔街78号　索洛蒙）大概已
经通知您了，几个月前在慕尼黑被捕的三位俄国同志，俄国社会民
主工党党员萨拉·拉维奇、霍贾米良和博格达萨良[190]，现在的处
境十分……①

……说他们用绝食抗议（德语叫 Hungerstreike，[我不知道，]

---

① 此处及以下几处有几个词无法辨认。——俄文版编者注

法语能否讲做"用绝食抗议"）。

　　他们的辩护律师，德国社会党人伯恩海姆写信给我们说，证明被捕的人是社会民主党的党员，这是绝对必要的。我已给他寄去了**我的正式声明**，确认被捕的人是我党党员。但他认为，只有我的声明还不够，还必须由社会党国际局加以证实。

　　亲爱的同志，我希望您……

　　……要使这份确认在慕尼黑被捕的三个人是社会民主工党党员的证明由社会党国际局的代表或书记签字，而代表或书记的签字则须经公证人验证。伊谢茨基（索洛蒙）同志将把这份证明转寄日内瓦……

　　亲爱的同志，请接受我的兄弟般的敬礼！

　　　　　　　**弗拉·乌里扬诺夫**（尼·列宁）

发往布鲁塞尔　　　　　　　　译自《列宁全集》俄文第5版
　　　　　　　　　　　　　　　　第47卷第163页
原文是法文

载于1962年《苏维埃俄罗斯世界
手册》杂志第4期

# 121

# 致卡·胡斯曼

1908年6月30日于日内瓦

亲爱的同志：

　　我曾写信告诉您，我党中央委员会的委员们在俄国国内被捕。

现在我的朋友通知我,中央委员会的[一位委员]①未曾被捕。他[写]道,已给您[寄去][我党的]**报告**……为……斯图加特所写的报告的[上]半部分。

我的朋友[接着说],[如果]胡斯曼同志[能肯定]我们的报告将会发表的话,再过一个月,我们就能寄上报告的下半部分。

亲爱的同志,劳您驾,答复这封信……我将立即把[您的答复]寄回[俄国]。

致兄弟般的[敬礼]!

**尼·列宁**

发往布鲁塞尔

原文是法文

载于1962年《苏维埃俄罗斯世界手册》杂志第4期

译自《列宁全集》俄文第5版
第47卷第159页

## 122

# 致瓦·瓦·沃罗夫斯基

### (7月1日)

亲爱的朋友:谢谢你的来信。你的两点"怀疑"都不对。我并不是着急,但是我们的处境困难,眼看要和波格丹诺夫分裂了。真正的原因是在几次学术讲演中(绝不是因编辑工作)尖锐地批评了他的哲学观点,他生气了。现在波格丹诺夫在收罗各种分歧。他

---

① 手稿已部分损坏。方括号内的词语是根据意思和保存下来的个别字母复原的。——俄文版编者注

同阿列克辛斯基一起把抵制问题捅出来了,阿列克辛斯基爱恣意胡闹,我原来就不得不同他断绝了一切关系。**191**

他们把分裂建筑在经验一元论——抵制主义的基础上。事情发展很快。在最近一次代表会议上不可避免地要发生争吵。完全有可能分裂。只要"左的"真正的"抵制主义"的路线获得胜利,我就退出派别。我请您来,是认为您快些来会有助于事情的缓和。我们还是十分指望您在公历8月来参加代表会议。一定要设法到国外来。全体布尔什维克的旅费由我们寄去。对地方提出的口号是:委托书只发给地方工作人员,而且只发给真正的工作人员。恳请您为我们的报纸写稿。现在我们能付稿酬并且将准时付给。

握您的手!

有没有哪个出版人愿意出版我将要写成的一本哲学著作?**192**

从日内瓦发往敖德萨　　　　　　　　译自《列宁全集》俄文第5版

载于1924年《共产党人》杂志　　　　　　第47卷第159—160页

(敖德萨)第33期

# 123

# 致费·阿·罗特施坦

1908年7月8日

亲爱的同志:

关于债权人。我决定拖到**很快**就要召开的中央委员会**全体**会议时再写信。既然有全权的党的委员会会议就要召开,我也就不便过问这件事了。[193]

　　将在这里见到您,我很高兴。关于日内瓦近郊区,我能说得确切的东西很少,因为我从伦敦回来以后一直生病,待在家里,没有碰到过别墅里的人。我知道,**在法国**以及日内瓦附近都有许多漂亮的,而且费用未必很贵的地方。例如,在萨莱夫山坡上的莫内,但地势很高。我有一个朋友1904年在那里住过,在那里安家好像也并不贵,但供膳食的贵一些,肯定要4—4.5法郎,因为这是一般的价钱。离日内瓦稍远一些,有10俄里或更多一些(莫内离日内瓦大概7俄里,有电车通萨莱夫),在汝拉山坡也可以住,但是那里的情况我不清楚。我将尽量打听得确切些,一有了解就立即写信告诉您。

　　紧紧握手!

您的　**列宁**

　　日内瓦(III)　马赖谢街61号　弗拉·乌里扬诺夫
　　这是新的地址! 这里离医学院不远。

发往伦敦

载于1930年《列宁文集》俄文版
第13卷　　　　　　　　　　　　　　　译自《列宁全集》俄文第5版
　　　　　　　　　　　　　　　　　　第47卷第160—161页

# 124

# 致卡·胡斯曼

1908 年 7 月 8 日

亲爱的胡斯曼同志:

非常感谢您的亲切的来信。我将把您的答复通知我们在俄国的同志们,同时,我相信他们将很快把我党报告的下半部分寄给您。至于交付 1 600 法郎的问题,我可以向您保证,大约[不晚于]几……①之后,我党中央委员会将交付这笔款子。

[中央委员会全体会议]即将召开,而我必须等待全会的决定。这笔款子肯定会按时付清。

亲爱的同志,请接受我的兄弟般的敬礼!

**尼·列宁**

从日内瓦发往布鲁塞尔

原文是法文

载于 1962 年《苏维埃俄罗斯世界
手册》杂志第 4 期

译自《列宁全集》俄文第 5 版
第 47 卷第 161—162 页

---

① 有一个词无法辨认。——俄文版编者注

# 125

# 致米·尼·波克罗夫斯基

1908 年 8 月 18 日

米哈伊尔·尼古拉耶维奇阁下：

　　请允许我向您这位《俄国史》的前编辑讨教。不久前,秘书告诉我,关于论述工厂工业史的文章有各种不同的设想。虽然我跟他把所有这一切全谈妥了,但我还想听听您的意见:在杜冈-巴拉诺夫斯基回绝的情况下,由我承担是否合适?[194]

　　您收到这封信后,请予简复。除上面提到的题目外,还有很多很多题目,我们共同熟悉的那些人想就这些题目向您讨教。但我不能确定地址是否能用,通信是否方便。关于这一点,盼详细示知。

　　握手!

弗·乌里扬诺夫

瑞士　日内瓦

马赖谢街 61 号

弗拉·乌里扬诺夫

发往俄国

载于 1962 年《共产党人》杂志
第 4 期(非全文)

译自《列宁全集》俄文第 5 版
　第 47 卷第 162 页

# 126

# 致卡·胡斯曼

1908年9月8日

亲爱的胡斯曼同志:

感谢您8月31日的来信。我外出了3天,所以未能早些给您回信。至于报告,我们已把这事办妥……①

……但是我应当等待中央委员会的决定。钱将按期交付,这是毫无疑问的。[195]

亲爱的同志,请接受我的兄弟般的敬礼!

**尼·列宁**

我的地址是:日内瓦

马赖谢街61号

弗拉·乌里扬诺夫

发往布鲁塞尔

原文是法文

载于1962年《苏维埃俄罗斯世界手册》杂志第4期

译自《列宁全集》俄文第5版第47卷第164页

---

① 手稿已部分损坏。——俄文版编者注

# 127

# 致卡·胡斯曼

1908 年 9 月 25 日

亲爱的胡斯曼同志：

　　随信汇上 600 法郎交社会党国际局。

　　我相信，余款我党也能很快付清。

您的　　弗拉·乌里扬诺夫

从日内瓦发往布鲁塞尔

原文是法文

载于 1962 年《苏维埃俄罗斯世界
手册》杂志第 4 期

译自《列宁全集》俄文第 5 版
第 47 卷第 164 页

# 128

# 致卡·胡斯曼

日内瓦　　马赖谢街 61 号

1908 年 10 月 26 日

亲爱的胡斯曼同志：

　　1908 年 10 月 11 日召开的社会党国际局代表会议的正式报
告想必是要发表的。所有刊登关于这次国际局会议的报道的社会党报纸(布鲁塞尔的《人民报》[196]、柏林的《前进报》、伦敦的《正义报》[197]、巴黎的《人道报》等等)都把我对考茨基的决议案所作的修正的意思理解得不确切,有时甚至把它完全歪曲了。虽然我已把我的修正案文本提交国际局,但什么地方都没有提到它。所以我担心,那些不确切的东西在正式报道中可能再次出现。亲爱的同志,劳您驾关心一下,使得我的修正案**原文**能够刊印在正式报告中。这个文本是应该在您的文件当中的,因为我记得很清楚,我已把我所写的修正案文本提交国际局了。随信附上一份**我的修正案的准确的抄件**及其法文译本(如果译得不好,望您费神加以校正),以防万一这个文本丢失。

亲爱的同志,如果您能就这个问题给我写封短信,我将不胜感激。[198]

请接受我兄弟般的敬礼!

**尼·列宁**

日内瓦　马赖谢街 61 号
弗拉·乌里扬诺夫

考茨基的决议案(1908 年 10 月 12 日布鲁塞尔《人民报》的译文):

"鉴于国际代表大会过去的决议准许一切主张进行无产阶级斗争并承认政治斗争的组织参加,——
——国际局宣布准许英国的工党参加国际社会党代表大会,因为该党虽然没有直接承认无产阶级的阶级斗争,但是实际上在进行这种斗争,并且作为不依赖于资产阶级政党的独立组织站在这个斗争的立场上,因而也就是站到国际社会主义的立场上了。"

**列宁的修正案:**

后面一段从"因为该党虽然没有直接承认"几个字开始用下面的方式表达:

"因为这个党是英国真正的无产阶级组织走向自觉的阶级政策和**社会主义**工人政党的第一步。"

发往布鲁塞尔

载于1960年4月22日《新时代》杂志第17期

译自《列宁全集》俄文第5版第47卷第165—166页

# 129

# 致亚·亚·波格丹诺夫

## (10月27日或28日)

亲爱的亚·亚·:寄去斯切克洛夫的信。请亲自答复他。我已写了回信,如果把题目重新分一下,哲学方面的给我,农民问题给巴扎罗夫,则我同意。**199**

握手!

**列　宁**

附言:信请退回。

写于日内瓦(本埠信件)

载于1930年《列宁文集》俄文版第13卷

译自《列宁全集》俄文第5版第47卷第166页

# 130

# 致卡·胡斯曼

1908 年 11 月 7 日

亲爱的胡斯曼同志:

随信附上我党中央委员会[国外]①局的一封**通告信²⁰⁰**。亲爱的同志,如果您能以社会党国际局的名义将这封**信**转给在国际局中有代表的各国政党,我们将不胜感激。

您来信[通知]说,我的修正案文本[将得到确切的表达],对此表示深切的谢意。

致兄弟般的敬礼!

**尼·列宁**

日内瓦　马赖谢[街]61 号
[弗拉·]乌里扬诺夫

发往布鲁塞尔

原文是法文

载于 1962 年《苏维埃俄罗斯世界
手册》杂志第 4 期

译自《列宁全集》俄文第 5 版
第 47 卷第 167 页

---

① 手稿已部分损坏。方括号内的词语是根据意思复原的。——俄文版编者注

# 131

# 致帕·索·尤什凯维奇[201]

## (11 月 10 日)

阁下：

在我不了解编辑工作的情况下,无论是参加混淆马克思主义还是参加自由论坛,我都不同意。

**尼·列宁**

从日内瓦发往彼得堡

载于 1933 年《列宁文集》俄文版
第 25 卷

译自《列宁全集》俄文第 5 版
第 47 卷第 167 页

# 132

# 致维·康·塔拉图塔

1908 年 12 月 1 日

亲爱的同志：

为答复您在附有梯什卡同志电报的来信中所提出的询问,我不得不遗憾地通知您:我不同意如梯什卡同志所希望的那样**提出问题**,因为我认为,那样**提**问题是完全不对的。

我们这派在中央委员会国外局的代表维克多同志已通知梯什

卡同志:我派**不能**同意既委派一名布尔什维克又委派一名孟什维克为中央委员会的**代表**。**202**

　　现在梯什卡同志避开维克多同志向我**本人**提出:"如果列宁**自己**不愿和伊哥尔一起的话,那么我们就放弃伊哥尔"!!——电报里是这样说的。这就等于**要我本人支持反对我派所作的决定**。我将不回答梯什卡同志的这种"如果"。依我看,梯什卡同志**自己**应当收回他委派伊哥尔的建议。

　　致同志的敬礼!

**尼·列宁**

写于日内瓦(本埠信件)　　　　　　　译自《列宁全集》俄文第 5 版
　　　　　　　　　　　　　　　　　　第 47 卷第 168 页

133

<h2 style="text-align:center">致卡·胡斯曼</h2>

1908 年 12 月 13 日

亲爱的胡斯曼同志:

　　谢谢您的来信。关于第三届杜马中的社会民主党代表的事,我已做了**力所能及的一切**。我希望能亲自同几位代表见见面,那时我将设法再次提出我曾多次写信跟他们谈过的问题。**203**

　　至于报告和交付 300 法郎的事,我将在几天后给您答复。明天我去巴黎,今后将住在那里。正是由于即将动身的缘故,我无法现在就答复您。过 3—4 天您将收到我的地址。如果您有什么事

急需通知我,请按下列地址来信:巴黎　　林荫路[圣米歇尔]127
号　　乌里扬诺夫先生(交尼·列宁)。

您的　**列宁**

从日内瓦发往布鲁塞尔

原文是法文

载于 1962 年《苏维埃俄罗斯世界
手册》杂志第 4 期

译自《列宁全集》俄文第 5 版
第 47 卷第 168—169 页

# 1909 年

## 134

## 致卡·胡斯曼

1909 年 1 月 19 日

亲爱的胡斯曼同志：

望您原谅我这么迟才复信。各种事务占去了我的全部时间。我们的整个组织目前(终于!)都在巴黎了。

现附上 300 法郎。这是我党欠社会党国际局 1908 年度的那笔款子。

至于报告的事,昨天我见到了受委托起草报告的那位同志。他答应做到他力所能及的一切,尽快地把报告余下的部分准备好。

我现在的地址是:巴黎(XIV) 博尼埃街 24 号 弗拉·乌里扬诺夫先生。

亲爱的同志,请接受我兄弟般的敬礼!

**尼·列宁**

发往布鲁塞尔

原文是法文

载于 1962 年《苏维埃俄罗斯世界
手册》杂志第 4 期

译自《列宁全集》俄文第 5 版
第 47 卷第 170 页

# 135

# 致卡·胡斯曼

1909 年 2 月 25 日

尊敬的同志：

　　维尔纳的制革工人已派**马尔采利**同志到国外来为罢工工人募集捐款。[204]马尔采利同志到过列金同志那里，但列金同志对他不信任，因为马尔采利没有带任何证明。

　　我认识马尔采利同志，他现在要我请国际局通知列金同志，说明马尔采利同志确实是维尔纳制革工人委派的，为罢工工人募集到的捐款应该按马尔采利同志告诉列金同志的地址汇去。

　　维尔纳制革工人工会还要给列金同志寄去专门的委托书。随信附上该工会的印鉴。

　　致最良好的祝愿！

您的　尼·列宁

巴黎　博尼埃街 24 号

弗拉·乌里扬诺夫

发往布鲁塞尔

载于 1960 年《苏共历史问题》杂志
第 5 期

译自《列宁全集》俄文第 5 版
第 47 卷第 170—171 页

# 136

# 致卡·胡斯曼

1909年3月9日

亲爱的胡斯曼同志：

十分感谢您把我的信寄给了列金同志。现在那件事已经完全办妥了。①

至于那份报告，我高兴地通知您：报告不仅写完了，而且鲁塞尔同志(在上次布鲁塞尔召开的社会党国际局会议上您曾见过她，她是以法国支部代表的身份出席会议的)已经开始翻译这个报告了。请费心把在您那里的那部分寄给我，这样，一俟鲁塞尔公民译完之后，我就可以把报告全文给您寄去。

您的　尼·列宁

巴黎　博尼埃街24号　弗拉·乌里扬诺夫

发往布鲁塞尔

原文是法文

载于1962年《苏维埃俄罗斯世界
手册》杂志第4期

译自《列宁全集》俄文第5版<br>第47卷第171—172页

---

① 见上一号文献。——编者注

# 137

# 致俄国社会民主工党莫斯科委员会

## （4 月 11 日以前）

### 致莫斯科委员会

就莫斯科委员会对由某某签署的那封关于"党校"[205]的《公开信》所作的答复，《无产者报》编辑部（扩大的）表示完全同意莫斯科委员会的下述观点：一个地方组织不可能、也不应该对这类事业承担责任。鉴于几位创办人为这所未来的学校所规定的性质和活动范围，且该校校址离地方工作各个地区极为遥远，因而对这类学校的实际监督，只能由党的中央机构来实行。

其次，《无产者报》编辑部认为有必要对你们收到的那封《公开信》中谈到的一点加以补充。

就是说，信中有这么一段话："给学校配备一些著作家和实践家"（教学人员）的事"已安排就绪，而且进展顺利"；"党内所有的著名理论家（多半是布尔什维克）都将参加"学校的工作。

对信中谈到的这些所要补充的是：无论《无产者报》编辑部，还是我们这一派参加原有的和扩大的编辑部及党中央工作的理论家和实践家，都是从莫斯科委员会那里头一回听说有这所正在创建的学校，而从学校的组织者和参加者那里却至今没有得到过任何消息。在这种特殊情况下，编辑部不得不认为，这一事业的组织者选择这种自搞一套的做法,是必然的,是有其深刻思想根源的。这里只要提一提《无产者报》公开批驳"造神说"及与之有关的其他歪曲马克思主义的说法的文章(见第42号),就足够了。

在这样的组织条件下,并且由于这所未来的学校同鼓吹"造神说"或支持这种说教的人士有着明显的、异常密切的联系,《无产者报》编辑部认为有义务作出声明:它既不能保证这所学校是布尔什维主义性质的,也不能保证它是一般马克思主义性质的。

尽管如此,编辑部认为这所筹建中的学校有在党的范围内存在的合法权利,这在现阶段是无可争议的。派别不应该使自己同这个无法保证具有布尔什维主义和马克思主义性质的事业发生关系;而党作为一个整体,在它目前所处的状况下,即在它的一些非常重要的机构里(如在杜马党团专家委员会里),甚至有普罗柯波维奇—库斯柯娃一类极端机会主义分子在活动的时候,它不能拒绝给这所学校以存在的权利。因此编辑部认为,中央委员会(创办人应向中央委员会申请批准成立这所学校)中的布尔什维克应当表示**同意批准**。

写于巴黎

译自《列宁全集》俄文第5版
第47卷第172—173页

# 138

# 致约·费·杜勃洛文斯基

1909年4月23日

亲爱的朋友：波克罗夫斯基现在在我们这里做客。一个地地道道的庸人。"当然，召回主义是愚蠢的，当然，这是工团主义，但是从道义上考虑，我，而且大概连斯捷潘诺夫，都会赞同马克西莫夫的"。您瞧，各式各样邪恶的人在欺侮那些水晶般纯洁的坏蛋！一旦你在这些"泼污水的"庸人面前谈起团结派别里的**马克思主义**分子以拯救派别和社会民主党这一历史任务时，他们马上就开始"泼污水"了！

写信要这个泼污水者来的是反对派；我们没有写信要他来，因为知道全体会议[206]延期了。

从林多夫和奥尔洛夫斯基那里传来的暂时都是些不好的消息：前者据说是病了，后者只能到彼得堡去。不过，我直接写给他们的信尚无回音。我们得等一等。

似乎现在是由弗拉索夫在决定命运：如果他跟那些傻瓜、庸人和马赫主义者走，那么，显然会发生分裂和一场**顽强的**斗争。如果他跟我们走，那么，或许能做到使那两个在党内无足轻重的庸人**退出**了事。

尼基季奇这个坏蛋在**社会革命党人**那里搬弄是非，造谣生事！这同那些"泼污水的"臭虫一样：向别的党诉苦，造自己党的谣言。社会革命党人显然是从尼基季奇那里听到了风声，在"**审讯**"时据

1909 年 4 月 23 日列宁给约·费·杜勃洛文斯基的信的第 1 页

说表现得蛮不讲理。[207] 这笔账我们要直接记在尼基季奇头上,我们不会忘掉他这种搞法的!

关于"尤里—尼基季奇"事件[208] 我一无所知。我曾想从您那里打听这一事件。依我看,您应该**亲自**,而且正是在目前同尤里**通信**或者**写信要**他上您那里去,并取得他的保证;能把剩下的部分转移到可以秘密保藏的地方则更好。

多莫夫+波格丹诺夫+马拉今天要求布尔什维克中央将全会的日期定在5月底6月初。实际上全会要更晚些才能举行。

您要认真治疗,一切都要听医生的,哪怕在全体会议召开前能稍有恢复也是好的。**请您打消离开疗养院的念头**,尽管我们非常缺人,要是您不能恢复健康的话(恢复健康可不容易,请您别抱幻想;为此要**认真治疗!**),那我们就可能完蛋。

望设法同柳比奇建立并**保持**最经常的通信联系:**这是必要的**,因为在万不得已时可能要写信叫他来。您务必要做到同他**直接**通信。

握手!

**尼·列宁**

从巴黎发往达沃斯(瑞士)

译自《列宁全集》俄文第5版
第47卷第173—177页

# 139

# 致约·费·杜勃洛文斯基

1909 年 4 月 29 日

亲爱的朋友：今天收到了您的来信。您无论如何不要离开疗养院。**无论如何**不要搬到旅馆去。在全会之前您必须**认真**把身体养好。而这一点不住在疗养院里是不能做到的。在这里，在同这次愚蠢的、卑微的、不公开的和令人厌烦的内讧所作的斗争中，我们弄得神经极度紧张：我们避而不参加布尔什维克中央的会议(因为情况变得无法容忍)，——这就引起了马拉和多莫夫这两个人的歇斯底里大发作！去他们的吧！但到开会的时候您必须是完全健康的，因此您要认真进行治疗，**决不要离开**疗养院。

尤·的事，由于去了一次(虽然迟了一点)，看来现已全部解决。

国内的情况不好：乌拉尔**整个**都完了，整个代表会议完了。舒尔想必也完了，否则他的缄默是无法解释的。关于弗拉索夫什么消息也没有。

您读过沃尔斯基的书[209]吗？请把您的意见告诉我，如果书不用了，就把它寄来。

关于罗莎的情况我一无所知。您直接跟她通信不是更好吗？

紧紧握手！

您的　**列宁**

从巴黎发往达沃斯(瑞士)

译自《列宁全集》俄文第 5 版
第 47 卷第 177 页

# 140

# 致约·费·杜勃洛文斯基

1909年5月4日

亲爱的朋友:您的来信收到了,我最坚决地提出抗议。就算我们在波克罗夫斯基的问题上犯了错误(我准备承认这一点并承担全部过错,因为说服格里戈里的是我),但您因此而要离开则是毫无道理的。波克罗夫斯基的事现已无法补救了。在弗拉索夫和各地区代表到达之前(舒尔安然无恙,他保证说,在莫斯科,召回派分子是当不上代表的,利亚多夫和阿列克辛斯基……①——他目前在卡普里岛——他是当不上的。据说,代表彼得堡的将是一名反召回派分子),叫梅什科夫斯基来是毫无意义的。**目前**需要做的是等待布尔什维克中央全会的召开。否则内讧将会发展,——而我们毕竟是**把它制止了**的。毫无疑问,在有波克罗夫斯基参加的会议上,波格丹诺夫可能发出许多**新的**怨言,把波克罗夫斯基拖进去,而现在只埋怨一次就过去了。而这一次埋怨是不可避免的:请不要夸大其词,真的! 尼基季奇、利亚多夫和波克罗夫斯基这几个昨天的中立派的"怨恨"不是偶然的,而是**不可避免的**,因为事情是积累起来的。日积月累,于是脓疮就开始破裂,而在到处都是臭不可闻的内讧的情况下,要忍也不是总能忍得住的。

但您要离开则是极不理智的。我们还要在这里再忍受一个

---

①　手稿上有一个词无法辨认。——俄文版编者注

月,请放心,这不会使事情变糟。而您**在会议之前**就烦躁起来(巴黎特别令人心烦),是毫无道理的。

我要一千次提出抗议:您必须留在疗养院里**直到**全会召开。节省200—300法郎是愚蠢的。如果您留**在疗养院里**,我们在全会召开前就至少有一个完全是我们自己的人,他的神经完全正常而且没有被卷入这场**卑微的**内讧中去(在这里**您会被卷进去的**,不管您多么聪明)。如果您离开的话,那就会使更多的人激动不安而于事**无补**。

您无论如何不要离开,而一定要留在疗养院里**直到**全会召开,否则我要坚决抗议。

弗拉索夫那里还没有消息。要忍耐一下。林多夫有信来:他原则上同意过一两个月来。这恰恰正好。奥尔洛夫斯基没有回信。正好再过一个月大家都要会齐,到时候再看吧,而在目前您要**好好**恢复健康,看在上帝的面上,您可千万别急躁。


今天收到4月18日的一封信,说我的那本书已经搞好了。[210]终于好了! 这部书的拖延最使我烦躁不安。他们答应在俄历4月25—26日前把书送到这里来。

握手!

您的　**列宁**

从巴黎发往达沃斯(瑞士)　　　　　　　译自《列宁全集》俄文第5版
　　　　　　　　　　　　　　　　　第47卷第178—179页

# 141
# 致约·费·杜勃洛文斯基

1909年5月5日

[亲爱的朋友:]①昨天马拉(完全站在反对派一边)和弗拉索夫(站在我们一边)到达了。弗拉索夫**答应**过几天**去**您那儿。所以请您等着,无论如何**不要到别处去**,免得彼此错过。弗拉索夫的态度同您一样:原则上站在我们一边,但指责我们操之过急和让波克罗夫斯基得胜等等。就是说,**您不用担心**:弗拉索夫如今要掌权了,现在我们连一件蠢事也不会去干了。

弗拉索夫责备我们不善于待人接物(在这一点上他是对的)。就是说,对这一点您也不用担心:弗拉索夫如今会把一切事情都安排好的。

梅什科夫斯基和那些地区代表已经出发了。就是说,我们将把一切事情办好。[就是说],您别担心,**您要认真进行治疗**;无论如何不要离开疗养院。

如果您过3个星期(说过3个星期左右更准确些,因为确切的时间还不知道)不能完全康复的话,那您就把我们给毁了。不要吝惜几百法郎。这是没有道理的。[一定要]好好治疗,散散步,睡好,吃好,因为为了[党]的事业,我们需要的是健康的财富。

---

① 手稿已部分损坏。方括号内的词语是根据意思复原的。——俄文版编者注

今天巴黎小组开了会。日内瓦小组宣布同布尔什维克中央决裂并呼吁巴黎小组也照此办理。马拉发表讲话支持日内瓦小组，而弗拉索夫则发言反对他。这很好：日内瓦**开始搞**分裂活动了，马拉不向布尔什维克中央提出这个问题，背着布尔什维克中央唆使该小组反对它。

他们自己开的头，自己使自己陷入了困境。

祝一切[都好]！望好好治疗。您放心吧！

您的　　[列宁]

从巴黎发往达沃斯（瑞士）

译自《列宁全集》俄文第 5 版
第 47 卷第 179—180 页

# 142

# 致罗莎·卢森堡

1909 年 5 月 18 日

尊敬的同志：

昨天给您挂号寄去了我的一本哲学书，作为我们最近一次见面时关于马赫的谈话的纪念。[211]

如果可能，很希望把这本书的出版消息列入《新时代》杂志的《编辑部收到的出版物目录》。[212] 如果需要办手续，也就是说，如果需要把书寄给（不懂俄文的）编辑部，那就请您告诉我，我设法给《新时代》杂志编辑部专门寄一本去。

关于我们布尔什维克内部斗争的情况,您当然已经从梯什卡同志那里听到了。您那篇反对召回派和最后通牒派的文章[213]大家都很喜欢,可惜您用俄文写的东西**太少了**。您大概喜欢德国人的富裕的社会民主党而不大喜欢俄国人的贫穷的社会民主党吧。

祝一切都好! 向梯什卡问好! 握手!

**尼·列宁**

附言:读过《新时代》杂志编辑部对第 33 期上罗特施坦的(优秀的)文章所作的按语,我不由得产生这样一种想法:现在考茨基自己也不大喜欢他在布鲁塞尔袒护独立工党的做法了[214]……是这样吗?

从巴黎发往柏林

载于 1925 年《列宁文集》俄文版
第 3 卷

译自《列宁全集》俄文第 5 版
第 47 卷第 180—181 页

# 143

# 致卡·胡斯曼

1909 年 7 月 20 日

亲爱的胡斯曼同志:

我的回信稍微拖了一些时间,请原谅。有一系列的情况使我不能早一些给您写信。

您给我寄来的俄国社会民主工党纲领的译文,我觉得很不完善。但是我自己的法语水平很不够,所以不敢动手修改。[215]沙尔·拉波波特同志(《社会主义》杂志[216]编辑部成员)已欣然答应完成这项工作。他将校订这篇译文,我希望很快就能把它寄给您。

至于社会党国际局会议,我赞成在 11 月份举行。

我的新地址是:巴黎(XIV)

　　　　玛丽·罗斯街 4 号

　　　　弗拉·乌里扬诺夫先生

亲爱的同志,请接受我最友好的敬礼!

**尼·列宁**

发往布鲁塞尔

原文是法文

载于 1962 年《苏维埃俄罗斯世界手册》杂志第 4 期

译自《列宁全集》俄文第 5 版第 47 卷第 181—182 页

# 144

# 致卡·胡斯曼

1909 年 7 月 29 日

亲爱的同志:

以下是第三届杜马代表中的社会民主党人名单:

　　普列德卡林

　　格格奇柯利

　　库兹涅佐夫

　　波列塔耶夫

扎哈罗夫

叶戈罗夫

苏尔科夫

齐赫泽

波克罗夫斯基(第二)(杜马中有两位代表姓这个姓)

沃伊洛什尼科夫

普佳京

别洛乌索夫

沃罗宁

舒尔卡诺夫

阿斯特拉汉采夫

至于代表们的地址,目前,在杜马休会期间,除了"**圣彼得堡 塔夫利达宫 国家杜马某某代表先生**"之外,我无法告诉您任何别的地址。

亲爱的同志,请接受我的最友好的敬礼!

弗拉·乌里扬诺夫

———

巴黎(XIV)

玛丽·罗斯街 4 号

发往布鲁塞尔

原文是法文

载于 1962 年《苏维埃俄罗斯世界
手册》杂志第 4 期

译自《列宁全集》俄文第 5 版
第 47 卷第 182—183 页

# 145

# 致卡·胡斯曼

1909 年 7 月 30 日

亲爱的胡斯曼同志:

　　请允许我向您介绍送交这封信的博格达萨良同志,我党的一位党员。这位同志出狱后,家里拒绝给他任何支援,因而他不能再在大学继续求学了。他的法语很好,我相信您将不难替他找到一份随便什么样的脑力工作。

　　向您先致谢意,并致兄弟般的敬礼!

**尼·列宁**

写于巴黎

原文是法文

载于 1962 年《苏维埃俄罗斯世界
手册》杂志第 4 期

译自《列宁全集》俄文第 5 版
第 47 卷第 183 页

# 146

# 致卡普里学校组织者

1909 年 8 月 18 日

尊敬的各位同志:

　　前几天接到了你们的邀请。你们信中说附来一份教学大纲,可是我并没有收到。

我对卡普里岛上这所学校的态度在《**无产者报**》扩大的编辑部会议的决议(《**无产者报**》第 46 号的附刊和正刊)中已经表明了。如果你们没有看到《**无产者报**》的正刊和附刊,以及已印成单页发给布尔什维克党员的专门关于学校的信件,编辑部很愿意把这些材料都寄给你们。我应该直截了当地答复你们,在我看来,卡普里学校就是在我们党内成立一个**新的**、我所不赞同的派别,当然,我不会因为有这种看法而拒绝给俄国各地组织派来的同志讲课。不管这些同志的观点如何,我都乐意就社会民主党所关心的问题给他们讲课。到卡普里岛讲课,我当然是不会去的,但是我很乐意在巴黎讲课。让国内派来的 9 位同志到巴黎来(我说的人数是你们认识的列瓦同志告诉我的),这样做即使从财政开支方面来说,也比请 3 名讲课人(据我所知,你们还邀请了列瓦和英诺森)从巴黎到卡普里岛去花费少。除了财政方面的理由,还有其他许多重要得多的、你们无疑十分清楚的理由,都可以说明把国外真正的党校设在巴黎比较适宜。总之,我可以保证,《**无产者报**》编辑部将尽一切努力在巴黎组织你们所希望讲的课。

致社会民主党的敬礼!

**尼·列宁**

附言:你们忘记把学校的正式通讯处告诉我了。

从邦邦(法国)经巴黎发往
卡普里岛(意大利)

1909 年 8 月印成单页

译自《列宁全集》俄文第 5 版
第 47 卷第 183—184 页

# 147

# 致阿·伊·柳比莫夫

(8月18日)

亲爱的马尔克：

给列瓦寄去了我对卡普里人的回答①。如果他认为需要，就请他抄一份给英诺，然后再往卡普里岛寄，我不知道通讯处。我认为可以用两个信封套起来寄：外面的信封上写：意大利　**卡普里岛　布拉埃苏斯别墅　马克西姆·高尔基**先生——里面的信封上写转学校执行委员会。

别的通讯处我不知道。

关于托洛茨基，我应该说，如果他拒绝（他已经拒绝了！）中央委员向他提出的编辑部内的**平等原则**，我坚决反对**帮助**他。这一问题不经过布尔什维克中央执行委员会解决，**不允许采取任何**措施帮助托洛茨基。因此，总务委员会只有在下列情况下才有权同意在《无产者报》印刷所里印刷《真理报》[217]：即这样做不是帮助**新的派别**（因为托洛茨基在建立新的派别，布尔什维克中央委员劝他**不要这样做**，劝他回到党里来），而是一种**严格的**商业行为，而且要像任何人一样付款，还要看排字工人是否有空等等。我坚决主张：对待《真理报》的问题还有待**布尔什维克中央执行委员会解决**，在没有解决以前，决不能给予任何**帮助**，不能让**任何东西**束缚自己。

--------

①　见上一号文献。——编者注

握手!

**尼·列宁**


附言:请**无论如何**要把我给卡普里人的信抄一份留存起来。布尔什维克中央可能需要。

从邦邦(法国)发往巴黎

载于1933年《列宁文集》俄文版
第25卷

译自《列宁全集》俄文第5版
第47卷第185页

# 148

# 致格·叶·季诺维也夫

### （8月24日）

亲爱的格里·:

　　《社会民主党人报》[218]第7—8号合刊已经收到。我抗议托洛茨基的**签名**,必须取消签名。(文章我还没有来得及读完。)

　　我认为《无产者报》上必须刊载下列文章:(1)关于圣彼得堡选举的文章(《言语报》[219]和沃多沃佐夫(如果《言语报》没有错说他)的庸俗见解);(2)关于瑞典罢工的文章——得有一篇总结性的文章;(3)关于西班牙事件[220]的文章;(4)关于孟什维克同反取消派分子日内瓦人(格奥尔吉恩)论战[221](最卑鄙的)情况的文章;(5)在专页附刊上答复马克西莫夫及其同伙的《公开信》[222]。必须好好回答这些坏蛋,使他们不能用谎言迷惑大家。

经过 3 个星期的休息，我现在已开始恢复健康。也许第 4 篇和第 5 篇文章可以由我来写，不得已时第 1 篇也由我写，但是我还不敢下保证。请把您的意见和**期限**（准确的）告诉我。还有什么文章给《无产者报》吗？

第 2 篇和第 3 篇文章可以照《前进报》那样写。如果你们打算写，我把报纸寄去。

关于《**真理报**》的事，您是否读了托洛茨基给英诺的信？我想，如果读了，您一定会确信，托洛茨基的行为表明他是一个最卑鄙的野心家和派别活动者，同梁赞诺夫之流是**一丘之貉**！或者在编辑部内实行平等原则，**服从**中央委员会，除了托洛茨基以外谁也不迁居巴黎（托洛茨基这个坏蛋想用我们的钱来"维持"《**真理报**》的**全班人马**！）；或者同这个恶棍决裂，在中央机关报上揭穿他。嘴上滔滔不绝地谈党，而行动却比所有其他的派别活动者还坏。

握手！

**尼·列宁**


附言：对加米涅夫我们似乎不应再抱什么希望？一个半月（或者半年）以前答应的关于《社会运动》的小品文[223]呢？？……

我的地址是：（塞纳–马恩省）　**邦邦**（勒克勒夫人处）　弗拉·乌里扬诺夫先生。

发往巴黎

载于 1933 年《列宁文集》俄文版
第 25 卷

译自《列宁全集》俄文第 5 版
第 47 卷第 187—188 页

# 149

# 布尔什维克中央给
# 卡普里学校委员会的信的草稿[224]

## (8 月 25 日和 30 日之间)

　　布尔什维克中央执行委员会非常高兴得到"卡普里党校**委员会**"1909 年 8 月 16 日的通知,说它毫不反对布尔什维克中央的**"思想监督"**。

　　但是布尔什维克中央能不能担负起这种监督并实施这种监督,它能不能根据学校委员会的请求给学校以教材和财政方面的支援,这些问题必须在了解了学校的详细情况之后才能解决。而布尔什维克中央对学校的**详细情况一点**也不了解。

　　**学校委员会**从印发的决议中,从《**无产者报**》上知道布尔什维克中央的看法,并且从前任中央委员那里可以了解到布尔什维克中央的成员,因而**能够讨论**(如学校委员会所写的)学校同布尔什维克中央的关系问题,然而布尔什维克中央却无法**讨论**布尔什维克中央对学校委员会请求的态度问题,因为布尔什维克中央不了解:(1)学校**委员会**是怎么一回事;(2)学校**执行委员会**是怎么一回事;(3)学校的**教学大纲**怎样(学校执行委员会答应把它寄来,但是没有寄来);(4)现在在学校**讲课的**是些什么人以及(5)**学习的**是些什么人;(6)现在学校的**经费**怎样;(7)**学习期限多长**;(8)学校学员同现在学校的所在地即卡普里岛有多少联系;(9)学校学员能否到巴黎来(3 个布尔什维克中央委员已经亲自给他们写信谈了这一点),能待多长时间,等等。

由于不了解这些情况,布尔什维克中央暂时只能表示一点:布尔什维克中央准备**在教材和师资方面尽力帮助**在国内活动的社会民主党各组织的**全体党员**,同样也帮助这些组织**派来的全体**同志,帮助他们掌握社会民主党的世界观,并且不拒绝在讨论了帮助各地方组织的问题以后,在可能的范围内给予财政方面的援助。

布尔什维克中央正式给学校**委员会**寄去:(1)《无产者报》第39—46 号合订本;(2)布尔什维克中央关于学校的信(铅印的);(3)布尔什维克中央的决议。

致社会民主党的敬礼!

**《无产者报》扩大的编辑部执行委员会**

从邦邦(法国)经巴黎发往
卡普里岛(意大利)

载于 1933 年《列宁文集》俄文版
第 25 卷

译自《列宁全集》俄文第 5 版
第 47 卷第 186—187 页

# 150

# 致卡·胡斯曼

1909 年 8 月 26 日

亲爱的胡斯曼同志:

我收到了您 8 月 23 日的来信,十分感谢您给我寄来赫尔齐克的信的抄件。

　　这位先生早已多次来信跟我纠缠;他甚至想同我谈话,而我当然是拒绝了;因为已经有一份由**各党**代表组成的革命法庭作出的判决,根据这一判决,赫尔齐克先生是不能成为**革命政党**的党员的。这一判决并未撤销,如果赫尔齐克先生在给您的信中避而不谈这一判决中最主要的一点,那他肯定是在扯谎。[225]

　　他请求重审吗? 他完全有这个权利。但这位先生不会不知道,有一条合法而正当的要求重审的途径,如果他避开这样一条途径,如果他宁愿找社会党国际局——这是**他不诚实**的(我觉得是这样)又一证明。

　　请求重审的合法而正当的途径,这就是向曾经派出代表在日内瓦参加法庭的各党的中央委员会提出自己的请求。为什么赫尔齐克先生不向这些委员会提出请求呢? 为什么他援引布尔采夫先生个人的意见,而不去找布尔策夫担任委员的**社会革命党中央委员会**呢? 为什么他向社会党国际局诽谤布尔什维克,说什么他们的做法是"不诚实的",而不去找俄国社会民主工党中央委员会呢? 布尔什维克是该党的一部分。布尔什维克在由 15 名委员组成的中央委员会里只占 5 名。

　　请您自己作出判断:在这件事情上,谁的做法是不诚实的。

　　我从来不是调查赫尔齐克案件的日内瓦布尔什维克小组的成员。如果赫尔齐克先生认为该调查委员会的委员采取的行动是不合法的等等,他有权利(这也是他的义务)向党中央委员会提出。

　　申诉和请求,事前如未经加入国际的各党的中央委员会审议,依我看,社会党国际局是不能受理的。我完全懂得,赫尔齐克先生同其他任何公民一样,有权**就**加入国际的各党的中央委员会所作的**决定**向社会党国际局提出申诉。但是,如果他不愿意去找作为国际成员的各党的中央委员会,那么,依我看,他也没有权利去找社会党国际局。

依我看,社会党国际局能够给赫尔齐克先生的唯一答复是:您去找曾经派出代表参加法庭的**各党**,即俄国社会民主工党、社会革命党、崩得**等等**的中央委员会。如果这些委员会不给您以任何答复或者表示拒绝,只有在那时,您才能去找社会党国际局,就某一项决定,就某一个加入国际的党的中央委员会提出请求或申诉。这就是我作为社会党国际局委员,作为一个布尔什维克,并且是俄国社会民主工党中央委员会委员,要向您宣布的我的意见。(在巴黎有社会民主工党中央委员会的特别**常务局**,赫尔齐克先生十分清楚,他本来是应该去找这个局的。我并不是该局的成员。)

亲爱的胡斯曼,很遗憾,1909 年 8 月 30 日和 31 日我都不可能在巴黎,因而不能就这个问题同您面谈。这封信也实在太长,我的法文又差劲,让您伤脑筋了,但愿您能原谅我。

目前我在郊区休息(塞纳-马恩省　**邦邦**(勒克勒夫人处)　弗拉・乌里扬诺夫先生)。我将于 9 月 15 日前返回巴黎。

您的　**尼・列宁**

发往布鲁塞尔

原文是法文

载于 1962 年《苏维埃俄罗斯世界手册》杂志第 4 期

译自《列宁全集》俄文第 5 版第 47 卷第 189——191 页

# 151

# 致列·波·加米涅夫

## (8月27日)

亲爱的列·波·:

两封来信和一篇文章都收到了。依我看,文章要加以压缩。这件事我来试试,但不知能否顺利完成?

我将等一篇论无产阶级国际团结的文章(关于这个问题我这里有一份社会党国际局的通告;我不寄了,因为已经迟了)。请您把这篇文章的事告诉格里戈里。

关于索柯洛夫报上登了些什么? 这使我很不放心,因为我准备就圣彼得堡的选举问题写一篇文章。我在《言语报》上看到,社会民主党人提索柯洛夫的名。请来信讲详细些,您读了关于哪些"逸事"的文章,并把这几号报纸寄来。

《复兴》杂志和《现代世界》杂志上的评论文章**226**我已经读过了。

至于返回巴黎的时间,格里戈里来信说,他将于9月4日前到达。我打算不早于9月15日。对于您的问题,您是不是去,我只能说:**如果**您已**充分**休息好了,最好是去,赶快开展《**无产者报**》俱乐部的活动,向工人们作两次关于波特列索夫的取消主义的专题报告(通俗性的),为布尔什维克作一次论"左派"的专题报告,然后,在 9 月底之前(大致上),准备给各国外小组举办一次巡回专题报告。这是您必须做到的。

见面时,谈一谈孟什维克以及普罗柯波维奇和库斯柯娃的事,将是很有意思的。写文章或作专题报告都要尽可能有力地对波特列索夫的取消主义加以抨击。这件事我们已经做得迟了。

握手!

附言:国内来信说,情况不大好。达维多夫被捕了。要在这里更加强有力地开展国外鼓动工作。

从邦邦发往阿尔卡雄(法国)

译自《列宁全集》俄文第 5 版
第 47 卷第 191—192 页

## 152

# 致格·叶·季诺维也夫

## (8 月 27 日)

亲爱的格里·:现寄上几号《前进报》[227]和加米涅夫的一篇文章。这篇文章我看**必须**而且要**赶快**刊登,因为我们本来已经把这篇从各方面来说都是《无产者报》所极为需要的文章大大耽搁了。现在势必要把它分做两篇杂文。第一篇我已作了记号(第 1—33 页),并已改过。或许,您能把它再压缩一下吧?看校样时,我可以试试再加以压缩,因此请您迅速发排,并嘱**立即**把校样寄给我。这是一篇重要的文章,要比较仔细地给它加加工。

令人遗憾的是加米涅夫的工作太马虎。极好的一个题目,而他却写得很含混,很松散,转来转去兜圈子,不善于真正把握住事情的核心和实质。

是否要把后半部分寄给他,要他在这方面加以修改呢? 最好这样! 请您以我们两个人的名义写信告诉他,我们请他**重写**第二部分(**第一稿仍要保存**),即照上述精神进行修改,告诉他,那样的话他就会写出一篇极好的文章,等等,——并请您把第二部分寄给他。对他的重写不抱很大的希望,不过我们要坚持再坚持。

他还答应日内为《**无产者报**》写篇社论。我们等着看吧。

我给《**无产者报**》的几篇文章[228]写好以后就直接寄去付排,因为您打算 9 月 4 日就到巴黎了。

我不打算在 9 月 15 日之前回去。

您用不着把加米涅夫留在阿尔卡雄。如果他休息好了,就让他回去,而且**无论如何**要**派他去作专题报告**。

握手!

**尼·列宁**

对崩得分子我不准备评论。但是对他们的第 2 号[229]**必须**加以抨击。这件事由您做吧。我们要出一号篇幅大的有战斗力的报纸。请您写一篇批驳第 2 号的文章。

从邦邦发往阿尔卡雄(法国)

载于 1933 年《列宁文集》俄文版第 25 卷

译自《列宁全集》俄文第 5 版第 47 卷第 192—193 页

# 153

# 致卡普里学校学员们

致尤利、万尼亚、萨韦利、伊万、弗拉基米尔、
斯坦尼斯拉夫、托马斯同志

公历 1909 年 8 月 30 日

尊敬的同志们:你们寄来的教学大纲和两封信都收到了,在后一封信中,你们向我提出一个问题,要我说明宣布学校为新的派别组织的理由,我认为我有责任再一次向你们说明我的观点。你们说,"说学校有派别背景,这纯粹是虚构"。"凌驾于学校之上的领导权是不可思议的,因为委员会中我们是多数"。

我肯定地说,这显然是你们自己欺骗自己。问题完全不在于责备你们"直接参加派别活动";问题也完全不在于谁在委员会中占多数。问题在于学校是(1)由新的派别组织发起建立的,(2)完全是新的派别组织出钱办的,(3)设立在**只有**新的派别组织的讲课人的地方,(4)设立在除了极少有的例外**不可能有**其他派别组织的讲课人的地方。

所有这些条件都不以你们的意志为转移。你们是不能改变这些条件的。而这些条件已经**预先决定了**学校的性质,你们的任何良好的意图和你们委员会的任何决议都决不能改变任何实质。

在任何学校里,最重要的是课程的思想政治方向。这个方向由什么来决定呢? 完全而且只能由**教学人员**来决定。同志们,你

们非常明白,任何"监督"、任何"领导"、任何"教学大纲"、"章程"等等,这一切对教学人员来说都是空谈。任何监督、任何教学大纲等等,绝对不能改变由教学人员所决定的课程的方向。而且任何时候,在世界上的任何地方,任何一个尊重自己的组织、派别或团体,**都不会来**为一个方向已经由教学人员预先决定了的学校分担责任,如果这个方向是和自己敌对的。

现在来看看预先决定学校的性质和方向的教学人员吧。同志们,你们在给我的信里签了名,但是你们以学校学员和**讲课人**的名义写给中央委员会的信里(这封信的抄件我是和教学大纲一起收到的),讲课人并没有签名。因此,我不能十分确切地知道哪些人是教学人员。但是就从我所知道的一些情况来看,已经足以给教学人员下判断了。

中部工业区的地方组织从俄国写信给我们说,如果说不是唯一的那也是最积极的一个宣传成立卡普里学校的人是斯坦尼斯拉夫同志,听过他的专题报告的一些社会民主党小组已经把他选为讲课人。这位斯坦尼斯拉夫同志是最坚决的召回派,是在哲学上对马克思主义进行批评的"批评家"。想想下面这些事情就够了:(1)他在他的著名的哲学小册子里是怎样大骂考茨基的;(2)他在1908 年 12 月的党代表会议上是怎样同圣彼得堡的召回派弗谢·一起分裂为特别的召回派组织的;(3)他所校改的《工人旗帜报》[230]第 5 号上那篇召回派"一工人"的文章怎么连**这家《工人旗帜报》自己**也承认是充满了**无政府主义**观点的。

请你们再看一看你们现在在卡普里可以看到的那些讲课人吧。他们当中没有一个是布尔什维克。可几乎尽是一些新的派别组织(召回派和造神派)的拥护者。我如果说,在卡普里的讲课人中有马克西莫夫、卢那察尔斯基、利亚多夫、阿列克辛斯基等同志，那不见得会有多大错。正是这批同志从 1908 年春天起组成了《无产者报》的反对派，在俄国和国外进行反对《无产者报》的宣传，在 1908 年 12 月的党代表会议上分裂出来成为特殊的派别组织(或者支持这个派别组织)，最后则完全成为特殊的派别组织。

否认这批同志进行反对《无产者报》的宣传，支持和维护召回派，那就是嘲笑党内人所共知的事实。否认卡普里岛甚至在整个俄国著作界中都已经得到造神派作家中心的名声，那是对事实的一种揶揄。所有的俄国报刊都早已指出，卢那察尔斯基在卡普里岛上宣传造神说。巴扎罗夫在国内帮助他。波格丹诺夫在国内公开出版的近十种书籍和文章里，在国外作的上十次专题报告里，都为这类哲学观点辩护。我在 1908 年 4 月到过卡普里岛，并且对所有这 3 位同志声明，在哲学上我同他们有绝对的分歧(而且我当时建议他们把共同的物力和人力用来写与孟什维克取消派的革命史相对立的**布尔什维克革命史**，但是卡普里的人拒绝了我的建议，他们愿意从事的不是整个布尔什维克的事业，而是宣传自己的特殊的哲学观点)。你们在卡普里岛的这批讲课人中间大多数是著作家，而这些著作家当中就**从来没有一个人在报刊上抨击过卢那察尔斯基和巴扎罗夫的造神说宣传**！

同志们，尽管有这一切事实，你们在写给我的信里还是说，认为学校同造神派和召回派有联系是"误会"，而且"完全"是我这方面的"误会"，因为"这样的目的在学校这里不仅没有提出来，而且根本谈不到"，——我只有对你们的这种极端天真的想法感到惊奇。我再说一遍:学校的**真正的**性质和方向并不由地方组织的良好愿望决定，不由学生"委员会"的决议决定，也不由"教学大纲"等等决定,而是由**教学人员**决定的。如果教学人员一直是完全由新的派别组织那个圈子中的人物来决定,那么,要否认学校的派性就简直是可笑的。

为了结束关于教学人员的问题,我还要告诉你们一件事。这件事是英诺森同志对我说的,它表明党内**所有的人**都十分清楚你们企图否认的事情,即卡普里学校存在特殊的派性。在最近这次《无产者报》扩大的编辑部会议[231]开会前不久,马克西莫夫同志在巴黎请**托洛茨基**到卡普里学校去当讲课人。托洛茨基对英诺森同志谈到这件事,并且对他说:如果这是党的事业,我很愿意去;如果这是卡普里的著作家马克西莫夫、卢那察尔斯基一伙的特殊事业,那我就不去。英诺森回答:请您等候《无产者报》编辑部的决议吧,我会把这些决议寄给您的。由此可见,不属于任何派别组织的托洛茨基同志立刻就懂得(就像任何多少有些经验的党的工作者懂得这一点一样),在卡普里岛办学校就是**避开党办学校**,就是预先把学校同一个特殊的即新的派别组织联系起来。

现在来谈谈关于巴黎的问题。我写信告诉过你们,如果你们真是对我和我的同志们的讲课感到兴趣的话,你们就应当到巴黎来。你们回答我说:"考虑到费用,去巴黎是完全不合适的。"

我们来看看,我们当中究竟谁说得不合适。

你们是经过维也纳到卡普里岛去的。如果你们从原路回去,那么你们可以从意大利北部转道来巴黎,而从巴黎就可以直达维也纳。这样的走法增加的旅费大概每人不超过60法郎(根据日内瓦(我在那里住了很久)到巴黎的票价是30法郎来推算)。你们的信有8个人署名,同时,有一个人声称"今后不再通信",这就是说,他显然不愿意来听我的讲话了。还剩下7位同志。费用是7×

60＝420 法郎。

你们从巴黎请 4 位讲课人(列瓦、我、格里戈里、英诺森)。从巴黎到卡普里来回旅费约 140 法郎,总计 4×140＝560 法郎。

8 个学员绕道来巴黎要比 4 个讲课人专程去卡普里的**费用少些**。

但是,正像我在前一封信①里已经对你们说过的,经费问题远不是最重要的问题。请想一想,是外来的学员选择地点容易呢,还是本地的讲课人选择地点容易? 你们到外国来是专门为了进学校学习的。这就是说,你们到有大批讲课人的地方去,到可能真正由党在安排工作的地方去是不会有什么阻碍的。

而讲课人们就**不能**离开党的中心到卡普里岛去。就拿我来说。我不能丢开《无产者报》编辑部——我不能丢开中央机关报编辑部,我不能丢开设在巴黎的社会民主党杜马党团协助委员会——我应当在住着成百成千俄国工人的巴黎工人住宅区的《无产者报》俱乐部讲演等等。党的著作家们从巴黎到卡普里岛去是绝对不可能的事情。

但是,对学校来说,正像对党的事业一样,重要的不仅是布尔什维克的讲课人。巴黎是一个最大的侨民中心,在这里可以经常听到**一切**派别组织公开作的专题报告,举行讨论会,举行各种小组活动;这里有 2—3 个不坏的俄文图书馆,有几十位在社会民主党内影响深远的组织者等等。有社会民主党的 3 种俄文报纸在巴黎出版。总之,对任何一个哪怕是稍稍知道一点国外情况的人,事情都很明白,就像明朗的白昼那样明白:谁要是到巴黎去学习社会民主主义,他就是真正去学习社会民主主义。谁要是到卡普里去学

――――――――――

① 见本卷第 146 号文献。——编者注

习，他就是去学习**特殊的**派别组织的**"学问"**。

谁在巴黎办学校，他就是真正在办党的学校。谁在卡普里岛办学校，他**就是在避开党办学校**。

卡普里的学校是**故意避开党办**的学校。

无论是你们今天所求教的中央委员会，或者是你们昨天所求教的《无产者报》编辑部，都**绝对**不可能对**卡普里的**学校进行任何监督、任何"思想领导"。在这里谈监督和思想领导，那都是空话。任何人都不会有派遣党的"视察员"到卡普里去监督学校这种荒唐想法；任何时候都**不可能派遣真正的党的讲课人到卡普里去**（除去极少的例外）。如果国内各地的党组织不知道这一点，那学校的创办人是**清清楚楚的**。正因为如此，他们才在卡普里办学校，以便**掩盖**学校的派性，避开党办学校。

拿那些不属于任何派别组织的、非常熟悉国外工人阶级运动的俄国社会民主党人，如帕尔乌斯和罗莎·卢森堡（德国），以及沙·拉波波特（法国）、罗特施坦（英国）来说；拿那些不属于任何派别组织的社会民主党著作家，如梁赞诺夫来说，——你们立刻可以看到（如果你们不愿意闭上眼睛不看的话），在巴黎，只要党作一些努力，他们多半都能来讲课，而卡普里他们是绝对无法去的。办学校的人用来派遣学员和讲课人到极其遥远的外国地方（卡普里）去的那些钱，**已经足够**用来在巴黎请这些讲课人中的某些人举办讲座了。

其次，你们看看社会民主党内的新的分派情况，对国内的同志来说，了解这些分派情况是很重要的（崩得中护党派和取消派的斗争；拉脱维亚人中的布尔什维克和孟什维克的斗争；波兰社会民主党同波兰社会党左派的斗争；孟什维主义的分裂，普列汉诺夫出版了揭露波特列索夫和正牌孟什维克的取消派立场的《日志》；有人企图创立"革命的孟什维主义"等等)。在卡普里就**无法**好好地了解党的这些重要现象。在巴黎却有充分的机会直接得知这些情况,而不是仅仅听传闻。

最后,你们再看看卡普里学校的教学大纲。在 4 个部分里有 1 个部分(第 3 部分)的标题是"无产阶级斗争的哲学"。在国际社会民主党里,这一类宣传课程的教学大纲有几十个、几百个(如果不是几千个的话)。但是你们**在任何地方**都找不到"无产阶级斗争的哲学"。有马克思和恩格斯的哲学唯物主义,但是在任何地方都没有"无产阶级斗争的哲学"。而且在欧洲社会民主党人中谁也不会懂得这指的是什么。只有那些熟悉斯坦尼斯拉夫(安·沃尔斯基)、波格丹诺夫、卢那察尔斯基、巴扎罗夫这几位哲学家的著作的人才懂得这是什么意思。在讲授"无产阶级斗争的哲学"以前,必须先把这种哲学编造出来。刚才提到的这批新派别组织的成员一直在编造这种**特殊的**哲学,这种哲学离开无产阶级的世界观愈远,它就愈加频繁地用"无产阶级的"字样来对天发誓。

我的信快写完了。同志们,如果你们坚持不愿到巴黎来(同时又硬要人相信你们愿意听我的讲课),那么,你们就将最后以此证明:不仅卡普里学校的讲课人,而且连那里的某些学员,也受到新的造神派和召回派的狭隘小集团政策的熏染了。

致社会民主党的敬礼!

**尼·列宁**

从邦邦(法国)发往卡普里岛(意大利)

载于 1926 年《无产阶级革命》杂志
第 2 期

译自《列宁全集》俄文第 5 版
第 47 卷第 194—202 页

# 154

# 致格·叶·季诺维也夫

（8 月）

加米涅夫文章的后三分之二很不好，未必改写得了。我修改了前三分之一（第 1—5 页末），但是无法再修改下去，因为我发觉问题不在于**修改**，而在于**重写**。

加米涅夫的思想：十月党人和右派的斗争是为了一些琐事，他们的斗争、纠纷、争吵在从君主制变为资产阶级君主制的过程中是不可避免的，从这个争吵中革命只是**间接地**，即在无产阶级登上舞台的情况下**产生**，而不是直接地，从资产阶级"左倾"中产生——这种思想在文章的这一部分中表达得混乱糊涂，而且一再故弄玄虚。

我认为**不能**就这样发表出来。

要么说服作者**重写**后三分之二，然后由我们对文章"作修改"，要么您自己试试重写这一部分。

寄上改写的参考提纲（用钢笔写的第 1—3 页）。

从邦邦发往阿尔卡雄(法国)

载于 1930 年《列宁文集》俄文版
第 13 卷

译自《列宁全集》俄文第 5 版
第 47 卷第 188—189 页

## 155

# 致阿·伊·柳比莫夫

（9月2日和7日之间）

亲爱的马尔克：

我当然完全同意您在报告中和文章中随时引用我的信①。只是请您注意，我为《无产者报》写的一篇文章②公开藐视马克西莫夫这帮流氓，**认为他们是一群无赖**，他们的学校只能叫做"叶罗金旅馆"。**232**因此，**为了不引起误会**，我同意只有和那些**亲自**写信给我们的**工人**讲话时才"温和点"。

而马克西莫夫一伙是一帮引诱某些工人住进叶罗金旅馆的冒险家。为了不发生矛盾，**请不要在公众中传播我的信**，**务必把它寄给组织**，同时要**附上说明**（最好把这些说明也印上）：

"那帮气坏了的著作家、未被承认的哲学家和被人嘲笑的造神派，避开党办他们的所谓的**'学校'**，《无产者报》将给予他们应有的回答。现在这封信只是列宁个人对那些亲自写信给他的工人的答复。"

波格丹诺夫的报告我劝**大家**或者都不去听，或者这样回答他，使他永远打消到处钻的念头。被人赶出来后又往**别的**派别里钻，

---

①　见本卷第153号文献。——编者注
②　如果来得及写完，明天用快信给您寄去，可能还赶得上您作报告。

这是一种可耻的懦夫行为。现在没有什么比姑息更有害了。这次的**彻底决裂和斗争**,要比同孟什维克的决裂和斗争**更厉害**。这次斗争将使那些一直"认识不清"的傻瓜很快地醒悟过来。

握手!

尼·列宁

附言:**普列汉诺夫的《日志》**!!! **别忘了我在等着。**

从邦邦(法国)发往巴黎

载于1933年《列宁文集》俄文版第25卷

译自《列宁全集》俄文第5版第47卷第203—204页

# 156

# 致阿·伊·柳比莫夫

## (9月3日和8日之间)

亲爱的马尔克:

昨天因为忙于一篇文章的事,我犯了一个错误——把格里戈里信稿(代表执行委员会①给卡普里人的答复)中**邀请一名全权代表**这句话放过去了。这句蠢话必须去掉,因为应该邀请的是到巴黎来学习的**学员们**,而决不是一名全权代表。他们会把一个狂热的召回派,甚至把利亚多夫或阿列克辛斯基选做全权代表的,那样

---

① 布尔什维克中央执行委员会。——编者注

的话,我们就被人愚弄了。不,根本谈不上邀请**一名全权代表**的问题。[233]

　　普列汉诺夫的《日志》我还是没有拿到。务请您关照发行部立即寄来。没有《日志》,我无法写那篇约定的文章[234]。
　　握手!

尼·列宁

　　昨天用挂号信给您寄去一张支票。想来已经收到了吧?

从邦邦(法国)发往巴黎

载于 1933 年《列宁文集》俄文版
第 25 卷

译自《列宁全集》俄文第 5 版
第 47 卷第 206 页

# 157

# 致格·叶·季诺维也夫

## (9 月 7 日)

　　星期二
亲爱的格里·:
　　论瑞典罢工的文章收到了。文章很好。我已把它同我论波格丹诺夫的文章[235]的最后一部分(共 100 行,占《**无产者报**》附刊的两版)一起寄到巴黎去了。我不知道您是否全部赞同。**完全**请您决定:这篇文章我已经写腻了,以致现在不知道是否把它**全部**删掉,只就波格丹诺夫关于"整个派别的财产"的谬论写几行来回答他更好一些？请决定！

论普列汉诺夫的文章,我要写。论瑞典罢工的文章必须作为社论发表。

握手！

**列　宁**

从邦邦(法国)发往巴黎

载于 1930 年《列宁文集》俄文版
第 13 卷

译自《列宁全集》俄文第 5 版
第 47 卷第 204 页

# 158

# 致卡·胡斯曼

1909 年 9 月 11 日

亲爱的胡斯曼:

曾答应我翻译我党纲领和章程的沙尔·拉波波特同志至今还没有写信给您,这使我感到非常奇怪。早在几个星期之前,他就答应我写信给您了。

过两三天我将回到巴黎,我当立即去问拉波波特,再写信告诉您。

至于赫尔齐克先生的案件,您撤回了对我党极不公正的指责,那是很好的。

您问起"赫尔齐克应该去找的"那位同志的地址。我再说一遍:他应该去找派出代表参加审理赫尔齐克案件的法庭的那些党的**委员会**。俄国社会民主工党中央委员会国外局的地址是:巴黎(XIV)　奥尔良街110号　Д.科特利亚连科先生(转……国外局)。这个地址是经常登在我们的报纸上的。同时我还要再说一遍:我决不会答复赫尔齐克,因为这个坏蛋竟敢对俄国社会民主党人作出那些极端侮辱性的影射。这是简单不过的道理。如果他胆敢断言,俄国社会民主党人是"不公正的"审判员,那他为什么不去找审判过他的其他党的委员会呢?

您的　**尼·列宁**

巴黎(XIV)

玛丽·罗斯街4号

弗拉·乌里扬诺夫

从邦邦(法国)发往布鲁塞尔

原文是法文

载于1962年《苏维埃俄罗斯世界手册》杂志第4期

译自《列宁全集》俄文第5版第47卷第205页

## 159

# 致米·巴·托姆斯基

### (9月14日和20日之间)

亲爱的同志:我刚刚回到我们这里的首都,看了您那封谈工作情况的来信。关于学校,您认为"我们的事情很糟糕",这是不必要的。决不是很糟糕。既然有人出钱,工人们就同意到风光明媚的南方去,这是很自然的,——对这件事没什么可抱怨的。不过要通过决议,让这些工人在**返回**途中顺便到这里[236]来待一个月,——关键就在于此。不来这里的话,那么一切有关"监督"、"领导"等类词语只不过是一堆"废话"或虚伪的言词。你到这里来,那么,你就不只是学到阿列克辛斯基的尖声叫嚷和卢那察尔斯基的"社会主义"了。请您相信,通过这条**途径**[237],即用**自己的**学问去迷惑20—50个工人,是成不了什么气候的。啊,不,这可以用来喧嚷一番,用来炫耀考茨基的信[238],用来在国外耍花招,而这种背后教唆是没有什么正经的东西的。您要牢牢记住,这不是一所"学校",而是一家新的国外的叶罗金旅馆,其目的在于用召回主义谬论在背后教唆几十名工人。马克西莫夫及其一伙在对此喧嚷一番之后将弄得声名狼藉。

关于托洛茨基,遗憾的是事情没有成功。我们**真心诚意地**希望同他结成联盟,向他提出了十分有利的条件:供给他生活费,弥补《真理报》的亏空,在编辑部里各出一半人,搬到这里来;他不同意,要求在编辑部里占有**多数**(2名托洛茨基分子对1名布尔什维克!)。显然,我们无法提供经费在另一个城市里办一份不是党的,而是托洛茨基的报纸。托洛茨基不是想同布尔什维克一起建设党,而是想建立**他自己的**派别。好吧,就让他去试试吧! 他利用"自己的"派别能从孟什维克那里拉去个把人,从我们这里拉去几个人,而归根结底他将不可避免地使工人们走向布尔什维主义。[239]

至于说到"对土地问题作微小的修改"(正如您用讽刺的语气

所表示的），那么，如果这里指的是农民在革命中的作用，在这种情况下就要慎重些。要**从在全党或全布尔什维克的报刊上展开辩论做起**。我特别要提请注意：不要仓促地放弃布尔什维主义和过分相信斯托雷平的土地政策会取得成功。毫无疑问，这项政策提出了一些必须**研究再研究**的新问题，它**提供了**用非革命方式解决问题的可能性，但是它离开取得完全的成功还远着呢，就像到天上的星球一样。

列　宁

从巴黎发往莫斯科

译自《列宁全集》俄文第5版<br>第47卷第208—209页

160

# 致俄国社会民主工党中央委员会

（9月17日）

鉴于有人在社会民主党各国外小组中散发一份署名"萨沙"的指控《无产者报》编辑部的印刷传单（随信附上传单一份），其次，鉴于无论在不久前召开的代表会议后"被撤换的"布尔什维克中，还是在孟什维克中，都有些反对《无产者报》的人利用这份传单在小组之间议论"耸人听闻的""案子"，而这个"案子"是不能由无论哪一个地方党小组处理和审理的，

——《无产者报》编辑部请求俄国社会民主工党中央委员会受理"萨沙"指控的案件，对这些指控进行实质性审理并作出党的最

高机关的正式决定。**240**

写于巴黎(本埠信件)　　　　　　　译自《列宁全集》俄文第 5 版
　　　　　　　　　　　　　　　第 47 卷第 206—207 页
载于 1933 年《列宁文集》俄文版
第 25 卷

161

# 致卡·胡斯曼

1909 年 9 月 17 日

我亲爱的胡斯曼:

　　我回到巴黎后就收到了您 1909 年 9 月 15 日的来信。我去过我党委员会国外局书记那里。他告诉我说不久前他收到了赫尔齐克和崩得委员会的信。从信中看出,赫尔齐克终于去找了其他各党的委员会——他早该这样做了。崩得主张复审。我党中央委员会国外局将研究复审的请求。这样,我希望"赫尔齐克事件"算是结束了。

　　至于拉波波特,他请您通知他您必须拿到纲领和章程译文的**确切日期**。劳您驾把**最后的**日期通知我或拉波波特,他的地址是:巴黎(XIII) 波尔-鲁瓦雅尔林荫路 39 号。

　　拉波波特同志说,他是一个从事写作的无产者,因此他不得不请求您酌情付给他翻译费。他肯定地答应我,在您指定的日期以前将把译文准备好。

　　至于历史概述,我找到了一位俄国同志,过几天他就能完成这项工作。[241]

您的    尼·列宁

从巴黎发往布鲁塞尔

原文是法文

载于 1962 年《苏维埃俄罗斯世界
手册》杂志第 4 期

译自《列宁全集》俄文第 5 版
第 47 卷第 207—208 页

## 162

# 致卡·胡斯曼

1909 年 9 月 30 日

亲爱的胡斯曼同志:

今天给您寄上我党纲领和章程的译文(是用印刷品挂号寄
的)。劳您驾寄一份校样给我。

至于那篇评论,我要过几天才能寄给您。

我已解决了付给译者(拉波波特)报酬的问题。这笔费用将由
我党中央委员会支付。

我第一次听说在社会党国际局里有一名议会党团的代表。在
斯图加特代表大会以后我们曾举行过一次社会党国际局的会议,
会上一次也没有提到过议会党团派代表参加社会党国际局的问
题。收到您的来信后,我马上就写信给第三届杜马中的社会民主
党党团的一位代表并通知了他。不能期待很快就得到答复,因为
在杜马休会期间,代表们都不在彼得堡。

至于我党向哥本哈根代表大会提出报告的事,我将尽一切可能,使我们在这一次不至于没有报告。我已经采取了必要的步骤。关于大卫的计划,我想,这只不过是"良好的愿望"而已。难道**社会党国际局**已同意了这个计划吗? 难道"唯一的样品"真能当做现实的东西,而不是一种设想吗?

您的　**尼·列宁**

从巴黎发往布鲁塞尔

原文是法文

载于 1962 年《苏维埃俄罗斯世界
手册》杂志第 4 期

译自《列宁全集》俄文第 5 版
第 47 卷第 209—210 页

# 163

# 致阿·伊·柳比莫夫

### (不早于 10 月 2 日)

亲爱的马尔克:

关于学校确实正在展开争斗,您说对复信要仔细考虑,这是对的。[242] 现提出一份草稿,而如果同执行委员会(布尔什维克中央执行委员会)全体委员联系要花不少时间(依我看,联系应通过一个人,即通过您来进行),则我建议由布尔什维克中央的秘书答复"学校委员会",说信已收到,并已**转寄给**执行委员会的各位委员,并说从他们那里得到答复和由他们作出决定在目前要花些时间,因为人都不在。不过给他们的信要写得尖刻一点:就说,据我所知,格里·、英诺和列宁已经代表他们本人答复学校**执行委员会**了,而对**学校委员会**则必须由全体委员来答复。

我对您有个请求。请您用马尔克或您的其他外号署名写一封**致《无产者报》编辑部的信**寄给我。信的内容**大致**是这样:"由于多莫夫同志发表文章指责《**无产者报**》编辑部搞分裂,不编写通俗性的小册子,背叛布尔什维主义,同普列汉诺夫接近,赞成'杜马主义'等等,等等,所以我认为向党内的同志们介绍多莫夫同志**目前的**一些观点是有益的。他曾当着马克西莫夫同志、利亚多夫同志和我的面宣称:'目前有两种有害的偏见:第一种是认为我们有一个党,第二种是认为俄国面临着一场革命'。我向巴黎的布尔什维克作专题报告时已经当着马克西莫夫同志的面公开讲了这件事,马克西莫夫同志对事实的确凿性也无法否认。就让同志们知道,现在向《无产者报》进攻的是些什么人。"[243]

的确,应当揭露这帮家伙! 我们将刊登您的信,并**好好地**给他们一个答复。

握手!

您的 **列宁**

写于巴黎(本埠信件)

译自《列宁全集》俄文第 5 版
第 47 卷第 210—211 页

# 164

# 给卡普里学校委员会的
# 复信的草稿

## (不早于 10 月 2 日)

**我建议答复如下:**

"尊敬的同志们:鉴于你们 1909 年 9 月 28 日对我们建议'把在国外建立宣传员学校这一工作交党中央委员会或《**无产者报**》扩大的编辑部来**实际组织**和领导'的复信,是带有明显嘲弄性质的,我们认为没有必要答复这封信,我们能够向你们提出的建议只有一点:请把你们的来信刊登出来。"**244**

写于巴黎

载于 1933 年《列宁文集》俄文版
第 25 卷

译自《列宁全集》俄文第 5 版
第 47 卷第 211 页

# 165

# ☆致犹太工人总联盟(崩得)国外委员会

1909 年 10 月 10 日

尊敬的同志们:

今天收到了你们 10 月 7 日的来信。遗憾的是,我绝对没有任何可能在目前离开巴黎,因此不能参加你们所组织的审理**245**。

致同志的敬礼!

**尼·列宁**

译自《列宁全集》俄文第5版
第47卷第212页

# 166

# 致费·马·科伊根

### 致约诺夫(私人信件)

1909年10月10日

　　尊敬的同志:英诺森现在(暂时)在日内瓦。请您通过米宁(图书馆馆长,迪泽朗街1号　俄罗斯图书馆)找到他,因为英·的地址我不知道。请您同他谈一谈您来信中提到的那件事,因为此事用书信联系不方便,而英·对组织方面的一切事情比我要熟悉得多,而且更善于把这些事情弄清楚。

　　顺便说一下,我收到了崩得国外委员会发出的出席审理的邀请书。**遗憾的是**,我不得不坚决地加以拒绝。但愿我这样做将不至于给您这件重要的事情(即审理)带来困难,——您可以邀请英诺森参加审理,而且一般说来,您将不难找个人来代替我。

　　致同志的敬礼!

**尼·列宁**

译自《列宁全集》俄文第5版
第47卷第212页

# 167
# 致维·阿·卡尔宾斯基

## （10 月 18 日以前）

亲爱的卡·：

请告诉我，图书馆的事[246]你们是怎么决定的。同大学学生会的谈判还没有结束，是吗？

还有，您是否最后决定**不来了**？

是不是维克多使您动摇的？我对他有点生气，因为他独自走掉了，使我们这里失去了一个我认为是最有用的行政人员的协助。他现在"赞成日内瓦"。我认为那是徒然的，因为我们是不会去日内瓦的。

您有**布尔什维克**(邦契)图书馆[247]的目录吗？有的话请寄一份来。

我等待着关于您搬迁的比较确切的答复。我们编辑部里都在谈论只把邦契图书馆搬来的事情。要**确切地**把事情弄清楚，并且要快一点。

向奥丽珈、尼古·伊万·和其他朋友们问好！

握手！

您的 **列宁**

从巴黎发往日内瓦

载于 1930 年《列宁文集》俄文版
第 13 卷

译自《列宁全集》俄文第 5 版
第 47 卷第 213 页

# 168

# 致《无产者报》编辑部秘书

（10 月 19 日）

**请阅，阅后退我！！**

而彼得堡的通讯，我建议登在中央机关报上。[248]

写于巴黎(本埠信件)

载于 1933 年《列宁文集》俄文版
第 25 卷

译自《列宁全集》俄文第 5 版
第 47 卷第 213 页

# 169

# 致卡普里学校学员们[249]

（10 月）

　　亲爱的同志们：你们寄来的两封谈到"学校"中发生分裂的信
我们已经收到了。这是第一次从卡普里寄给我们的同志式的信，
我们大家感到非常高兴。我们对于学校中明确划清界限的消息，
表示衷心的欢迎。

　　要使学校这个新派别组织的新的中心的真正性质暴露出来，
当然是需要一段时间的。我们一直都相信，社会民主党中觉悟最
高的工人迟早会认清事态，走上正确道路的。有人从莫斯科来信

告诉我们,那里收到了该校学生中的激烈的"波格丹诺夫分子"寄去的信,他们公开地为卡普里的中心进行宣传,而这是**大大有助于**全体社会民主党的工人了解卡普里学校的真正意义的。

现在让我们更具体地来谈谈吧。同志们,你们应当好好地考虑一下已经出现的新情况,然后让我们一起讨论一下这个新的情况,以便采取正确的措施并选择实行这些措施的恰当的时机。你们当然了解,现在学校的分裂已经不可避免,你们自己写道,在这样的学校中你们是待不下去了。你们当然是不指望同激烈的"波格丹诺夫分子"一致行动的。而既然学校的分裂已经**不可避免**,那就应当认清这一分裂的意义,明确地认识由于分裂将会发生什么样的斗争,波格丹诺夫分子将会怎样竭力"**使**"你们大家"**不能为害**"(就是说,使你们不能散布自己的影响,讲出学校的真实情况),**败坏**你们大家的**名誉**(据你们说,阿列克辛斯基给你们取了"布尔什维克中央的坐探"这样一个绰号。而这只是一个开始,这只是花朵,**果实还在后面哩**)等等,等等。

你们应当好好地考虑一下这一切,应当像在战斗中那样坚定、果断、沉着地行动,——你们自己写道,在学校中正在进行着"由纲领引起的'战斗'"。这还只是在有波格丹诺夫分子进入的**一切地方**同你们进行**战斗**的开始。

首先,应当准确地确定你们的人数。**坚决**反对"波格丹诺夫"纲领的人有多少?这个人数是否有可能增加?如果能够增加,那么将通过什么方式和到什么时候能够增加?如果不能增加,那么"中立分子"将采取什么行动?应当考虑一下,在学校的分裂不可避免的情况下,你们应当采取什么样的措施来尽可能地把这些中立分子**争取过来**,或者至少不使他们全部落到波格丹诺夫分子手里。

　　其次,关于退出学校,你们打算采取怎样的做法呢? 是简单地离开呢,还是就纲领问题进行斗争之后再退出? 当然,如果你们的斗争发展得很快,就像从你们前两封来信中所能想象出来的那样,那分裂也许已经发生,就是说,波格丹诺夫分子也许已经把你们赶出去,——简简单单地把你们赶出去,如果是这样,那就没有什么可说的了。如果还没有发生这种情况,那你们就要好好地考虑一下,你们应当怎样退出。你们应当给俄国的所有组织以答复。对于"波格丹诺夫分子"现在向你们进行的各种各样的攻击,你们应当明确地用所掌握的事实加以驳斥。你们应当准备捍卫自己对学校的看法和对波格丹诺夫分子的"纲领"的看法。[250]

　　如果提出要你们离开的问题,你们就应当要求发给你们所有的人到俄国的路费。这是学校的责任。正像在布尔什维克发生分裂以前,布尔什维克中央有责任发给利亚多夫、弗谢沃洛德和斯坦尼斯拉夫到俄国的路费一样(在1908年党的十二月代表会议以后)。当时他们向我们要求发给路费,他们领到了这笔钱。

　　当然,在护照方面和我们会见方面(在巴黎或者在某个小城市,——在小城市可以更加秘密,可以使你们少费一些时间,少花一些费用),我们是会帮助你们的。会见地点我们还要专门加以讨论,然后再作出安排。我们的财力不够宽裕,因此只能给你们以微薄的帮助。

　　我给你们写这一切是为了弄清情况和交换意见。等得到你们更确切的回答之后,等通过我们的通信把一切问题弄清之后,我们将召开一次《无产者报》扩大的编辑部执行委员会会议,对资助的金额、会见的时间和地点以及其他一些问题作出最后的决定。

　　回信请写得详细一些。是否可以把你们的**直接**地址告诉我们?

敬礼!

《无产者报》秘书

从巴黎发往卡普里岛(意大利)

载于 1933 年《列宁文集》俄文版
第 25 卷

译自《列宁全集》俄文第 5 版<br>第 47 卷第 214—216 页

## 170

# 致布尔什维克中央总务委员会

### (不早于 10 月)

为了**经常性地**了解经济情况和有可能同样经常性地紧缩开支,应当:

(1)编制分项月报表,**要使**各项开支之间能互相**比较,并能**把最重要的和最不变动的开支同完全偶然性的最能紧缩的开支**区分开来**(把出版报纸同补助,把发行部的房租和印刷所的开支同纸张费和排字工人的薪金等等区分开来)。

(2)设法编制相当长时间(如半年)的**合理的**综合报表,其中要计算出每个项目的平均支出(伙食费单独列出;补助单独列出;偶然性开支和轻便运输工具费用不应混在一起;报纸的开支要分项开列:排字工人——纸张——房租——发行人员薪金——印刷所等等)。然后要逐项考虑缩减的数字,不是大致的、粗略估计的数字,而是根据准确推算得出的数字(缩减某个项目和如何缩减;购买比较便宜的纸张或租赁比较便宜的住房等等,等等;缩减"递送"费用和轻便运输工具费用等等)。

| | 1909 年 月 份(旧 历) | | | | 小　计 | 每月平均(零数不计)总数的 1/4 |
|---|---|---|---|---|---|---|
| | 6 | 7 | 8 | 9 | | |
| a 伙食费 …… | 2 560 | 1 055 | 1 930 | 1 505 | 7 050 | 1 762 |
| b 给同志们的补助 …… | 359.2 | 533.70 | 208.35 | 653.35 | 1 774.60 | 444 |
| c 给各民族组织 …… | 400 | 475 | 600 | 600 | 2 075 | 519 |
| d 运输 …… | 730 | 1 064.65 | 1 615 | 1 760 | 5 169.65 | 1 292 |
| e 遗产 …… | 300 | 265 | 21 000 | 1 135 | 22 700 | 5 657 |
| a 发行部 …… | 1 501 | 2 705 | 800 | 1 080.90 | 6 086.90 | 1 522 |
| a 稿费 …… | 454.5 | 66.50 | 77.30 | 103.50 | 701.80 | 175 |
| a 偶然性支出 …… | 207 | 169.75 | 185.10 | 380 | 941.85 | 235 |
| a 秘书处和邮费 …… | 26.7 | 47.70 | 118.15 | 136.20 | 328.75 | 82 |
| f 秘密出版物(会议记录) …… | 1 725 | 1 545 | — | — | 3 270 | 817 |
| g 代表会议 …… | 2 258 | — | — | — | 2 258 | 566 |
| h 汇报国 …… | 5 947.55 | 4 648.75 | 933.40 | 6 562.70 | 18 092.40 | 4 523 |
| e 偿还旧欠 …… | — | 4 012.40 | — | 300 | 4 312.40 | 1 078 |
| i 其他 …… | — | — | 1 000 | — | 1 000.0 | 250 |
| 合计 …… | 16 468.95 | 16 608.45 | 28 467.30 | 14 216.65 | 75 761.35 | 18 940 |

$$\frac{240}{36}\quad 6.66\cdots$$
$$\begin{array}{r} 240 \\ -216 \\ \hline 24 \end{array}$$

1909 年列宁给布尔什维克中央总务委员会的信

| | 1909. Мая (ед. ст.) | | | | Σ | Среднее в недѣлю (округл.) ¼Σ |
|---|---|---|---|---|---|---|
| | VI. | VII. | VIII. | IX. | | |
| a) Дѣтск. | 2.560 | 1.055 | 1.930 | 1.505 | 7.050 | 1.762 |
| б) Пол. 7.7 | 359₂ | 553₇₀ | 208₃₅ | 653₃₅ | 1.774₅₂ | 444 |
| в) Кан. | 400 | 475 | 600 | 600 | 2.075 | 519 |
| г) Период. | 730 | 1064₆₈ | 1615 | 1.760₆₅ | 5.169₆₅ | 1292 |
| д) кн-во. | 300 | 265 | (21.000) | 1.135 | 22.700 | 5.675 |
| e) Замеч. | 1.501 | 2.705 | 800 | 1.080₃₀ | 6.086₃₀ | 1.522 |
| ж) Конф. | 454₅ | 66₅₀ | 77₃₀ | 103₅₀ | 701₈₀ | 175 |
| з) Слр. | 207 | 162₇₅ | 185₁₀ | 380 | 941₈₅ | 235 |
| и) Секр. и пр. | 26₇ | 47₇₀ | 118₁₅ | 136₉₀ | 328₇₅ | 82 |
| к) Небел. зд. (типог.) | 1.725 | 1.545 | — | — | 3.270 | 817 |
| л) Конфр. | 2.258 | — | — | — | 2.258 | 566 |
| м) /п Росс. | 5.947₅₅ | 4.648₇₅ | 933₄₀ | 6.562₇₀ | 18.092₄₀ | 4.523 |
| н) Возр. ед. пр. | — | 4012₄₀ | — | 300 | 4.312₄₀ | 1.078 |
| о) Разное | — | — | 1.000 | — | 1.000₀ | 250 |
| Итого | 16.468₃₅ | 16.608₄₈ | 28.467₃₀ | 14.216₂₅ | 75.761₃₅ | 18.940 |

18.940
− 6.753
―――――
12.187

| | | Возможн. сокращ. min — max (тыс.) | min. |
|---|---|---|---|
| a) Расх. на загр. орг. и из.... | 3.776 | 2.5 — 3.0 | 2.5 |
| б) пол. м. сп. .... | 444 | 0.3 — 0.5 | 0.2 |
| в) кан. о-дѣла .... | 519 | 0.2 — 0.3 | 0.1 (тоже образ.) |
| г) период. .... | 1.292 | 0.6 — 0.8 | 0.5 |
| д) рас. по издат. к-в и зак. | 6.753 | — — | — |
| е) небел. парф. изд-во.. | 817 | 0.3 — 0.5 | — |
| ж) конфр. .... | 566 | 0.5 — 0.6 | 0.5 |
| з) Вн. России ... | 4.523 | 2.5 — 3.5 | 2.5 (кроме Ц.К.; заграничн. клад.) |
| и) Разное .... | 250 | 0.1 — 0.2 | — |
| | 18.940 | 7.1 — 9.4 | 6.3 |

| | | | 大致为:可能缩减数 | | ? |
|---|---|---|---|---|---|
| | | | **最少** | **最多** | **最少** |
| | | | （单位:千） | | |
| a | 用于国外组织和报纸开支……………… | 3 776 | 2.5 | —3.0 | 2.5 |
| b | 给同志们的补助…… | 444 | 0.3 | —0.5 | 0.2 |
| c | 给各民族组织……… | 519 | 0.2 | —0.3 | 0.1(仅给拉脱维亚人) |
| d | 运输…………… | 1 292 | 0.6 | —0.8 | 0.5 |
| e | 为取得款项所花的费用和债务…………… | 6 753 | — | — | — |
| f | 党的秘密出版社…… | 817 | 0.3 | —0.5 | — |
| g | 代表会议………… | 566 | 0.6 | —0.6 | 0.5 |
| h | 汇俄国………… | 4 523 | 2.5 | —3.5 | 2.5(仅给中央委员会,不包括地方组织在内) |
| i | 其他…………… | 250 | 0.1 | —0.2 | — |
| | | 18 940 | 7.1 | —9.4 | 6.3 |

```
  18 940
—  6 753
  12 187
```

写于巴黎(本埠信件)

译自《列宁全集》俄文第5版第47卷第216—218页

# 171

## ☆致中央机关报编辑部秘书同志[251]

(11 月 4 日)

尊敬的同志：

请在即将出版的那一号中央机关报上把我那份由于两票赞成，两票反对，一票弃权而被否决的决议案和我退出中央机关报编辑部的声明刊登出来；并请把我的、马尔托夫的决议案和那份通过的决议的抄件及表决结果寄给我。

致社会民主党的敬礼！

尼·列宁

1909 年 11 月 4 日于巴黎

附言：我还想请中央机关报编辑部答复我：在即将出版的那一号中央机关报上，编辑部是否准备采用我的那篇关于巩固我们党和我们党的统一的方法问题的供讨论用的文章。

载于 1933 年《列宁文集》俄文版
第 25 卷

译自《列宁全集》俄文第 5 版
第 47 卷第 218—219 页

# 172

# 致约·彼·戈尔登贝格

## (11 月 10 日)

　　亲爱的同事：今天外出刚回来[252]，读了您的两封来信，第一封信谈到那些残缺不全等等的文章并作了一些我已经知道的解释，第二封信谈到了我们确实被"魔鬼弄得晕头转向"的情况。显然，有许多误解（原因是从您那里得知有关周报[253]的性质的确切消息晚了），而且如今似乎仍然存在许多误解。不过您所提及的问题现在大多数已随着事态的发展得到解决。

　　至于坚持要办成我们"自己的"，那我指的是杂志，而不是周报。周报需要合办，但布尔什维克在编委会中**必须**占绝对多数（5 人中占 3 人），对这一点我并没有异议，您也是同意的。所以说，在这方面"问题"也已"不复存在"。

　　如果布尔什维克和孟什维克之比不是 3:2，那么就应有像斯切克洛夫这样可靠的人来充当钟摆。希望您解决好反对派给斯切克洛夫出的难题。

　　为什么不能吸收斯捷潘诺夫参加编辑部工作呢？得知巴扎罗夫在哲学问题上跟我们站在一起，我感到非常非常高兴。[254] 在让他进编辑部工作之前，最好**在行动上**，即让他撰写一些文章，考察一下。但如果这样的组合能使工作顺利进行，我也就绝不会反对他去周报的。

经济状况已有改善，您很快就会收到所提数额的款项。[255]

关于库尔久科娃[256]们，"应当向他们指出，要脱离库尔久科娃那一帮转到这边来并不是轻而易举的；光简单地声明说我们不是取消派，那是不够的；应当在行动上证明这一声明究竟有些什么**内容**"。我看，您的这个说法完全正确。口头上声明我不是取消派，而行动上却依然故我，——毋庸置疑，这种做法现在已成为最新"时尚"。这里需要**加倍**谨慎，沉着镇定，在实际行动中去考察。要像"蛇魔一样机敏"，在信赖地张开双臂去拥抱别人之前，先要**亲自**注意体验一下感情。

我现在在这里正同我的朋友们进行相当尖锐并日趋激烈的斗争，因为这些朋友轻信到了可笑的地步，他们竟想扑过去搂住马尔托夫和托洛茨基的脖子。关于托洛茨基我要说明，他拿了德国党的（确实如此！？）**钱用于他自己的**一派，用于他自己的派别！！ 这个阴谋家一边在同派别活动作斗争，而自己却正**采取**最坏的孟什维克派别主义者在斯图加特（当时普列汉诺夫及其同伙拿了德国人的钱，没有给党，而给了自己的一派，为此受到倍倍尔的责难，倍倍尔迫使他们把钱交给党）所采取过的最坏的派别手段。依我之见，一定要像当时对待普列汉诺夫那样对待托洛茨基——正式向托洛茨基查问这一事实的原委，并正式向他提出永远不要再玩这种不体面的把戏了。在他这么干之后，我坚决地、绝对地反对帮助他，反对派"人""到他那里去"。我将同我最亲密的朋友们进行激烈的斗争，直至在本地报纸上发表我的署名文章。一些有实力，有影响，讲实际的**派别**领导着国内的工人运动，通过相互间的接近在建设着党。这种**派别间的接近**是一回事，而混淆派别界限、解散派别、削弱派别、搞托洛茨基主义、搂搂抱抱（这样做只于取消派或阴谋家有利)是另一回事,而我们现在却开始逐渐看不到这两者之间的界限了。托洛茨基喜欢同"某地的学校"拉拉扯扯,发表有关该校的似是而非的虚假的文章;托洛茨基教育托洛茨基分子把最愚蠢、最低级趣味的东西传给工人(前不久,我们收到一份从俄国寄来的托洛茨基分子以莫斯科郊区委员会的名义散发的极其愚蠢的胶印版<sup>257</sup>的样本);托洛茨基喜欢同"自己的"著作家集团一起搞阴谋活动;托洛茨基喜欢当着小孩子的面施展**反对**党的阴谋(他说,我就是党,而中央委员会不过是一个派别)……　不,够了,既然是这样,那就不需要帮助他,而是同他斗争。如果他想像一个派别那样单独行动,那就听其自便吧。帮助这种货色,从我们方面来看是一种可耻的策略、自杀的策略。要像我们在这里所做的那样,掌握多数,您在周报里要使**所有的**孟什维克护党派和无派别分子护党派居少数,一定要使他们居少数并**在实际中**用极真诚的党的方法去领导他们,应该这样,也只有这样,才能把党团结起来,而不致投入小组、集团和派别等等的怀抱。

您的

(1)关于弗雷退出编辑部一事已妥善解决。(2)这两天,其余的 620 卢布大概就会寄去,这样也就凑齐 1 000 卢布了。

从巴黎发往彼得格勒　　　　　　　　　　译自 1988 年《共产党人》杂志
　　　　　　　　　　　　　　　　　　　第 6 期第 3—5 页

# 173

# 致阿·马·高尔基

1909 年 11 月 16 日

亲爱的阿列克谢·马克西莫维奇:我一直深信您和米哈伊尔同志是新派别的最坚决的分子,要想同这样的派别分子友好地交谈简直是不可思议的。今天第一次见到米哈伊尔同志,和他倾心地谈到各种问题,谈到您,我发现我完全错了。真的,哲学家黑格尔说得对:矛盾推动生活前进,而活的矛盾要比人的理智对它的最初感觉更丰富、更多种多样、更富有内容。过去我**只是**把学校看做新派别的中心。原来这种认识并不正确,这不是说学校不是新派别的中心(学校是这样的中心,现在仍然是这样的中心),而是说这种说法不全面,没有说出全部真相。主观上有些人把学校变成了这样的中心,客观上它也是这样的中心,但是除此以外,学校还从真正的工人环境中吸收了真正先进的工人。结果,在卡普里除了新旧派别间的矛盾以外,还存在着一部分社会民主党人知识分子和质朴的俄罗斯工人间的矛盾。俄罗斯工人克服国外的种种纠纷、吵闹、"风波"等等,**想尽办法**不顾一切地把社会民主党引上正路。像米哈伊尔这样的人就是这种保证。似乎学校里的卡普里社会民主党知识分子之间也有矛盾。

亲爱的阿·马·,从米哈伊尔的谈话中知道您现在心情沉重。您一下子就看到了工人运动和社会民主党的这些方面、这些表现和这些形式,而在俄国和西欧历史上,这些东西曾不止一次地使那些信念不坚定的知识分子对工人运动和社会民主党悲观失望。我相信您不会这样，和米哈伊尔谈话以后，我真想紧紧地握住您的手。过去您用自己的艺术天才给俄国（而且不仅仅是俄国）的工人运动带来了如此巨大的益处，今后您还将带来同样的益处，无论如何您绝不要被国外斗争的枝节问题所引起的沉重心情压倒。有时候，工人运动的实际往往不可避免地产生这些国外的斗争、分裂以及小组间的争吵，这并不是因为工人运动内部薄弱或社会民主党内部有错误，而是因为工人阶级借以为自己铸造政党的成分过于纷繁，过于复杂。无论如何俄国会铸造出一个优异的革命的社会民主党，而且会比有时从可诅咒的侨居处境所设想的更快，可靠性也比从某些外部表现和个别情节出发所设想的更大。米哈伊尔这样的人就是这种保证。

　　同您和玛丽亚·费多罗夫娜紧紧握手，因为现在我相信，将来我同您会面时还不会是敌人。

您的　**列宁**

巴黎（XIV）

玛丽·罗斯街 4 号

弗拉·乌里扬诺夫

发往卡普里岛（意大利）

载于 1924 年 10 月 15 日《红色日报》第 236 号

译自《列宁全集》俄文第 5 版第 47 卷第 219—220 页

# 174

# 致阿·马·高尔基

（不早于 11 月 20 日）

亲爱的阿·马·：关于到您那里去的事,您是白费劲。为什么我要去同马克西莫夫、卢那察尔斯基等人争吵呢？您自己也说,你们内部老争吵,而现在您却要我去当众争吵。这样不好。至于说不要与工人接触,这也是白费劲。只要他们接受邀请到我们这里来,我们就会同他们一起聊聊,为一张报纸[258]的观点辩论一番。有些派别分子骂这份报纸枯燥无味、文理不通、无人需要、对无产阶级和社会主义没有信心(很早我就听利亚多夫等人这样说)。

至于新的分裂,您不能自圆其说。您说,一方面,双方都是虚无主义者(换句话说是"斯拉夫无政府主义者",——可是老兄,那些非斯拉夫的欧洲人当时在我们这样的条件下,争吵、责骂、闹分裂的情况更加厉害百倍!),另一方面,分裂的深度并不次于布尔什维克和孟什维克的分裂。如果问题在于"棘鲈"[259]的"虚无主义",在于某些不相信自己写的东西的人不学无术等等,那就说不上分裂很深,甚至说不上是分裂。如果分裂比布尔什维克和孟什维克间的分裂更深,那问题就不在于虚无主义,也不在于不相信自己作品的作家。实在不能自圆其说呀！关于目前的分裂您是看错了,您说,"我了解这些人,但不了解他们做的事情",这话说得对①。

---

① 关于这个"对"要作一点补充:我要说明一下。不了解一个人做的事情,对他的了解也就不可能不是……表面的。也就是说,可能了解某个参加斗争的人的心理,但不了解斗争的**意义**、斗争的党的和政治的**作用**。

您和马克西莫夫所认为的《无产者报》不真诚、不中用等等看法,是说明对目前整个形势(当然也包括对马克思主义)所持的另外一种完全不同的观点。我们几乎两年没有进展了,老是谈那些实际生活早已解决而马克西莫夫仍然认为"有争论的"问题。如果我们再"争论"这些问题,那我们现在仍然要白费力气而毫无进展。如果各走各的,我们将会直截了当地、明确地向工人指出两条出路。工人社会民主党人会轻而易举地、迅速地作出抉择,因为不去针对另一个新的环境,针对已发生变化的、要求具有不同方式和不同组织形式的时期采取革命**方法**,而一味保存(在罐头里)1905—1906 年间的革命**词句**的策略,是一种僵死的策略。无产阶级不断参加到革命中来,但是和 1905 年以前**不同**,而那些"相信"不断参加,但是**不了解**这种"不同"的人,**必然**会认为我们的立场是不真诚、不中用、枯燥无味,是以不相信无产阶级和社会主义为基础的,等等。由此产生的意见分歧无疑足以使分裂(至少是国外的)不可避免。但是这种分裂还没有达到布尔什维克和孟什维克间那种分裂的深度,如果这里指的是党、社会民主党、马克思主义者间分裂的深度的话。

您奇怪我怎么没有看到米哈伊尔的歇斯底里、不守纪律(这话不该您说,也不该让米哈伊尔听这种话)和其他的缺点。的确我很少有机会检验他:过去我认为我和您谈话不会有什么结果,通信也无济于事。同米哈伊尔谈话的影响,使我马上轻率地写了信,甚至没有再读一遍,没等到第二天就寄出了。可是第二天我一想,我说了蠢话,轻信了米哈伊尔。但实际上是,不管米哈伊尔如何迷了心窍,**在这方面**他还是对的,因为我和您**终究还是**进行了交谈,当然不是没有争吵,也不是没有贬低《无产者报》,可是又有什么办法呢!

　　紧紧握手!

**尼·列宁**

从巴黎发往卡普里岛(意大利)

载于 1924 年 10 月 15 日《红色日报》第 236 号

译自《列宁全集》俄文第 5 版第 47 卷第 221—222 页

175

# 致伊·伊·斯克沃尔佐夫-斯捷潘诺夫

(12 月 2 日)

　　亲爱的朋友:1909 年 9 月 20 日的来信收到了,得到您的消息我非常高兴。可惜过去一直没有得到您的消息,我们这里现在非常闭塞,曾试图跟您和维亚奇·取得联系,但都没有成功。这些年头真是困难极了,因此,能够同老朋友们取得联系就更加宝贵万分。我将依次回答您的问题。1908 年 12 月以前的报纸您已经看到了。从那时起已经过去很多日子了。

　　我们同所谓的"左派"在 1909 年春天彻底分裂了。如果您有机会看到我那本关于哲学的书(这本书刚一出版,即 1909 年初夏,我就给您寄去了)和 1909 年以来的报纸,您未必会说我们在向左派糊涂虫让步。同马克西莫夫和马克西莫夫分子已彻底正式分裂。大吵一番。可能他们会创办自己的机关报,也可能不会。他们可能会在圣彼得堡和敖德萨捣乱,但他们是成不了什么气候的,我看这是"召回主义-最后通牒主义"的垂死挣扎。同马克西莫夫一伙的分裂,耗掉了我们不少的精力和时间,但是我认为这是不可避免的,并且归根结底是有好处的。我知道您的看法,所以我想,甚至我相信,我们在这方面是一致的。

但是,您说现在应该"打消对一般民主主义的冲击再次出现的信念",这一点我坚决不能同意。您这种看法只会有利于召回派(他们非常热衷于这样一种"最高纲领主义":资产阶级革命已成为过去,行将来临的是"纯粹的无产阶级革命")和极右翼的孟什维克取消派。(顺便问问:您是否知道孟什维克的分裂情况?普列汉诺夫已经退出了他们的《社会民主党人呼声报》编辑部和他们的集体著作《20 世纪俄国的社会运动》的编辑工作。1909年 8 月他出版了《日志》第 9 期,他在《日志》上骂孟什维克是取消派的帮凶,申斥波特列索夫说,他已经不是我的同志,说波特列索夫已经不再是革命者了,等等。为了巩固党,我们着手同孟什维克普列汉诺夫派接近。)不过,依我看主要是这种观点在理论上不正确。不用说,"德国的轨道"是**可能的**。早在 1908 年初我们就公开承认了这一点。但是,只有通过一系列的"一般民主主义的"冲击(或者是高涨,或者是危机,等等),这种可能性才能变为现实。例如法国完成"一般民主主义的"冲击不是在1789—1793 年以后,而是在 1871 年以后(即 1830 年、1848 年和 1871 年以后),德国不是在 1849—1850 年,也是在 1871 年即60 年代的宪法冲突以后。司徒卢威、古契柯夫和斯托雷平竭尽全力"勾搭在一起",要搞出一个俾斯麦式的俄国,但是没有结果。没有结果。一群无能货。事实很清楚,就连他们自己也承认没有结果。斯托雷平的土地政策从俾斯麦主义的观点来看是正确的。但是斯托雷平本人"要求"给**20**年的时间来使这种政策取得"绪果"。而没有1830年、1848年、1871年（法国式）和1863—1865年（德国式），20年甚至更短的期限在俄国也是不会有的。不会有。而所有这些日期（无论是1830年、1848年、1871年或1863—1865年）就是"一般民主主义的冲击"。

不，我们不能"打消""一般民主主义的冲击"的思想，否则就会造成根本上的错误。我们应该承认"德国的轨道"的可能性，但不要忘记，这种轨道现在还**没有**。没有就没有。毫无疑问，我们不应该把无产阶级政党的命运同资产阶级革命的成败联系起来。正确的做法是：我们应该很好地安排工作，不管事态如何发展，都要使工作可靠地、必不可缺地获得成果。但是我们必须履行领导者的职责，将民主主义的、"一般民主主义的"运动进行到底，进行到俄国的1871年，进行到使农民完全转到秩序党方面去。而在俄国，这种转变还不是一半天的事啊！我们不能否认"德国式的"即"迟缓的"解决"一般民主主义的"问题的可能性，但是我们必须**竭尽全力**，必须长期坚持努力，使得这种解决不是"迟缓的"，不是德国式的，而是法国式的，也就是说，不是1863—1865年式的（只是"宪法"危机），而是1830年、1848年、1871年式的。我们的1863—1865年是"迟缓的"还是顺利的，这不能担保，但是我们的任务，工人政党的任务，是竭尽全力使**"迟缓的"变成顺利的**，使德国的宪法冲突变成法国的好的震动。没有哪条历史规律说：迟缓的危机不能变成好的震动。没有这种规律。一切取决于形势，取决于贫苦的农民群众（斯托雷平压迫他们，但是没有满足他们），取决于工人政党的力量，取决于条件，取决于古契柯夫"各界"之间的摩擦和冲突,如此等等。我们应当关心的是,如何使我们更有力量(到我们的1863—1865年时,我们将比当时的德国人更有力量),使农民到那个时候听我们的话,而不是听自由派的话。只有斗争能决定这种可能性的大小。从"一般民主主义的冲击"的意义上来说,我们将要求全部:如果成功我们将得到**全部**,如果失利我们将得到部分;但是去参加战斗时,却不能只抱定得到部分的要求。按新的方式整理队伍,按新的方式组织起来,按新的方式去迎接危机,这就是目前形势的**实质**,但是要支持、发展和加强原有的**一切**口号,要支持、发展和加强得到"**全部**"的要求。紧紧地紧紧地握手! 祝您身体健康、精神愉快!

完全属于您的　**老头**

从巴黎发往彼得堡

载于1922年《无产阶级革命》杂志
第5期

译自《列宁全集》俄文第5版
第47卷第223—225页

# 176

## 给各地方自治机关、市政机关和
## 政府机关的统计工作者的吁请书[260]

### (12月9日)

弗·伊林正在继续他的关于土地问题,特别是关于俄国农业中的资本主义问题的写作,恳切地要求各地方自治机关、市政机关和政府机关的统计工作者供给他统计资料等等。

**弗·乌里扬诺夫**

12月9日于巴黎

发往莫斯科

载于1929年《无产阶级革命》杂志
第11期

译自《列宁全集》俄文第5版
第47卷第225—226页

# 177

# 致伊·伊·斯克沃尔佐夫-斯捷潘诺夫

1909年12月16日

亲爱的同事:您的回信已经收到了,现在来继续我们的笔谈。

您想较多地谈问题的理论(而不是策略)方面。我同意。我只想提醒一下,**您持的**出发点原是策略上的,因为您所否定的是基本策略原理的"标准提法"。这种策略上的决定您在否定"美国式的可能性"时已经确定下来了(不过没有从中得出策略上的**结论**)。所以我认为您用下面这些话叙述我们的分歧是不正确的,您说:"您〈即我〉强调**农民**运动的事实。我则承认**正在无产阶级化的农**民的运动的事实。"分歧不在这里。实际上我并不否认农民正在无产阶级化。分歧在于:资产阶级土地制度在俄国是否已经完全确定下来,以致客观上不可能从"普鲁士式的"农业资本主义的发展急剧转向"美国式的"农业资本主义的发展了呢? 如果客观上不可能,那么基本策略问题的"标准"提法便站不住脚。否则它仍会保存下来。

我的主张是认为它应当保存下来。我并不否认"普鲁士式的"道路的可能性；我认为，马克思主义者既不应当为这两条道路中的**一条**"作担保"，也不应当把自己**仅仅束缚**在其中的一条上；我承认斯托雷平的政策是沿着"普鲁士式的"道路**又**前进了一步，在这条道路上，到一定阶段**可能**发生辩证的转变，**打消**走"美国式的"道路的一切希望和前景。但是我断定，**现在**这个转变**大概**还没有到来，所以，放弃问题的"标准"提法对马克思主义者是绝对不容许的，理论上是绝对不正确的。我们的分歧就在这里。

如果我没有搞错的话，这些分歧在理论上可归结为两个要点：(1)您的"盟友"弗·伊林应当被我打倒，才能证明我的立场正确。换句话说，这种立场是跟马克思主义对革命前俄国经济分析的结论相矛盾的。(2)"标准"提法可以并且应当与修正主义者(大卫之流)在土地问题上的机会主义相提并论，因为关于工人对"庄稼汉"的态度问题的提法在俄国和在德国没有任何本质上的、原则上的和根本性的差别。

我认为这两种观点都是极不正确的。

关于(1)。(为了不涉及"策略"起见，我把马尔丁诺夫攻击伊林的话[261]放在一边，专门来谈谈您的理论问题的提法。)

伊林曾不断证明和已经证明的是什么呢？他证明：俄国土地关系**无论**在地主的经济中**或**在农民的经济中，**无论**在"村社"以外**或**以内，都正在按资本主义方式发展。这是第一。第二，被这种发展**确定不移地**决定了的，无非是资本主义的发展道路，**无非是**资本主义的阶级划分。

过去和民粹派的争论即由此而起。当时应当证明这一点，当

时确实证明过这一点。这一点现在仍然是已被证明的论点。如今
提出了(1905—1907 年的运动也**已经提出了**)另**一个**进一步的问
题,这个问题的**前提**是解决那一个已经被伊林(当然并不是他一个
人)解决了的问题,但作为前提的**不仅**是这点,而是某种更大更复
杂的新东西。**除了**在 1883—1885 年,1895—1899 年已经彻底解
决和正确解决了的问题外,20 世纪的俄国历史又向我们提出了**进
一步的**问题,如果望而却步,以从前解决了的事情为借口来回避、
躲开这个问题,在理论上便是再错误不过的了。这等于把二年级
的即高一级的问题归结为低一级的、一年级的问题。当**新的**事件
(和 1905—1907 年的具有全世界历史意义的事件)已经提出了更
具体、更详细的问题,即关于**资本主义**农业发展的**两条**道路或**两种**
方法的斗争问题时,是不能停留在关于资本主义问题的**一般**解决
上的。当我们和民粹派进行斗争,证明这条道路必然是和确定不
移地是资本主义的道路时,我们是完全正确的,并且我们不能**不把**
全部力量、全部精神集中在是资本主义**还是**"人民生产"这个问题
上。这在当时是自然的,必然的,合理的。但是现在这个问题无论
在理论上和实践上**都已经解决**(因为大多数劳动派分子的小资产
阶级性已被俄国现代史所证实),而提到日程上的是另外一个更高
级的问题:是 α 型的资本主义**还是** β 型的资本主义? 所以我深信
伊林在他那本书的第二版序言中说得很对,他指出:从这本书中可
以**引申出**资本主义的农业发展可能有**两种**形式的结论,并且**这两
种形式**的有历史意义的斗争还没有结束①。

马克思主义中的俄国机会主义即现代孟什维主义的特点,就

---

① 见本版全集第 3 卷第 11—14 页。——编者注

在于它用教条主义态度把马克思主义的字句简单化、庸俗化并加以歪曲，背叛马克思主义的精神（工人事业派和司徒卢威主义也曾是如此）。孟什维克在把民粹主义当做一种不正确的**社会主义**学说而与之大战的时候，教条主义地忽略、遗漏了民粹主义的历史现实的和进步的历史**内容**，没看到民粹主义是**小资产阶级**群众反对自由派地主的资本主义而主张民主的资本主义、反对"普鲁士式的"资本主义而主张"美国式的"资本主义的理论。由此便产生出他们那种极为荒诞、愚蠢和背叛成性的思想（《**社会运动**》一书也充斥着这种思想），说农民**运动**是反动的，说立宪民主党人比劳动派分子进步，说"无产阶级和农民的专政"（即标准提法）**与**"经济发展的**总进程**"相矛盾（孟什维克的《社会运动》一书第 661 页）。"**与经济发展的总进程**相矛盾"——这不是反动吗？

我坚决认为，同这种极为荒诞地歪曲马克思主义的行为作斗争曾是"标准提法"的基础，并且是**正确的**基础，虽然很可惜，由于时代的自然条件关系，这种斗争在策略方面进行得很有力，而在理论方面却进行得不够有力。不过，"可惜"这个词在这里用得不对，应当把它删去！

所以**这个**土地问题**现在**在俄国就是以资产阶级发展道路为内容的**民族**问题。所以为了不致把相当正确的和在各方面都极有价值的德国范例错误地（机械地）搬到我们俄国来，就必须明了：在资产阶级发展道路已**完全**确定的德国的情况下，民族问题曾是统一等等问题，而不是土地问题；而在资产阶级发展道路还有待最后确定的俄国的情况下，民族问题**现在**正是土地问题（甚至更狭窄些，是农民问题）。

这就是把马克思主义**运用**到 **1848—1868** 年（大致时间）的德

国与1905—19?? 年的俄国两者有所**区别**的纯理论的基础。

我用什么能够证明,在我们俄国对于资产阶级发展**有了**民族意义的是**土地**问题,而不是什么别的问题呢? 我甚至不知道这是否需要证明。我认为这是无可争论的。但是,正是在这里**理论**基础,一切局部问题正应当**归结到这里来**。如果发生争论,我只简短地(暂且简短地)指出,事态的发展、事实、1905—1907年的**历史已经证明了**我所指出的土地问题(或农民问题,当然是小资产阶级农民的问题,而不是村社农民的问题)在俄国的意义。而**现在**,1907年6月3日法令、第三届杜马的成分及其活动(其中包括1909年11月20日事件[262])和政府的土地政策(这一点特别重要)也都在证明这点。

如果我们能够一致认为,俄国的**现代**史,指1905—1909年的历史**已经证明了**土地问题在确定俄国一定类型的资产阶级演进上具有根本的、头等重要的、民族的(这方面)意义,那么我们就能够继续讨论。否则就不能继续讨论了。

到1905年的时候,俄国的资产阶级发展已经完全成熟到要求立刻破坏过时的上层建筑——过时的中世纪的土地所有制的程度(您当然明白,为什么我在这里从**全部**上层建筑中只抓住一个土地所有制)。我们生活在进行**这种破坏**的时代,**资产阶级**俄国的各个不同阶级都**力图**按自己的方式来完成、了结这种破坏:农民(+工人)想用国有化方法((我很高兴,关于地方公有化完全荒谬这一点,我和您意见是一致的;我在自己的一本**部分**用波兰文发表的著作中已经从《剩余价值学说史》中引用了一段话来论证国有化))[①],地主

---

　　① 见本版全集第17卷第131—154页。——编者注

（＋旧式资产阶级,即吉伦特资产阶级）想用 1906 年 11 月 9 日法令的方法等等。土地国有化＝由农民来破坏旧土地所有制,这是美国式的道路的经济基础。1906 年 11 月 9 日法令＝由地主破坏旧土地所有制,这是普鲁士式的道路的经济基础。1905 年—??年我们这个时代是**这两条**道路进行革命和反革命斗争的时代,这和 **1848—1871** 年在德国是**经过**大德意志共和制的道路和**经过普鲁士君主制**的道路实行统一（＝解决德国资产阶级发展道路这个**民族**问题）的两条道路进行革命和反革命斗争的时代**有类似之处**。**一直到 1871** 年,第二条道路**才最后**（这就是我所说的"完全"）**获得了胜利**。于是李卜克内西便放弃了抵制国会的主张。于是拉萨尔派和爱森纳赫派的争论便**死亡了**。于是关于德国**一般民主**革命的问题便**死亡了**,——而瑙曼、大卫之流在 90 年代（20 年**以后**!）却来使死尸复活。

我们这里**还在**进行着斗争。土地问题的两条道路还没有一条获得胜利。在俄国**我们这个**时代（1905—1909—?? 年）的危机一出现,**就要发生**而且一定要发生"庄稼汉的""**一般民主**"运动,忽视这点就会犯根本性的错误,就会**在实际上**导致孟什维主义,虽然**在理论上**争论是从另外的角度进行的。并不是我要把争论"归结"到"孟什维主义",而是我们这个时代的**历史要把**无产阶级对俄国资产阶级发展道路这个民族任务的忽视**归结**到孟什维主义,因为孟什维主义的**实质**恰好就在这里。

顺便提一下,您读了**切列万宁**的《当前的形势》一书中关于布尔什维克对问题的"标准提法"是**机会主义**的话吗? 请您读一读吧!

关于（2）。实际上关于（2）我差不多全都讲了。在德国,要求

**工人**支持"庄稼汉"从大地主、容克那里为**自己**(即庄稼汉)获得土地的愿望是**反动的**。不是这样吗? 不对吗? 在俄国,在 1905—1909—?? 年**拒绝**这种支持便是**反动的**了。这里是罗得岛,就在这里跳吧!²⁶³这儿或者是拒绝全部土地纲领而转向⋯⋯　几乎就是转向立宪民主主义,或者是**承认**问题的提法在德国和在俄国有**原则上的**差别;所谓原则上的差别,并不是说我国是非资本主义时代,而是说这里有两个**完全**不一样的、原则上不同的资本主义**时代**:一个是资本主义的民族道路最后确定**以前**的时代,一个是这条道路最后确定**以后**的时代。

　　不写了。我将设法把有关我们这次笔谈的话题材料寄给您。望您抽空给我写信。

　　**紧紧握手!**

您的　**老头**

从巴黎发往彼得堡

载于 1924 年《无产阶级革命》杂志
第 5 期

译自《列宁全集》俄文第 5 版
第 47 卷第 226—232 页

# 1910 年

## 178

## 致维·同志案件调查委员会

（1 月 15 日以后）

按照中央委员会的决定，责成调查委员会[264]查清：第一，关于维·同志政治上是否可靠；第二，有关他的"不能容忍的行为"。

最近一年半来我们同维·同志在一起工作，我们认为有责任向调查委员会报告以下情况：

就第一点来说，作为同一个机关的成员，我们的意见不会有多大的意义，因为，我们相信，这里谈的是某些具体的指控和事实等等，而这些东西委员会是完全有能力查核的。我们完全抛开第一点，因为我们没有资格对此进行审查，而只准备向委员会提供所需要的一切证明、材料和说明。

但是就第二点来说，我们认为有责任立即向调查委员会勾画出在我们看来是造成对维克多进行非难和攻击的极不正常条件的这种氛围。这是一种充满了残酷的政治斗争，派别怨恨和私人仇恨的氛围。不了解这种氛围，就不可能正确地对待诸如马克西莫夫同志在中央委员会的发言（说维·是一个"不正派的人"），就不可能正确对待纳坦松先生、"格里·伊万诺维奇"、安德里卡尼斯先生等人的攻击。

布尔什维克中央委派维·同志担任非常重要的财政职务，而正是这种情况把许多人的仇恨集中到了维·同志身上。

首先维·（与**第一次委派**他担任处理遗产事务代表的布尔什维克中央委员尼基季奇一起）为取得叶卡捷琳娜·巴甫洛夫娜所分得的那份遗产与安德里卡尼斯先生进行了长期的、顽强的、无所畏惧的斗争。斗争持续了许多年月；谈判进行过几十次，使双方的仇恨达到了极点（因为安德里卡尼斯不愿认账）；斗争是经法庭了结的，法庭**强迫**安德里卡尼斯交出**部分**遗产。安德里卡尼斯迄今只交出这一**部分**遗产，而另一个姐妹（维·的妻子）**却交出了全部**。[265]

因此安德里卡尼斯的仇恨，依我们看，也就完全清楚了。我们坚决反对让一个**本身**就与遗产一事有着如此利害关系的人作为**证人**。我们声明，有关遗产的**全部**事宜维克多都是同我们一起处理的，是受我们的委托，在我们的监督下进行的，对此事负有完全责任的是我们大家，因而我们反对**在这件事情上**企图单独处置维克多同志。

其次，早在 1908 年 8 月马克西莫夫同志就在布尔什维克中央对维克多同志投过完全信任票。直到他和尼基季奇确信维克多坚决不同意召回派-最后通牒派，坚决支持《无产者报》，支持**排斥**召回派-最后通牒派的政策时，直到这时**马克西莫夫和尼基季奇**才成了维克多的凶恶敌人。为使钱款归布尔什维克中央所有，而不归召回派所有，维克多所费的心血**比谁都多**。1909 年我们在同马克西莫夫彻底决裂之前，就对他和尼基季奇多次指出他们凶狠乖戾地反对维克多，其性质是**不能容忍的**，并且**不止一次地**要求他们：

如果你们有理由，就请公开控告吧！但不要造谣，不要诽谤。

因此我们坚决不同意马克西莫夫、尼基季奇和其他召回派分子对**为人正派的**维克多进行**人身**攻击，因为这些攻击是**不公平的**。这些攻击**起因于**布尔什维克中央内部的**政治摩擦**，又为布尔什维克中央的分裂所加剧。对格里·伊万诺维奇也**完全**一样，他曾受托帮助取得遗产，但后来由于同情马克西莫夫及其一伙，他**直言不讳地说**，真不该帮助排斥马克西莫夫的布尔什维克中央。他们的这些攻击和仇恨也完全是由于布尔什维克中央的分裂而愈演愈烈的。

最后，我们在全会[266]上所听到的纳坦松的攻击也不能认为是公平的。和其他社会革命党人一样，纳坦松是完全同情召回派的，——这是众所周知的事实。社会革命党人对我们排斥召回派仇恨到了极点。在排斥召回派以前，**在布尔什维克中央内部分裂开始以前**，无论是纳坦松，或是社会革命党其他任何人，**一次也没**有正式地向布尔什维克中央表明过对维克多的不满。分裂发生了，于是社会革命党人就表明了正式反对维克多的立场。

因此我们请求委员会向每个控告维克多的人提出问题，弄清楚控告人是否知道从 **1907 年秋季**（如果不是更早的话）至 1908 年春季及秋季（布尔什维克中央开始分裂）之前维克多的工作是有益于布尔什维克中央的？从 1907 年秋季至 1908 年秋季这段时间内控告人是否向布尔什维克中央控告过维克多？有关这些控告他是否听到过什么？他什么时候开始第一次控告的？他什么时候第一次正式提出控告的？诸如此类能够与布尔什维克中央分裂的经过**联系起来**确切地说明事情**前前后后**的问题，可以立即帮助委员会从这些攻击、埋怨和指责中找出政治仇恨和歇斯底里派性的因素。

最后简单地归纳一下。**在伦敦在全体与会者对维克多的候选**

资格进行**讨论之后**,由 100 名布尔什维克代表选他为布尔什维克中央**候补委员**,而候选资格的讨论是在他离开会议厅期间进行的。如果那时**谁也**没有提出维克多**不正派**(指一个党员有不能容许的行为)——而这一点**谁也没有提出过**,那么现在无论纠缠任何历史旧账,还是重提过去的冲突、责难等等都是**不能容许的**。维克多从 1907 年至 1908 年是作为布尔什维克中央的代办员而工作的,他拼命从安德里卡尼斯手里争夺遗产,而在整整一年当中,尽管有人仇恨这位热情的战士,但**谁也**没有敢于在公众面前或向我们机关控告他"不正派"。

从 1908 年春季起,维克多是以布尔什维克中央**委员**身份工作的——1908 年 8 月前他使我们同马克西莫夫"和好",——1908 年 8 月以后他帮助我们与马克西莫夫及其同伙进行斗争,**正是由于这一斗争**对他的指控也就铺天盖地而来了。

再重复一遍,在控告维克多进行奸细活动方面,**我们不能冒昧提出个人的看法**,因为阿捷夫、巴里特和其他人的事件证明,**这里需**要的是准确地查清罪证(如果有罪证的话),而不是个人的"看法"。

在控告维克多**"不正派"**这件事上,我们全力为维克多辩护,请把我们和他一起加以审讯,我们抗议让那些由于同维克多作斗争而红了眼的人充当"证人"。

原布尔什维克中央成员　　**列宁**[1]

译自《列宁文集》俄文版第 38 卷<br>第 32—35 页

---

[1]　签署该信的还有格里戈里和英诺森耶夫。——编者注

# 179

# 致古·迈尔[267]

1910年1月22日

阁下：

我十分了解词典的科学性,也非常愿意向您提供有关俄国社会民主党历史的所有情况。但遗憾的是,目前我根本无法写出俄国社会民主党历史的概述。

1904年以前的情况,在向1904年阿姆斯特丹国际代表大会提出的报告中已作了很好的报道——**利金**,[马·]《说明俄国社会民主党危机的材料》(日内瓦)[1904年]以及不同作者在《**新时代**》**杂志**上发表的几篇文章。

1910年8月将在哥本哈根召开国际代表大会。可以期望,几个月之后会有我党(俄国社会民主工党)的正式报告。

在1903—1909年的社会民主主义运动中存在两大派:"孟什维克"和"布尔什维克"。您可以在《**新时代**》**杂志**上找到两派代表写的文章。

**书籍:切列万宁**(孟什维克)在《**前进报**》和《**莱比锡人民报**》上发表的评论。托洛茨基在两派之外(持中间立场)(《**革命中的俄国**》,1910年)。

我属于"布尔什维克"派。

托洛茨基用德文写的几篇文章还[刊登]在《**斗争**》**杂志**[268](奥地利社会民主党评论)上。

我不能提供系统的概述，请原谅。

致深切的敬意

弗拉·乌里扬诺夫

列　宁①

巴黎(XIV)　玛丽·罗斯街 4 号

原文是德文　　　　　　　　　　　译自《列宁全集》俄文第 5 版
　　　　　　　　　　　　　　　　第 47 卷第 233—234 页

180

# 致 A.埃克

1910 年 2 月 23 日

　　尊敬的同志：读了您的来信，我回想起我们在伦敦共同工作的情景；也回想起，就在那个时候（或者稍迟一些），曾无意中听说过对您的案件成立了一个委员会。**269**

　　这样一个案件竟拖了将近 3 年之久，我看简直是咄咄怪事，因此我完全理解您的愤怒心情。怎么办？根据我的判断，必须正式去找**俄国社会民主工党中央委员会**，也就是去找它的国外机关——中央委员会国外局（还是那个地址，内写：交俄国社会民主工党中央委员会**国外局**）。依我看，最好是就把您给我的信转到那里去。如果您同意的话，我就这样做。

---

　　①　"**列宁**"两个字是后来用铅笔添上去的。——俄文版编者注

假若您想先试图通过总执行委员会委员推动这件事的话,那么您最好去找约瑟夫(因为您并不怀疑**他**有什么偏见)。这件事最好**赶快**办,要把写给他的信(挂号)**既**寄到总执行委员会,**又**寄到中央机关报编辑部的那位波兰社会民主党人那里(也通过科特利亚连科转;内写:交中央机关报编辑部成员波兰社会民主党代表)。如果这件事办得**快**的话,我想,您就能从约瑟夫那里得到答复和建议。

中央委员会的常设国外机关即中央委员会国外局能够(而且应该)了结这个案件。按照我的看法,俄国国内的中央委员会办这件事实际上是无能为力的。波兰总执行委员会怎么能把这个案件拖得这么久而且不听取它的代表大会的意见,我不明白!

致社会民主党的敬礼!

尼·列宁

从巴黎发往伦敦

译自《列宁全集》俄文第5版
第47卷第234—235页

# 181

# 给"保管人"的一封信的草稿[270]

## (2月—3月初)

### 给三个德国人的信①

要说明我们和中央委员会向你们提出的奇怪的(乍看起来)建

---

① 根据钱款是我们的,问题**完全**以国外的冲突、分裂为限。

议和请求,必须先把我们党的状况说明一下。

要弄清这种状况,第一,必须了解反革命的猖獗以及社会民主党组织和社会民主党的工作所遭到的可怕的瓦解这个事实;第二,必须了解我们党内主要的思想政治流派。

关于第一个问题,只指出以下一些情况就够了:各地的组织大大削弱,许多地方几乎停止活动。知识分子大批大批地逃跑。只剩下一些工人小组和单个人。没有经验的青年工人正在费力地为自己开拓道路。

第二个问题。社会民主党在革命中有**两派**(即两个派别,实际的分裂):孟什维克和布尔什维克。1906年于斯德哥尔摩和1907年于伦敦。**271** 机会主义派和革命派。

1907—1908年的瓦解,(1)在孟什维克中间产生了**取消主义**(定义),(2)在布尔什维克中间产生了**召回主义**(和最后通牒主义)。定义。

(1)从1908年3月起,孟什维克**根本**没有参加党的中心工作,甚至企图破坏它(1908年8月)。在国外,在他们那里大学生和幼稚的资产阶级知识分子等等居于统治地位。国外完全分裂(由于孟什维克),他们**完全**不参加党的工作,并同党作对。

1908年12月的代表会议斥责了这种行为。**272**

(2)1908—1909年布尔什维克中间产生召回主义-最后通牒主义。布尔什维克同它们的坚决斗争和对召回派-最后通牒派的排斥。排斥。

俄国国内的瓦解加剧。

普列汉诺夫1909年8月的言论(("有何吩咐"**273**,《呼声报》的取消主义;宣布取消主义是小资产阶级机会主义;承认党的危机病情严重；退出栖身于自由派资产阶级出版社的《社会运动》的编辑工作））。

普列汉诺夫的言论的意义＝**布尔什维克的派别敌人**用低微的回声确认布尔什维克的一切责难。

**俄国国内的**孟什维克倾向于党（特别是工人：彼得堡，莫斯科）。

在承认两条战线的斗争，即反对取消主义和召回主义-最后通牒主义的基础上建立**党的**统一的经验。

我们关于统一的条件是：无条件承认同取消主义的斗争（中央委员会的不彻底办法是作个人让步）；停止派别斗争（＝特别是国外的分裂）和**忠诚地服从**党的**多数**（包括布尔什维克＋波兰人），这个多数使党摆脱了1907—1909年的危机，走上坚决进行两条路线斗争的道路。

孟什维克的条件是：掩盖取消主义的明显特征（**一致通过的**决议中的不彻底办法）和在中央机关报编辑部内实行**平等原则**（（在俄国国内的中央委员会极其衰弱和不巩固的情况下，中央机关报实际上是全党性的领导机构））。

中央委员会采取了**很不切实的妥协办法**：（1）一致通过的决议**删去**取消主义的叫法[274]；（2）中央机关报中仍是3对2之比，孟什维克声称这是"机械镇压"、是"戒严"，等等；（3）孟什维克拒绝坚决明确彻底地放弃派别报纸和派别组织，拒绝承认**忠实地**服从多数。

这就是我们忧虑的地方。我们解散了布尔什维克的派别，把钱交给了中央委员会（实际上是5个独立的组织，偶然的和不稳定的多数已被召回派-最后通牒派所破坏），我们担心（完全有根据担心)国外的孟什维克搞分裂活动和偷运取消主义(以编辑部内实行平等原则为幌子)。

我们认为,如果孟什维克从国外来制造分裂,中央委员会(布尔什维克＋民族代表)将无力同取消派进行斗争,届时势必会**再度掀起**派别斗争,势必会用分裂对付分裂。

"讲和"的经验:布尔什维克解除了武装。"党的生活方式"的经验。

向孟什维克提出的条件是:(1)全部解除武装——停止出版派别的报纸,关闭派别的会计处,停止国外的派别分裂活动;(2)**忠实地**执行同取消派作斗争的决议;(3)**忠实地**服从中央机关报内的多数;(4)**忠实地**支持俄国国内的中央委员会。

如果不同意,就办不到。

孟什维克向召回派-最后通牒派卖俏。托洛茨基软弱无能并纵容取消派。

写于巴黎

载于 1933 年《列宁文集》俄文版
第 25 卷

译自《列宁全集》俄文第 5 版
第 47 卷第 235—237 页

# 182

# 关于加伊瓦斯

中央委员会国外局把它收到的俄国社会民主工党驻社会党国际局代表列宁同志的下面的来信通告各国外小组。

**1910 年 3 月 18 日**

"社会党国际局书记由于下述原因写信给俄国社会民主工党驻社会党国际局代表：

俄国政府要求比利时引渡一个姓**加伊瓦斯**(Gaïvas)的人，按俄国政府的说法，他被指控于 **1907 年 5 月 16 日**在**波卢巴托夫卡**（苏梅县切尔涅钦斯科耶村 la ferme de Poloubatovka，de la commune de Tchernetschinsky，du district de Soumi）附近犯有抢劫罪。据称这次抢劫活动是在**米哈伊尔·布里亚兹昆、米哈伊尔·梅利尼克、谢尔盖·尼基福罗夫和帕维尔·杰米扬年科**等人参与下进行的，这些人已于 1907 年被**军事法庭**判刑。

被劫者是一个叫戈洛文的人，是世代受人尊敬的公民。

社会党国际局书记写道：'布鲁塞尔俄国侨民区的人深信，**加伊瓦斯案件**是个**政治案件**，因而不论为了加伊瓦斯的个人利益，或者为了使引渡**加伊瓦斯不致造成非常危险的先例**，都应该营救他。'

关于引渡**加伊瓦斯**的案件已于 1910 年 3 月 17 日在布鲁塞尔开庭审理。**法院犹豫不决**，因为弄不清楚这个案件是不是政治案件。

社会党国际局书记写道：'法院的最有权威的审判官、法院代表认为，判决取决于该案参与人是否确受到**军事**法庭审判。如果确实如此，那么他将认为这是罪行具有**政治**性质的证明。'

为了使加伊瓦斯和他的辩护人能获得证明，该案已延期**一周**。

因此，十分重要的是**赶快收集所有证明文件和材料**，为争取速度起见，最好（或可以）把这些证明文件和材料**直接**寄交加伊瓦斯的辩护人：

> **布鲁塞尔**（比利时）
> 博斯凯街 55 号
> **M.B.越飞**律师

为此，俄国社会民主工党驻社会党国际局代表请求中央委员会国外局以及俄国社会民主工党**各巴黎小组**的执行委员会赶快采取措施，可否通过将本信胶印出来分发给各小组的办法或其他办法，以进行调查和收集材料。

**如果时间许可**，在必要时可把各小组的证明文件寄至中央委员会国外局，交中央委员会国外局或俄国社会民主工党驻社会党国际局代表签署。"

**尼·列宁**

致同志的敬礼！

中央委员会国外局

写于巴黎
印成单页

译自《列宁全集》俄文第 5 版
第 47 卷第 238—239 页

# 183

# 致卡·胡斯曼

1910 年 3 月 21 日

亲爱的胡斯曼同志：

关于加伊瓦斯的来信收到了。我本人不管对他还是对他的同志们一点都不了解。但我正在尽一切可能进行查询。已向我党**各国外小组**发出通知，因此我相信，如果能够找到认识加伊瓦斯或者了解有关此案某些细节的人，将会通知加伊瓦斯的律师。

尊敬您的　**尼・列宁**

从巴黎发往布鲁塞尔

原文是法文

载于 1962 年《苏维埃俄罗斯世界手册》杂志第 4 期

译自《列宁全集》俄文第 5 版
第 47 卷第 239 页

# 184

# 致列・波・加米涅夫

1910 年 3 月 21 日

亲爱的列・波・：关于柯尔佐夫的文章已收到，读后转给了……①；我很喜欢这篇文章，依我看，写得很成功……　他们大概会因这篇文章而掀起一场大的争吵吧？不过那里反正已经在进行**无休止的**争吵了！！中央机关报的班子给破坏了[275]，——在全会召开前的一年中**没有发生过一次**争吵。如今**没有一号报纸**［不遭到］马尔托夫的书面抗议、威胁和歇斯底里谩骂……

报告［写得怎样了］？

您千万要帮帮忙！

国际局那边又在"拽"我了——也就是说，又在催我了，［看在］

---

①　手稿已部分损坏。文中方括号内的词语是根据意思和保留下来的个别字母复原的。——俄文版编者注

上帝的面上……请把[报告]写得快一点。等您一写完报告,[我们就着手]筹办一份布尔什维克的公开[杂志]。<sup>276</sup>

握手!

您的　**列宁**

附言:托洛茨基在《真理报》第10号上表现得有些卑鄙,真的!

从巴黎发往维也纳　　　　　译自《列宁全集》俄文第5版
　　　　　　　　　　　　　　　第47卷第240页

# 185

# 致尼·叶·维洛诺夫

1910年3月27日

亲爱的米哈伊尔同志:您的健康怎么样? 复元了没有?<sup>277</sup>请来信告诉我,准确地告诉我,体重增加了没有,增加了多少。

我们这里的调和主义的统一烟雾开始消散。寄去《社会民主党人报》第12号的抽印本<sup>278</sup>一份。从这上面您可以看到,我们同呼声派发生了激烈的争吵。现在问题归结为:普列汉诺夫分子是否存在,**护党派**孟什维克是否存在,或者所有的孟什维克都是呼声派,而普列汉诺夫只是单枪匹马。

必须大力加强宣传鼓动,使普列汉诺夫分子退出呼声派,用普列汉诺夫分子代替中央委员会国外局中的呼声派分子,等等,通过这样的鼓动**实际地**检验一下:如果全党的统一不可能,是否可以做到哪怕是我们同普列汉诺夫派的统一,或者什么也做不到。

这里的布尔什维克小组准备进行这样的鼓动;什么时候进行,会通知您的。

"前进派"在这里搞类似代表大会的东西:据说波格丹诺夫和斯坦尼斯拉夫已经来了。他们要搞什么名堂还不知道。他们的行为很愚蠢,看来他们的言论一见报,中央机关报又少不得要同他们开战了。国内来信说:阿列克辛斯基把他们要办一个有50人的**自己的**学校的计划写信告诉了莫斯科的前进派分子(难道他们搞到了钱?),而莫斯科的前进派分子倾向于办一个共同的党校。

没有同高尔基通信。听说他对波格丹诺夫大为失望,明白了波格丹诺夫的所作所为是错的。您是否有卡普里方面的消息?

国内的力量薄弱。如果能从这里派一位优秀的工作人员到中央委员会或者去召集代表会议该多好! 但这里全是"落魄的人"。

祝您健康! 请常来信。

握手!

您的  **列宁**

从巴黎发往达沃斯(瑞士)

载于1930年《列宁文集》俄文版第13卷

译自《列宁全集》俄文第5版第47卷第240—241页

# 186

# 致莱·梯什卡

**致梯·**

1910 年 3 月 28 日

亲爱的同志:谢谢您寄来罗莎·卢森堡的文章。

关于由列德尔代替瓦尔斯基这个主要问题[279],我坚决反对。做做好事吧,您在使我们陷入极难堪的处境! 我不预备谈列德尔本人的特点(这些特点在几次代表大会和代表会议上同他一起工作时已经看得很清楚:几次代表大会上的印象完全**没有**证明他有学识,有能力,有对著作的鉴别力和对事务的理解力,而往往证明他爱吹毛求疵等等,等等,我信上写的这些当然也是我们私下谈谈的)。我也不预备说,决不能用一个没有经验的、用处不大的人代替有经验的著作家、聪明的马克思主义者和优秀的同志。

但是,我要谈谈中央机关报的情况和党的**危机**。局势是危急的,这您不可能看不到。我和瓦尔斯基正写信给中央委员会,谈更换中央机关报的成员这件事(唐恩显然在破坏中央机关报)。取消派正在破坏中央委员会。现在正**绝对**需要一个曾经出席过全会的、在工作中经受过考验的、在编委会中步调一致的、已开始同残酷的敌人进行残酷斗争的人,然而在这个时候竟用一个新手来替换他!! 请不要干这种事,要知道这是足以使中央机关报瘫痪的!要知道,中央机关报目前仍然是领导**全党**的**唯一的**机关报(中央委员会被取消派破坏后还没有开过会)。现在,保持中央机关报的工作能力非常重要,而在这个时候竟"重新开始",吸收新手"参加工作",以**争论**代替工作。要知道,孟什维克依靠全会(在形式上他们绝对有权利依靠它),竭力**争论**决议的每字每句,以及决议避而不谈的每一个地方和全会上的每一件事(甚至最小的事),以便找到**可钻的空子**。怎么能想象用一个**未曾出席**过全会、**早已不同**我们在俄国社会民主工党中央机关一起工作的摇摆不定的人呢? 这是绝对不可能的事! 这会使工作停顿下来——而且正是需要在每次会议上**解决最重要的**问题的时候。而对于孟什维克(正如您很清楚的,他们能非常巧妙地利用一切派别勾当)的**成千上万的**理由和指责,列德尔将只能说:"我不知道"。在这个时候难道能用这样的人吗?

不,不,我们对波兰社会民主党并不提出过分的要求。我们知道它的力量、需要和波兰工作的要求。我们不会加重瓦尔斯基的负担,不会使他脱离波兰的**报刊**工作。但是,您应当务必让他留在中央机关报,像我们在全会上商量好的那样。没有瓦尔斯基,我们就**绝对**不能"度过"危机时期,不能实现更换中央机关报的成员。即使危机过去了,中央机关报的成员更换了,那时……即使那时也千万**不要**让列德尔来。那时给我们卡尔斯基,如果不行,就留下瓦尔斯基。而现在绝对绝对地需要瓦尔斯基。

握手! 向罗莎问好!

您的　**列宁**

从巴黎发往柏林

载于1925年《列宁文集》俄文版
第3卷

译自《列宁全集》俄文第5版
第47卷第242—243页

# 187

# 致格·瓦·普列汉诺夫

1910年3月29日

　　亲爱的、尊敬的同志：您在《日志》第11期上谈到，在反对取消主义和召回主义的斗争中，一切真正的社会民主党人必须紧密真诚地相互接近，我完全赞同这一主张，我很想亲自跟您谈谈目前党内的情况。如果您也认为这样做有好处，而且您的健康允许的话，请写信告诉我(或电告)，什么时候我可以在圣雷莫和您见面。我愿为此前往。[280]

　　致同志的敬礼！

**尼·列宁**

巴黎(XIV)　玛丽·罗斯街4号　弗拉·乌里扬诺夫

发往圣雷莫(意大利)

载于1930年《列宁文集》俄文版
第13卷

译自《列宁全集》俄文第5版
　第47卷第243—244页

# 188

# 致列·波·加米涅夫

1910年4月6日

亲爱的加·：您的来信收到了(**终于**收到了！——我本来打算狠狠地**骂一顿**)。现在要寄快信或拍电报都已经迟了。

您来信说，我们太"急"了。我不知道……①难道能放过唐恩及其同伙吗？还有什么……等待。但您不"急"于把真理报取消派的"形式上的怀疑"立即写信告诉我们，这就不应该了。抽印本**281**已在10天前寄给您了：假如您当时急忙**立即**回信说您对这一点或那一点弄不清楚的话，那么**一星期**之前您就已经得到国内那些来信的完整抄件了。现在，昨晚很迟出版的中央机关报又登载了一些来信的摘录。

您退出《真理报》**282**对我们是否必要呢？您几乎是在作出肯定的解答，——而且是在同托洛茨基发生**第一次**冲突后就"急"于写信来了。

我个人并不认为，**在**《真理报》[办]得如此平淡的**时候**，您退出《真理报》[对我们]是必要的。读了……《真理报》第11号上[您的]短评之后，我认为(格里戈里也说)，这篇东西不痛不痒，平淡无味，[毫无用处]，言词空泛……

---

① 手稿已部分损坏。文中方括号内的词语是根据意思和保留下来的个别字母复原的。——俄文版编者注

目前,在现阶段,我们所奉行的政策是为什么呢？是为了不是在托洛茨基分子及其同伙的庸俗**空话**的基础上,而是在使普列汉诺夫派和布尔什维克**真正**在思想上接近的基础上建立**党的**核心。这件事能否**成功**,我不知道。如果不成功,那就退回到布尔什维克中央去。如果成功的话,那就是向前跨了一大步。

关于**把**唐恩(以及马尔托夫)**清除出**中央机关报,**把伊哥尔清除出**中央委员会国外局,并由普列汉诺夫派替代他们的问题,我们将写信给国内的中央委员会(坚持要马卡尔召开中央委员会而不等待那批孟什维克混蛋)。普列汉诺夫派[关于刊物]《社会民主党人呼声报》……已经发表(您在日内[想必就能收到])。<sup>283</sup>

……[53票]赞成呼声派……反对……10票……  赞成普列汉诺夫派的,11票。……  但是问题主要不在于票数,而**在于分裂的开端**。万事开头难。

孟什维克**在最近几天内**要发表马尔丁诺夫对普列汉诺夫的答复,大概也要发表对中央机关报的答复。虽然普列汉诺夫也**愿意**保留"回到"呼声派去的可能性,但看来暂时毫无结果。

如果您退出《真理报》已属不可避免,那么,依我看,这件事应当做得无懈可击(您要写一篇批驳取消派和《呼声报》的文章,让托洛茨基拒绝刊登!),以便向中央机关报提出报告并**拟出**关于由中央机关报出版一份通俗性报纸的决定的草案。或者是这样,或者是回到……

维也纳小组将缄默无言。

对报告的事我是不满意的。这并不是"催逼",而是提醒一下。**请把开头部分寄来**。整篇报告要到五月一日前寄来,这就太迟了。

握手!

您的　**列宁**

从巴黎发往维也纳　　　　　　　　译自《列宁全集》俄文第 5 版
　　　　　　　　　　　　　　　　第 47 卷第 244—245 页

189

# 致尼·叶·维洛诺夫

1910 年 4 月 7 日

亲爱的米·同志:寄去这里的普列汉诺夫派的,确切些说,护党派孟什维克的决议[284]。如果在你们达沃斯的孟什维克中间真是护党分子占居多数,那么最重要的就是使他们立刻响应,并且无论如何要使他们团结起来,公开表明态度。当然,**布尔什维克**向孟什维克提出这些意见时应当非常谨慎,因为即使在普列汉诺夫派中间,也没有什么东西比"帮助布尔什维克"或"为布尔什维克效劳"等等责难更厉害可怕和不可容忍了。

在目前混乱的情况下,依我看出路只有两条:一是后退,保持自己的布尔什维克派别,一是同普列汉诺夫派一起**坚决反对**呼声派而捍卫党。第二条出路比较理想,但这不取决于我们。目前尽一切力量争取第二条出路。只有在争取第二条出路的**一切**可能性和一切办法都用尽以后,才能采取第一条出路。

我很高兴您接触了实用主义后开始脱离马赫主义。现在俄国正在加紧搬运彼得楚尔特之流、实用主义者等的这种"最新的"哲学臭货。这样也好,因为当俄国的读者,特别是俄国工人看到我们的波格丹诺夫及其同伙的老师们的**原形**时,就会立即唾弃这些老师和门徒。

把真理看做认识的工具,这就是在实际上已经转到不可知论方面,也就是离开唯物主义。在这一点上,以及在一切根本点上,实用主义者、马赫主义者、经验一元论者都是一丘之貉。

紧紧握手,祝您早日康复!

您的　**尼·列宁**

从巴黎发往达沃斯(瑞士)

载于1930年《列宁文集》俄文版
第13卷

译自《列宁全集》俄文第5版
第47卷第246页

# 190

# 致阿·伊·柳比莫夫

## 致马尔克同志

1910年4月10日

尊敬的同志:昨天的会议使我们完全相信我们在会前就几乎没有怀疑过的一点,这就是,您根本不能代表您企图在中央委员会国外局里代表的布尔什维克派。

我们有充分的理由认定自己是布尔什维克派的代表,因此,我们根据国内那些同我们思想一致的人的来信和关于国外布尔什维克所执行的政策的材料,特作如下声明:您对政策发生动摇,您希望容忍取消派分子和反党阴谋家伊哥尔留在中央委员会国外局里,并掩盖他破坏党的统一的行径**285**(而不是揭露伊哥尔,断然要求中央委员会开除他,并坚决地走同取消派作斗争、捍卫布尔什维克和**护党派**孟什维克联盟的道路;因为只有这个联盟**也许**还能够挽救统一的事业),——您的这一切行为使我们相信,不管愿意还是不愿意,您已成为取消派手中的玩物。

　　我们保留把我们的声明通告布尔什维克,必要时还要通告全党并公诸报刊的权利。

中央机关报布尔什维克成员　　**列宁**①

写于巴黎(本埠信件)

载于1933年《列宁文集》俄文版
第25卷

译自《列宁全集》俄文第5版
第47卷第247页

# 191

# 致阿·伊·柳比莫夫

## (4月10日)

### 致马尔克同志

尊敬的同志:

　　我们收回前信,并对不公正地指责您支持中央委员会国外局

---

　　①　签署该信的还有格·叶·季诺维也夫。——俄文版编者注

中的取消派一事表示歉意。①

**列　宁**②

1910 年 4 月 10 日

写于巴黎(本埠信件)

载于 1933 年《列宁文集》俄文版
第 25 卷

译自《列宁全集》俄文第 5 版
第 47 卷第 248 页

## 192

# 致阿·马·高尔基

### 致阿列·马克西—奇

1910 年 4 月 11 日

　　亲爱的阿·马·:今天才收到您和玛·费·通过 M.C.波特金娜转来的信。请记住:您可以按我**个人的**地址(巴黎(XIV)　玛丽·罗斯街 4 号　乌里扬诺夫)给我写信,也可以用党部的地址,不过最好用两个信封,里面一个信封写上:列宁亲收(巴黎(XIV)　奥尔良林荫路 110 号　科特利亚连科先生)。

　　您需要的刊物我设法明天寄出。

　　我骂了您吗? 什么地方? 也许是在《争论专页》第 1 号(中央

---

①　见上一号文献。——编者注
②　签署该信的还有格·叶·季诺维也夫。——俄文版编者注

机关报出版）上[286]。我把它寄给您吧。如果向您通风报信的人指的不是这个，而是别的，那我现在可记不起来了。近来我再没有写别的东西。

现在谈一谈统一问题。您来信问：是事实，还是笑话？说来话长，因为我认为在这个事实里面既有"笑话"一类的东西（多半是琐碎的），也有严肃的东西。

一向促使党的统一的重大的深刻的因素是，在思想方面，从社会民主党里清洗取消主义和召回主义是必要的；在实际方面，党和整个社会民主主义运动的处境非常困难，并且新型的社会民主主义工人已经成熟。

在中央委员会全体会议上（"长时间的全体会议"——足足扯了3个星期，把人折磨够了，真是活见鬼!），除了这些远不是所有的人都意识到的重大深刻的因素外，还增加了一些细小琐碎的因素，增加了"空泛的调和主义"情绪（缺乏明确的思想，不知道同谁、为了什么、怎样去调和），增加了对布尔什维克中央的痛恨，因为它进行无情的思想斗争，再加上内讧和孟什维克老想胡闹，——这样便产生了一个满身脓疮的婴儿。

这就是我们目前最头痛的事。要么把疮割开，放掉脓血，医好婴儿，把他抚养大。这是好的结果。

要么让婴儿死去。这是坏的结果。这样，我们在相当时间内将没有子女（就是说，我们将重建布尔什维克派），然后再生一个更健康的婴儿。

孟什维克中的普列汉诺夫派，**护党派**，工人等都致力于认真的统一（虽然不完全是自觉地、是慢慢吞吞地、摇摇摆摆地，但总算致力于统一，而主要的是：他们不能不致力于统一）。呼声派却在玩弄手腕，制造混乱，进行破坏。他们在俄国成立了强有力的合法的机会主义中央（在写作方面是波特列索夫一伙，参看《我们的曙光》杂志第 2 期——波特列索夫真是一个卑鄙的家伙！[287]——在实际的组织工作方面，有米哈伊尔、罗曼、尤里＋《呼声报》第 19 — 20 号合刊的那封"公开信"的 16 个起草人）。

中央委员会全体会议本希望把**大家**联合起来；可是现在呼声派却在**闹分裂**。这个脓疮**必须**割除。若没有纠纷、吵闹、麻烦、污秽、"积怨"，这是无法达到的。

我们目前处在这种纠纷的正中心。俄国国内中央委员会若不修整呼声派，把他们从重要部门（例如中央机关报等）中驱逐出去，那么，就不得不重建派别。

普列汉诺夫在《日志》第 11 期上发表了对这次全会的评价。这个评价清楚地表明，他**现在**想同机会主义作斗争的真诚严肃的愿望，战胜了想**利用**呼声派机会主义者来**反对**布尔什维克的渺小浅薄的愿望。这也是一桩复杂麻烦的事情。但是在俄国已经形成的孟什维克的合法派的、取消主义的中心，将**不可避免地**使严肃的社会民主党人离开他们。

现在谈一谈"前进派"。有一个时候，我感到在这个集团内部也有两派：一派倾向于党、倾向于马克思主义、倾向于排除马赫主义和召回主义，另一派则相反。对第一派说来，党的统一会开辟一条依照党的路线纠正召回主义等的明显错误的坦途。可是第二派显然占据优势。阿列克辛斯基（他在政治上还完全是个黄口小儿，但却是一个脾气暴躁、专干蠢事的小儿）又吵又闹地退出《争论专页》编辑部和党校委员会[288]。他们肯定要建立**自己的**学校，而且又是派别的学校，又是暗地里另搞一套。如果这真成为事实，我们就又要准备斗争,把工人从他们手里夺过来。

这样一来"笑话"便在统一中占了优势,提升到了首要地位,为窃笑和奚落等等提供了好材料。据说,社会革命党人切尔诺夫甚至以社会民主党人的联合为题材写了一个通俗喜剧,题名为《杯水风波》,并且听说这出戏不日即将由这里的一个(喜欢哗众取宠的)侨民剧团演出。

处在这种"笑话"、这种纠纷和吵闹、麻烦和"积怨"的包围中是难受的,看到这些也同样是难受的;但是不能让感情支配自己。今天的侨民生涯比革命前要痛苦100倍。侨民生涯和争吵是分不开的。

争论即将停止,它的 $^9/_{10}$ 将留在国外。它只不过是一个附属物。而党和社会民主主义运动则突破现时的重重困难而不断向前发展。社会民主党正在坚决地**继续**清除**它的**危险"倾向",清除取消主义和召回主义;这种清除工作在统一条件下比以前**有了很大的进展**。实际上在全会召开以前我们在思想上就清除了召回主义。不过那时我们还没有打倒取消主义,孟什维克还能暂时**掩盖住毒蛇**,可是现在却被揪出来了,大家都看得清清楚楚了,现在我们就动手来消灭它,并且一定可以把它消灭掉!

这次清除绝对不仅仅是"思想上的"任务,绝对不仅仅是"玩弄辞藻",如糊涂虫(或骗子)波特列索夫所想的那样,——波特列索夫**支持**马赫主义者,就像孟什维克过去在全会上支持"前进派"一样。不,这次清除和工人运动本身有密切的联系;工人运动现在正在学习安排社会民主党目前困难时期的工作,也就是通过否定来学习,通过否定取消主义和召回主义来走上正轨。只有空谈家托洛茨基才认为可回避这种否定,认为这是多余的,认为这和工人无关,认为取消主义和召回主义的问题**不是**生活提出来的**而是**由可恶的能言善辩之徒的报刊造成的。

没有亲眼看到和经历过80年代末90年代初新的社会民主主义运动成长的困难的人,在看到这种困难成长的情形时内心是如何沉重,我是能够想象得到的。当时这样的社会民主党人只有几十个人,甚至只有几个人。而今日却数以百计千计。因此危机频临。但是,**整个来说**,社会民主党在公开克服这些危机,而且一定能正直地克服这些危机。

紧紧握手!

您的    **列宁**

从巴黎发往卡普里岛(意大利)

载于1924年《列宁文集》俄文版
第1卷

译自《列宁全集》俄文第5版
第47卷第248—251页

# 193

# 致玛·米·佐林娜

交玛·米·

1910年4月30日

亲爱的同志:谢谢您告诉我米哈伊尔的病情。为了给他补助,我刚刚已经采取措施。事情是这样:通过中央委员会国外局办这件事是没有希望的,因为现在国外局里我们是少数。趁有人去俄国,我托他带了一封信给国内中央委员会,要求中央委员会给米哈伊尔补助。希望两星期左右就有令人满意的答复。**无论如何必须让米哈伊尔继续治病,并且让他留在达沃斯直到痊愈为止。**[289]

　　紧紧握手!

您的　**尼·列宁**

我的地址:

巴黎(XIV)

玛丽·罗斯街4号

弗拉·乌里扬诺夫先生

发往达沃斯(瑞士)

译自《列宁全集》俄文第5版
第47卷第252页

载于1930年《列宁文集》俄文版
第13卷

# 194

## ☆致俄国社会民主工党中央委员会

### (5月2日前后)

尊敬的同志们:

　　我们认为有义务告诉你们:我们深信不疑,中央机关报编辑部的情况是完全不能容忍的,不改变中央机关报编辑部的成员,要贯彻党的路线,在我们看来是绝对**不可能的**。

　　全会以后,只有头两次中央机关报编辑部会议,使我们感到有可能同马尔托夫和唐恩两同志一道工作。马尔托夫同志同意中央关于代表会议的信[290]（见中央机关报第 11 号，马尔托夫在这封信上**签了名**），这无疑表明他愿意**忠诚地**执行全会的决议。而唐恩同志很早就抱着另一种态度，他说中央机关报第 11 号的社论[291]是**有害的**，并且当着我们的面指责马尔托夫在**中央机关报实行机会主义**。因此，我们已经很清楚，彻头彻尾的呼声派认为马尔托夫是"机会主义者"，不过是指他服从了党的决议，现在全部问题在于，马尔托夫是否对他们的攻击让步。

马尔托夫的《在正确的道路上》一文表明他是让步了。他不愿将这篇文章寄给《争论专页》（虽然这篇文章很明显是在就中央委员会关于中央机关报成员的决议**进行争论**），就证明战斗已经开始。在这篇文章中，关于秘密组织和秘密活动家同合法组织和合法活动家的关系问题，马尔托夫**显然背离了中央委员会**（马尔托夫签了名的关于代表会议的信）而**向唐恩靠拢**。秘密派和合法派"权利平等论"恰恰是**违背了中央的信**，表明**马尔托夫态度变了**，因为任何人，只要不是闭上眼睛，谁都可以看到，这个"理论"同中央委员会的信是矛盾的。

马尔托夫在他的文章被拒绝刊登以后（他拒绝加按语，也拒绝寄给《争论专页》），在中央机关报编辑部扬言，**他开始投入战斗行动了**，这时他和唐恩的立场我们就完全看清楚了。

对党来说，这个立场已从下面的事实得到彻底说明：（1）米哈伊尔、罗曼和尤里的行为[292]；（2）16 个俄国孟什维克的宣言[293]；（3）《呼声报》第 19—20 号合刊；（4）《呼声报》4 个编辑的分裂主义宣言[294]。现在再加上（5）波特列索夫在《我们的曙光》杂志第 2 期上发表公开的取消派言论，他同马尔托夫等人一道在这一期上撰写文章；（6）《社会民主党人呼声报》编辑部攻击普列汉诺夫（《对

〈日志〉的必要补充》**[295]**),在文章中,马尔丁诺夫、马尔托夫和阿克雪里罗得就是同这个波特列索夫一起把党的中央机关报和护党派孟什维克看做 en canaille(无赖)的。

我们在《反党的取消派的〈呼声报〉》这份传单里和中央机关报第12号上对前4项行动作了评论。① 普列汉诺夫在一周后出版的中央机关报第13号上对波特列索夫在《**我们的曙光**》杂志上的那篇文章也作了评论。

正如国外一些**孟什维克**小组和某些**孟什维克**小组的部分成员的4个决议(巴黎、尼斯、圣雷莫、日内瓦)所证明的,护党派孟什维克已开始团结起来反对彻底倒向取消派的《**社会民主党人呼声报**》了。② **护党派**孟什维克公开反对《**呼声报**》和俄国取消派,公开认定《**呼声报**》在全会**以后**已转到取消派那里去了。

党内状况同全会期间大不相同了,因此,绝对需要改变中央机关报的成员。全会希望尽可能让**所有愿意**回到党的立场上来的呼声派、社会民主党人、工人运动的合法活动家,都回到党的队伍里来,忠心耿耿地为党工作。全会希望孟什维克不再分裂成两派,希望两派都一同回到党的立场上来。

由于合法派的俄国中央(波特列索夫和米哈伊尔之流)的过错和《**社会民主党人呼声报**》的过错,得到了相反的结果。他们同**护党派**孟什维克分裂已成事实。我们把许多**护党派**孟什维克(普列汉诺夫、拉波波特、阿夫杰耶夫)团结在中央机关报和《争论专页》的周围,我们和他们已经完全可以丝毫不闹派性地进行党的工作,尽管彼此之间还有意见分歧。在国外,我们也正采取措施把布尔

---

① 见本版全集第19卷第203—211页。——编者注
② 同上书,第231—234页。——编者注

什维克小组和护党派孟什维克统一起来。呼声派各个小组却相反，他们坚决采取**反对**统一的方针。

因此，中央机关报编辑部内部形成完全不能容许的局面，并不是出于偶然的原因，也不是出于个人的原因。我们编辑部现在经常地进行无结果的争吵，我们3人根本无法转变他们2个编辑的敌对立场，中央机关报编辑部的一切工作都停顿下来，这正是**局面不正常**的必然结果。根据全会决议的精神，必须接近**护党派**孟什维克，而我们中央机关报中的**反党的**孟什维克却对那些在中央机关报之外支持中央机关报的**护党派孟什维克**进行无情的斗争！

我们完全相信，中央委员会的同志们自己就了解到这种局面是绝对不能容许的，不需要我们举出编辑部中无数次冲突和吵闹来说明。这些冲突、责难、摩擦和工作的完全停顿状态，纯粹是政治局面变化的结果，这种局面**必然**造成中央机关报的分裂，除非根据全会决议**整个精神**采取措施，例如以护党派孟什维克(我们**应该**帮助他们完全参加党和党的领导机关)来代替反党的孟什维克，即取消派孟什维克和呼声派孟什维克。

护党派孟什维克已经向中央委员会国外局声明，希望在中央机关报编辑部(和在中央委员会国外局)里有他们的代表，有**护党派**孟什维克。

我们这方面也表示**坚决不能**同呼声派一道进行党中央机关报的工作①，因为没有共同党性基础的人们，光靠机械的少数服从多

---

① 这封信的初稿中这里还有一段文字：他们"……攻击普列汉诺夫，支持波特列索夫、米哈伊尔之流。中央机关报实际上是我们在办，我们只能同被唐恩、马尔托夫和其他呼声派分子称做无赖(见《必要补充》)而决心支持护党的中央机关报，不支持由呼声派分子充当孟什维主义代表的中央机关报的那些孟什维克**联合办报**"。列宁把这段文字勾去后加以改写了。——俄文版编者注

数的原则是无法进行工作的。

我们希望，中央委员会采取必要的组织措施来改变中央机关报编辑部的成员并建立有工作能力的**护党的**编辑委员会。

中央机关报编辑部成员   **列宁**①

从巴黎发往俄国                              译自《列宁全集》俄文第5版
                                          第47卷第252—256页
载于1933年《列宁文集》俄文版
第25卷

# 195

# 致卡·胡斯曼

1910年6月6日

亲爱的同志：

随信附上我党发的有关五一节示威游行的两份号召书，一份是在国外发的，另一份是在俄国国内发的，是由地下印刷所印刷的。我将尽力设法再为您搜集一些这类出版物，不过，考虑到我党的处境，这是十分困难的。

至于我党的提案、决议案和报告[296]，我不得不非常抱歉地通知您，我党中央委员会还没有拟出决议案，而且，极为遗憾的是，报告还没有准备好。

---

① 签署该信的还有阿·瓦尔斯基和格·叶·季诺维也夫。——俄文版编者注

亲爱的同志,请接受我友好的敬礼!

**尼·列宁**

从巴黎发往布鲁塞尔

原文是法文

载于 1962 年《苏维埃俄罗斯世界
手册》杂志第 4 期

译自《列宁全集》俄文第 5 版
第 47 卷第 256 页

# 196

# 致卡·胡斯曼

1910 年 6 月 15 日

　　亲爱的同志:很抱歉,关于梯弗利斯和慕尼黑的案卷[297]无论
是文件还是材料,我都不能替您找到。但我一接到您的来信,就把
它交给了一位同志,也许他能找到文件或您所需要的材料。我相
信他将尽力而为,不过在星期四或星期五之前要完成这项任务是
很困难的。

　　亲爱的同志,请接受我的兄弟般的敬礼!

**尼·列宁**

从巴黎发往布鲁塞尔

原文是法文

载于 1962 年《苏维埃俄罗斯世界
手册》杂志第 4 期

译自《列宁全集》俄文第 5 版
第 47 卷第 257 页

# 197

# 致莱·梯什卡

7月20日

尊敬的同志:刚刚从瓦尔斯基那里知道有2个呼声派分子(**曾出席**全会)**已经**在俄国。局势很危急。全会以后我们损失了**3个布尔什维克。**[298]我们不能再损失了。如果波兰人不去营救,就完蛋了。要么找到第二个波兰人中央委员,并派他同加涅茨基一起去两三个星期,**要想尽办法**召集委员会,**仅仅**为了贯彻"措施"并进行增补[299],要么就是完蛋。这取决于您。我们已经尽了一切可能,牺牲了3个中央委员,不能再受损失了。请来信:法国 波尔尼克(下卢瓦尔省) 蒙黛西尔街 玫瑰别墅 乌里扬诺夫先生。8月23日以前我在那里,以后在哥本哈根[300]。

热切地向罗莎问好!

您的 尼·列宁

从巴黎发往柏林

载于1925年《列宁文集》俄文版
第3卷

译自《列宁全集》俄文第5版
第47卷第257—258页

# 198
# 致 Д.М.科特利亚连科

## 致科特利亚连科同志(私人信件)

1910年8月1日

一、亲爱的同志:劳您驾替我们为编辑部订购以下书籍:

(1)人民自由党党团在国家杜马第三次常会上的总结报告。(圣彼得堡　法学书局或圣彼得堡　波将金街7号　В.А.哈尔拉莫夫,找他们接洽。)定价:50戈比。

(2)纪念尼·加·车尔尼雪夫斯基。安年斯基、安东诺维奇、杜冈-巴拉诺夫斯基等人的报告和演说集。定价:50戈比。(圣彼得堡　涅瓦大街40号　43室　公益出版社。)

二、其次。关于报告,您没有用挂号寄,这样做**很**不谨慎。我已把拉波波特的地址给了这里的邮局。但这是不够的。请**立即**寄一份申请书给**波尔尼克**邮局的业务科,作为寄件人,要求把邮件寄给拉波波特,并附一张明信片,上面写好给您回信的地址。

三、关于《**社会运动**》,听说布里特曼已把此书带来并交发行部转给我。如果没有带来的话,我就问问格里戈里,您**方便**也请问问他。

四、关于参加哥本哈根代表大会的**来宾**的问题,我讲不出什么来。[301]顶层楼座好像过去通常是可以自由进入的。您可从我寄给中央委员会国外局的邮包里(包里有一卷印刷品)取出**一张**单子,——在那里有注明当地组织委员会主席地址的印好的单子**302**,如果要在事先**确切**了解这件事的话,那就得去问他。

五、附上给中央委员会国外局的一封信。望**尽快**转交。

六、报告搞得怎么样了? 务请**赶快**出版。

握手!

您的　**尼·列宁**

从波尔尼克(法国)发往巴黎

载于1930年《列宁文集》俄文版
第13卷

译自《列宁全集》俄文第5版
第47卷第258—259页

## 199

# 致阿·伊·柳比莫夫

## (8月2日)

亲爱的马·:

劳您驾将附上的信用快件寄给星期五。

我收到了中央委员会国外局秘书的来信,他告诉我们,听施瓦尔茨说,胡斯曼规定报告不许超过4页。请您通知这位秘书,如果他愿意的话,可直接同胡斯曼联系。有一点我是知道的:报告**由我们自己印刷**;谁又能禁止我们把报告写得长一些呢? 不过必须**在代表大会之前把报告准备好**,——而由**我们自己把报告分发给代表们**。报告须用3种语言印刷的要求我早已知道了,但要是没有钱呢? 难道他们将"禁止"用1种语言印刷吗?

附上银行寄来的一封信,银行把账目通知我,并**要求我**(跟往常一样)作出经我签字证明我承认账目无误的书面答复。现附上我的书面答复①,即经我签字的回执(并由我注明日期为 8 月 **4 日**,这一点请加以注意:别寄早了)。请把账目核对一下,如果账目无误,就把我的信寄出。

　　握手! 向奥·阿·问好!

您的　列宁

　　附言:关于哥本哈根代表大会,昨天我已给中央委员会国外局去信,请他们通知崩得中央委员会和拉脱维亚人。您是否考虑过去哥本哈根的路费? 据说,每个代表要花 250—300 法郎,代表名额最多为 8 人。从 **75 000** 中您还拿得出这笔款子吗?

**波尔尼克**　蒙黛西尔街　玫瑰别墅　弗拉·乌里扬诺夫寄②

发往巴黎

译自《列宁全集》俄文第 5 版<br>第 47 卷第 259—260 页

## 200

# 致 Д.M.科特利亚连科

### (8 月 8 日以前)

亲爱的同志:

　　根据格里戈里的要求,给您寄上一张 200 法郎的支票。他当

---

① 装在两个印有国家银行等等地址的信封里。
② 这个回信地址是写在信封上的。——俄文版编者注

然已经告诉您,这笔款子是做什么用的。

报告(法文本)能在8月23日以前准备好吗? 准备好是非常重要的。**303**

握手!

您的 **列宁**

从波尔尼克(法国)发往巴黎

载于1930年《列宁文集》俄文版
第13卷

译自《列宁全集》俄文第5版
第47卷第260页

# 201

# 致 Д.M.科特利亚连科

## (8月8日)

### 致科特利亚连科同志

亲爱的同志:劳您驾把附上的短评**304**付排,供中央机关报用。

报告的校样,如果可能的话,我想请您给我寄到这里来(要是行的话,最好是把第二份寄来)。"作者的"校样我不准备看了。

握手!

**列  宁**

从波尔尼克(法国)发往巴黎

载于1930年《列宁文集》俄文版
第13卷

译自《列宁全集》俄文第5版
第47卷261页

# 202

# 致米·韦·科别茨基

公历1910年8月8日

尊敬的同志:

请允许我向您提出一个小小的个人要求。我想趁参加哥本哈根代表大会的机会在哥本哈根的图书馆里工作一段时间。如果您能告诉我下述情况,我将不胜感激。

(1)哥本哈根的图书馆(国立的或是大学的;我不知道哪个图书馆比较好;我需要有关丹麦农业情况的资料)在9月份是否一直都开放。

(2)在哥本哈根租一个备有家具的房间每周或每月要多少钱,您是否能**在不妨碍自己工作的情况下**帮我找一个房间。

8月23日以前我的地址是:

　　法国

波尔尼克(下卢瓦尔省)

蒙黛西尔街　玫瑰别墅

弗拉·乌里扬诺夫先生

麻烦您了,请原谅。向您预致谢意,握手!

**尼·列宁**

发往哥本哈根

载于1930年《列宁文集》俄文版
第13卷

译自《列宁全集》俄文第5版
第47卷第261—262页

# 203

# 致卡·胡斯曼

1910 年 8 月 10 日

亲爱的胡斯曼同志：

由于我们报告的耽搁而给您带来那么多麻烦,我感到十分抱歉。我正在尽一切可能加快印刷速度,但这并不取决于我。我最后的一个希望是,报告将在代表大会开始之前印好,我能把它直接送往哥本哈根。

谢谢您提供的情况和寄来的第 3 号公报。哥本哈根再见!

尊敬您的　尼·列宁

从波尔尼克(法国)发往布鲁塞尔

原文是法文

载于 1962 年《苏维埃俄罗斯世界
手册》杂志第 4 期

译自《列宁全集》俄文第 5 版<br>第 47 卷第 262 页

# 204

# 致 Д.М.科特利亚连科

（8 月中）

亲爱的同志：

关于报告的事产生了某种误会。我连**一张条样都**没有见到过,也没有给您寄过**什么东西**。

由于我不看作者的校样,所以,我当然不愿意也不会造成耽搁。我所要求的只是,**如果可能的话**,安排一下给我寄校样的事。

握手!

您的    **列宁**

从波尔尼克(法国)发往巴黎

载于1930年《列宁文集》俄文版
第13卷

译自《列宁全集》俄文第5版
第47卷第263页

205

# 致米·韦·科别茨基

### (8月12日和23日之间)

尊敬的同志:

非常感谢您告知情况和乐于提供帮助。如果不太麻烦的话,请您从**26日**起替我租一个普通的便宜的小房间。

我将于26日晨到达哥本哈根(参加国际局会议)。争取当天早晨(不知火车什么时候到达:我大概是乘经过汉堡—科瑟的那班车)就上您那里去。如果您不在家,请在女房东那里给我留一封信(交乌里扬诺夫先生)。我所要的房间将按周租用,还是租一个月,这要看在哥本哈根哪一种办法比较通行。

我将从8月26日起在哥本哈根待10天左右,尔后**可能**因私事离开一周[305],然后再回到哥本哈根。因此,找一个便宜的房间租一个月(既然您长住要付12克朗,那么我租一个同样的房间看来就得付15—18克朗),这对我是比较合适的。**如果您没有空的话**,那就请别费心了,我来得及在8月26—27日自己去找,因为国际局会议只开一个上午。

握手!

您的 **列宁**

从波尔尼克(法国)发往哥本哈根

载于1930年《列宁文集》俄文版
第13卷

译自《列宁全集》俄文第5版
第47卷第263—264页

# 206
# 致玛·费·安德列耶娃

1910年8月14日

亲爱的玛·费·:

赶紧写信告诉您,我终于收到了关于特里亚的报告的答复。编辑部秘书来信说,"特里亚的报告已经过表决,译成外文,而且已经差不多排好版了——将作为附录"(即作为党的总报告的附录)。这样,一切都很顺利。[306]

我这里没有什么新闻。8月23日我将到哥本哈根去。你们那里有哪些新闻?您来信所说的"屋子里挤满了客人"的那次有很多人参加的聚会有什么结果?

紧紧握手!娜嘉也致意!向阿·马·以及所有的卡普里人

问好！

您的　弗·乌·

从波尔尼克(法国)发往卡普里岛
(意大利)

载于 1958 年《戏剧》杂志第 4 期

译自《列宁全集》俄文第 5 版
第 47 卷第 264 页

## 207

# 致米·韦·科别茨基

### (不晚于 8 月 23 日)

#### 致科别茨基先生

　　亲爱的同志：我给您往这里寄了一封信，又往克龙博尔加德寄了一封信。我将同家属(妻子和岳母)一起到您那里去。如果可能的话，请代找一个(或两个)按周或按日出租的**便宜的**房间。

　　如果您收到函件的话，请代为保管，不要启封。

您的　列宁

从波尔尼克(法国)发往哥本哈根

载于 1933 年《列宁文集》俄文版
第 25 卷

译自《列宁全集》俄文第 5 版
第 47 卷第 264—265 页

# 208

# 致社会党国际局

1910年9月2日于哥本哈根

俄国社会民主工党中央委员会在1910年1月的全体会议上作出决定:请求社会党国际局接受**格·普列汉诺夫**和**尼·列宁**两位同志为我党参加国际局的代表,以严肃地表示自己对统一的渴望。当然,俄国社会民主工党只要求在国际局有一票表决权,但是,它希望像法国那样,把代表权行使得更加充分。

这一决定,即除了原有代表尼·列宁之外再加上格·普列汉诺夫同志的决定,获得了出席代表大会的社会民主党代表团的一致支持。

俄国社会民主工党驻社会党国际局代表

**尼·列宁**

原文是法文

载于1911年根特出版的《国际社会党第八次代表大会》一书

译自《列宁全集》俄文第5版第47卷第265页

# 209

# 致米·韦·科别茨基

1910年9月16日

尊敬的同志：我将在这里待到 1910 年 9 月 25 日。打算在 1910 年 9 月 26 日(星期一)早上到达哥本哈根，并想在那里尽可能少待些时间。**如果值得**安排一次关于哥本哈根代表大会的群众性的或党内的专题报告会，那么请您就安排在星期一吧(当然要在晚上，因为在平日白天是不行的)。[307]这样星期二我就能离开了，因为我该去巴黎了，现在我必须抓紧时间。关于房间的问题，请了解一下，26 日晚上能否在那里住宿。如果不行的话，我就归还钥匙，您要我什么时候还，还到哪里(钥匙我带在身边)。此外，我把一本书(向哥本哈根代表大会提交的总结报告和报告的法文本，放在纸夹里)留在我那个房间的桌上了。如果原来的那位女房客在 9 月 26 日早晨要用自己的房间，那么我想请您走一趟去取这本书，以便我能从您那里把它拿回。

我的地址是：斯德哥尔摩　卡普坦斯加坦 17 号 I　W.贝格小姐转　弗拉·乌里扬诺夫先生。关于专题报告的问题，等您弄清楚并定下来之后，请给我写封短信。

握手！

您的　**列宁**

发往哥本哈根

载于 1930 年《列宁文集》俄文版
第 13 卷

译自《列宁全集》俄文第 5 版
第 47 卷第 266 页

# 210

# 致卡·伯·拉狄克

1910年9月30日

尊敬的同志:请原谅我迟迟才回复您的两封来信。我前天才回到巴黎,所以不能更早给您回信。

谈到给中央机关报写哥本哈根代表大会关于裁减军备决议的文章,稿子已经约定了(在哥本哈根就约定了),而且已经由另一个撰稿人写好了。可惜您的建议迟了。

至于下一期发表您的文章的问题,需要同瓦尔斯基和其他编辑谈一下。我将去办理这件事。

关于您在《莱比锡人民报》上发表的几篇社论[308],应该说您谈的是一个很有意义的问题,但是我对这个问题很少研究,我觉得您在理论上不完全正确。不能把"在资本主义范围内不能实现的"这一准则理解为资产阶级不允许,这是不能进行的等等。在这个意义上,我们的最低纲领的很多要求都是"不能实现的",但是这些要求是必须提出的。

其次,您在提到国际的宣言时,在引文中漏掉了马克思关于各国间关系的原则的话。[309]这不是国际政策中的"最低纲领"吗? 最后,为什么只字不提恩格斯的《欧洲能否裁军?》呢?

您说不能放弃武装人民的要求,我认为(当然,这完全是我个人的意见),您的看法完全正确。不要集中抨击决议中提到裁减军备,而要集中抨击决议中没有提到武装人民不是更正确吗?[310]

我想在《**新时代**》杂志上回答马尔托夫和托洛茨基。我已经写信给考茨基,问他能不能刊登,能给多大的篇幅。当然,在《**莱比锡人民报**》上也需要回答。

握手!

您的    **列宁**

从巴黎发往莱比锡

载于1930年《列宁文集》俄文版第13卷

译自《列宁全集》俄文第5版第47卷第266—267页

# 211

# 致尼·亚·谢马什柯

1910年10月4日

亲爱的尼·亚·:我们必须快些见面,谈谈关于**尽快**召开布尔什维克(反前进派分子)的会议。马尔克+洛佐夫斯基+列瓦已经在昨天走了,他们反对出版派别报纸[311]。真是一些滑稽可笑的人!我很高兴,糊涂的人走了,但是必须**快一点**弄清楚其余的人的态度。如果可能的话,快一些来,并设法尽快召开会议。

您的    **列宁**

从巴黎发往夏提荣(法国)

载于1930年《列宁文集》俄文版第13卷

译自《列宁全集》俄文第5版第47卷第268页

# 212

# 致伊·彼·波克罗夫斯基

## （10 月 6 日以后）

尊敬的同志：

　　社会党国际局书记卡·胡斯曼要求把加入"各国议会委员会"的社会民主党杜马代表的名单寄去,并提到每个代表一年须交纳 15 法郎会费的问题。请您同他们联系一下。请把党团秘书的地址告诉胡斯曼。

　　大约在两个星期之前我就给您写过信,但是只字未复。令人失望,太令人失望了。

从巴黎发往彼得堡　　　　　　　　译自《列宁全集》俄文第 5 版
　　　　　　　　　　　　　　　　　第 47 卷第 268 页

# 213

# 致尤·约·马尔赫列夫斯基

1910 年 10 月 7 日

　　亲爱的同志:昨天夜晚收到了您和武尔姆的来信以及您的文章。根据您和考茨基的请求,我同意只用您的文章。

批驳马尔托夫和托洛茨基的那篇长文章[312]我已经写了将近一半。现在不得不停下来,赶写批驳托洛茨基的文章。您如果见到考茨基,请费神告诉他,对托洛茨基的回答仍然**由我来写**。既然德国人这样害怕论战,那我认为早一个星期或晚一个星期回答,都不是什么重要的事,对吗?

非常遗憾,甚至考茨基和武尔姆都没有看出马尔托夫和托洛茨基那些文章的庸俗和卑劣。为了弄清问题,我正考虑给考茨基写封私人信。马尔托夫和托洛茨基以"学术性的"文章为幌子,为所欲为地大肆造谣和撰写诬蔑性的文章,这简直是胡闹!!

顺便说一下:您是否能帮助我弄清两个实际问题。第一:是否能在柏林找到一个俄译德的翻译(翻译投给《新时代》杂志的文章)? 或者靠不住和太贵,最好还是在这里找? 无论如何我在这里设法找一下,但是想听听您的意见,因为您在这方面有很丰富的经验。

第二:如果我写一本题目是关于俄国革命及其教训、阶级斗争等的小册子(篇幅和切列万宁的小册子《俄国革命中的无产阶级》差不多),能否找到一个德国党的出版社? 德国人是否付给稿酬,或者只该到俄国人那里去找报酬,德国人只是顺便利用?

为了答复马尔托夫,我又"钻到"最有意思的1905—1908年的罢工统计中去了,并很想把它整理完。这个题材写成书或小册子比写文章要合适得多。[313]在评价俄国革命的问题上德国人表现了可耻的"无知"!

附上一份意见单,想对批驳马尔托夫的文章作一些补充。如果您在自己的文章中即使采用一部分,那也就很好了。[314]

致衷心的敬意!

握手!

> 您的    **列宁**

我认为,必须指出(如不是全部地,即使是部分地)马尔托夫说谎和造谣的最严重的(还远不是全部)几点:

据说,拉狄克同志的引证是不正确的,但马尔托夫同志不加证明就放弃怀疑。我们倒有**确凿的**证据,证明马尔托夫的引文是错误的。"到目前为止我们讲的是法语"(1910 年《新时代》杂志)——这是马尔托夫引证的列宁的话。**引文被歪曲了**。列宁说:"我们在革命时期**学会**了'讲法语'"(见《无产者报》第 **46** 号)①。马尔托夫所以要歪曲引文,原来是要掩盖他(和一切机会主义者一样)在叫工人**不再采取**革命斗争的手段。

马尔托夫把"讲法语"改为"确切些说是:讲布朗基语"。谢谢他的坦率。把法国无产阶级参加法国的革命称为"布朗基主义",这就是马尔托夫和克韦塞尔的观点的"实质"。

> 马尔托夫写道:"在整个西欧,农民群众只有当感觉到农业中资本主义变革的严重后果时,才能认为建立联盟是合适的……;在俄国,人们想象还没有进过资本主义资产阶级学校的 1 亿农民同无产阶级的联合。"(《新时代》杂志第 909 页)这就是俄国的克韦塞尔的观点!

俄国的克韦塞尔**忘记了**说,俄国社会民主党人的**土地纲领**(1906 年在斯德哥尔摩通过,当时孟什维克曾占多数!!)提出"支持农民的革命行动,直到**没收**地主土地"。在"欧洲"是否有类似的东西呢,噢,俄国的克韦塞尔? 没有,因为在欧洲已经没有对**资产阶级**革命问题的**革命**提法。"资本主义资产阶级的学校"对俄国的农民

---

① 见本版全集第 19 卷第 47 页。——编者注

来说就是自由派资产阶级叛变和出卖他们的学校(它把农民**出卖给了地主和专制制度**),只有极端的机会主义者才维护这种**学校**。

马尔托夫嘲笑"1亿农民同无产阶级的联合",也就是嘲笑无论在起义时(1905年10、11—12月)或头**两届**杜马中(1906年和1907年)**实际上**表明了这种联合的整个革命。

马尔托夫毫无主意地在自由派(他们**反对**"没收土地",**反对**"农民的革命行动")和社会民主党人(他们到目前为止丝毫不放弃对农民**起义**的支持和在自己的**纲领**中关于这方面的**声明**)中间摇摆不定。

马尔托夫认为,在革命的年代里(1905—1907年),摆在日程上的**不是**关于建立共和国的问题,**而是**"关于人民代议制独立的问题"(第918页)。**对谁独立**? 对**实现了国家政变**的君主制度独立吗? 俄国的机会主义者甚至忘记了土地革命和政治革命的联系(不争取建立共和国,能争取没收土地吗?),忘记了在国家政变、起义、群众性的政治罢工的时代,关于建立共和国的问题是由于这一时代的**客观**条件,而不是由于我们的意志而**提到**日程上来的。"建立共和国"这一1905年的口号="浪漫主义";"独立"(对实现了国家政变和进行国内战争的君主制度独立)=现实的政策,——不是这样吗,噢,俄国的克韦塞尔?

顺便说一下。罗莎·卢森堡和考茨基争论德国颠覆战略的时机是否**已经到来**,考茨基**明确地直截了当地说**,他认为这个时机必然会到来,而且很快就会到来,但现在还未到来。而马尔托夫"引申"(verballhornend)考茨基的话,他否认颠覆战略适用于1905年的俄国!! 马尔托夫认为1905年12月的起义是"**人为地**"引起的(《新时代》杂志第913页)。有这种想法的人,只能被**人为地**算做社会民主党人。**实质上他们是民族主义自由派。**

马尔托夫嘲笑无产阶级是革命的"决定性力量"(第909页)这一观点。只有自由派到目前为止还敢于(当然还不是常常)否认俄国无产阶级在1905年**事实上**起了"决定性力量"作用这个无可争辩的历史事实。当否认"无产阶级在俄国革命中的领导权"这一理论在五卷本的《社会运动》一书中(由马尔托夫和波特列索夫编辑)占了主要地位时,普列汉诺夫就**退出**了这个编辑部,并宣布《社会运动》是取消派的著作。马尔托夫现在不代表全体孟什维克,而只代表这样一部分孟什维克,这些人被仍然是孟什维克的普列汉诺夫所摒弃并被他宣布为机会主义者。

马尔托夫把1906年俄国的抵制同无政府主义者"在整个西欧"所维护的抵制("政治节制")相比较。关于1906年的抵制我们已经单独谈过(已经向您谈过)。但是为什么马尔托夫在谈到一般的抵制时,却**忘记了**抵制在俄国革命中的主要运用,**忘记了**对布里根杜马的抵制(1905年8月6日的法令)呢?? 一切自由派就连**左翼自由派**("解放社")都反对这次抵制,而社会民主党布尔什维克支持这次抵制。马尔托夫闭口不谈,是因为**这次**抵制取得了胜利吗? 是因为**这次**抵制成了**胜利的**颠覆战略的口号吗?

所有的孟什维克(特别是《我们的曙光》杂志、《复兴》杂志和《生活》杂志[315])抓住了罗莎·卢森堡同考茨基的争论,宣布卡·考茨基是"孟什维克"。而马尔托夫拼命玩弄卑劣的外交手腕来**加深**罗莎·卢森堡和卡·考茨基之间的裂痕。这些可怜的手法不可能获得成功。革命的社会民主党人可以争论关于德国颠覆战略到来的**时间**问题,但不能争论关于**1905年**俄国的**颠覆战略**是否**适宜**的问题。考茨基并没有想到否认**它**对1905年俄国的适宜性。只有自由派以及德国和俄国的克韦塞尔才会否认这一点！

　　关于群众性罢工问题的争论在马格德堡已经结束(通过了罗莎的决议,第二部分她收回了),这没有使罗莎同考茨基,同执行委员会就此**和解**吗？或者不是马上?**316**((两星期以前我从斯德哥尔摩写了一封信给罗莎·卢森堡。))

　　我的地址是:巴黎(XIV)　玛丽·罗斯街4号　弗拉·乌里扬诺夫。

发往莱比锡

载于1925年《列宁文集》俄文版第3卷

译自《列宁全集》俄文第5版
第47卷第269—274页

# 214
# 致卡·伯·拉狄克

### 致卡尔·拉狄克同志

1910年10月9日

　　尊敬的同志:我本来打算在《**新时代**》杂志上写一篇论问题实质的长文章,来回答马尔托夫和托洛茨基的文章。但是后来没有这样做,因为您已经发表了一篇很好的声明,而卡尔斯基同志在我把自己的意图告诉考茨基和武尔姆之前,已经给《新时代》杂志写了一篇反驳马尔托夫的文章①。武尔姆把卡尔斯基的文章转寄给我,我同意只用这篇文章。

---

　　① 见上一号文献。——编者注

但是,对于马尔托夫和托洛茨基的极其惊人的荒谬和歪曲,我不能置之不理。我的文章已经写了约三分之一或者一半,题目是《俄国党内斗争的历史意义》[①]。这篇文章可不可以在《莱比锡人民报》上刊登,这样做是不是合适? 请提出您的意见。

如果对这个问题的回答要看编辑部是否喜欢我这篇文章,那我当然乐于把这篇文章寄给您,不附任何条件。

如果您马上就能告诉我关于这方面的情况,我将非常感谢。例如,我非常想知道,您能不能就这个题目在《莱比锡人民报》上发表几篇小品文? 我这篇文章**最多**能写多长? 还有,我不能用德文写,只好用俄文写,您能不能保证在莱比锡找到翻译,也许您感到不方便或者有困难,那我就在这里找翻译(当然,我想是能够办到这一点的),或者我用**非常**蹩脚的德文写(这封信就是样本),在莱比锡再把蹩脚的德文改成流利的德文(一个朋友曾告诉我,从好的俄文译成德文比从蹩脚的德文改成好的德文要**容易一些**)。

致良好的祝愿!

您的  尼·列宁

我的地址:

巴黎(XIV)

玛丽·罗斯街4号

弗拉·乌里扬诺夫先生

发往莱比锡

载于1930年《列宁文集》俄文版
第13卷

译自《列宁全集》俄文第5版
第47卷第274—275页

---

① 见本版全集第19卷第352—370页。——编者注

# 215

# 致格·李·什克洛夫斯基

## (10 月 14 日)

亲爱的同志：非常感谢您来信并告知我关于普列汉诺夫的鼓动的消息。所有这类消息现在对我们非常非常宝贵，因为这使我们能够准确地判断国外社会民主党人的情况。我也很想到瑞士（日内瓦、洛桑、伯尔尼、苏黎世）去作报告。[317]不知道是否值得。

关于同普列汉诺夫联盟，我看您说得完全正确：我们应该主张结成联盟。从 1909 年以来，我**完全**赞成同普列汉诺夫派**接近**。现在更赞成这样做。我们只有同普列汉诺夫派一起才能够建设党，而且应当同他们一起建设党，对"前进派"和"呼声派"早就没有指望了。以为普列汉诺夫派力量薄弱、"等于零"（像有时人们所说的那样）等等是错误的。这是国外的印象。我深信，在俄国，孟什维克**工人**中有⁹⁄₁₀是普列汉诺夫派。孟什维主义在革命中的全部历史证实，普列汉诺夫派是孟什维克中无产阶级部分的最好产物（因而最有生命力）。

我和普列汉诺夫在哥本哈根商谈过关于出版通俗报纸的问题。这种报纸是必需的。（托洛茨基公开倒向取消派，支持呼声派，**破坏**布尔什维克和普列汉诺夫派的护党联盟。）我们完全同意普列汉诺夫的看法：不用去管托洛茨基。通俗的报纸或者由中央机关报出版，**或者单独**由布尔什维克出版。普列汉诺夫答应撰稿。需要经费，可是我们的钱太少了。希望得到您的全力帮助。我们正竭尽全力在国内创办一份杂志(像《复兴》杂志和《生活》杂志那样)。没有门路,没有秘书,找不到人来安排工作,所有我们的人都不见踪影。真是糟糕! 可是杂志必须办。**318**

　　握手!

您的　**列宁**

从巴黎发往伯尔尼

载于 1930 年《列宁文集》俄文版
第 13 卷

译自《列宁全集》俄文第 5 版<br>第 47 卷第 275—276 页

# 216

# 致卡·胡斯曼

1910 年 10 月 17 日

亲爱的胡斯曼同志:

　　我已通知我党中央委员会司库要付清会费。我希望我们很快就能付清。中央委员会常务局秘书或司库会将此事通知您的。

　　至于加入各国议会委员会的杜马代表的会费问题,我将给他们写信并再次请社会民主党杜马党团的秘书把他的地址告诉您。

尊敬您的　**尼·列宁**

从巴黎发往布鲁塞尔

原文是法文

载于 1962 年《苏维埃俄罗斯世界
手册》杂志第 4 期

译自《列宁全集》俄文第 5 版<br>第 47 卷第 276—277 页

# 217

# 致卡·胡斯曼

1910 年 11 月 6 日

亲爱的胡斯曼同志：

　　我的一个朋友彼得罗夫同志将在明天或后天去看您。请费心把各党向哥本哈根代表大会提交的报告都给他一份。俄国的社会党人要得到这些报告极为困难。正因为如此，对我们来说，"利用"一些人旅行的机会在俄国传播几份报告，是非常重要的。

　　亲爱的同志，请接受我兄弟般的敬礼！

**尼·列宁**

从巴黎发往布鲁塞尔

原文是法文

载于 1962 年《苏维埃俄罗斯世界
手册》杂志第 4 期

译自《列宁全集》俄文第 5 版
第 47 卷第 277 页

# 218

# ☆致中央机关报编辑部会议主席同志[319]

## （11 月 7 日）

尊敬的同志：

　　今天退出会议之后，我认为有责任向您说明我这样做的意义,以澄清党内(和冒充党内)出现的各种议论和流言蜚语。我认为自己不仅有权,而且有义务拒绝参加这种所谓的"讨论",因为这种"讨论"成了编辑部中的取消派用来散布最恶劣的反党分子所编造的最恶劣的谣言的借口。比如说,马尔托夫借口召回派是党的一部分,大叫大嚷地传播召回派侨民中那些无赖透顶的分子所编造的谣言,说什么维克多同志的案件已经**由于行贿**而了结或勾销了;同时又表示要求保护他们——马尔托夫和唐恩——免受"党内一部分人"对他们的类似的怀疑;在这样的情况下,任何一个人都很清楚,在"**保护**"他们"**免受**"召回派的恫吓的幌子下,他们为我们提供的不是别的东西,只是**取消派**对召回派那种最恶劣行径的**支持**。

我认为参加这种"讨论"有损于我的人格,因此我声明,今后在进行这类"辩论"时,我仍将力争退出会议。

致同志的敬礼!

**尼·列宁**

1910年11月7日

写于巴黎(本埠信件)

载于1933年《列宁文集》俄文版
第25卷

译自《列宁全集》俄文第5版
第47卷第277—278页

# 219

# 致弗·德·邦契-布鲁耶维奇

## （11 月 8 日）

亲爱的弗·德·：今天我还得到了关于文坛上一个新产儿[320]的消息，但令人奇怪的是，您却只字不提。这意味着什么呢？我对这个产儿的命运非常担心。比如，有人来信说，他们担心寄出的材料是否过时了。这使我感到非常不安。我绝对坚持把所有寄去的材料都登出来（在发生"意外情况"的条件下作一些修改，如果这是必要的话）。这可是个原则问题，方向问题。关于这个问题我们还没有消息，我们把希望寄托在您身上，而您却保持缄默。这是不行的。每周一两次从您那里得到一些哪怕是简单的消息，以经常保持联系使人对事情有所了解，这是最低要求。何况还有一些"不满者"写信来（我今天收到了一个不满者写来的一封长信，您想必能猜得出来，信是谁写的）。因此务请来信，要写得经常些，详细些。

热切地向维·米·问好！

您的    老头

从巴黎发往彼得堡

载于 1933 年《列宁文集》俄文版
第 25 卷

译自《列宁全集》俄文第 5 版
第 47 卷第 278—279 页

# 220

# 致弗·德·邦契-布鲁耶维奇

## (11 月 10 日)

亲爱的弗·德·:日前给您写过一封信。[①] 今天再写一封,因为我得到了一些令人非常不安的消息,说是你们那里似乎有些不和[321]。由于什么原因引起不和,我不懂。是怎么回事,我不知道。总不能不让我们知道消息,而过后又要向我们诉苦,说事情受到阻碍。既然在主要方面是一致的,即必须不让波特列索夫先生之流和《我们的曙光》杂志中的其他废物沾边,为什么那些志同道合的人们不能为这份报纸一起工作呢? 本来在这方面是一致的啊! 我们今天就写我们关于吸收第三个人参加的意见(原来有过一个明确的条件:第三个位置是我们的)。[322]我现在通知您,以免产生种种谣传。这第三个人有三分之一的决定作用——这难道算多吗? 难道您反对吗? 但愿不是。我非常非常希望不发生摩擦就能把事情安排好。是时候了,绝不能拖延了,要赶快把报纸和杂志搞起来。关于杂志[323]的事,我们的要求不多:请您给我们物色一位主要秘书并搞到一两份申请书。这件事难道这样难办吗? 好吧,我等您的消息了。

我希望,同那些不满者的事情现在能得到解决。本来没有什

---

① 见上一号文献。——编者注

么好吵的。

从巴黎发往彼得堡

载于 1933 年《列宁文集》俄文版
第 25 卷

译自《列宁全集》俄文第 5 版
第 47 卷第 279—280 页

# 附　　录

## 1

## 致卡·亚·布兰亭

（1906年4月23日和5月8日之间）

致布兰亭同志

亲爱的同志：俄国社会民主工党斯德哥尔摩代表大会通过您向瑞典兄弟党表示敬意，并邀请您列席我党的会议。

致社会民主党的敬礼！

代表主席团

费·唐恩

尼·列宁

写于斯德哥尔摩

原文是德文

译自《列宁全集》俄文第5版
第47卷第283页

# 2

# 致俄国社会民主工党中央委员会①

（1907 年 9 月底）

我们从我们接到的有关通知中看出，中央机关报管理委员会同扩大的编辑部之间的关系是极不明确的。如果管理委员会能够独立地处理事务并最终决定稿件的取舍；而扩大的编辑部则负责确定机关报的总的方向、拟定每一号报纸的内容并监督实施，那么，我们认为可以承担委派给我们的职责。如果说，根据管理委员会任何一位成员的要求，不管哪一篇稿件的问题都将提交给 7 个人来决定，那么，在这种情况下，我们就不能参加管理委员会。因为我们认为，在这种情况下要出版定期的机关报是不可能的。因此，我们请求中央委员会更为明确地规定管理委员会和扩大的编辑部的职责和权力。**324**

载于 1907 年 10 月 11 日《俄国社会民主工党中央委员会通报》第 3 号

译自《列宁文集》俄文版第 39 卷第 56—57 页

---

① 这封信是列宁和彼·伊·斯图契卡两人写的。——编者注

# 3

# 《无产者报》编辑部声明

## (1908 年 6 月 23 日和 27 日之间)

致布尔什维克中央成员维克多同志

《无产者报》编辑部声明,关于马克西莫夫同志的退出和在最近 3 天内(以及早些时候)发生的一切事情,并未通知过任何一个组织。对已经通知过的少数几个人,我们将立即向他们提出绝对保持缄默的要求。我们坚决保证在今后采取一切措施,使发生过的一切事情的消息只局限于布尔什维克中央的成员范围之内。

我们可以作出这种保证,如果马克西莫夫同志

(1)不把他给编辑部的信分发给各地方组织;

(2)像我们一样保证采取措施,使已经获悉他退出编辑部等情况的个别人员绝不再继续私下传播这件事;

(3)把表示自己全部不满和指责的声明交给布尔什维克中央的(已在国外的和正在出国途中的)成员们即将召开的会议;

(4)马克西莫夫同志不坚持在《无产者报》上刊登他退出的

消息。**325**

代表《无产者报》编辑部

**尼·列宁**

**英·多罗夫**

布尔什维克中央的秘书　**萨布林娜**

写于日内瓦(本埠信件)

载于 1933 年《列宁文集》俄文版
第 25 卷

译自《列宁全集》俄文第 5 版
第 47 卷第 283—284 页

4

# 给《无产者报》编辑部的信

（不晚于 1909 年 4 月 25 日）

**致布尔什维克中央成员——马克西莫夫、马拉、多莫夫同志**

　　……对你们关于现在召集布尔什维克中央开会的建议，我们认为有必要提出以下几点意见：

　　（1）布尔什维克中央以往一系列会议表明，在这些会议上提出的一批具有不同程度重要性的问题，是同那些比较带普遍性的问题有明显联系的，为解决后一类问题，现在正召开布尔什维克中央扩大会议。布尔什维克中央作为布尔什维克派的领导机关，其整个原则性的和实际的政策应当按照什么方向去执行，在这个总的问题未得到解决之前，在这样的条件下，要解决上述那一批问题，要么是不可能的,要么在实际上变成无谓的争吵,并扩大争吵的因素。由于我们从"反对派"方面观察到的那种对布尔什维克中央各项决定所持的态度,同志式地讨论问题往往变成这些同志对布尔什维克中央的某些成员的一系列攻击,变成毫无根据地重复种种诽谤和诬蔑。

(2)由于这个原因,布尔什维克中央在确认布尔什维克中央某些成员走上分裂主义道路之后,已经通过一项决定:在召开全会解决一些不容拖延的**实际**问题以前,将向布尔什维克中央成员们提出**询问**。因此,我们并不认为目前有必要召集现在在巴黎的布尔什维克中央的成员开会,何况要求召集开会的直接理由——确定召开扩大会议的日期,只有向布尔什维克中央的**全体**成员,主要是向在国内的成员进行询问后才能弄清楚。已向他们所有的人发出有关的询问,现在正等待答复并将由秘书把答复通知你们。

关于**邀请地区代表**的问题,不需要专门进行讨论,因为这些代表出席布尔什维克中央扩大会议是必须的。

恩·同志关于他认为合适的日期的声明,即使是他并不通过其他 3 个成员转交的话,当然也是要很快加以考虑的。

致同志的敬礼!

尤·加米涅夫

尼·列宁

格里戈里

维克多

写于巴黎(本埠信件)

译自《列宁全集》俄文第 5 版
第 47 卷第 284—285 页

# 5
# ☆致社会党国际局执行委员会

1909 年 5 月 26 日于巴黎

亲爱的同志：

报上报道了沙皇出行和他打算访问瑞典、意大利、英国和法国的消息。**326**

瑞典社会党人已经认为必须就这件事表态，我们的同志布兰亭代表他们在瑞典议会——用向政府质询的方式——提出了充满国际社会党团结精神的强烈抗议。

我们相信，我们在其他国家里的同志们将赞同布兰亭的意见：沙皇的访问是不能看做一次平常的正式外交行动的；我们还相信，他们将根据局势的要求，自己也提出抗议。

只是必须号召他们迅速采取行动。显然，俄国支部不能直接出面。同时我们觉得，执行委员会和各国议会委员会能够主动地向所属各党以及向有关的议会党团发出呼吁，向他们指出沙皇尼古拉二世在这种制度所施的暴行中扮演的角色，他不仅是这一制度的代表人物，而且是积极的罪恶的鼓吹这一制度的人。

我们其他支部的同志们要对俄国的政治监狱中的暴行给予非

常注意,在那里,我们有成千上万的同志由于渴望自由,由于为工人的事业和社会主义而斗争正在付出代价。这些事实就是社会民主党杜马党团最近提出质询的内容,我们给你们寄上这份质询的译文,请你们在草拟呼吁书时加以考虑,并在必要时将文本转寄给各支部,请他们在报刊上发表。[327]

致兄弟的敬礼!

尼·列宁

伊·鲁巴诺维奇

发往布鲁塞尔

载于 1960 年《苏共历史问题》杂志
第 5 期

译自《列宁全集》俄文第 5 版
第 47 卷第 286—287 页

6

# 给《社会民主党人报》编辑部的声明

(1909 年 11 月 5 日)

我们通知中央机关报编辑部:列宁同志撤销自己的决议案(关于党内的组织策略),格里戈里和加米涅夫两同志也撤销自己的决议案(关于刊登列宁的一篇文章或希望刊登这篇文章)。因此,列宁收回自己那份退出中央机关报编辑部的声明。同时,我们在下面签名的人,表示赞成以下意见:整个"事件"出于误会,不能成立。①

格里戈里　1909 年 11 月 5 日于巴黎

尤·加米涅夫　1909 年 11 月 5 日于巴黎

列　宁　1909 年 11 月 6 日于布鲁塞尔

阿·瓦尔斯基　11 月 6 日于布鲁塞尔

发往巴黎

载于 1933 年《列宁文集》俄文版
第 25 卷

译自《列宁全集》俄文第 5 版
第 47 卷第 287 页

# 7

## ☆致俄国社会民主工党中央委员会

### (1909 年 11 月 14 日)

在下面签名的中央委员会委员,布尔什维克,认为需要声明:按照我们的意见,必须尽快召开中央委员会全体会议。

我们在表示赞成尽快召开全体会议的同时,将从自己方面尽一切努力使这次会议能在最近期间召开。

我们请中央委员会国外局把我们的这个声明通知国内和国外

---

① 见本卷第 171 号文献。——编者注

的全体中央委员。

中央委员　**英诺森耶夫**

**格里戈里**

**列　宁**

**维·谢尔盖耶夫**

1909 年 11 月 14 日(公历)于巴黎

载于 1926 年《无产阶级革命》杂志
第 11 期

译自《列宁全集》俄文第 5 版
第 47 卷第 288 页

8

## ☆致俄国社会民主工党中央委员会国外局

(1910 年 4 月 5 日)

尊敬的同志们：

在涉及中央机关报内部冲突的问题上你们自己是**如何**理解自己的权限的，对我们向你们提出的这一质询，我们至今尚未得到答复。[328]尽管如此，我们还是认为有必要就中央机关报新编辑部内从全会以来发生的一系列冲突向你们作一些说明，正像我们在最近的将来准备这样做以便让**全党**和**全体**社会民主党人都知道一样。

我们就从唐恩和马尔托夫两同志 3 月 29 日最近这项声明谈起。

1. 说我们决定刊登一篇梯弗利斯寄来的"包含有对高加索区域委员会极其粗暴的攻击"的文章[329],这是不确实的,因为文章的这一部分本来就是决定删去的,留下的仅仅是与格鲁吉亚报纸的原则性论战,该文作者,一个地方工作人员,揭露该报有取消主义观点。而且声明的作者还向你们隐瞒了一点:这篇论战文章的手稿当时寄给了格鲁吉亚文章的那位作者,使他有可能在同一号中央机关报上作出答复。(后来,在编辑部的最近一次会议上,我们决定把整个这场论战的稿件连同答复在内一起转给《争论专页》。)

2. 声明的作者在你们面前避而不谈,为什么我们不采用唐恩同志论党在工会遭受迫害时的任务的那篇文章。我们之所以不采用这篇文章,是因为"在这篇文章中,党的任务被篡改了:由推翻专制制度的斗争偷换成立宪民主党'争取合法性的斗争'这么微不足道的小事"。

3. 唐恩同志和马尔托夫同志认为,我们单独讨论如何回击对中央机关报和对党的统一进行的卑鄙攻击是"不正常的",而他们自己却认为,他们,中央机关报的两个编辑,同《社会民主党人呼声报》的其他几个编辑聚在一起,准备对中央机关报**进行**卑鄙的攻击[330]则是"完全正常的"。编委会内几个志同道合的人研究问题和在一篇文章提交编辑部作出决定以前共同讨论这篇文章(尤其是像这一次那样),他们却认为是违法的。但是,既在中央机关报编辑部担任职务(顺便说一句,中央委员会曾委托中央机关报"说明倒向"**取消主义**和召回主义方面的"危险性"),同时又在《社会民主党人呼声报》编辑部担任职务(该报是掩饰、怂恿和庇护取消主义的,并且中央委员会已向该报表示了必须停办的意图),他们却认为**并不**违背政治上的正派作风。这种背后攻击中央机关报、攻击党的统一,而同时却要求在对他们的背后攻击草拟答复时要采用"集体决定"的手法,这种地下讼师特有的手法,我们留给声明的作者去使用吧。同他们一起讨论他们本人对中央机关报进行的攻击,从我们方面来说,是不光彩的可笑的事情。当然我们唯一能做到的,就是把这篇文章送到编辑部,使他们有可能了解它的内容,并听取他们的反驳。事情正是这样做的。

4.声明的作者写道,我们"简直骗了"他们,因为"我们一个字也没有提到过我们打算公布——何况还是用令人气愤地歪曲真相的手法公布——中央委员同中央委员会国外局的一部分通信"。我们对他们不仅没有提到过这一点,而且根本一点也没有提到过这篇文章的内容,**因为——我们把它交到他们手里了。**唐恩同志甚至还翻阅了这篇文章的手稿。在唐恩和马尔托夫这方面来说,这确实是一个骗局,其目的是使你们不去注意作者自己在上面几行给你们写的话,说**我们给他们看了这篇文章的手稿**,由此可见——我们什么也没有打算隐瞒他们。而为了证明我们在什么地方"令人气愤地歪曲真相",我们准备在第12号中央机关报上刊登中央委员会来信中有关这件事的**全部**摘录。读者自己会作出判断的。

5.声明的作者谈到了关于"这件事的对警方保密的方面"。但是他们忘记告诉你们,我们在报上**并未**说出这3个取消派分子在党内的组织情况,而唐恩和马尔托夫自己却在《社会民主党人呼声报》第19—20号合刊上不但登出了他们的名字,而且还登出了其他取消派分子的名字。对于这一点,我们只能用普列汉诺夫的话来回答:党内取消派受到的"威胁"只是"在脖子上挂上一枚勋章"。

6.声明的作者写道,布尔什维克也拒绝进入中央委员会。①但是他们故意忘记告诉你们,问题不在于谁想不想进入中央委员会,而在于谁把中央委员会和党看成是不需要的和有害的。

7.声明的作者对不采用他们的文章提出控告。但所有这些控告只有一个目的:为《社会民主党人呼声报》的存在人为地制造依据。为了这一目的,声明的作者**抵制**《争论专页》,而在《争论专页》上他们的文章本来是可以不受阻碍地刊登出来的。连这一份为了不必再办派别的报纸,为了让党的各个流派在它们的观点同中央机关报的观点有分歧时能自由发表意见而创办的党的刊物,他们也在有意识地加以破坏。比如说,我们曾建议把马尔托夫同志的《在正确的道路上》一文或者由编辑部**加上按语**(因为该文是反对中央决定的)刊登在中央机关报上,或者刊登在《争论专页》上。前一种办法被称为该文遭到"**宪兵**"押送,后一种办法则被称为"流放"。而且直截了当地对我们宣称:"现在我们将对你们开战"。

8.声明的作者控告说,我们刊登了一篇关于代表会议的文章**331**,而该文似乎是"根本歪曲全会关于这个问题的决定的"。这一控告的意思是:这里谈到的那篇文章同**中央**关于代表会议的**信完全一致**,而中央关于代表会议的那封反对取消主义的信却是极

① 声明的作者在这里愤愤不平地说,"也没有告诉文章的读者,**波兰社会民主党人至今未能找到任何一个同意在中央委员会代表他们的人**"。同时他们还竟然敢于把这句话加上了着重标记。这同声明中的其他说法一样,也是**卑鄙的谎言**。和全会之前波兰社会民主党人在中央委员会里有一位自己的代表一样,现在,在全会之后,也有一位代表,他正在等待通知,什么时候他该去参加中央委员会的会议。不过,这位波兰的中央委员在一个星期之前就收到了他的同事从莫斯科寄来的信,从这封信得出的结论是:他必须等待,因为中央委员会还不可能召开。

端取消派分子唐恩所不喜欢的。文章就是起草中央委员会那封信的同志写的。而中央委员会的信马尔托夫同志是**签了名的**。**信是一致通过的**。马尔托夫同志在转寄信的校样时,给这封信的起草者写道:"对于您起草的关于代表会议的信稿,**我没有任何反对意见**"。而现在,取消派的公鸡还没有来得及啼完3遍,尔·马尔托夫就急急忙忙(同唐恩一起)否认**他自己赞同的**信了。在唐恩起草的、同时还由马尔托夫签了名的……声明中,天真地暴露了呼声派对中央关于代表会议的信和我们就这个题目写的文章不满的真实原因:瞧,全会好像是决定让党同"所谓的取消派""和解",并"填平"他们同党之间的"鸿沟"。而中央机关报却不执行这一任务。我们承认错误:我们正在执行恰恰相反的任务。奇怪的只有一点:为什么对不采用那些文章提出控告的声明的作者**自己**在《社会民主党人呼声报》上**不采用**马尔托夫同志也签了名的文章,即关于代表会议的《中央委员会的信》呢? 为什么他们**既**不**全文**转载它,**也**不转载**哪怕是一部分**呢? 大概是因为中央委员会的信"根本歪曲"中央委员会的"决定"吧。

9.声明的作者因3个做实际工作的取消派分子被揭露的事使他们感到恼怒而敢于向你们,向**中央委员会**国外局,提出"雪耻"的要求。显然,他们以为你们会同意把他们的同道米哈伊尔、罗曼和尤里对我们党所进行的那种骇人听闻的污辱掩盖起来。显然,他们有意把**向党隐瞒**我们已经揭露出来的和**一位中央委员在他从国内寄来的信中请你们予以公布**的那个反党阴谋的企图算在你们账上。对于这种污辱你们党员良心的事,我们当然留待你们自己作出应有的回答。可我们认为,没有一个党的机关会下决心哪怕是稍稍地和以某种方式,哪怕是间接地去同罗曼、尤里和米哈伊尔之流及其同谋者搞在一起的。对于这样的人和机关,是应该**立即**并**公开地**以全党的名义把他们钉在耻辱柱上的。我们在我党中央机关报内(把我们安排在那里是全会的意思),将坚持不懈地执行这样的方针。任何人,只要他把自己的命运同破坏党的人连在一起,都将遭到这样的下场——**不管他是谁**。

10. 声明的作者在他们那项声明的末尾威胁你们说,如果你们不按照他们的意图去做,他们将揭露中央全会所撤销的案件。他们向你们声言,要不顾中央委员会的决定做到这一点。但这种威胁已经不是通常的派别勾当,正如拉脱维亚社会民主党的代表在中央全会上就呼声派为了搞派别勾当对这些案件大事渲染这一点所说的那样,这已经是对中央委员会国外局的一种公然的派别**讹诈行为**了。不用说,我们当然会让你们,同志们,自己好好地去对付那些**搞派别勾当的讹诈者**的。

但是,我们不会去搜集一切凭空捏造的东西和歪曲事实的情况以及充斥在马尔托夫和唐恩针对我们的各种声明、控告和抗议中的明显谎言。你们自己,同志们,无疑是能够把这一派别勾当的全部情况搞清楚的,尽管我们并不怀疑,它将使你们同我们一样自然而然地产生一种极端厌恶的感觉。不过,我们想在末了提请你们注意两点。

**第一**,我们提请注意,呼声派目前这种搞垮中央委员会的尝试**不是第一次**。1908年夏,当布尔什维克中央委员们被捕的时候,呼声派就已经作过一次这样的英勇尝试,在中央全会(1908年8月)上被揭发了。当时呼声派向崩得派的同志们提出了参加搞垮中央委员会的阴谋的建议。但是崩得中央委员(埃·同志)把这一情况告诉了刚从监狱获释的布尔什维克中央委员(格·同志),于

是阴谋家的尝试失败了。我们至今还保存着这位崩得中央委员的
信,他在信中说,呼声派的头头们否认中央委员会自身的"存在的
权利"("Existenzrecht"),并建议用某种情报局来代替它。[332]呼声
派中央委员们向崩得中央提出这种叛党建议的事实,在十二月代
表会议(1908年)上还得到了崩得派其他同志们的证实(参看代表
会议记录)。如果你们把这一点与孟什维克阿列克谢·莫斯科夫
斯基同志和格·瓦·普列汉诺夫同志不久前的揭发对比一下,再
与这样一个事实,即《社会民主党人呼声报》一次也没有反对过取
消派,而是相反,它总是为他们辩护,现在又要求承认他们是具有
跟党平等权利的一方,甚至把罗曼、米哈伊尔和尤里置于自己的保
护之下,对比一下,那么,你们就会看到一幅十分鲜明的图景:取
消派为达到自己的目的——破坏党——进行着长期的、不倦的、
顽固的、最复杂多变的恶毒尝试。与此同时,取消派本身十分危
险,有必要十分坚决地对取消派进行斗争,这一点甚至连瞎子也
看得清。因此,我们认为,现在该是把有关取消党的各种尝试的
**全部事实**,连同崩得中央委员埃·同志的信一起公布出来的时
候了。

第二,既然两个呼声派分子,即我们中央机关报的两个同事给
你们写信说,"对党的最起码的尊重会使"我们"有义务拒绝担任党
内的重要职务",那么,我们认为,普通的政治准则和对自己的最起
码的尊重会使他们在为取消派辩护的同时,放弃他们在党内和中
央机关报内采取的那种错误立场。不过,与他们不同,我们完全不
想把恶毒的意图归咎于他们个人的本性。谎言、讹诈者的威胁以
及他们所有的其他品质不是出于他们的恶毒愿望,而是出于他们
的错误立场,这种立场迫使他们每走一步都要犯错误。要知道恶

行的该受诅咒,**还在于它必然要不断地产生恶**。① 而他们的恶行
的该受诅咒,正在于他们同时待在党的机关报和要取消党的机关
报里面,因而肩负着既拥护党又反对党这样一种矛盾的使命。由
于这个缘故,他们甚至缺乏罗曼、尤里、米哈伊尔之流所具有的那
种"勇气"。他们的这种立场既同普通的政治准则不相容,也同对
自己的最起码的尊重不相容。这就形成了那种错误立场,那
种——如果可以这样表达的话——为了达到取消主义目的的**别具
一格的阿捷夫式的叛卖活动**,它促使他们怀着最善良的愿望去干
最不体面的勾当。

中央机关报编辑部成员

阿·瓦尔·

**格·季诺维也夫**

**尼·列宁**

1910 年 4 月 5 日

　　附言:这份声明的抄件我们马上寄出,暂时只寄给中央委员会
俄国委员会、"各民族的"中央委员会和我们党的各报刊。

写于巴黎(本埠信件)　　　　　　　　　　译自《列宁全集》俄文第 5 版

第 47 卷第 288—295 页

---

① 引自德国剧作家约·克·席勒的历史剧《华伦斯坦》三部曲,《皮柯乐米尼父
　　子》第 5 幕第 1 场。——编者注

9

## ☆致波兰社会民主党总执行委员会

（1910 年 4 月 10 日）

亲爱的同志们：昨天同你们在全党机关的代表们交换意见[333]时我们看到，你们的代表们在为捍卫党性和反对取消派的坚决斗争中表现动摇，正在走上客观上**只能**为取消派效劳的"调和主义"的道路。

我们深信，在党内生活中这样重要的转折关头发生动摇，只能对党的敌人有利。

我们将不得不在**撇开**你们的代表的情况下，或者，也许甚至在**反对**他们的情况下执行党性的路线。关于这一点我们现在用简短的几句话通知你们。至于详细情况，我们将在最近期间向你们说明，最有可能是通过报刊作出说明。

我们希望你们能够理解，为什么我们正是给你们，给我们在政治思想上如此接近的组织首先打招呼。

致同志的敬礼！

中央机关报编辑部成员、布尔什维克

**列 宁**

**格里戈里**

1910 年 4 月 10 日

写于巴黎

载于 1933 年《列宁文集》俄文版
第 25 卷

译自《列宁全集》俄文第 5 版
第 47 卷第 295—296 页

# 10

## ☆致德国社会民主党执行委员会

1910年9月①2日于哥本哈根

尊敬的同志们：

在8月28日的那一号《前进报》上刊登了关于俄国党内状况的匿名文章**334**，这是一篇从未见过的荒唐文章。当国际代表大会正在紧张地进行，大家都在会上满怀着维护社会党的统一的愿望，十分慎重地讨论某些国家中政党的内部争论，尽量避免介入这些争论，并宣传各国社会民主党的力量、伟大和道义上的威望的时候，——正是在这个时候，德国党的中央机关报却在没有任何理由、没有任何明显必要的情况下突然刊出了一篇竭力攻击俄国社会民主党的文章。这篇文章恬不知耻地批评整个俄国社会民主主义运动，它企图用最阴沉的语调向外国描述俄国社会民主党的没落、无能和腐败。其次，文章对党内现有的各个派别和流派从上到下无一例外地进行批评和谩骂；最后，它还包含对党的正式中央机关——中央委员会、中央机关报——的粗暴攻击，指责他们有派别的片面性等等内容；还对这两个中央机关的一些个别成员用前所未闻的方式进行诽谤。

刊登在德国党的中央机关报上的这样一篇文章（该文的匿名作者的目的只是为了满足因个人受到某种小小的委屈而产生

---

① 原稿误写成"8月"。——俄文版编者注

的报复心理)将会对俄国社会民主主义运动的利益造成损害；它没有先例地破坏了国际团结和对俄国社会民主党的兄弟情谊。如果说拥有大批著名著作家的俄国党，多年来总是避免把自己内部的事情拿到德国党的报刊上去发表的话，那么这仅仅是因为，它并不认为外国报刊是解决自己内部争论的合适的斗争场所。促成俄国社会民主党的统一，这始终是俄国的全体同志，而首先是党的中央机关的最复杂的和最重要的任务。显然，为了维护统一就必须避免一切有碍于克服内部分歧的做法。对平心静气地、客观地阐述俄国党内生活的问题，当然是谁也不应当表示反对的。但我们十分坚决地反对像上述那篇文章所做的那样对运动、对党及其中央机关进行恶毒的、吹毛求疵的和居心叵测的评论，何况在这篇文章中扮演一个无所不知的党内旁观者角色的匿名作者，被称之为中央机关报《前进报》的通讯员，这就使这篇文章具有正式编辑部文章的性质。

俄国社会民主工党中央机关报

《社会民主党人报》代表

格·普列汉诺夫

阿·瓦尔斯基

中央委员会代表、社会党国际局成员

尼·列宁(弗拉·乌里扬诺夫)

原文是德文

译自《列宁全集》俄文第5版第47卷第296—298页

# 11

## ☆致中央委员会国外局

1910 年 10 月 26 日

尊敬的同志们：

我们于本月 24 日已将波列塔耶夫同志给我们的信的摘录转给你们了。作为这份摘录的补充，我们通知你们，波列塔耶夫同志**受整个党团的委托**请求把办报的钱汇去，并且，从他的来信中可以得出结论：这张（你们知道的）报纸[335]的编辑部**也是由党团**委派的。

从我们这方面来说，我们支持杜马党团的请求，并认为由它发起的出版报纸的工作十分重要，因此我们表示同意由中央委员会国外局从布尔什维克交给保管人考茨基、梅林和蔡特金的款子中借 1 000（一千）卢布专门汇给党团。

关于这件事，务请中央委员会国外局今天就给我们正式答复。

致同志的敬礼！

中央机关报编辑部成员

**列宁、格里戈里**

写于巴黎（本埠信件）

载于 1926 年《无产阶级革命》杂志
第 11 期

译自《列宁全集》俄文第 5 版
第 47 卷第 298—299 页

# 12

# 给威·海伍德的致敬信

### (1907年8月18日和24日之间)

　　国际代表大会以全世界社会主义运动的名义,祝愿威廉·海伍德在他为美国有组织的工人的利益而进行的伟大斗争中取得胜利。大会强烈谴责矿主们企图对一个无辜的人仅仅由于他有功于有组织的无产阶级而判罪。无论是诉讼案,还是整个资本主义报界对海伍德一贯进行的诽谤性攻击,大家都看做是美国资产阶级日益明显地暴露出来的阶级政策的表现,看做是美国资产阶级在一切威胁它的利润和权势的情况下完全丧失自制力和荣誉感的表现。与此同时,大会向如此坚毅有力而斗志旺盛地回击了这种进攻的美国社会党人表示敬意。

　　有阶级觉悟的欧洲无产阶级把由这一团结行动所显示的巨大威力看成是未来的成功的保证,并且希望美国无产阶级在争取自身的彻底解放的斗争中,将显示出同样的坚定性和团结精神。

尼·列宁①

写于斯图加特

载于1907年圣彼得堡新世界出版社出版的《斯图加特国际社会党代表大会》一书

译自《列宁全集》俄文第5版第47卷第300页

---

①　签署该致敬信的还有组成斯图加特代表大会主席团的社会党国际局全体成员。——俄文版编者注

# 13

## 给奥·倍倍尔的贺信

（1910 年 2 月 22 日）


**致奥古斯特·倍倍尔同志**

在您 70 岁生日的时候，我们谨代表俄国社会民主工党，代表正在为反对由反革命目的联合起来的沙皇政府和资产阶级的压迫而进行艰苦斗争的全体俄国工人，向您，国际社会民主主义运动的先进战士和德国社会民主党的领袖致热烈的敬意。

在几乎整整半个世纪之前，您，一个青年车工，开始了从事工人运动的活动，先是作为爱国者，而后成为在工人启蒙团体中热忱工作的民主主义者。您以自己的成长表明，整个国际无产阶级在这一时期已经向前跨进了一步。在这一时期开头，多数觉悟的工人，或者是跟着资产阶级政党走，或者至多也只是在社会主义的或无政府主义的各个派别中从这一派走向另一派，寻找自己的、本阶级的通向社会主义的道路。现在，文明世界的绝大多数觉悟工人已经成为社会民主党人，而且正是在德国，马克思主义的理论基础已经最深入、最广泛地传播到无产阶级群众之中，以灿烂的光辉照耀着无产阶级为彻底推翻资本主义而进行的斗争。

我们向您这位工人领袖表示祝贺，您以自己的榜样表明，工人的解放应当是工人自己的事。德国的觉悟工人，依靠马克思主义的理论,比别国的工人更能使自己的运动避免犯机会主义的和无政府主义的错误,更能建立强大的群众组织——工会组织和政治组织,更能团结成一支统一的阶级力量。因而在各个历史转折关头,无论在民族沙文主义浪潮不断高涨的时候,还是在封建君主主义和教权主义的反动势力日益增强,向各种社会主义组织宣布歼灭性战争的时候,这一支阶级力量总是能够正确地找到自己的道路,能够坚持并更广泛、更深入地向群众传播自己的革命世界观和未来的伟大的社会主义革命必然到来的思想。

俄国工人把您的半个世纪的活动看做是一种保证:在这场未来的决定性的斗争中(斗争的曙光在德国和其他先进国家中已经看得很明显),社会民主主义无产阶级不仅一定能够像在资产阶级革命时代夺取一系列胜利那样对自己的力量充满信心,奋不顾身地进行斗争,而且也一定能够战胜并永远摧毁资本主义剥削制度的整个大厦。

俄国社会民主工党中央

机 关 报 编 辑 部 成 员

尔·马尔托夫

尼·列宁

尤·加米涅夫[①]

从巴黎发往柏林 　　　　　　　　译自《列宁全集》俄文第5版
第47卷第301—302页

---

① 签署该贺信的还有俄国社会民主工党中央委员会的委员们。——俄文版编者注

# 14

# 给季·基尔科娃的贺信

（1910 年 9 月 3 日）

季娜：代表大会后共进晚餐的马克思主义者向你表示祝贺。

你的　**格奥尔吉**

**尼·列宁**①

从哥本哈根发往索非亚

原文是保加利亚文

载于 1957 年索非亚出版的《保共
中央保共党史研究所通报》杂志
第 1—2 卷

译自《列宁全集》俄文第 5 版
第 47 卷第 302 页

---

①　签署该贺信的还有茹·盖得、罗·卢森堡、格·瓦·普列汉诺夫、卡·穆尔和
尤·卡尔斯基。——俄文版编者注

# 15

# 致日内瓦的"读书协会"主席

1908 年 12 月 14 日于日内瓦

致读者协会[Société de Lecture]委员会主席先生

阁下：

因我须离开日内瓦迁居巴黎，按照会章第 31 条的规定，谨通知您：我退出协会。

主席先生，请允许我通过您向读书爱好者协会表示感谢，感谢协会以其良好的机构和工作为我提供了许多帮助。

主席先生，请相信我对您的深切的敬意！

**弗拉·乌里扬诺夫**

巴黎　圣米舍林荫路 27 号

玛丽亚·乌里扬诺娃小姐

（交弗拉·乌里扬诺夫先生）

原文是法文

载于 1952 年日内瓦出版的 M.
皮昂佐拉《列宁在瑞士》一书
（非全文）

译自《列宁全集》俄文第 5 版
第 47 卷第 303 页

# 16
# 致巴黎的国立图书馆馆长

1909 年 1 月 12 日于巴黎

### 致国立图书馆主管人先生

谨请求您准许我到国立图书馆阅览室看书。随信附上涅夫勒省的议员路·昂·罗布兰先生的介绍信。

阁下，请您相信我对您的深切的敬意！

**弗拉·乌里扬诺夫**

巴黎(XIV)

博尼埃街 24 号

原文是法文

译自《列宁全集》俄文第 5 版
第 47 卷第 304 页

# 17
# 给彼·阿·克拉西科夫的证明书

## 1

1905 年 1 月 31 日于日内瓦

阁下：

持信人别利斯基同志系俄国社会民主工党《前进报》派的唯一

代表。我派由党的多数委员会组成,而《前进报》编辑部则被授权代表这些委员会,其中也包括圣彼得堡委员会的利益和观点。

阁下,恳请您相信我对您的崇高的敬意!

**弗拉·乌里扬诺夫(尼·列宁)**

原文是法文

载于 1931 年《列宁文集》俄文版第 16 卷

译自《列宁全集》俄文第 5 版第 47 卷第 305 页

## 2

1905 年 2 月 14 日于日内瓦

持信人别利斯基公民系俄国社会民主工党多数派委员会中央局驻巴黎的唯一代表。

中央局国外事务全权代表①

原文是法文

载于 1934 年《列宁文集》俄文版第 26 卷

译自《列宁全集》俄文第 5 版第 47 卷第 305 页

---

① 下面的签名是:"Ⅱ.斯捷潘诺夫"。——俄文版编者注

# 18

# 给奥·阿·皮亚特尼茨基的证明书

1905 年 6 月 13 日于日内瓦

兹任命**星期五**同志为俄国社会民主工党中央委员会全权代表，请其他组织和政党给他提供各方面的协助。

代表俄国社会民主工党中央委员会

**尼·列宁**（弗拉·乌里扬诺夫）

原文是德文

载于 1931 年《列宁文集》俄文版第 16 卷

译自《列宁全集》俄文第 5 版第 47 卷第 306 页

# 19

# 给弗·德·邦契-布鲁耶维奇的证明书

1[①]

1905 年 7 月 31 日于日内瓦

兹任命弗拉·德米·邦契-布鲁耶维奇同志为俄国社会民主

---

① 见本卷第 39 号文献。——编者注

工党在日内瓦的印刷所经理。

俄国社会民主工党中央委员会国外代表

**尼·列宁**

载于 1931 年《列宁文集》俄文版　　　　　译自《列宁全集》俄文第 5 版
第 16 卷　　　　　　　　　　　　　　　　第 47 卷第 306 页

2<sup>336</sup>

1905 年 10 月 6 日于日内瓦

　　务请给持此信的我党的邦契-布鲁耶维奇同志以尽可能的帮助,请给他出主意或提供实际帮助。

**弗·乌里扬诺夫(尼·列宁)**

载于 1934 年《列宁文集》俄文版　　　　　译自《列宁全集》俄文第 5 版
第 26 卷　　　　　　　　　　　　　　　　第 47 卷第 306 页

# 20

# 给伊·彼·波克罗夫斯基的证明书

（1910 年 8 月 26 日）

　　兹证明**波克罗夫斯基**同志已被第三届杜马社会民主党议会党

团选为参加社会党国际局的代表。

**尼·列宁**

写于哥本哈根

原文是法文

载于1911年根特出版的《国际
社会党第八次代表大会》一书

译自《列宁全集》俄文第5版
第47卷第307页

21

# 给达维德松的信的草稿

1905年1月30日于普拉滕街33号

**苏黎世　　达维德松**先生

（用化学药剂写）

在他要关系时，他们是否**会给**他呢？

他本人将在幕后时而与这一派，时而与另一派（孟什维克或布尔什
维克）协作。

他还将在苏黎世待5—6天。

写于日内瓦

载于1934年《列宁文集》俄文版
第26卷

译自《列宁全集》俄文第5版
第47卷第308页

# 注　释

**1**　看来列宁说的是他 1904 年 12 月 3 日给亚·亚·波格丹诺夫、罗·萨·捷姆利亚奇卡和马·马·李维诺夫的信(见本版全集第 44 卷第 311 号文献)。——1。

**2**　指 1904 年 9—12 月间布尔什维克地方委员会召开的 3 个代表会议:南方代表会议、高加索代表会议和北方代表会议。这 3 个代表会议都赞成立即召开俄国社会民主工党第三次代表大会。——1。

**3**　到彼得堡去的那位姑娘是谁,有两种说法:一说是 О.Ф.波波娃,一说是В.Л.博格罗娃。——1。

**4**　看来是指罗·萨·捷姆利亚奇卡来信中谈到的下述情况:北方各委员会代表会议决定向中央委员会发出最后通牒,问它是否同意负起立即召开代表大会的责任,并限定它在两周内答复。如果它在答复中表示拒绝或者在两周的限期内不作答复,多数派委员会常务局再发表公开声明。因此捷姆利亚奇卡认为关于常务局发表公开声明一事的分歧只是若干天的问题。——2。

**5**　无辜的罪人一语出典于俄国剧作家亚·尼·奥斯特罗夫斯基晚年写的一个同名剧本(1883 年)。剧本描写了奥特拉金娜和她的非婚生子的不幸遭遇。按照当时资产阶级道德标准,非婚的结合及私生子被认为是"有罪"的,因此作家称他们是"无辜的罪人"。——2。

**6**　指筹备召开俄国社会民主工党第三次代表大会的多数派委员会常务局的选举。——2。

**7** 《前进报》(《Вперед》)是第一个布尔什维克报纸,俄国社会民主工党多数派委员会常务局的机关报(周报),1904 年 12 月 22 日(1905 年 1 月 4 日)—1905 年 5 月 5 日(18 日)在日内瓦出版,共出了 18 号。列宁是该报的领导人。该报编辑部成员是:列宁、瓦·瓦·沃罗夫斯基、米·斯·奥里明斯基和阿·瓦·卢那察尔斯基。——2。

**8** 指孟什维克《火星报》编辑部 1904 年 12 月以传单形式发表并印有"仅供党员阅读"字样的第二封《给各党组织的信》。该传单在孟什维克组织中散发。列宁在《地方自治运动和〈火星报〉的计划》这本小册子(见本版全集第 9 卷)里对《火星报》编辑部的第一封《给各党组织的信》作了批判性的分析。他还在《工人民主派和资产阶级民主派》及《两种策略》这两篇文章(见本版全集第 9 卷)里评论了《火星报》编辑部的这两封信。——3。

**9** 指载于《前进报》第 1 号的列宁的《无产者的漂亮示威和某些知识分子的拙劣议论》一文(见本版全集第 9 卷)。——3。

**10** 《火星报》(《Искра》)是第一个全俄马克思主义的秘密报纸,由列宁创办。创刊号于 1900 年 12 月在莱比锡出版,以后各号的出版地点是慕尼黑、伦敦和日内瓦。参加《火星报》编辑部的有:列宁、格·瓦·普列汉诺夫、尔·马尔托夫、亚·尼·波特列索夫、帕·波·阿克雪里罗得和维·伊·查苏利奇。

　　《火星报》在建立俄国马克思主义政党方面起了重大的作用。在列宁的倡议和亲自参加下,《火星报》编辑部制定了党纲草案,筹备了俄国社会民主工党第二次代表大会。这次代表大会宣布《火星报》为党的中央机关报。

　　俄国社会民主工党第二次代表大会后,从第 52 号起,《火星报》变成了孟什维克的机关报,人们称这以后的《火星报》为新《火星报》。关于新《火星报》,见注 89。——4。

**11** 列宁在《工人民主派和资产阶级民主派》一文(载于 1905 年 1 月 11 日(24 日)《前进报》第 3 号,见本版全集第 9 卷)中批判了孟什维克《火星报》第 77 号社论《站在十字路口的民主派》。——4。

12　《曙光》杂志(«Заря»)是俄国马克思主义的科学政治刊物,由《火星报》
　　编辑部编辑,1901—1902 年在斯图加特出版,共出了 4 期(第 2、3 期为
　　合刊)。第 5 期已准备印刷,但没有出版。杂志宣传马克思主义,批判
　　民粹主义和合法马克思主义、经济主义、伯恩施坦主义等机会主义思
　　潮。——5。

13　1905 年 1 月 6 日,列宁给在日内瓦的政治流亡者们作了关于工人民主
　　派和资产阶级民主派问题的专题报告。——6。

14　《前进报》第 1 号上印的日期是 1904 年 12 月 22 日(1905 年 1 月 4 日),
　　比实际出版时间早了两天。——6。

15　马·高尔基从 1902 年底开始给予布尔什维克以经济帮助(见《弗·
　　伊·列宁和阿·马·高尔基。书信,回忆,文件》1961 年俄文第 2 版第
　　360—361 页)。——7。

16　即党总委员会(1903—1905 年),是根据俄国社会民主工党第二次代
　　表大会通过的党章建立的党的最高机关。它的职责是:协调和统一中
　　央委员会和中央机关报编辑部的活动,在这两个中央机关之一的全部
　　成员出缺时恢复该机关,在同其他党的交往中代表党。党总委员会必
　　须按照党章规定的期限召开党代表大会,并在拥有代表大会一半票数
　　的党组织提出要求时提前召开党代表大会。党总委员会由 5 人组成,
　　中央委员会和中央机关报编辑部各派 2 人,另一人由代表大会任命。
　　党的第二次代表大会选举格·瓦·普列汉诺夫为党总委员会的第五名
　　委员。列宁起初代表中央机关报编辑部参加党总委员会,在他退出《火
　　星报》编辑部以后则代表中央委员会参加党总委员会。在普列汉诺夫
　　转向机会主义和孟什维克篡夺了中央机关报编辑部以后,党总委员会
　　就成了孟什维克同布尔什维克作斗争的工具。根据俄国社会民主工党
　　第三次代表大会通过的党章,党总委员会被撤销。从第三次代表大会
　　起,代表大会闭会期间党的唯一领导中心是中央委员会,中央机关报编

辑部由中央委员会任命。——10。

**17** 指多数派委员会常务局的声明。1904年12月列宁草拟了这个文件的初稿（见本版全集第9卷第93—95页），并把它寄给在国内的多数派委员会常务局的全体委员。在这封信里，他提出了第二稿的要点。这些要点差不多全部反映在《通知》的定稿中，只是多数派委员会常务局同《前进报》完全一致和多数派委员会常务局将负责帮助党的各地方委员会有效地工作这两点在定稿中没有提及。声明以《关于召开党的第三次代表大会的通知》为题发表于1905年2月15日(28日)《前进报》第8号。——10。

**18** 指《关于中央机关与党决裂的声明和文件》（见本版全集第9卷）。

1904年7月，一些布尔什维克中央委员背着列宁作出决定，承认格·瓦·普列汉诺夫把在俄国社会民主工党第二次代表大会上落选的那些孟什维克编辑增补进《火星报》编辑部是合法的，并且禁止列宁以中央委员会国外代表的资格采取负责行动，除非受中央委员会的委托，这样就剥夺了列宁作为党的国外代表的权利。

虽然列宁在1904年8月18日就对这项决定提出了抗议，认为它是非法的，因为他没有被邀请参加中央委员会的会议，甚至没有接到要讨论这个问题的通知，但是中央委员会的这项决定仍然在8月25日的《火星报》第72号上发表了。

接着，11月5日《火星报》第77号刊登了俄国社会民主工党中央委员会的声明。这一声明指责N同志（罗·萨·捷姆利亚奇卡）通过列宁发表声明说她仍然是中央委员是"旨在瓦解党"，并提出由国际社会民主党的领袖们组成仲裁法庭来审理这一冲突。——11。

**19** 和国内信件往来的登记表是娜·康·克鲁普斯卡娅编制的，所有来往信件都由她登记。——12。

**20** 指1905年1月9日事件的消息传到日内瓦后，该地的俄国社会民主工党各派侨民联合举行群众大会一事。会前，布尔什维克和孟什维克曾达成不在大会上进行论战以及会上募捐所得由各派均分等项协议，但后来都被孟什维克所撕毁。——12。

21　指奥·倍倍尔1905年2月3日给列宁的信。他在信里通知列宁，为了消除俄国社会民主工党内的分裂，德国社会民主党主席团责成他主持一个应有布尔什维克（《前进报》）和孟什维克（《火星报》）的代表参加的仲裁法庭。倍倍尔表示，如果布尔什维克同意成立仲裁法庭并同意选派代表参加，则请他们确认自己愿意服从裁决。倍倍尔还向孟什维克和布尔什维克提出一个条件：从同意成立法庭之时起，停止一切论战。——13。

22　关于奥·倍倍尔建议的消息，是在列宁为1905年2月15日（28日）《前进报》第8号发表多数派委员会常务局关于召开党的第三次代表大会的通知而写的《编者按语》的一条注释中报道出来的（见本版全集第9卷第266页）。——13。

23　这是列宁为多数派委员会常务局的一个委员起草的信稿，这个委员可能是1905年1月来到日内瓦的亚·马·埃森（斯捷潘诺夫）。——15。

24　1905年2月15日（28日）《前进报》第8号刊载的一则莫斯科短讯说，在一次会议上，中央委员会的代表宣称，中央委员会的全体委员都同意召开第三次代表大会。米·斯·奥里明斯基为这则短讯加了编者按语，其中说，中央委员会数月来一直反对召开代表大会，解散了那些赞成召开代表大会的委员会；现在，当它的策略遭到了失败时，它又宣布自己同意立即召开代表大会，但仍然企图破坏代表大会。列宁对奥里明斯基的这段文字作了如下补充：“我们希望，不论是常务局或地方委员会，都不要让党内的‘施德洛夫斯基委员会’的把戏欺骗了自己。”（见本版全集第9卷第347页）——17。

25　写这封信的原委如下。1904年，由于俄国国内纷纷举行罢工，伦敦的一些俄国社会民主党组织成立了援助国内罢工者委员会。该委员会除请求英国各工会提供援助外，还决定向由詹·拉·麦克唐纳任书记的“劳工代表委员会”（工党的原称）发出呼吁。康·米·塔赫塔廖夫和尼·亚·阿列克谢耶夫受托同该委员会谈判(他们两人都是当时还没有分裂的伦敦俄国社会民主党组织的成员)。"劳工代表委员会"在谈判中答应提供援助,同时提出一个条件:要把部分款项用于救济1905年1月9日(22日)事件中死难者的遗属。——18。

**26**　施德洛夫斯基委员会是根据沙皇1905年1月29日(2月11日)的诏令成立的一个特别委员会,其任务是针对1月9日"流血星期日"以后展开的罢工运动,"迅即查清圣彼得堡市及其郊区工人不满的原因并提出杜绝此种情况的措施"。委员会主席是参议员兼国务会议成员尼·弗·施德洛夫斯基。参加委员会的除政府官员和官办工厂厂长外,还应有通过二级选举产生的工人代表。布尔什维克就工人代表的选举展开了大规模的解释工作,揭露沙皇政府成立这个委员会的真正目的是引诱工人离开革命斗争。当第一级选举产生的复选人向政府提出关于言论、出版、集会自由等要求时,施德洛夫斯基于1905年2月18日(3月3日)声称这些要求不能满足。于是,多数复选人拒绝参加选举代表的第二级选举,并号召彼得堡工人用罢工来支持他们。1905年2月20日(3月5日),委员会还没有开始工作就被沙皇政府解散了。——19。

**27**　多数派委员会常务局的第1份传单《迫切的问题》(关于起义)载于1905年2月23日(3月8日)《前进报》第9号;第2份传单《俄国社会民主工党对自由派的态度》载于1905年3月2日(15日)《前进报》第10号。——20。

**28**　这封信可能是给《前进报》编辑部和多数派委员会常务局驻巴黎代表彼·阿·克拉西科夫的回信。克拉西科夫当时正参与解决布尔什维克和孟什维克之间分配社会民主工党在法国募集到的资金的问题。为了反驳孟什维克代表列·格·捷依奇的声明,他曾询问列宁,国内究竟有多少个多数派委员会(捷依奇声明硬说,站在孟什维克方面的组织有40个)。——21。

**29**　在多数派委员会常务局关于召开党的第三次代表大会的通知中,列入应该由代表大会解决的组织问题的项目内,有一条涉及改组中央机关:

"中央机关应该是**单一的**,而且是**国内的**。"(参看《苏联共产党代表大会、代表会议和中央全会决议汇编》1964 年人民出版社版第 1 分册第81 页)列宁在《对党章中关于中央机关一项的修改》一文(见本版全集第 9 卷)中说明了他对这一条的态度。他建议保持两个中央机关:国外的中央机关(中央机关报编辑部)和国内的中央机关(中央委员会);这两个中央机关定期召开的联席会议"**实际上将永远起着党的最高或最上级的党'总委员会'的作用**"(同上书,第 307 页)。——21。

30　指 1905 年 2 月 9 日(22 日)俄国社会民主工党中央委员会委员在作家列·尼·安德列耶夫的住所开会时被捕。——22。

31　我怕希腊人一语出自罗马诗人维吉尔的史诗《埃涅阿斯纪》中叙述特洛伊城被希腊人用木马计攻陷的第 2 卷,原句是:"我怕希腊人,即使希腊人带了礼物来,我也得警惕他们。"后人常用这句话来提醒人们警惕口蜜腹剑、心怀叵测的人。——23。

32　指俄国革命社会民主党人国外同盟。

　　　俄国革命社会民主党人国外同盟是根据列宁的倡议于 1901 年 10月在瑞士成立的。俄国社会民主工党第二次代表大会后,同盟落入孟什维克手中。1903 年 10 月同盟第二次代表大会后,布尔什维克退出同盟。从此同盟就成为孟什维主义在国外的主要堡垒,直至 1905 年同盟撤销为止。——23。

33　关于俄国社会主义组织代表会议,参看列宁的《关于起义的战斗协议》一文(本版全集第 9 卷)和 1905 年 4 月 23 日(5 月 6 日)列宁在俄国社会民主工党第三次代表大会上就同社会革命党达成实际协议问题所作的发言(本版全集第 10 卷第 175—180 页)。——24。

34　这是对孟什维克领袖们的讽刺性称呼。——24。

35　指俄国社会民主工党中央委员会、崩得、拉脱维亚社会民主工党和乌克兰革命党的代表于 1905 年 1 月在国外举行的代表会议。这次会议是**根据崩得的倡议为所有社会民主主义组织实行统一而召开的**。代表会议就关于同自由派政党和民主派政党达成协议以及俄国革命组织和反对派组织结成"联盟"的问题通过了决议。——24。

**36** 《最新消息》(《Последние Известия》)是崩得国外委员会的公报，1901—1906年先后在伦敦和日内瓦出版，共出了256号。——24。

**37** 俄国社会民主工党敖德萨委员会委员莉·米·克尼波维奇在复信中通知列宁：敖德萨委员会以前给瓦·瓦·沃罗夫斯基(约瑟芬)的那份参加代表大会的委托书，现在转给列宁；沃罗夫斯基将从尼古拉耶夫委员会得到委托书；委员会拒绝给予丹·伊·基里洛夫斯基-诺沃米尔斯基(丹尼拉)以委托书。——30。

**38** 这封信原定发表在《前进报》"信箱"栏，后未刊出。伊克斯大概是著名的孟什维克彼·巴·马斯洛夫。——31。

**39** 指1905年3月12日(25日)俄国社会民主工党中央委员会和多数派委员会常务局就召开第三次代表大会问题签订的内部协定。与签订协定同时，双方发出了联合呼吁书《告全党书》，其中规定代表大会的任务是：制定全党的策略和实行组织的统一。呼吁书开列了有权利能力的委员会，并宣布中央委员会和多数派委员会常务局已成立筹备代表大会的组织委员会。呼吁书刊登1905年3月23日(4月5日)《前进报》第13号。——33。

**40** 指1905年党的第三次代表大会开幕的时间。列宁在星期三(4月5日)写信给彼·阿·克拉西科夫，预计代表大会开幕不会早于星期一(4月10日)。实际上代表大会直到4月25日才开幕。参加筹备代表大会的组织委员会的中央委员们，作了同总委员会(格·瓦·普列汉诺夫、帕·波·阿克雪里罗得和尔·马尔托夫)达成协议的最后尝试，争取它承认中央委员会关于召开代表大会的决定并批准组织委员会已进行的工作。谈判一直延续到代表大会的代表从俄国来到日内瓦和布尔什维克出发去伦敦。——33。

**41** 《日志》即《社会民主党人日志》(《Дневник Социал-Демократа》)，是

格·瓦·普列汉诺夫创办的不定期刊物,1905年3月—1912年4月在日内瓦出版,共出了16期。1916年在彼得格勒复刊,仅出了一期。——34。

**42** 指1905年3月12日(25日)以中央委员会和多数派委员会常务局的名义向全党发出的联合呼吁书(参看注39)。——34。

**43** 《前进报》第13号以《组织问题》为题公布了多数派委员会常务局向俄国社会民主工党第三次代表大会的报告的草案(报告人"伊万诺夫"——亚·亚·波格丹诺夫),其中包括党章修改草案。——34。

**44** 列宁指的是彼·阿·克拉西科夫的报告。他是国外组织委员会出席俄国社会民主工党第三次代表大会的代表。该委员会领导着退出俄国革命社会民党人国外同盟的各布尔什维克小组。同盟在它的第二次代表大会以后已完全被孟什维克所操纵。——34。

**45** 这封信是对奥·伊·维诺格拉多娃1905年2月18日敖德萨来信的答复。她在来信中对列宁说:"您在给T.同志的信中提到我答应写关于下诺夫哥罗德的情况。"——35。

**46** 指法国社会党代表大会。这次代表大会于1905年4月23—25日在巴黎召开。在大会上,盖得派同饶勒斯派实现了统一。——36。

**47** 指刊登在1905年3月25日《火星报》第94号上的尔·马尔托夫的文章《是党代表大会还是小团体的代表大会?》。马尔托夫在这篇文章中说盖得派的行为是"列宁派"应当效法的榜样,同时散布谎言,说盖得派曾请奥·倍倍尔和德国社会民主党进行调解。加·达·莱特伊仁在4月20日《前进报》第15号上写了题为《一点小小的更正!》的短评,来回答马尔托夫。——36。

**48** 指卡·考茨基在1905年《新时代》杂志第23年卷第29期上发表的文章《俄国社会党人之间的意见分歧》。此文俄译文刊登于《火星报》第97号。文章说:"……在俄国党内根本没有修正主义者…… 他(指列

宁。——编者注)为严格的集中制和中央委员会的独裁权力作辩护,而
阿克雪里罗得和他的朋友们则要给地方委员会的活动提供更大的余
地。"——37。

**49** 指制止孟什维克攫取布尔什维克在萨马拉的地下印刷所。——37。

**50** 1889—1893 年,列宁在萨马拉省的阿拉卡耶夫卡度夏时是阿·安·普
列奥布拉任斯基的庄邻。普列奥布拉任斯基当时住在离阿拉卡耶夫卡
数俄里的绍尔涅利独立农庄。——37。

**51** 这个激进农民叫德米特里·雅柯夫列维奇·基斯利科夫,住在曾被俄
国作家格·伊·乌斯宾斯基写进其作品《三个村庄》里的近卫兵村。
1905 年,他在农民中间进行革命宣传,同社会民主党人接近。国内战
争期间去世。——37。

**52** 1905 年 5 月 1 日,列宁在俄国社会民主工党第三次代表大会上作了关
于社会民主党人参加临时革命政府的报告,在报告中详细地论述了恩
格斯的著作《德国维护帝国宪法的运动》(见本版全集第 10 卷第 133—
135 页)。恩格斯的这部著作是对 1849 年巴登—普法尔茨起义经过的
概述。恩格斯亲自参加了这次起义,担任奥·维利希的副官。

　　1905 年春夏,俄国有几家合法出版社着手出版马克思和恩格斯著
作的俄译本。列宁曾为敖德萨海燕出版社审定马克思的《法兰西内战》
和其他著作。但是用俄文出版恩格斯这本小册子一事,在十月革命前
没有实现。——38。

**53** 这封信没有得到答复。——41。

**54** 《无产者报》(《Пролетарий》)是布尔什维克的秘密报纸,是根据俄国社
会民主工党第三次代表大会决定创办的俄国社会民主工党的中央机关
报(周报)。1905 年 5 月 14 日(27 日)—11 月 12 日(25 日)在日内瓦出
版,共出了 26 号。根据 1905 年 4 月 27 日(5 月 10 日)党的中央全会的
决定,列宁被任命为该报的责任编辑。编委会的委员有瓦·瓦·沃罗
夫斯基、阿·瓦·卢那察尔斯基和米·斯·奥里明斯基。参加编辑工

作的有娜·康·克鲁普斯卡娅、维·阿·卡尔宾斯基、维·米·韦利奇金娜等。——41。

**55**　列宁这次去了巴黎。1905年5月24日(6月6日)，他在那里作了关于党的第三次代表大会及其决议的报告。——43。

**56**　关于俄国社会民主党人参加临时革命政府的问题，保·拉法格在1905年10月29日法国统一社会党第一次代表大会期间向加·达·莱特伊仁发表的谈话中，表明了自己的观点(参看本卷第74号文献和注128)。——44。

**57**　指孟什维克。与俄国社会民主工党第三次代表大会在伦敦召开的同时，在日内瓦举行了孟什维克代表会议。——45。

**58**　俄国社会民主工党在社会党国际局内的代表权问题是1905年5月7日(20日)提交俄国社会民主工党中央委员会讨论的。关于任命格·瓦·普列汉诺夫为俄国社会民主工党驻社会党国际局代表的决定，已由列·波·克拉辛、列宁和德·西·波斯托洛夫斯基签署，但有一项保留：如果同普列汉诺夫已经开始的谈判圆满成功，则委托列宁将此决定付诸实行。列宁认为普列汉诺夫必须承认第三次代表大会的合法性，必须回到党内来并服从党的决定。

孟什维克在自己的代表会议上推举普列汉诺夫参加社会党国际局。1905年6月16日，普列汉诺夫通知社会党国际局，说两派已授权他担任代表，并有倾向性地叙述了分裂的经过，否认俄国社会民主工党第三次代表大会的必要性和合法性。——46。

**59**　关于第三次代表大会的通知和代表大会的主要决议一起刊登于1905年5月14日(27日)《无产者报》第1号。——49。

**60**　指1905年4月27日(5月10日)俄国社会民主工党中央委员会第一次全体会议通过的关于1905年9月1日(14日)在日内瓦召开下一次全体会议的决议。这个决议没有实行。——50。

**61** 指奥·倍倍尔向社会党国际局提出的为使布尔什维克和孟什维克统一起来而进行调解的建议。1905年1月21日(2月3日),他曾直接寄给列宁一项类似的建议,得到了否定的答复。——51。

**62** 指德文版的俄国社会民主工党第三次代表大会的通知和代表大会的决议在慕尼黑印成小册子以后,卡·考茨基在《莱比锡人民报》上发表的题为《俄国社会民主党的分裂》的文章,反对传播这本小册子。为了回答考茨基的文章,列宁写了《给〈莱比锡人民报〉编辑部的公开信》(见本版全集第10卷),但该报编辑部没有刊登。——51。

**63** 由亚·亚·波格丹诺夫(雷涅尔特)执笔的俄国社会民主工党中央委员会给孟什维克组织委员会的《公开信》,刊登于1905年7月27日(8月9日)《无产者报》第11号。

按照此信,俄国社会民主工党中央委员会建议孟什维克中央——组织委员会——在保持布尔什维克和孟什维克思想上独立的情况下,按下列条件进行关于统一的谈判:

(1)地方委员会在俄国社会民主工党第三次代表大会制定的原则基础上统一;

(2)两个中央达成恢复统一的共同活动的协议;

(3)保持党的机关报的并行存在。

列宁在1905年8月14日给俄国社会民主工党中央委员会的信中批评了这个计划(见本卷第42号文献)。——52。

**64** 《公开信》认为布尔什维克和孟什维克的策略分歧是"无关紧要"的。列宁提到的小册子是指他在1905年6—7月间写的《社会民主党在民主革命中的两种策略》(见本版全集第11卷)。——52。

**65** 两名未被捕的中央委员是列·波·克拉辛和阿·伊·柳比莫夫。——55。

**66** 《新时代》杂志(《Die Neue Zeit》)是德国社会民主党的理论刊物,1883—1923年在斯图加特出版。1890年10月前为月刊,后改为周刊。

1917 年 10 月以前编辑为卡·考茨基,以后为亨·库诺。第一次世界
大战期间,杂志持中派立场,实际上支持社会沙文主义者。

《莱比锡人民报》(《Leipziger Volkszeitung》)是德国社会民主党的
报纸(日报),1894—1933 年出版。该报最初属于该党左翼,弗·梅林
和罗·卢森堡曾多年担任它的编辑。1917—1922 年是德国独立社会
民主党的机关报,1922 年以后成为右翼社会民主党人的机关报。
——57。

**67** 指罗莎·卢森堡的《俄国社会民主党的组织问题》一文。这篇文章是她
应孟什维克的约请而写的,1904 年 7 月先后刊载在《新时代》杂志和孟
什维克《火星报》上。列宁写了题为《进一步,退两步(尼·列宁给罗
莎·卢森堡的答复)》的反驳文章(见本版全集第 9 卷)寄给卡·考茨
基,请他在《新时代》杂志上发表,但考茨基拒绝了。——57。

**68** 指关于任命格·瓦·普列汉诺夫为党的学术刊物责任编辑的决定。这
个决定是俄国社会民主工党中央委员会于 1905 年 5 月 7 日(20 日)通
过的。决定有一项保留:如果同普列汉诺夫的谈判圆满成功,则委托列
宁将此决定付诸实行。——58。

**69** 社会民主联盟是英国的社会主义组织,于 1884 年在民主联盟的基础上
成立。参加联盟的除改良主义者(亨·迈·海德门等)和无政府主义者
外,还有一批革命的社会民主党人即马克思主义的拥护者,他们构成了
英国社会主义运动的左翼。1907 年,社会民主联盟改称英国社会民主
党。1911 年,该党同独立工党中的左派一起组成了英国社会党。1920
年,社会党的大部分党员参加了创立英国共产党的工作。——58。

**70** 指俄国社会民主工党第三次代表大会通过的秘密决议《关于准备同孟
什维克合并的条件》(参看《苏联共产党代表大会、代表会议和中央全会
决议汇编》1964 年人民出版社版第 1 分册第 106 页)。——59。

**71** 弗·德·邦契-布鲁耶维奇原在中央委员会总务委员会工作,因临时回
国而中断;他没有正式调离该委员会,但返回日内瓦后实际上没有被吸

收参加那里的工作。他认为自己继续在那里工作是合适的。——61。

**72**　指格·瓦·普列汉诺夫翻译和注释的恩格斯《路德维希·费尔巴哈》这本小册子的第 2 版。普列汉诺夫在这一版的序言中批评了恩·马赫在俄国的追随者。这里说的短文列宁没有写成。他在《唯物主义和经验批判主义》一书中对普列汉诺夫那篇序言中个别论点进行了批评(见本版全集第 18 卷第 153—156 页)。——62。

**73**　指的是《欧洲无产阶级革命斗争史纲要》,刊登于《前进报》第 2、9、12、17 号,并续载于《无产者报》第 7 号和第 10 号,1905 年 11 月加上作者的后记在日内瓦出版了单行本。——62。

**74**　指阿·瓦·卢那察尔斯基写的谈 1848 年事件的文章《二月革命及其后果》。该文发表于 1905 年 9 月 27 日(10 月 10 日)《无产者报》第 20 号。——62。

**75**　可能是指俄国社会民主工党中央委员德·西·波斯托洛夫斯基 1905 年 5 月 26 日自德文斯克的来信和叶·德·斯塔索娃 1905 年 7 月 23 日自彼得堡的来信。前一封信说:"非常希望沃伊诺夫在您的领导下每周至少写一张一般政治性的传单,并以手稿形式分送各组织印发"。后一封信说,中央委员会俄国局决定请阿·瓦·卢那察尔斯基写一本关于俄国革命运动的小册子,分发给西欧的社会党人。——62。

**76**　指《社会民主党在民主革命中的两种策略》。这本小册子于 1905 年 7 月 25 日(8 月 7 日)出版。——62。

**77**　指尔·马尔托夫为 1905 年 7 月 28 日《火星报》第 105 号写的社论《莫非是转折的开端?》。阿·瓦·卢那察尔斯基在《他们既白白希望,也枉然担心》一文中对这篇社论作了批判,文章发表于 1905 年 8 月 9 日(22日)《无产者报》第 13 号。——63。

**78**　指"波将金"号装甲舰起义的参加者。起义失败后,大多数船员流亡国外。——64。

**79**　孟什维克的《火星报》刊登了1905年7月12日俄国社会民主工党中央委员会和孟什维克中央即组织委员会就俄国社会民主工党统一问题召开的会议的记录。记录中说，鉴于无法召开代表大会，孟什维克提出"通过党内两个部分相互充分让步"实行党的统一的计划；记录规定由党的两个部分的代表组成中央委员会，保留《火星报》和《无产者报》作为党的正式的机关报。俄国社会民主工党中央委员会代表认为，关于由俄国社会民主工党两个部分代表组成中央委员会的条件这一条可以接受；关于两份机关报执行职务的问题，推迟到弄清它们的编辑部对此的态度之后再定；至于整个条件，俄国社会民主工党中央委员会代表认为它们尽管并不违背党章的原则，但也并非全部都能行得通。——66。

**80**　指俄国社会民主工党中央委员列·波·克拉辛同社会民主党人维·列·柯普（常礼服）就保证国外同俄国国内之间秘密运输问题签订的协定。柯普根据这个协定不仅企图垄断同俄国国内秘密联系的一切事务，还企图攫取布尔什维克所拥有的部分财产和书刊。——67。

**81**　指出版俄国社会民主工党第三次代表大会的记录。——67。

**82**　奥廖尔-布良斯克委员会的决议说，它听取了关于俄国社会民主工党第三次代表大会的报告以后，不认为"自己有可能持这样或那样的观点"，建议没有派代表参加第三次代表大会的"少数派""同党合并"。该委员会还宣称："它将在自己的革命工作地区内，对来自'多数派'和'少数派'的同志一视同仁，把他们一律看做统一的俄国社会民主工党的党员。"——67。

**83**　尼·瓦·多罗申科（康斯坦丁·谢尔盖耶维奇）因在"卢申的信"即《给第三次代表大会代表的公开信》上签名而被彼得堡委员会解除了工作。经列宁解释后，他重新被吸收参加工作。——69。

**84**　指火星报出版社用俄文出版的诺伊·饶尔丹尼亚（科斯特罗夫）的小册子《"布尔什维主义"还是"孟什维主义"?》（原为在格鲁吉亚孟什维克机

关报《社会民主党人报》上发表的文章）。——69。

**85**　格·瓦·普列汉诺夫在《社会民主党人日志》第 2 期（1905 年 8 月）上发表了《与友人通信选录（给《无产者报》编辑部的信）》一文，答复列宁的《论临时革命政府。第一篇文章。普列汉诺夫的历史考证》（见本版全集第 10 卷第 221—232 页），并指责列宁和布尔什维克是布朗基主义。——70。

**86**　《工人阶级和革命》这本小册子的提纲拟出来了（见本版全集第 11 卷第 208—209 页），但是小册子没有写成。——70。

**87**　关于召开布里根杜马的诏书于 1905 年 8 月 6 日（19 日）颁布。8 月 16 日（29 日）《无产者报》第 14 号刊登了列宁的文章《"沙皇与人民和人民与沙皇的一致"》（见本版全集第 11 卷）。——71。

**88**　说的是国家杜马选举前的选民大会（参看本版全集第 11 卷第 163 页）。——77。

**89**　新《火星报》是指第 52 号以后的《火星报》。1903 年 10 月 19 日（11 月 1 日）列宁退出《火星报》编辑部以后，该报第 52 号由格·瓦·普列汉诺夫一人编辑。1903 年 11 月 13 日（26 日）普列汉诺夫把原来的编辑全部增补进编辑部以后，该报由普列汉诺夫、尔·马尔托夫、帕·波·阿克雪里罗得、维·伊·查苏利奇和亚·尼·波特列索夫编辑。1905 年 5 月该报第 100 号以后，普列汉诺夫退出了编辑部。1905 年 10 月，该报停刊，最后一号是第 112 号。——77。

**90**　俄国社会民主主义组织代表会议于 1905 年 9 月 7—9 日（20—22 日）在里加举行。派代表出席会议的有俄国社会民主工党中央委员会、孟什维克组织委员会、崩得、拉脱维亚社会民主党、波兰王国和立陶宛社会民主党以及乌克兰革命党。代表会议赞同布尔什维克积极抵制布里根杜马的路线。列宁在《对政治派别划分的初步总结》和《失败者的歇斯底里》这两篇文章（见本版全集第 12 卷）中对代表会议的意义作了评价。孟什维克拒绝在代表会议的决议上签字。——78。

**91**　这里说的是《最新消息》上刊登的《反革命的杜马》一文。列宁在《自然发生论》一文（见本版全集第 11 卷）中对崩得的立场进行了批判。
——78。

**92**　这里说的是尔·马尔托夫的《俄国无产阶级和杜马》一文。

　　《工人报》(《Arbeiter-Zeitung》) 是奥地利社会民主党的中央机关报。1889 年 7 月由维·阿德勒在维也纳创办。1893 年以前为周报，1894 年每周出版两期，从 1895 年 1 月起改为日报。第一次世界大战期间，该报采取社会沙文主义立场。1934 年被查封。1945 年复刊后是奥地利社会党中央机关报。——79。

**93**　亚美尼亚社会民主联盟即亚美尼亚社会民主工人组织（"特殊派"），是亚美尼亚民族联邦主义分子在俄国社会民主党第二次代表大会以后不久建立的。它像崩得一样要求实行联邦制的建党原则，并宣布自己是亚美尼亚无产阶级的唯一代表。——79。

**94**　中央委员会的快报即《俄国社会民主工党中央委员会快报》(《Летучие Листки ЦК РСДРП》)，是按照党的第三次代表大会决议解释当前策略问题和组织问题的报纸，不定期出版，总共出了 4 号。第 1 号是 1905 年 6 月在党的彼得堡委员会的印刷所印的，7 月曾由莫斯科委员会翻印过部分内容。第 2 号（6 月 24 日）和第 3 号（7 月 22 日）是胶印的。第 4 号（8 月底—9 月初）是油印的。

　　《工人报》(《Рабочий》) 是社会民主党的秘密的通俗报纸，由俄国社会民主工党中央委员会根据党的第三次代表大会的决议于 1905 年 8—10 月在莫斯科出版。该报的实际编辑是亚·亚·波格丹诺夫。——80。

**95**　指法国社会党报纸《社会主义者报》第 11 号刊登的孟什维克《火星报》写的一篇有关党的地方组织对俄国社会民主工党第三次代表大会的态度问题的报道。《火星报》宣称，只有 8 个俄国社会民主工党组织（特维尔、图拉、伊万诺沃-沃兹涅先斯克、雅罗斯拉夫尔、科斯特罗马、奥廖尔、库尔斯克、明斯克）承认代表大会合法，而这些组织仅团结了

2 000—2 500 名工人,有 25 个组织不承认代表大会,有 4 个组织少数人承认代表大会,有 9 个组织对代表大会的态度不清楚。由于《火星报》不在俄文报刊上发表这则骗人的报道,列宁便把《社会主义者报》上的那篇文章的整篇译文,加上自己的导语和结束语,以《我们的赫列斯塔科夫们》为题刊登在 1905 年 7 月 13 日(26 日)《无产者报》第 9 号上(参看《列宁文稿》人民出版社版第 12 卷第 176—177 页)。列宁在 1905 年 8 月 23 日(9 月 5 日)《无产者报》第 15 号上发表的《向国际社会民主党报告我们党内的情况》一文中,也对这篇报道中所引用的统计资料作了评价(见本版全集第 11 卷)。——81。

**96**　中央委员会 1905 年 8 月 24 日(9 月 6 日)来信是由 3 名中央委员(亚·亚·波格丹诺夫、德·西·波斯托洛夫斯基、列·波·克拉辛)署名的。它是对列宁 1905 年 8 月 1 日(14 日)去信(见本卷第 42 号文献)的答复。——84。

**97**　中央委员会的这个决议以《中央委员会论国家杜马》为题刊登于 1905 年 9 月 20 日(10 月 3 日)《无产者报》第 19 号。——84。

**98**　指尼古拉耶夫的布尔什维克和孟什维克就组织联合政治行动而达成的协议。两个委员会都向叫做"尼古拉耶夫市社会民主党人联合组织"的委员会选派了代表。委员会的任务是制定联合行动的计划和进行有关这个行动的宣传鼓动工作。为了使行动准备得更好,委员会成立了技术组、财务委员会和战斗队。

　　关于这一协议的尼古拉耶夫通讯,刊登于 1905 年 7 月 13 日(26 日)《无产者报》第 9 号"党内生活"栏。——87。

**99**　1905 年下半年任俄国社会民主工党敖德萨委员会书记的谢·伊·古谢夫写信给《无产者报》编辑部,谈论了布尔什维克在 1905 年革命中的策略,说到了敖德萨委员会在群众中进行的解释工作,批评了孟什维克日内瓦代表会议的决议。古谢夫来信摘登于 9 月 27 日(10 月 10 日)《无产者报》第 20 号,并加了列宁写的编者按语(见本版全集第 11 卷第 313 页)。——89。

**100**　作家管写,读者管读一语出自俄国作家米·叶·萨尔蒂科夫-谢德林
的特写集《五光十色的书信》。他在这本书里写道:"显然,俄国的读
者认为他是他,文学是文学。作家管写,他这个读者管读。如此而
已……　作家一遇到困难,读者就溜之大吉,使作家感到如置身荒漠之
中……"萨尔蒂科夫-谢德林在这里主要是谴责自由派读者,一旦进步
报刊受到迫害,他们便噤若寒蝉,同时也指出,"读者与作家之间没有建
立起直接的联系"是出现这种"作家管写,读者管读"的局面的另一种原
因。——90。

**101**　玛丽亚·马蕾赫出版社曾建议由它出版列宁的一系列著作以及其他布
尔什维克著作家的作品,为此列宁拟了打算同这个出版社签订的合同
草案。但是此事没有办成,因为与此同时,俄国社会民主工党中央委员
会在彼得堡另外同由康·彼·皮亚特尼茨基和马·高尔基创办的知识
出版社开始了谈判。谈判中提到,知识出版社打算成立一个由列宁、
阿·瓦·卢那察尔斯基、瓦·瓦·沃罗夫斯基、米·斯·奥里明斯基、
亚·亚·波格丹诺夫、弗·亚·巴扎罗夫、彼·彼·鲁勉采夫组成的编
辑委员会,由它来负责组织作者,确定党的纲领问题及一般社会科学问
题方面的选题,并编辑所有出版物。出版社还答应把很大一部分收入
交给党,并表示一有可能就宣布它是党的出版社。鲁勉采夫询问列宁
是否批准同知识出版社签订合同。1905 年 10 月 2 日(15 日),列宁回
电表示同意(见本卷第 63 号文献)。10 月 8 日(21 日),列·波·克拉
辛和鲁勉采夫同知识出版社签订了合同。——91。

**102**　指社会党国际局为俄国社会民主工党的统一而建议召开的代表会议。
参看列宁 1905 年 9 月 16 日给社会党国际局的信(本卷第 52 号文献)。
——91。

**103**　俄国社会民主工党中央委员会于 1905 年 10 月 3 日(16 日)写信通知列
宁:中央委员会决定委派列宁、弗·威·林格尼克和彼·彼·鲁勉采夫
为代表参加代表会议。列宁于 1905 年 10 月 14 日(27 日)把这件事通
知了社会党国际局(见本卷第 70 号文献)。——92。

**104** 亚·亚·波格丹诺夫的《党组织的原则》一文没有在《无产者报》上发表。——93。

**105** 说的是去芬兰参加俄国社会民主工党中央委员会会议问题。——94。

**106** 指委派驻社会党国际局的代表问题。俄国社会民主工党中央委员会决定委派列宁为代表(见本卷第68号文献)。——94。

**107** 关于同出版社签订合同一事,俄国社会民主工党中央委员彼·彼·鲁勉采夫于1905年9月28日(10月11日)给列宁写了一封详细的信。——97。

**108** 指米·安·雷斯涅尔1905年10月3日寄自柏林的信。信中提出了一个同自由派在一定条件下"妥协"的计划,这些条件是:他们要拒绝任何杜马选举,并立即同其他政党共同组织以普遍、平等、直接、无记名的选举权为基础的立宪会议选举。——99。

**109** 指米·安·雷斯涅尔同瓦·瓦·沃罗夫斯基的会面。沃罗夫斯基在1905年10月7日给列宁的信中详细叙述了这次会面的情况。信中说,雷斯涅尔建议于10月底在日内瓦组织一次所有拥护积极抵制杜马的人(布尔什维克、崩得分子、拉脱维亚和波兰社会民主党人)的代表会议,然后再组织一次同社会革命党、波兰社会党以及芬兰社会民主党代表的联席会议。

　　此外,雷斯涅尔还提出一个在德国成立合法的慈善机构的计划,目的是在其掩护下为俄国社会民主工党中央委员会募集武装起义的经费。——99。

**110** 1905年8月26日(9月8日),为革命运送武器的"约翰·格拉夫顿"号轮船在芬兰海岸搁浅。船员们把一部分武器卸到了岸上,然后把轮船炸毁。——100。

**111** 这封信是寄给谁的,尚未查明。列宁极为关切同在塔夫利达省工作的布尔什维克通信,是因为那里的农民运动规模巨大,而沙皇政府则对农民进行野蛮镇压,这一切正如列宁引用的一则电讯中说的,"一场殊死的斗争已经开始"(见本版全集第10卷第329页)。——104。

112　指阿·瓦·卢那察尔斯基的《议会及其意义》一文,该文发表于1905年11月3日(16日)《无产者报》第25号,大概根据列宁的意见作了修改。——104。

113　指引用鲁·希法亭的《议会主义和群众性罢工》一文(载于1905年9月13日出版的《新时代》杂志第51期)。这篇文章的主要意思是,德国社会民主党的实际力量不是在议会斗争之中,而是在它对广大工人阶级群众影响的增长和发展工人阶级群众的阶级自觉上。——105。

114　莫斯科事变是指已经开始的莫斯科工人的罢工和游行示威。列宁写了《莫斯科的政治罢工和街头斗争》和《莫斯科事变的教训》两篇文章来论述这一事件(见本版全集第11卷)。罢工运动蔓延到彼得堡,后来成为席卷整个俄国的政治总罢工(参看本版全集第12卷《全俄政治罢工》一文)。——105。

115　《莫斯科新闻》(《Московские Ведомости》)是俄国最老的报纸之一,1756年开始由莫斯科大学出版。1842年以前每周出版两次,以后每周出版三次,从1859年起改为日报。1863—1887年,由米·尼·卡特柯夫等担任编辑,宣扬地主和宗教界人士中最反动阶层的观点。1897—1907年由弗·安·格林格穆特任编辑,成为黑帮报纸,鼓吹镇压工人和革命知识分子。1917年10月27日(11月9日)被查封。——105。

116　指准备出版小册子《告贫苦农民》的合法版本一事,列宁的姐姐即安·伊·乌里扬诺娃-叶利扎罗娃。1905年底,彼得堡铁锤出版社以《农村需要什么(告贫苦农民)》这个书名出版了小册子。1906年又用初版纸型出了第2版。合法版本是在俄国第一次革命高潮时期准备的,所以列宁对小册子的内容作了一些修改和补充。——112。

117　指刊登在《工人报》第2号上的以《给工人的信。之二》为题的杂文,署名"第三者"。这是谁的化名,尚未查明。——113。

118  1905 年 9 月，俄国社会民主工党在国外创办了平民出版社。参加该出版社编辑部的有伊·巴·拉德日尼科夫、叶·德·斯塔索娃、弗·德·邦契-布鲁耶维奇和罗·彼·阿夫拉莫夫。平民出版社准备出版马·高尔基的剧本《太阳的孩子们》，因此与日内瓦的一家印刷厂的厂主朔尔茨签订合同，由他的印刷厂负责印刷。

　　剧本在党的印刷所排字，由于铅字不足拖延了时间，结果超过了把活字版交给朔尔茨的印刷厂印刷的期限。朔尔茨要求赔偿损失。据拉德日尼科夫证实，由于付给了朔尔茨一笔钱，事情才没有闹到法院去。——114。

119  加·达·莱特伊仁出席了 1905 年 10 月 29 日在沙隆召开的统一的法国社会党第一次代表大会，受到了热烈的欢迎。代表大会通过了保·拉法格所提出的支持俄国革命的决议，决议说：大会"满腔热情地欢迎即将到来的革命胜利，这一革命在推翻沙皇制度这一欧洲反动势力的巨大堡垒之后，将通过把资本家的财产收归国有和宣布俄国（国家的）破产来解放俄国工人，随后将引起欧洲的社会革命"。——118。

120  亚·亚·波格丹诺夫于 1905 年 10 月 1 日和 3 日（14 日和 16 日）间以俄国社会民主工党中央委员会几个在彼得堡的委员的名义写信给列宁，信中说："奥尔洛夫斯基不适宜担当这个角色，不能把他同普列汉诺夫并提…… 我们认为应该由**您**来担当这个角色…… 我们**坚持**要您当代表。"——119。

121  为了在通信中保密，预先约定把柏林称为敖德萨，把柯尼斯堡称为华沙。

　　列宁在下面以及在 1905 年 10 月 5 日的信（本卷第 58 号文献）中谈的都是有列宁参加的中央委员会委员和中央机关报编委的全体会议。——119。

122  指俄国社会民主主义组织代表会议。见注 90。——119。

123  《新生活报》（《Новая Жизнь》）是俄国布尔什维克的第一个合法报纸，

实际上是俄国社会民主工党的中央机关报。1905 年 10 月 27 日(11 月
9 日)—12 月 3 日(16 日)在彼得堡出版。正式编辑兼出版者是诗人
尼·明斯基,出版者是女演员、布尔什维克玛·费·安德列耶娃。从
1905 年 11 月第 9 号起,该报由列宁直接领导。参加编辑部的有:列
宁、弗·亚·巴扎罗夫、亚·亚·波格丹诺夫、瓦·瓦·沃罗夫斯基、
米·斯·奥里明斯基、阿·瓦·卢那察尔斯基和彼·彼·鲁勉采夫。
马·高尔基参加了《新生活报》的工作,并且在物质上给予很大帮助。

　　《新生活报》发表过列宁的 14 篇文章。该报遭到沙皇政府当局多
次迫害,在 28 号中有 15 号被没收。1905 年 12 月 2 日(15 日)该报被
政府当局查封。最后一号即第 28 号是秘密出版的。——123。

**124**　指 1905 年 10 月俄国的政治总罢工。——124。

**125**　指亚·亚·波格丹诺夫、弗·亚·巴扎罗夫和阿·瓦·卢那察尔斯基。
　　——125。

**126**　格·瓦·普列汉诺夫是否对这封信写了复信,尚未查明。看来,《社会
民主党人日志》第 3 期上以《〈新生活报〉》为题的一则短评就是他的回
答。普列汉诺夫在这则短评中指责列宁同"经验一元论者"和"颓废派
分子"一起参加该报是毫无原则的表现。——127。

**127**　关于为了党的统一同时召开多数派代表大会和少数派代表大会的问
题,列宁在《无产者报》公布俄国社会民主工党中央委员会代表同孟什
维克组织委员会代表举行的第三次会谈的记录和中央委员会对这一记
录所加的注释时写的编者按语里谈过(见本版全集第 11 卷第 304—
305 页)。《无产者报》给它发表的这些材料加的总标题是《关于党的统
一问题》。——128。

**128**　在参加于沙隆召开的法国社会党代表大会期间,加·达·莱特伊仁访
问了布拉克、保·拉法格和茹·盖得。他们三人对于俄国社会民主党
人是否参加临时革命政府这一主要问题都作了回答,认为必须参加。

　　1905 年 11 月 12 日(25 日)《无产者报》第 26 号在一篇题为《盖得

派与俄国社会民主党人参加临时革命政府》的简讯中,全文刊登了他们的答复。——129。

129　这里提到的那包文件中保存着列宁的哥哥亚历山大·伊里奇·乌里扬诺夫的文献,包括他在狱中照的一些相片。——131。

130　这封信是写给法国《人道报》记者艾·阿韦纳尔的。阿韦纳尔于1907年2月17日(3月2日)请列宁就《俄国社会民主工党在选举运动时期的策略》这一题目发表谈话,事后将记录稿寄给列宁审阅。

　　从刊登在《人道报》上的谈话稿可以看出,列宁所作的修改和所提的意见已被阿韦纳尔确切地领会和采纳(见本版全集第15卷第10—16页)。——133。

131　《新时报》(《Новое Время》)是俄国报纸,1868—1917年在彼得堡出版。出版人多次更换,政治方向也随之改变。1872—1873年采取进步自由主义的方针。1876—1912年由反动出版家阿·谢·苏沃林掌握,成为俄国最没有原则的报纸。1905年起是黑帮报纸。1917年二月革命后,完全支持资产阶级临时政府的反革命政策,攻击布尔什维克。1917年10月26日(11月8日)被查封。——134。

132　列宁和约·彼·戈尔登贝格(梅什科夫斯基)都是出席斯图加特国际社会党代表大会(1907年8月18—24日)的俄国社会民主工党的代表。这封信大概是在柏林写的。——135。

133　马·高尔基没有应邀出席斯图加特代表大会。——135。

134　《长虹》杂志(《Радуга》)是一种文学、科学和政治月刊,1907年6月—1908年2月在日内瓦出版。为该杂志撰稿的有马·高尔基、尼·亚·谢马什柯、米·格·茨哈卡雅、阿·瓦·卢那察尔斯基、波·米·克努尼扬茨、亚·亚·波格丹诺夫等。

　　"那里来的两位同志"是指克努尼扬茨和谢马什柯。列宁在第二国际斯图加特代表大会期间可能同他们交谈过。——136。

**135**　收信人和日期列宁没有写明,但收信人只能是卡·亚·布兰亭。列宁
返回俄国后,留在日内瓦的一个由叶·德·斯塔索娃、伊·巴·拉德日
尼科夫和罗·彼·阿夫拉莫夫组成的委员会,于1905年12月把布尔
什维克党的图书和档案转寄给了他。——138。

**136**　指安·伊·乌里扬诺娃-叶利扎罗娃。她曾受委托从斯德哥尔摩把布
尔什维克的报纸(全套《火星报》和1905年的《前进报》和《无产者报》)
寄给列宁,因为他发表在这些报纸上的文章要汇编成当时正在筹备出
版的《十二年来》文集(三卷本)的第3卷。——138。

**137**　指阿·瓦·卢那察尔斯基(沃伊诺夫)写的论党同工会的关系的小册
子。卢那察尔斯基出席了第二国际斯图加特代表大会,参加了"政党和
工会之间相互关系"这一问题的决议起草委员会。

　　卢那察尔斯基的这本小册子由于书报检查在1908年变本加厉而
未能刊印。列宁为这本书写的序言,见本版全集第16卷第176—184
页。——139。

**138**　在1907年9月21—23日举行的德国社会民主党埃森代表大会上,
奥·倍倍尔曾发言反对批评了古·诺斯克的沙文主义立场和德国代表
团在斯图加特代表大会上的所作所为的卡·李卜克内西,同时也由于
罗·卢森堡和所有德国左派分子在斯图加特代表大会上同社会沙文主
义者和社会帝国主义者作斗争的"方法"(即同布尔什维克结成联盟)而
反对卢森堡。——140。

**139**　《教育》杂志(《Образование》)是俄国一种合法的文学、科普和社会政治
性刊物(月刊),1892—1909年在彼得堡出版。初期由瓦·德·西波夫
斯基和瓦·瓦·西波夫斯基主编,从1896年起由亚·雅·奥斯特罗戈
尔斯基负责编辑。在1902—1908年间,该杂志刊载过社会民主党人的
文章。——140。

**140**　《无产者报》(《Пролетарий》)是俄国布尔什维克的秘密报纸,于1906年
8月21日(9月3日)—1909年11月28日(12月11日)出版,共出了

50 号。该报由列宁主编,在不同时期参加编辑部的有亚·亚·波格丹诺夫、约·彼·戈尔登贝格、约·费·杜勃洛文斯基等。——140。

**141** 《闪电》文集(《Зарницы》)是布尔什维克的公开刊物,1907 年在彼得堡出版。——140。

**142** 《同志报》(《Товарищ》)是俄国资产阶级报纸(日报),1906 年 3 月 15 日(28 日)—1907 年 12 月 30 日(1908 年 1 月 12 日)在彼得堡出版。该报打着"无党派"的招牌,实际上是左派立宪民主党人的机关报。——140。

**143** 1907 年,由米·谢·克德罗夫领导的彼得堡种子出版社着手出版列宁的以《十二年来》为书名的三卷本文集。由于在斯托雷平反动时期书报检查制度变本加厉,预定出版的三卷中只出版了第 1 卷和第 2 卷的第 1 分册。——141。

**144** 这封信大概是寄给卡·亚·布兰亭的,他当时曾协助布尔什维克同俄国国内联系。——142。

**145** 列宁参加了俄国社会民主工党第五次代表大会后,从伦敦返回,住在靠近彼得堡的芬兰。由于在芬兰大逮捕已开始,布尔什维克中央决定把《无产者报》从芬兰迁到国外出版。列宁、亚·亚·波格丹诺夫和约·费·杜勃洛文斯基为此事受托前往瑞士。列宁于 1907 年 12 月从芬兰动身,为等候娜·康·克鲁普斯卡娅在斯德哥尔摩逗留了几天,又在柏林住了 3 天,最后于 1908 年 1 月 7 日到达日内瓦。——144。

**146** 指《无产者报》印刷所和发行部的管理工作。——144。

**147** 柏林的这次逮捕是由于兑换 1907 年 6 月 13 日(26 日)梯弗利斯剥夺事件中夺得的纸币而引起的。这次剥夺行动是为布尔什维克党筹措经费而策划的,动手地点在梯弗利斯的埃里温广场,共夺得属于国库的 25 万卢布。这笔钱被送到彼得堡,并交给了党。这次行动的组织者卡莫(西·阿·捷尔-彼得罗相)和所有参加者都及时隐藏了下来。但是沙皇政府把被夺去的面额 500 卢布的纸币的号码通知了国内外的警察局。1907 年 12 月,在柏林、慕尼黑、巴黎、哥本哈根、斯德哥尔摩、日内瓦等地同时逮捕了兑换这些纸币的人。由于奸细雅·阿·日托米尔斯基的告密,卡莫于 1907 年 11 月在柏林被捕,随后被俄国政府作为刑事犯引渡回国。为了搜寻参加梯弗利斯剥夺事件的人,在巴黎、慕尼黑、日内瓦和斯德哥尔摩等地的俄国社会民主党人侨居区都进行了逮捕。——144。

**148** 1907 年 10—12 月马·高尔基游览了意大利。在佛罗伦萨,他结识了阿·瓦·卢那察尔斯基。——146。

**149** 列宁指的是格·瓦·普列汉诺夫的《对工团主义的理论和实践的批判》一文,该文载于 1907 年《现代世界》杂志第 11 期和第 12 期。普列汉诺夫在这篇文章里企图证明,在斯图加特国际社会党代表大会上讨论政党同工会相互关系时,工会中立论者的观点取得了胜利。

《现代世界》杂志(«Современный Мир»)是俄国文学、科学和政治刊物(月刊),1906 年 10 月—1918 年在彼得堡出版,编辑为尼·伊·约尔丹斯基等人。孟什维克格·瓦·普列汉诺夫、费·伊·唐恩、尔·马尔托夫等积极参加了该杂志的工作。布尔什维克在同普列汉诺夫派联盟期间以及在 1914 年初曾为该杂志撰稿。第一次世界大战期间,《现代世界》杂志成了社会沙文主义者的刊物。——147。

**150** 指的是俄国社会民主工党第五次(伦敦)代表大会的两份正式会议记录中的一份。这份记录留在国外,后来没有找到。——148。

**151** 指《社会民主党在 1905—1907 年俄国第一次革命中的土地纲领》(见本版全集第 16 卷)。——149。

**152** 这里说的是由第二届国家杜马土地委员会委员、社会革命党党团正式报告人伊·瑯·穆申科提出的有 105 名杜马代表签名的法案。这个法案是在《提交第二届国家杜马全体会议的资料》中用俄文发表的(见该书 1907 年版第 486—491 页)。——149。

**153**  1908 年开头几个月,运送《无产者报》到俄国的事宜,通过马·高尔基和玛·费·安德列耶娃得到了安排,但也因警察的迫害而几度中断。1908 年 5 月初,高尔基曾写信给意大利《前进报》编辑、社会党议员奥·莫尔加利,通知他有两个内有《无产者报》的包裹在热那亚被扣,请求消除这一"奇怪的误会"。高尔基的这封信在 5 月 18 日的《前进报》上刊出;5 月 25 日该报报道,对《无产者报》的扣押已解除。——152。

**154**  俄国社会民主工党在伦敦举行第五次代表大会期间(1907 年 4 月 30 日—5 月 19 日(5 月 13 日—6 月 1 日)),由于财政状况非常困难,曾通过马·高尔基和乔治·兰斯伯里向肥皂业业主约瑟夫·费尔兹借了一笔款子,当时约定在 1908 年 1 月 1 日前归还。由于债款没有及时偿还,费尔兹写信给当时是英国社会民主党党员的费·阿·罗特施坦催讨,罗特施坦为此写信给列宁。

　　十月革命后,苏联政府通过列·波·克拉辛将债款还给了费尔兹的继承人,取回了按照费尔兹的要求由代表大会全体参加者签名的借据。——155。

**155**  代表们不是按派别分别签字,而是签在同一张纸上,并注明自己是受什么组织派遣来参加代表大会的;只有崩得、波兰王国和立陶宛社会民主党以及斯皮尔卡的代表注明了自己属哪一派。——156。

**156**  《伯尔尼哨兵报》(«Berner Tagwacht»)是瑞士社会民主党的机关报,1893 年在伯尔尼创刊。——157。

**157**  《前进报》(«Vorwärts»)是德国社会民主党中央机关报(日报),1876 年10 月在莱比锡创刊。1878 年反社会党人非常法颁布后停刊。1891 年在柏林复刊。第一次世界大战期间持社会沙文主义立场。1933 年停刊。——158。

**158**  《人道报》(«L'Humanité»)是法国日报,由让·饶勒斯于 1904 年创办。该报起初是法国社会党的机关报,在第一次世界大战期间为法国社会党极右翼所掌握,采取了社会沙文主义立场。在法国社会党分裂和法国共产党成立后，从 1920 年 12 月起，该报成为法国共产党中央机关报。——158。

**159** 《无产者报》在国外复刊的通知印成了单页，其中谈到了报纸已由俄国迁至日内瓦出版、报纸的出版日期、撰稿人名单和订阅办法。——159。

**160** 马·高尔基的《谈谈小市民习气》刊登在 1905 年 10—11 月布尔什维克日报《新生活报》上。

1908 年，高尔基完成了中篇小说《忏悔》。这是一部受造神说影响比较严重的作品。列宁当时不知道这部小说的内容，这一点可以从列宁 1908 年 4 月上半月给高尔基的信中看出来（见本卷第 114 号文献）。——159。

**161** 这里提到的信是约·费·杜勃洛文斯基写的。——162。

**162** 说的是就尼·亚·谢马什柯被捕在报刊上发表声明的问题（参看本卷第 96 号文献）。——163。

**163** 马·高尔基的《论犬儒主义》一文是为法文杂志《进步文献》写的，最初发表在彼得堡种子出版社 1908 年出版的《文学的崩溃》文集中，随后刊登于上述法文杂志 3 月号。文章中有一些造神说的错误观点。——163。

**164** 马·高尔基 1908 年 1 月 30 日给亨利克·显克微支的信，是对显克微支就普鲁士政府掠夺波兹南地主地产一事征询意见的答复。

高尔基的信是一份反对显克微支维护波兹南地主大私有财产的揭露性文件。信里说，他珍视显克微支的艺术家的天才，但抗议他向威廉二世发出的用下述论据作支柱的呼吁，即：波兰人的行为是"和平的"，他们"不点燃革命之火"，并且准时交纳税款和给普鲁士军队提供兵士。高尔基最后说，"这些话使我对您爱波兰人民是否强烈感到怀疑"。

显克微支把 252 份征询意见的答复汇编成书在巴黎出版，高尔基的答复没有被收进。——163。

**165** 六三政变后,由于书报检查的加紧,合法报刊无法出版,布尔什维克就出版了一些文集。1907年和1908年初出版的文集有《生活之声》、《闪电》、《1908年大众历书》、《当前问题》、《当前生活》和《谈谈时代潮流》。——164。

**166** 指意大利社会党整体派(中派)领导人恩·费里拒绝参加该党中央机关报《前进报》编辑工作一事。阿·瓦·卢那察尔斯基就此写了《意大利工人党内的危机》一文,刊登于1908年2月27日(3月11日)《无产者报》第23号。——168。

**167** 指根据马·高尔基的倡议,列宁、亚·亚·波格丹诺夫、弗·亚·巴扎罗夫、阿·瓦·卢那察尔斯基和伊·伊·斯克沃尔佐夫-斯捷潘诺夫到卡普里岛去讨论出版活动问题和理论问题。这个"代表大会"于1908年4月举行(斯克沃尔佐夫-斯捷潘诺夫没有参加;为了同列宁会晤,他到日内瓦去了一个星期)。列宁在1909年8月30日致卡普里学校学员们的信中提到了这件事(见本卷第153号文献)。——168。

**168** 《社会民主党人呼声报》(《Голос Социал-Демократа》)是俄国孟什维克的国外机关报,1908年2月—1911年12月先后在日内瓦和巴黎出版。由于该报公开支持取消派,格·瓦·普列汉诺夫在1909年5月退出它的编辑部。此后《社会民主党人呼声报》便彻底成为取消派的思想中心。——169。

**169** 指经验批判主义者和经验一元论者亚·亚·波格丹诺夫、弗·亚·巴扎罗夫和阿·瓦·卢那察尔斯基。——170。

**170** 列宁指的是马·高尔基的《个性的毁灭》一文。这篇文章的第一稿,高尔基曾打算作为《札记》在《无产者报》上发表。该文后来刊登于《集体主义哲学论文集》(彼得堡知识出版社1909年版)一书。——171。

**171** 《关于马克思主义哲学的论丛》是一本哲学论文集,收载了弗·亚·巴扎罗夫、雅·亚·别尔曼、阿·瓦·卢那察尔斯基、帕·索·尤什凯维奇、亚·亚·波格丹诺夫、О.И.格尔方德和谢·亚·苏沃洛夫分别撰写的七篇论文，1908 年由种子出版社在彼得堡出版。——172。

**172** 指亚·亚·波格丹诺夫的《经验一元论》1904 年莫斯科版。——172。

**173** 阿·卢那察尔斯基、弗·巴扎罗夫、亚·波格丹诺夫、彼·马斯洛夫、亚·芬、弗·舒利亚季科夫、弗·弗里切等人的《实在论世界观论丛》于 1904 年在彼得堡出版，未收入格·瓦·普列汉诺夫和列宁的文章。——175。

**174** 这些笔记本即《一个普通马克思主义者的哲学札记》，是列宁 1906 年针对亚·波格丹诺夫的《经验一元论》第 3 卷所写的著作，至今尚未找到。——175。

**175** 列宁此时已开始写《唯物主义和经验批判主义》一书（见本版全集第 18 卷）。——176。

**176** 《无产者报》第 24 号是纪念马克思逝世二十五周年专号。阿·瓦·卢那察尔斯基后来通知列宁，他不能写关于巴黎公社的文章。——179。

**177** 卡·胡斯曼于 1908 年 3 月 10 日回信说，社会党国际局目前不打算召开会议，若要开会将及时地预先通知。——180。

**178** 说的是由于孟什维克就在国外兑换梯弗利斯剥夺中夺到的钱对马·马·李维诺夫提出诽谤性指控而进行的党内调查。扬·梯什卡在调查的第一阶段参加了调查委员会。后来，调查由国外中央局主持。由于国外中央局成员违反保密规定，根据俄国社会民主工党中央委员会 1908 年八月全会的决定，该案最后由国外中央局移交给了中央特别委员会（由布尔什维克、孟什维克和几个民族组织各出 1 名代表共 5 人组成）。——183。

**179** 指载于《社会民主党人呼声报》第 1—2 号合刊的编辑部文章《不该结束吗?》。该文对组织兑换梯弗利斯剥夺中夺到的钱的布尔什维克提出了诽谤性指控。——184。

**180** 国外中央局是俄国社会民主工党各国外协助小组的中心，当时掌握在
孟什维克手中。1908 年 8 月，俄国社会民主工党中央全会通过了关于
俄国社会民主工党国外协助小组、国外中央局的职能和组织地位的总
决定，规定国外中央局由俄国社会民主工党中央委员会委派 10 人组成
（其中 1 人是有否决权的中央委员），国外中央局的活动限于解决国外
各协助小组的需要，并执行俄国社会民主工党中央委员会国外局所交
办的全党性的任务。——184。

**181** 指《谈谈对俄国革命的估计》一文（见本版全集第 17 卷）。该文载于
1908 年 4 月《社会民主党评论》杂志第 2 期和 1908 年 5 月 10 日（23
日）《无产者报》第 30 号。

《社会民主党评论》杂志（«Przegląd Socjaldemokratyczny»）是波兰
社会民主党人在罗·卢森堡积极参加下办的刊物，于 1902—1904 年、
1908—1910 年在克拉科夫出版。——184。

**182** 看来是指马·马·李维诺夫的供词记录。他于 1908 年 3 月 10 日向俄
国社会民主工党中央委员会提出抗议，反对把供词转给国外中央局。
扬·梯什卡预料俄国社会民主工党中央委员会将审议这个抗议，曾提
醒费·柯恩要注意保密。——185。

**183** 指高尔基打算出版的一种杂志。该杂志没有出成。——186。

**184** 这封信是给国际援助俄国失业工人委员会的组织者和秘书基·巴·兹
林琴科的复信。兹林琴科曾通过尼·亚·谢马什柯把关于该委员会工
作的报告寄给俄国社会民主工党中央委员会，想争取列宁参加该委员
会的工作。

国际援助俄国失业工人委员会于 1906 年在洛桑成立，1907 年被
批准为社会党国际局所属机构。——188。

**185** 《无产者报》没有刊登马·高尔基论列·尼·托尔斯泰的文章。1927
年，高尔基在回答他是否写过论托尔斯泰的文章这一问题时说："我给
《无产者报》写过论述托尔斯泰的文章……　手稿上的标题……我记不

得了。可能是:《一位巨人》……"——189。

**186**　指《马克思主义和修正主义》一文(见本版全集第 17 卷),该文刊载于纪念马克思逝世二十五周年的《卡尔·马克思(1818—1883)》文集。列宁在这篇文章里第一次公开宣布,他最近将要在一系列文章或单行本著作中批判"新休谟派和新贝克莱派"的修正主义者——亚·亚·波格丹诺夫、弗·亚·巴扎罗夫等人。——192。

**187**　这封给阿·瓦·卢那察尔斯基的信可能是列宁 1908 年 2 月 13 日给卢那察尔斯基的信中提到的那封短信(见本卷第 102 号文献)。此信至今尚未找到。——193。

**188**　指 1905 年加入布尔什维克党的社会民主党人格·阿·库克林在日内瓦创办的革命书刊图书馆。1907 年库克林逝世后,该图书馆根据他的遗嘱交给了布尔什维克党。

　　马·高尔基应列宁的请求,向俄国许多报刊编辑部发了关于征集 1905—1907 年革命史资料和整套各种地方出版物(包括日报)的信。1908 年 9 月,许多报刊刊登了高尔基的这封信。——194。

**189**　看来列宁赴伦敦途中曾在布鲁塞尔作短期逗留。他当时是为撰写《唯物主义和经验批判主义》这部著作而到伦敦英国博物馆去进行研究工作的。——195。

**190**　关于 1907 年 12 月在慕尼黑、柏林、巴黎以及欧洲其他城市发生的逮捕事件,参看注 147。——196。

**191**　亚·亚·波格丹诺夫和格·阿·阿列克辛斯基在反对列宁的讲话中援引社会民主党第三届杜马党团所犯的错误,试图在事后替他们在第二届和第三届杜马选举时采取的抵制主义立场辩护。

　　《无产者报》编辑部在给 1908 年 6 月 4 日(17 日)该报第 31 号发表的亚·亚·波格丹诺夫的文章《抵制派和召回派》加的注释中写道:"……我们不想纠缠已由党和现实生活解决了的抵制问题的具体细节。重要得多的是应当强调我们同作者在'召回主义'问题上,即在当前实际政治问题上的完全一致。"——199。

192　这里说的是《唯物主义和经验批判主义》一书。列宁曾就这本书的出版问题同马·高尔基和康·彼·皮亚特尼茨基领导的知识出版社进行谈判。列宁在 1908 年 11 月 17 日给玛·亚·乌里扬诺娃的信中说,不能指望这个问题会顺利解决。果然,1908 年 11 月 29 日或 30 日高尔基通知皮亚特尼茨基说,他反对出版列宁的这本书,他不同意列宁的哲学观点。格拉纳特出版社也不接受出版这本书,提出的理由是他们的机构不宜发行廉价的出版物。这本书最后由莫斯科环节出版社于 1909 年 4 月 29 日—5 月 4 日(5 月 12—17 日)之间出版。——199。

193　俄国社会民主工党这一次中央委员会全体会议于 1908 年 8 月 11—13 日(24—26 日)在日内瓦举行。关于伦敦的债务问题,全会决定由布尔什维克、孟什维克、崩得分子各一人组成三人委员会,写信给英国人约·费尔兹,说明偿还债务的困难(参看《苏联共产党代表大会、代表会议和中央全会决议汇编》1964 年人民出版社版第 1 分册第 236 页)。——200。

194　有关俄国历史的编写工作是格拉纳特兄弟百科词典出版社组织的。1907 年秋,在格拉纳特百科词典编委 A.B.特鲁普钦斯基专程到芬兰同列宁洽谈以后,列宁参加了这一编写工作。列宁同意写一篇题为《19世纪末俄国的土地制度》的文章。1908 年夏,当时在巴黎的特鲁普钦斯基为了商定交稿日期,曾到日内瓦去见列宁。出版社如期收到了稿子,但由于书报检查的关系,这篇文章当时未能出版。直到 1918 年,它才以《19 世纪末俄国的土地问题》为题由生活和知识出版社出版。

　　看来,特鲁普钦斯基在日内瓦访问列宁时还曾请他写关于工厂工业史的文章。这篇文章没有写成。——202。

195　说的是俄国社会民主工党向社会党国际局交付年度会费的事。1908年 8 月 11—13 日(24—26 日)召开的俄国社会民主工党中央委员会全体会议决定:在 10 月 1 日前付清会费,该款由俄国社会民主工党中央委员会、崩得中央委员会和拉脱维亚社会民主党中央委员会按比例分摊。——203。

196　《人民报》(《Le Peuple》)是比利时工人党的中央机关报(日报)，1885 年
　　　起在布鲁塞尔出版。在比利时工人党改称为比利时社会党后，是比利
　　　时社会党的机关报。——205。

197　《正义报》(《Justice》)是英国一家周报，1884 年 1 月至 1925 年初在伦敦
　　　出版。最初是英国社会民主联盟的机关报，从 1911 年起成为英国社会
　　　党的机关报。第一次世界大战期间，该报采取社会爱国主义立场，由
　　　亨·迈·海德门编辑。1925 年 2 月改名为《社会民主党人报》继续出
　　　版，1933 年 12 月停刊。——205。

198　在出版社会党国际局会议报告单行本(见《正式报告》1909 年根特版第
　　　44 页和第 61—62 页)时，列宁对卡·考茨基提案的修正案文本根据这
　　　封信的附件作了校订。
　　　　　列宁在《社会党国际局会议》一文中，叙述了他在社会党国际局会
　　　议上就吸收英国工党加入第二国际的问题所作的各次发言的内容，该
　　　文发表于 1908 年 10 月 16 日(29 日)《无产者报》第 37 号(见本版全集
　　　第 17 卷)。——205。

199　1908 年 10 月列宁收到尤·米·斯切克洛夫的信，信中建议列宁参加
　　　一部关于尼·加·车尔尼雪夫斯基生平事业的论文集的撰稿工作。他
　　　准备请列宁写《车尔尼雪夫斯基和农民问题》，并请求列宁把这封信的
　　　内容告诉亚·亚·波格丹诺夫。列宁把斯切克洛夫的信和自己的短信
　　　一起寄给了波格丹诺夫。1908 年 10 月 23 日(11 月 5 日)斯切克洛夫
　　　在给列宁的回信中说，弗·亚·巴扎罗夫同意把哲学题目让给列宁，但
　　　他不接受《车尔尼雪夫斯基和农民问题》这个题目，这个题目给了彼·
　　　彼·鲁勉采夫。——206。

200　指关于成立俄国社会民主工党中央委员会国外局的通告信。——207。

201　这是列宁给孟什维克、马赫主义者帕·索·尤什凯维奇的回信。尤什
　　　凯维奇曾约列宁为一些文学和哲学文集撰稿。——208。

**202** 说的是俄国社会民主工党中央委员会委派出席波兰王国和立陶宛社会民主党第六次代表大会的代表问题。这次代表大会于 1908 年 12 月初举行。——209。

**203** 指的是为第三届杜马中的社会民主党代表参加社会党国际局所属各国议会联盟办理手续以及由他们交付应付的会费这两件事。——209。

**204** 维尔纳省制革工人的罢工,是对制革企业主宣布的同盟歇业的回答。这次同盟歇业是厂主们对工人的斗争成果——八小时工作制和高于俄国其他地区的工资水平——的进攻。因为企业主不可能让工厂长期停产,所以反同盟歇业委员会号召工人继续罢工直至完全胜利,同时通过《无产者报》向俄国和西欧的工人发出支持罢工工人的呼吁。——212。

**205** 党校是指召回派、最后通牒派和造神派作为建立新的反布尔什维克派别的思想组织中心的尝试而在卡普里岛办的一所学校。关于卡普里学校,见 1909 年 6 月《无产者报》扩大编辑部会议通过的决议《关于在国外某地创办的党校》和《关于马克西莫夫同志分裂出去的问题》,以及列宁的文章《论拥护召回主义和造神说的派别》和《可耻的失败》(本版全集第 19 卷)。——214。

**206** 指《无产者报》扩大编辑部会议。——216。

**207** 看来是指对马·马·李维诺夫案件的调查,社会革命党的代表也被吸收参加了这一调查(参看本卷第 110 号文献)。——219。

**208** 尤里是 Д.С.格罗让的化名,尼基季奇即列·波·克拉辛。1907 年底,格罗让曾受克拉辛的委托,替党的会计处向一个私人借款。所谓"尤里——尼基季奇"事件可能是因为没有及时还债而引起的。——219。

**209** 指 1909 年在莫斯科出版的斯·沃尔斯基的《斗争哲学》一书。——220。

**210** 指《唯物主义和经验批判主义》一书的出版。——222。

**211** 列宁指的是他和娜·康·克鲁普斯卡娅于 1908 年 1 月初同罗莎·卢森堡的会晤,当时他们正从斯德哥尔摩去日内瓦,途中在柏林作短暂停留。——224。

**212** 列宁的《唯物主义和经验批判主义》一书的出版消息载于 1909 年 10 月 8 日出版的《新时代》杂志第 28 年卷第 1 册第 2 期。——224。

**213** 指罗·卢森堡的《革命醉后昏》一文。该文载于 1909 年 4 月 8 日(21 日)《无产者报》第 44 号。——225。

**214** 指卡·考茨基在 1908 年 10 月 11 日社会党国际局会议上对接受英国工党加入第二国际的问题所采取的立场。参看列宁的《社会党国际局会议》一文(本版全集第 17 卷)。——225。

**215** 俄国社会民主工党纲领和章程于 1909 年由《社会民主党人报》用俄文在巴黎出版,社会党国际局将其译成法文。——225。

**216** 《社会主义》杂志(《Le Socialisme》)是法国社会党人茹·盖得创办和主编的刊物,1907 年至 1914 年 6 月在巴黎出版。——226。

**217** 《真理报》(《Правда》)是托洛茨基派的派别报纸,1908—1912 年出版,头 3 号在利沃夫出版,以后在维也纳出版,共出了 25 号。——230。

**218** 《社会民主党人报》(《Социал-Демократ》)是俄国社会民主工党秘密发行的中央机关报。1908 年 2 月在俄国创刊,第 2—32 号(1909 年 2 月—1913 年 12 月)在巴黎出版,第 33—58 号(1914 年 11 月—1917 年 1 月)在日内瓦出版,总共出了 58 号。根据俄国社会民主工党第五次代表大会选出的中央委员会的决定,该报编辑部由布尔什维克、孟什维克和波兰社会民主党人的代表组成。实际上该报的领导者是列宁。1911 年 6 月孟什维克尔·马尔托夫和费·伊·唐恩退出编辑部,同年 12 月起《社会民主党人报》由列宁主编。——231。

**219** 《言语报》(《Речь》)是俄国立宪民主党的中央机关报(日报),1906 年 2 月 23 日(3 月 8 日)起在彼得堡出版。——231。

**220** 指为回答 83 000 名各工业部门的工人在同盟歇业中被解雇而于 1909 年 8 月 4 日举行的瑞典总罢工和西班牙加泰罗尼亚的起义。《无产者报》第 47—48 号合刊就这些事件发表了社论《阶级斗争的教训（瑞典的总罢工）》和文章《殖民主义的掠夺与革命》。——231。

**221** 指在 1909 年 6 月和 8—9 月《社会民主党人呼声报》第 15 号和第 16—17 号合刊上展开的一场论战。开头是日内瓦的一位孟什维克反取消派（看来是维克多·捷夫扎亚即格奥尔吉恩）写了一篇题为《略谈一个热门话题》的文章，维护秘密党并号召把合法派-取消派从孟什维克组织清除出去。呼声派接着在两篇题为《关于一位日内瓦同志的文章》和《关于组织上的争论》的编辑部文章里否认自己"纵容"取消主义，并指责上述文章作者是宗派主义。格奥尔吉恩又在一篇题为《同一题目》的答复文章里列举了一系列关于取消派在俄国组织里活动的文件。关于这场论战，《无产者报》没有发表专门的评论文章。——231。

**222** 在《无产者报》第 47—48 号合刊上刊载了列宁的《被揭穿了的取消派》、《关于莫斯科郊区委员会执行委员会的公开信》、《谈谈彼得堡的选举》等文章，并在该号的附刊上登载了《论拥护召回主义和造神说的派别》一文（见本版全集第 19 卷）。——231。

**223** 说的是列·波·加米涅夫的小品文《孟什维克的俄国革命史取消了无产阶级的领导权》。该文评论了由尔·马尔托夫、彼·巴·马斯洛夫、亚·尼·波特列索夫担任编辑的孟什维克文集《20 世纪初俄国的社会运动》，载于 1909 年 9 月 5 日（18 日）和 10 月 3 日（16 日）《无产者报》第 47—48 合刊和第 49 号（参看本卷第 151，152 号文献）。——232。

**224** 这篇布尔什维克中央执行委员会的信是对卡普里学校委员会给《无产者报》扩大编辑部的一封信的答复。卡普里学校委员会在信中邀请《无产者报》编辑部参加学校的工作并帮助学校解决教学条件和经费问题。学校委员会的信还说，如果《无产者报》编辑部希望对学校实行思想监督，他们完全不反对。

　　列宁起草的这封回信没有寄出去。列宁收到了由格·叶·季诺维也夫起草的另一份回信稿,看来他同意这份稿子,对它作了一处重要修改(见本卷第 156 号文献)。——233。

225　由布尔什维克、孟什维克、崩得、社会革命党人的各日内瓦小组的代表,波兰和立陶宛社会民主党及苏黎世小组的代表和拉脱维亚社会民主党的代表组成的关于波·赫尔齐克案件的各党联合法庭认为:赫尔齐克留在任何一个革命组织里都是不够格的;布尔什维克的日内瓦小组认为他是奸细。——235。

226　列宁指的是关于《唯物主义和经验批判主义》一书的两篇书评:一篇载于 1909 年《复兴》杂志第 7—8 期合刊,署名为阿—夫(А.И.阿夫拉阿莫夫);另一篇载于 1909 年《现代世界》杂志第 7 期,署名为正统派(柳·伊·阿克雪里罗得的笔名)。

　　《复兴》杂志(《Возрождение》)是俄国孟什维克取消派的合法刊物(双周刊),1908 年 12 月—1910 年 7 月在莫斯科出版。为该杂志撰稿的有费·伊·唐恩、亚·尼·波特列索夫、亚·马尔丁诺夫等。接替《复兴》杂志出版的是《生活》杂志。——237。

227　这里是指 1909 年 7 月底和 8 月间,德国社会民主党中央机关报《前进报》每天刊登关于巴塞罗那起义(从 7 月 29 日第 174 号起)和瑞典总罢工(从 8 月 3 日第 178 号起)的文章和详细报道。列宁把这些材料寄给了格·叶·季诺维也夫,供他为《无产者报》写文章用。——238。

228　指列宁为《无产者报》第 47—48 号合刊写的几篇文章(见本卷第 148 号文献)。——239。

229　大概是指 1909 年 9 月《崩得呼声报》(在俄国秘密出版的崩得中央机关报)第 2 号。《无产者报》没有就这个题目登载过什么东西。在 10 月 31 日(11 月 13 日)《社会民主党人报》第 9 号上刊登了一篇关于《崩得呼声报》第 2 号的纪事性简讯。——239。

230　《工人旗帜报》(《Рабочее Знамя》)是布尔什维克的秘密报纸,1908 年 3—12 月在莫斯科出版,共出了 7 号。第 1 号作为俄国社会民主工党中部工业区区域局机关报出版,第2—6号作为俄国社会民主工党莫斯科委员会和莫斯科郊区委员会的机关报出版,第7号作为俄国社会民主工党中部工业区区域局、莫斯科委员会和莫斯科郊区委员会的机关报出版。先后担任编辑的有索·雅·策伊特林、伊·伊·斯克沃尔佐夫-斯捷潘诺夫、德·伊·库尔斯基和弗·米·舒利亚季科夫(多纳特)。《工人旗帜报》从第5号起就党对杜马和对俄国社会民主党杜马党团的态度问题开展讨论,在第5号上发表了一个召回派分子的信(署名:一工人),在第7号上发表了批评召回派的《党的工作者的来信》。列宁对这两封信都作了分析(见本版全集第17卷第266—282、340—343页)。——243。

**231** 指1909年6月8—17日(21—30日)在巴黎举行的《无产者报》扩大编辑部会议。这次会议通过了关于召回主义和最后通牒主义、关于卡普里党校、关于布尔什维克在党内的任务、关于派别的统一和将亚·亚·波格丹诺夫(马克西莫夫)开除出布尔什维克派等问题的决议。详见本版全集第19卷第1—40页。——245。

**232** 指《论拥护召回主义和造神说的派别》一文(见本版全集第19卷)。

　　叶罗金旅馆是俄国第一届国家杜马时期,地主、杜马代表米·米·叶罗金为了在政治上对各地农民代表施加影响,而在彼得堡为他们开设的一家旅馆。——250。

**233** 1909年9月11日(24日)《无产者报》第47—48号合刊附刊上刊登的《无产者报》编辑部《致抵达某地学校的工人同志们》这一复信中,没有提及邀请一名全权代表来巴黎进行谈判或者邀请卡普里学校学员的事。——252。

**234** 列宁说的是《被揭穿了的取消派》一文(见本版全集第19卷);该文刊登于1909年9月5日(18日)《无产者报》第47—48号合刊。——252。

**235** 指《论拥护召回主义和造神说的派别》一文。——252。

**236** 指布尔什维克中央所在地巴黎。——255。

**237**　指卡普里学校组织者的派别分裂活动。——255。

**238**　指卡·考茨基1909年8月20日就邀请他去卡普里学校讲课一事所写
的复信。这封信曾印成单页，后来又刊登于1909年9月20日(10月3
日)在维也纳出版的《真理报》第5号的附刊。考茨基拒绝去讲课，但对
办这个学校表示祝贺。他在信里说，"假如俄国社会民主党最终能够克
服使它大为削弱的派别分裂的话，那将是令人高兴的事"；他同时呼吁
在宣传和组织方面不要把哲学上的分歧放在首位。——255。

**239**　列宁在他这个时期的一系列著作中对托洛茨基主义及其对党和对革命
运动的危害作了评价，这些著作是：《政论家札记》、《俄国党内斗争的历
史意义》、《致全体社会民主党护党派的公开信》、《犹杜什卡·托洛茨基
羞红了脸》和《论调和分子或道德高尚的人的新派别》(见本版全集第
19卷和第20卷)；另见本卷第148、181、192、213、214、215号文献和附
录第10号文献。——255。

**240**　这封信是以《无产者报》编辑部的名义写的。当时某些召回派分子在国
外散发一份署名"萨沙"的传单，指控布尔什维克中央规避对被怀疑参
与乌拉尔剥夺事件的人提供帮助。

　　　《无产者报》第47—48号合刊附刊刊登了编辑部的一篇短评，指
出传单中提出的指控是虚构的，其目的是要在国外制造耸人听闻的新
闻，并表示《无产者报》编辑部已请求俄国社会民主工党中央委员会审
理这一案件。——257。

**241**　卡·胡斯曼1909年9月15日从布鲁塞尔给列宁的来信中，感谢他提
醒沙·拉波波特关于翻译俄国社会民主工党纲领和章程的事，并告诉
他书已经大致编好，但是还需要一篇历史概述。——258。

**242**　1909年9月11日(24日)《无产者报》第47—48号合刊的附刊上，刊登
了布尔什维克中央执行委员会关于要卡普里学校学员到巴黎来的建
议。学校委员会在它9月28日答复这一建议的信中提出了一系列不
能接受的要求(学校的所有学员和讲课人全部迁去，保证使学校作为一

个常设机构存在下去,保留委员会对学校事务的管理权,偿付为数3 000法郎的迁移费等等)。对学校委员会这封信的复信草稿,见本卷第164号文献。——259。

**243** 多莫夫即米·尼·波克罗夫斯基。他当时有条件地和部分地支持亚·亚·波格丹诺夫和列·波·克拉辛印发的一份传单《〈无产者报〉扩大编辑部被撤职的成员给布尔什维克同志们的报告书》。列宁在《论拥护召回主义和造神说的派别》一文(见本版全集第19卷)中对这份传单作了剖析。——260。

**244** 向卡普里学校委员会发出的信,内容如下:"尊敬的同志们:在我们写给你们的信中指明了两种前景,现在出现的是第二种:你们不想执行各地方组织的决定,而想只作为一个与外界隔绝的封闭性的团体同布尔什维克的机关报进行谈判。你们十分清楚,在采取这种立场之后,你们自己就为今后的谈判制造了困难。我们能够向你们提出的建议只有一点:请把你们给我们写的最后一封信刊登出来。"

　　但是直到学业结束后,学校委员会才把它的这封信刊登在1909年底巴黎出版的《为工人办的第一所社会民主党宣传鼓动员高等学校的总结报告》里。——261。

**245** 大概是指对波·赫尔齐克案件的复审(参看本卷第150号和第161号文献)。——261。

**246** 指把维·阿·卡尔宾斯基主管的库克林图书馆(参看注188)从日内瓦搬往巴黎一事。

　　维·阿·卡尔宾斯基在1909年10月18日的复信中同意搬迁图书馆,但有一个条件,即图书馆要保持独立,它将不附属于中央机关报《社会民主党人报》编辑部,而是并入在巴黎的某一个图书馆。——263。

**247** 指弗·德·邦契-布鲁耶维奇建立的布尔什维克图书馆。1905年7月,列宁把他私人藏书中400多种图书交给了该图书馆。——263。

**248**　这是列宁在维·阿·卡尔宾斯基来信的信封上写的批语。批语中提到的彼得堡通讯，后来登载于 10 月 31 日(11 月 13 日)《社会民主党人报》第 9 号，题为《我们的选举运动(彼得堡来信)》。——264。

**249**　这是列宁对卡普里学校中同波格丹诺夫集团决裂的工人学员们的两封来信的回信。这两封来信同列宁的《可耻的失败》一文(见本版全集第 19 卷)一起载于 1909 年 11 月 28 日(12 月 11 日)《无产者报》第 50 号抽印本。——264。

**250**　1909 年 11 月《无产者报》第 50 号的附刊刊登了由 6 名离开学校来到巴黎的学员签名的《关于某地学校的报告》。《报告》叙述了有关这所学校成立经过以及学校组织者们的反党活动的一些情况，表明这些组织者的目的就在于把学校变成为这个已形成的派别同布尔什维克进行斗争的中心。——266。

**251**　列宁写这封信的原委如下。《社会民主党人报》编辑部拒绝把列宁的文章《关于巩固我们党和党的统一的办法》作为编辑部文章发表，而建议列宁给此文署上自己的名字，作为争论文章发表。为此，列宁把关于巩固党和党的统一的总问题提交编辑部讨论，并就这一问题提出了决议草案(草案写于 1909 年 11 月 3 日，见本版全集第 19 卷第 124 页)。对决议投赞成票的是列宁和列·波·加米涅夫，投反对票的是尔·马尔托夫和阿·瓦尔斯基，弃权的是格·叶·季诺维也夫。季诺维也夫总的说来是反对就这个问题通过政治决议的。由于文章和决议案都没有被接受，列宁提交了一份关于退出中央机关报编辑部的声明。

　　11 月 5 日，布尔什维克中央执行委员会发电报给正在布鲁塞尔的列宁(他当时在布鲁塞尔出席社会党国际局会议)，电文如下:"建议在共同讨论前暂缓发表退出声明。执行委员会。"后来草拟了一份布尔什维克和波兰社会民主党方面的编委致《社会民主党人报》编辑部的集体声明，声明中说，这一"事件"出于误会，不能成立(见本卷附录第 6 号文献)。致中央机关报编辑部的声明于 11 月 5 日在巴黎由季诺维也夫和加米涅夫签署，11 月 6 日在布鲁塞尔由列宁和瓦尔斯基签署。——270。

**252** 1909 年 10 月 23 日(11 月 5 日)列宁由巴黎去布鲁塞尔出席社会党国际局会议,10 月 28 日(11 月 10 日)从布鲁塞尔返回巴黎。约·彼·戈尔登贝格寄给列宁的两封信没有找到。——271。

**253** 指《新的一日报》。

《新的一日报》(《Новый День》)是一份合法报纸(周报),1909 年 7 月 20 日(8 月 2 日)——12 月 13 日(26 日)在彼得堡出版,共出了 15 号。这份报纸起初属于一批非党人士。1909 年 8 月,布尔什维克约·彼·戈尔登贝格和亚·尤·芬-叶诺塔耶夫斯基买下了这家报纸的出版权。除他们两人外,普列汉诺夫派孟什维克尼·伊·约尔丹斯基和一个叫 К.Л.魏德弥勒的人也参加了编辑委员会。但实际上报纸是由戈尔登贝格和约尔丹斯基两人编辑的。1909 年 10 月约尔丹斯基退出后,戈尔登贝格决定另组编辑委员会。戈尔登贝格给列宁写信就是为了这件事,同时也为了解决继续办报的经费问题。列宁在这封回信中建议编辑委员会可由 3 名布尔什维克和 2 名孟什维克组成,如办不到,就让尤·米·斯切克洛夫进编辑委员会并吸收伊·伊·斯克沃尔佐夫-斯捷潘诺夫参加。结果,除戈尔登贝格以外,米·斯·奥里明斯基和斯切克洛夫代表布尔什维克加入了新的编辑委员会。

《新的一日报》是作为社会民主党报纸出版的,它实际上是社会民主党第三届国家杜马党团的机关报。布尔什维克在彼得堡第三届国家杜马补选运动中利用了这个报纸。列宁在该报发表过两篇文章:《再论党性和非党性》和《论〈路标〉》(见本版全集第 19 卷)。该报还刊登过社会民主党第三届国家杜马党团成员伊·彼·波克罗夫斯基、尼·古·波列塔耶夫以及弗·德·邦契-布鲁耶维奇、奥里明斯基的文章。该报第 16 号已准备就绪,但因被警察当局查封而未能出版。——271。

**254** 这一点看来是约·彼·戈尔登贝格信中所谈他自己的看法或他听到的别人的看法。从下文看,列宁对此并不十分相信。——271。

**255** 这里指的是出版《新的一日报》所需的经费。根据列宁的建议,《无产者报》扩大编辑部会议决定,从给合法出版物的 1 500 卢布中拨 1 000 卢布作为杜马报纸的经费(见本版全集第 19 卷第 28 页)。——272。

**256**　库尔久科娃这个名字出自俄国诗人伊·彼·米亚特列夫的幽默诗《库尔久科娃女士国外见闻》(1840—1844年)。这部长诗刻画了不学无术的俄国贵族在外国人面前卑躬屈膝的丑态。列宁信中的"库尔久科娃们"是指取消派,他们企图使俄国社会民主党"欧化",按照欧洲社会民主党的模式改组俄国社会民主党,取消秘密的党而建立合法的党,以适应沙皇制度的条件。——272。

**257**　指卡普里党校的胶印版《报告书》。列宁在《无产者报》1909年9月5日(18日)第47—48号合刊发表的编辑部关于莫斯科郊区委员会执行委员会的公开信的按语中批评了这个《报告书》(见本版全集第19卷第65—66页)。——273。

**258**　指布尔什维克中央的机关报《无产者报》。——276。

**259**　棘鲈是一种淡水鱼,身上有刺。此处用来比喻爱争吵的人。——276。

**260**　列宁给俄国统计工作者的吁请书是在俄国自然科学家和医生第十二次代表大会召开前不久写的。这个代表大会设有一个统计工作者分组。列宁把吁请书寄给了玛·伊·乌里扬诺娃,请她分发给代表大会的参加者(见本版全集第53卷第200号文献)。这个文献的手稿已失落,现在保存着一份抄件,是警察从玛·伊·乌里扬诺娃住处抄走的。——281。

**261**　指亚·马尔丁诺夫的文章《反革命杜马中的土地问题》(载于《社会民主党人呼声报》第10—11号合刊),文章从孟什维克的立场批评了列宁的《新土地政策》和《第三届杜马关于土地问题的讨论》两文(见本版全集第16卷和第17卷)。——283。

**262**　指1909年11月20日(12月3日)第三届国家杜马会议上讨论人身不可侵犯法案时发生的事件。这个法案用杜马左派代表的话来说就是"把俄国过去和现在的各种专横行为都合法化了"。马尔柯夫第二为替这个法案辩护而在11月20日(12月3日)发表的黑帮演说,就连立宪民主党人也感到愤慨,他们退出了杜马会议厅以示抗议。11月20日(12

月3日)会议对这个法案的讨论赤裸裸地暴露出第三届杜马的黑帮性质。——286。

**263** 这里是罗得岛,就在这里跳吧! 一语出自伊索寓言中的《说大话的人》。这个说大话的人硬说自己曾在罗得岛跳得很远很远,别人于是用这句话揭穿了他。这句话经常被用来讽刺那些喜欢吹牛撒谎或借故推脱、回避问题的人。——288。

**264** 俄国社会民主工党中央委员会1910年一月全会讨论了布尔什维克中央成员维·康·塔拉图塔(维克多)案件的问题。塔拉图塔要求中央委员会派人调查党内流传的破坏他的名誉的谣言。中央全会为这个案件委派了一个由2名孟什维克、1名布尔什维克、1名波兰社会民主党人和1名崩得分子组成的调查委员会。该委员会经过仔细调查之后,一致作出了关于没有任何材料可资指控塔拉图塔从事奸细活动的决定,并在这方面完全恢复了他的名誉。——289。

**265** 这里说的是处理施米特遗产的问题。

尼古拉·巴甫洛维奇·施米特(1883—1907)是一位革命家,布尔什维克。他是工厂主的儿子,在莫斯科大学读书期间即从事学生运动,1904年得到莫斯科施米特家具厂的所有权后,曾在该厂实行9小时工作制(原为11.5小时),提高工资,开设医疗所和学校。1905年他交给俄国社会民主工党莫斯科委员会两万卢布以购买武器,并自己花钱武装了最早的战斗队之一。他还资助过布尔什维克的《新生活报》。在1905年十二月莫斯科武装起义期间,他的工厂是战斗中心,被政府军炮火摧毁,他本人被逮捕。1907年2月,他在布特尔监狱的一个单人牢房里遇害。

下面提到的叶卡捷琳娜·巴甫洛夫娜是施米特的亲姐妹。根据由布特尔监狱公证人证明无误的一项遗嘱,施米特把自己的财产事务托付给了她。另外,他还口头向她嘱咐,他一旦牺牲,所遗资产交给布尔什维克。据计算,这笔资产总额为257 966.70卢布。叶卡捷琳娜·巴甫洛夫娜的丈夫是H.A.安德里卡尼斯,布尔什维克为了得到这笔遗产,同他进行了尖锐的斗争。施米特的亲妹妹伊丽莎白·巴甫洛夫娜

是维·康·塔拉图塔的妻子。根据党的建议,亚·米·伊格纳季耶夫
("格里·伊万诺维奇")曾同她伴婚,以便能够把她得到的一份遗产立
即交给布尔什维克。

　　施米特遗产案件最后是在巴黎经仲裁法庭 1907 年 12 月 17 日、
1908 年 5 月 31 日—6 月 1 日和 6 月 4—7 日几次审理解决的。
——290。

**266**　指 1910 年 1 月 2—23 日(1 月 15 日—2 月 5 日)在巴黎举行的俄国社
会民主工党中央委员会全体会议,即所谓"统一的"全体会议。
——291。

**267**　古斯塔夫·迈尔曾请列宁为《社会政治科学手册》(由古斯塔夫·菲舍
尔在耶拿出版)写一篇俄国社会民主主义运动历史的概述。这封信是
列宁的答复。——293。

**268**　《斗争》杂志(《Der Kampf》)是奥地利社会民主党的机关刊物(月刊),
1907—1934 年在维也纳出版。该杂志持机会主义的中派立场。担任
过该杂志编辑的有:奥·鲍威尔、阿·布劳恩、卡·伦纳、弗·阿德
勒等。——293。

**269**　A.埃克(穆欣)被指控有不体面行为一案,1909 年由一个专门的委员会
审理过。委员会认为"无任何材料可把埃克提交党的法庭"。这个决定
当时没有通知埃克。他向费·埃·捷尔任斯基(约瑟夫)提出询问后,
1910 年 3 月 9 日接到复信,信中说党中央"未作任何改动地批准了委
员会的决定"。但稍后埃克案件又被重新提出来;由于第一次世界大战
爆发,后来组成的委员会的工作无果而终。——294。

**270**　这一文献是列宁给卡·考茨基、弗·梅林和克·蔡特金的信的草稿。
根据 1910 年俄国社会民主工党中央委员会一月全会的决议,布尔什维
克派的钱款按照一定的条件交给了他们三人("保管人")。关于这件
事,可参看列宁的《"保管人"仲裁法庭的总结》(本版全集第 21 卷)。
——295。

**271** 指俄国社会民主工党的两次代表大会:1906 年 4 月 10—25 日(4 月 23 日—5 月 8 日)在斯德哥尔摩召开的第四次(统一)代表大会和 1907 年 4 月 30 日—5 月 19 日(5 月 13 日—6 月 1 日)召开的第五次(伦敦)代表大会。——296。

**272** 指俄国社会民主工党第五次全国代表会议谴责取消主义的决议(参看《苏联共产党代表大会、代表会议和中央全会决议汇编》1964 年人民出版社版第 1 分册第 246 页)。——296。

**273** 有何吩咐? 原来是沙皇俄国社会中仆人对主人讲话时的用语。俄国作家米·叶·萨尔蒂科夫-谢德林在他的特写《莫尔恰林老爷们》中首次把对专制政府奴颜婢膝的自由派报刊称为《有何吩咐报》。格·瓦·普列汉诺夫用它来称呼孟什维克取消派报纸《社会民主党人呼声报》。——296。

**274** 列宁指的是 1910 年俄国社会民主工党中央一月全会通过的《党内状况》决议(参看《苏联共产党代表大会、代表会议和中央全会决议汇编》1964 年人民出版社版第 1 分册第 297—300 页)。列宁在《政论家札记》一文中对这一决议作了批判性的分析(见本版全集第 19 卷第 256—260 页)。——297。

**275** 1910 年召开的俄国社会民主工党中央委员会一月全会确定俄国社会民主工党中央机关报《社会民主党人报》编辑部由 2 名布尔什维克、2 名孟什维克和 1 名波兰王国和立陶宛社会民主党的代表组成。具体人选如下:代表布尔什维克的是列宁和格·叶·季诺维也夫,代表孟什维克的是尔·马尔托夫和费·伊·唐恩,代表波兰王国和立陶宛社会民主党的是阿·瓦尔斯基。——301。

**276** 列宁提到的这份杂志,即后来出版的《思想》杂志。
　　《思想》杂志(《Мысль》)是俄国布尔什维克的合法的哲学和社会经济刊物(月刊),1910 年 12 月—1911 年 4 月在莫斯科出版,共出了 5 期。该杂志是根据列宁的倡议,为加强对取消派合法刊物的斗争和用马克思主义教育先进工人和知识分子而创办的。《思想》杂志头4期刊载了6篇列宁的文章。《思想》杂志最后一期即第5期被没收，杂志也被查封。不久《启蒙》杂志在彼得堡出版，它实际上是《思想》杂志的续刊。——302。

**277**　尼·叶·维洛诺夫患肺结核，当时在瑞士达沃斯疗养。——302。

**278**　这份提前于1910年3月12—14日(25—27日)之间出版的1910年3月23日(4月5日)《社会民主党人报》第12号的抽印本印的是列宁的《反党的取消派的〈呼声报〉(答《社会民主党人呼声报》)》一文(见本版全集第19卷)。——302。

**279**　波兰和立陶宛社会民主党总执行委员会要求以弗·L.列德尔接替阿·瓦尔斯基为它在《社会民主党人报》编辑部里的代表。——304。

**280**　1910年4月2日格·瓦·普列汉诺夫给列宁回信说："我也认为，使马克思主义的孟什维克和马克思主义的布尔什维克相互接近是解决我们党内当前危机的唯一办法，我觉得我应该同您当面谈一谈。"但普列汉诺夫又说，会晤应稍晚举行。在第二国际哥本哈根代表大会期间，列宁与普列汉诺夫之间达成了为捍卫党和党性、反对取消主义和取消派而共同斗争以及普列汉诺夫为《工人报》撰稿的协议。在此期间他们还联名写信给德国社会民主党执行委员会，为《前进报》刊登列·达·托洛茨基的诬蔑性匿名文章而向它提出抗议(见本卷附录第10号文献)。——306。

**281**　指《社会民主党人报》第12号的抽印本(见注278)。抽印本印的列宁的文章《反党的取消派的〈呼声报〉(答《社会民主党人呼声报》)》，用确凿的材料证实俄国社会民主工党孟什维克取消派中央委员拒绝参加中央委员会的工作，甚至拒绝参加增补俄国委员会新的成员的会议。——307。

**282**　1910年俄国社会民主工党中央委员会一月全会就列·达·托洛茨基在维也纳出版的《真理报》通过如下决定：该报改为中央委员会机关报

的问题推迟到即将召开的代表会议上去讨论,但资助该报并派出自己的代表作为"第三编辑"参加该报编辑部。全会以后,列·波·加米涅夫被派往《真理报》编辑部。加米涅夫在全会上持调和立场,他是带着"实现同托洛茨基共同工作"的意图到维也纳去的。可是到1910年4月就已经可以看出,托洛茨基的"超派别立场"就是把阵地交给取消主义和取消派;他不仅拒绝在《真理报》上发表文章批驳他们,而且还号召同他们达成协议。在《真理报》第14号发表的《〈真理报〉给思考着的工人们的信》中,托洛茨基宣告同取消派和召回派一致。在这以后,加米涅夫退出了编辑部。——307。

**283** 指刊登在1910年3月《社会民主党人日志》第11期上的格·瓦·普列汉诺夫的《我党中央委员会最近一次全体会议》一文。文中说:"……《社会民主党人呼声报》对于某一派'孟什维克'来说是什么呢? 这是他们实际上的派别的(并且是一个不负责任的)中央。我们的'孟什维克'中央委员们投票赞成那个保证停办《呼声报》……的决议,就向党的祭坛献上了可以说是自己那个派别的一颗心。怀疑论者会说,并不是所有的保证都会付诸实现。但是,我再说一遍,我们没有权利认为,作出这一保证的同志们是不真诚的。"——308。

**284** 指在巴黎的护党派孟什维克1910年4月4日通过的关于必须根据1910年俄国社会民主工党中央一月全会的决定停办取消派报纸《社会民主党人呼声报》的决议。——309。

**285** 指以下事实:1910年3月16日中央委员会国外局以传单形式印发了《告国外全体同志书》,号召各派别服从1910年俄国社会民主工党中央委员会一月全会的决定,采取最有力的措施以消除组织上的分裂,仿效布尔什维克的榜样和停办派别报刊。波·伊·哥列夫-戈尔德曼(伊哥尔)同崩得在国外局的代表一起投票反对通过此信。这个事实是《社会民主党人呼声报》编辑部在它所发表的《给同志们的信》中公布出来的。——311。

**286** 指刊登在1910年《争论专页》第1号上列宁的《政论家札记》一文第1

章《论召回主义的拥护者和辩护人的〈纲领〉》(见本版全集第19卷)。

《争论专页》(«Дискуссионный Листок»)是俄国社会民主工党中央机关报《社会民主党人报》的附刊,根据俄国社会民主工党中央委员会1910年一月全会的决议创办,1910年3月6日(19日)—1911年4月29日(5月12日)在巴黎出版,共出了3号。编辑部成员包括布尔什维克、孟什维克、最后通牒派、崩得分子、普列汉诺夫派、波兰社会民主党和拉脱维亚边疆区社会民主党的代表。《争论专页》刊登过列宁的《政论家札记》、《俄国党内斗争的历史意义》、《合法派同反取消派的对话》等文章。——313。

287　指载于1910年《我们的曙光》杂志第2期的亚·尼·波特列索夫的《批判的提纲(论为什么微不足道的东西取胜了)》一文。

　　《我们的曙光》杂志(«Наша Заря»)是俄国孟什维克取消派的合法的社会政治刊物(月刊),1910年1月—1914年9月在彼得堡出版。领导人是亚·尼·波特列索夫,撰稿人有帕·波·阿克雪里罗得、费·伊·唐恩、尔·马尔托夫、亚·马尔丁诺夫等。围绕着《我们的曙光》杂志形成了俄国取消派中心。第一次世界大战一开始,该杂志就采取了社会沙文主义立场。——314。

288　党校委员会是根据俄国社会民主工党中央1910年一月全会的决议成立的,由布尔什维克、孟什维克、前进派各2名代表和崩得、波兰和立陶宛社会民主党、拉脱维亚社会民主党各1名代表组成。决议还建议中央委员会国外局"采取一切办法,务使马克西莫夫等同志不要单独地建立党校,而参加中央委员会直属党校的建校工作,在那里保证他们有充分可能来施展自己的教育力量和讲课力量"(参看《苏联共产党代表大会、代表会议和中央全会决议汇编》1964年人民出版社版第1分册第306页)。——314。

289　这封信是在尼·叶·维洛诺夫(米哈伊尔)逝世前一天写的。——317。

290　指《给各党组织的信(关于党的例行代表会议)》,信上注明的写信时间是1910年2月。——318。

**291** 指列宁写的《论统一》一文(见本版全集第 19 卷)。——318。

**292** 指俄国社会民主工党中央委员会委员、孟什维克取消派分子约·安·伊苏夫(米哈伊尔)、康·米·叶尔莫拉耶夫(罗曼)和彼·阿·勃朗施坦(尤里)破坏了俄国社会民主工党中央委员会在国内的活动,他们拒绝参加中央委员会的任何工作,甚至拒绝出席增补孟什维克派别的其他代表代替他们作为俄国委员会成员的会议。——318。

**293** 指的是 16 个著名的孟什维克取消派分子发表在《社会民主党人呼声报》第 19—20 号合刊上的《公开信》。在这封信中他们确认"各党支部陷于瘫痪状态",承认自己已"无力"与这种现象"作斗争",宣称维护地下组织的人(包括格·瓦·普列汉诺夫在内)是死抱住"过时的形式"不放,是妨碍组织向合法党的方向"自由发展"。——318。

**294** 《社会民主党人呼声报》4 个编辑的《宣言》即《社会民主党人呼声报》编辑部出版的《给同志们的信》。在这封信中,他们不顾 1910 年中央委员会一月全会的决定,借口中央机关报《社会民主党人报》编辑部不登他们的文章而拒绝停止出版《社会民主党人呼声报》(参看注 330)。——318。

**295** 即《对格·瓦·普列汉诺夫〈日志〉的必要补充》。这是《社会民主党人呼声报》编辑部 1910 年 4 月印发的一份孟什维克取消派反对格·瓦·普列汉诺夫的传单。当时普列汉诺夫维护地下组织,并揭露《社会民主党人呼声报》的取消主义立场。——319。

**296** 指就哥本哈根国际社会党第八次代表大会议事日程中的问题拟的决议和提案的草案以及俄国社会民主工党的总结报告。报告是委托列·波·加米涅夫写的,由沙·拉波波特译成法文并经列宁校订。Д.M.科特利亚连科把报告分成几个部分寄给拉波波特翻译。

　　总结报告以《俄国社会民主工党向哥本哈根国际社会党第八次代表大会(1910 年 8 月 28 日—9 月 3 日)提出的报告》为题用法文出了小册子。——321。

**297**　梯弗利斯和慕尼黑的案卷是指与1907年底在国外逮捕俄国社会民主党人有关的材料。当时梯弗利斯剥夺事件的组织者卡莫(西·阿·捷尔-彼得罗相)被引渡给了俄国警察当局,参加兑换剥夺得来的钱钞的人以及被怀疑参与这次剥夺事件的社会民主党人也都根据沙皇政府的要求而被逮捕。由于对这种侵犯政治流亡者避难权的行径提出了多次抗议,西欧各国警察当局被迫在作短期拘留后释放了被捕者。——322。

**298**　1910年1月中央全会以后不久,约·费·杜勃洛文斯基(英诺森)、维·巴·诺根(马卡尔)和约·彼·戈尔登贝格(梅什科夫斯基)在俄国被捕。——323。

**299**　指召集中央委员会俄国国内部分(俄国委员会)和通过增补为俄国委员会补充新的成员。由于1907年伦敦代表大会选出的许多中央委员被捕,为俄国委员会补充新的成员是必要的。取消派反对在国内恢复中央委员会的活动,因此千方百计地阻挠召集剩下的中央委员和补充新的成员。他们正式拒绝参加恢复中央委员会的工作,后来成了1910年1月在中央全会上达成的协议被破坏的直接导火线。在列宁的坚决要求下,尤·约·马尔赫列夫斯基动身前往俄国。——323。

**300**　列宁指的是他将前往哥本哈根参加第二国际第八次代表大会。——323。

**301**　列宁是在哥本哈根收到来宾证的;其中一张指定给伊·费·阿尔曼德。——324。

**302**　指的大概是召集哥本哈根代表大会的组织委员会的通知书。下面说的给国外局的信没有保存下来。——325。

**303**　沙·拉波波特于1910年8月18日收到了列·波·加米涅夫寄去的俄国社会民主工党向哥本哈根国际社会党代表大会提出的总结报告的最后一部分。第二天他就把这一部分译成了法文。——327。

304　指的是《论"前进派分子"的派别组织》一文(见本版全集第19卷)。该
　　　文刊登于1910年8月30日(9月12日)《社会民主党人报》第15—16
　　　号合刊。——327。

305　指的是列宁要到斯德哥尔摩去同他的母亲玛·亚·乌里扬诺娃会面。
　　　他于1910年9月12日动身去斯德哥尔摩,9月26日返回哥本哈根。
　　　——331。

306　指的是特里亚(弗拉·姆格拉泽)的报告,这个报告本来应当作为俄国
　　　社会民主工党向哥本哈根代表大会提交的报告的附录。格·叶·季诺
　　　维也夫于8月5日把经列宁校阅的那份报告寄给了 Д.M.科特利亚连
　　　科,以便把报告译成法文后送交印刷所。科特利亚连科还曾受托就出
　　　版这个报告征求中央机关报编辑部成员阿·瓦尔斯基和费·伊·唐恩
　　　的意见。报告后来根据中央机关报的专门决定用俄文刊印(参看本版
　　　全集第46卷第1号文献)。在向哥本哈根代表大会提交的总结报告的
　　　附录中没有特里亚的报告。——331。

307　列宁关于哥本哈根国际社会党代表大会(第二国际第八次代表大会)的
　　　专题报告会于1910年9月26日在哥本哈根举行。——334。

308　指卡·伯·拉狄克就哥本哈根代表大会通过的"仲裁法庭和裁军"这一
　　　问题的决议所写的《关于哥本哈根的批评意见》一文。拉狄克的文章作
　　　为社论刊载于1910年9月15日和16日《莱比锡人民报》第214号和
　　　第215号。关于在帝国主义时代民主要求不能实现这一准则之缺乏根
　　　据,列宁在《关于自决问题的争论总结》的第2节《在帝国主义时代民主
　　　是否"可以实现"?》中曾论及(见本版全集第28卷)。——335。

309　卡·伯·拉狄克在引用第一国际成立宣言时漏掉了以下马克思的话:
　　　在不可能防止本国政府的外交活动时,工人阶级应当"团结起来同时揭
　　　露它,努力做到使私人关系间应该遵循的那种简单的道德和正义的准
　　　则,成为各民族之间的关系中的至高无上的准则"(见《马克思恩格斯文
　　　集》第3卷第14页)。——335。

310　哥本哈根代表大会通过的"仲裁法庭和裁军"这一问题的决议指出,社会党议员应当重新提出"旨在全面裁军的建议,首先是签署限制海军军备协定以及废除海洋捕获权的建议"。——335。

311　指在国外出版布尔什维克的秘密的通俗机关报《工人报》。

　　《工人报》(《Рабочая Газета》)是俄国布尔什维克的秘密通俗机关报,1910 年 10 月 30 日(11 月 12 日)——1912 年 7 月 30 日(8 月 12 日)在巴黎不定期出版,共出了 9 号。列宁是创办《工人报》的倡议者和该报的领导人。参加编辑部的有列宁、格·叶·季诺维也夫和列·波·加米涅夫。积极为该报撰稿的有谢·伊·霍普纳尔、普·阿·贾帕里泽、尼·亚·谢马什柯、斯·格·邵武勉等。马·高尔基曾给该报巨大的物质帮助。《工人报》为筹备召开俄国社会民主工党第六次(布拉格)全国代表会议进行了大量工作,并在这次代表会议上被宣布为中央委员会正式机关报。——336。

312　指《俄国党内斗争的历史意义》一文(见本版全集第 19 卷)。——338。

313　列宁写成了《论俄国罢工统计》一文(见本版全集第 19 卷)。他还打算就俄国罢工统计写一本书,但未实现。——338。

314　尤·约·马尔赫列夫斯基(卡尔斯基)批驳尔·马尔托夫的文章以《误解》为题刊载于 1910 年 10 月 28 日出版的《新时代》杂志第 29 年卷第 1 册第 4 期。文章写进了列宁意见单中提到的下述事实:马尔托夫歪曲了列宁文章的引文,并把卡·考茨基关于"颠覆战略"不适用于德国的思想扩展到 1905——1907 年的俄国革命上去了。——338。

315　《生活》杂志(《Жизнь》)是俄国孟什维克取消派的合法的社会政治刊物,1910 年 8 月和 9 月在莫斯科出版,共出了两期。——341。

316　指罗·卢森堡和卡·考茨基在德国社会民主党报刊上关于政治总罢工问题的争论。在 1910 年 9 月 18—24 日举行的德国社会民主党马格德堡代表大会上通过了卢森堡提出的关于承认政治总罢工是争取普鲁士选举改革的斗争手段这一决议的第一部分。列宁所提到的决议的那个部分,谈的是关于宣传总罢工的问题。——342。

**317** 列宁大概没有到瑞士去作报告。——344。

**318** 指准备出版布尔什维克的合法刊物《思想》杂志(参看注 276)。——345。

**319** 当时担任中央机关报编辑部会议主席的大概是阿·瓦尔斯基或接替他的弗·L.列德尔。——346。

**320** 指筹备出版中的《明星报》。

　　《明星报》(《Звезда》)是俄国布尔什维克的合法报纸,1910 年 12 月 16 日(29 日)—1912 年 4 月 22 日(5 月 5 日)在彼得堡出版。起初每周出版一次,从 1912 年 1 月 21 日(2 月 3 日)起每周出版两次,从 1912 年 3 月 8 日(21 日)起每周出版三次,共出了 69 号。由于《明星报》经常被没收,1912 年 2 月 26 日(3 月 10 日)出版了《涅瓦明星报》,共出了 27 号,1912 年 10 月 5 日(18 日)停刊。《明星报》最初是社会民主党杜马党团的机关报,当时参加编辑部的有:弗·德·邦契-布鲁耶维奇、尼·伊·约尔丹斯基(普列汉诺夫派)和伊·彼·波克罗夫斯基(第三届国家杜马社会民主党党团代表,同情布尔什维克)。该报的出版者是杜马代表、布尔什维克尼·古·波列塔耶夫。列宁在《明星报》和《涅瓦明星报》发表了约 50 篇文章。——348。

**321** 国内的某些布尔什维克打算把《明星报》办成社会民主党第三届国家杜马党团的机关报。根据这一点,孟什维克杜马代表叶·彼·格格奇柯利和格·谢·库兹涅佐夫被吸收为该报撰稿人。编辑部中的争执就是在这种情况下产生的。——349。

**322** 据弗·德·邦契-布鲁耶维奇说,争执是由于伊·彼·波克罗夫斯基不同意吸收布尔什维克图鲁京参加《明星报》编辑部而引起的,而吸收图鲁京是事先取得列宁的同意的。——349。

**323** 这里说的是合法的布尔什维克刊物《思想》杂志(参看注 276)。

——349。

**324**　1907年6月1日俄国社会民主工党第五次(伦敦)代表大会选出的中央委员会,曾于同年9月多次讨论党的中央机关报《社会民主党人报》编辑部的组成问题。9月2日举行的中央委员会第19次会议,根据布尔什维克的提议,选举列宁为中央机关报的主编,并选举了由7人组成的编辑委员会。9月20日举行的中央委员会会议,又根据代表波兰社会民主党的中央委员扬·梯什卡的倡议,修改了这个决定,取消了主编这一职务,并重新选举了编辑委员会。新选出的编辑委员会7名委员是:布尔什维克2人,列宁和米·尼·波克罗夫斯基;孟什维克2人,费·伊·唐恩和亚·马尔丁诺夫;波兰社会民主党1人,梯什卡;崩得分子1人,泽尔采尔-格罗谢尔;拉脱维亚社会民主党1人,彼·伊·斯图契卡。此外,还选举了一个由列宁、马尔丁诺夫和斯图契卡3人组成的管理委员会。编辑委员会的职权为:确定每一号报纸的内容、对机关报实行总的监督、分配栏目、发布总的指示(问题、选题等);而管理委员会的职权则为:聘请撰稿人、约稿和分类整理稿件、决定稿件的取舍。

　　这封信就是针对编辑委员会和管理委员会之间的这种分工写的。中央委员会第26次会议宣读了这封信,并就此信通过了下述决定:"(1)经管理委员会采用的稿件,均在机关报上刊登。被管理委员会多数成员否定的稿件,如有关各方提出要求,由编辑委员会最终决定是否刊登;(2)确认:根据中央委员会的决定的意思,'确定每一号报纸的内容'这句话是指每一号报纸应撰写的稿件的选题由编辑委员会确定。"——352。

**325**　亚·亚·波格丹诺夫于1908年6月27日(看来是在收到这个声明的当天)答复维·康·塔拉图塔(维克多)说,他接受4点保证,直到布尔什维克中央解决问题为止。

　　关于《无产者报》编辑部内部的斗争,参看列宁1908年2月25日给马·高尔基的信(本卷第105号文献)。——354。

**326**　指尼古拉二世1909年夏的欧洲之行。沙皇这次出访的目的是为了显示协力镇压1905—1907年俄国革命的欧洲反动势力的团结一致。列宁在《评沙皇的欧洲之行和黑帮杜马某些代表的英国之行》一文（见本版全集第 19 卷）中对这一事件作了评价。——356。

**327** 社会党国际局收到这封信后，向各国社会党发出号召，要求抗议沙皇访问他们的国家，并在沙皇来访时举行游行示威，表明欧洲工人对他的态度。瑞典、英国、法国、意大利及其他国家议会中的社会党和工人党党团，就沙皇的来访向本国政府提出了质询；在瑞典、德国、英国、法国、意大利及其他国家还组织了抗议集会和游行示威。

在这封信上签名的伊·鲁巴诺维奇是社会革命党驻社会党国际局的代表。——357。

**328** 1910 年俄国社会民主工党中央委员会一月全会后，除尔·马尔托夫外，费·伊·唐恩也参加了《社会民主党人报》编辑部，中央机关报编辑部内的冲突更趋尖锐。他们在这个或那个问题上处于少数时，就制造冲突，向中央委员会国外局控告布尔什维克和波兰社会民主党代表。从 1910 年 4 月《社会民主党人呼声报》第 21 号刊登的中央委员会国外局的信中可以看出，对这些控告没有进行审理，因为参加中央委员会国外局的布尔什维克和波兰社会民主党的代表拒绝参加有关这个问题的会议。中央委员会国外局向中央委员会提出了关于中央委员会国外局在中央机关报编辑部内发生的冲突问题上的职权范围的质询。布尔什维克也向中央委员会提出了召开中央全会，以便在中央机关报编辑部内用护党派孟什维克来代替马尔托夫和唐恩的建议（见本卷第 194 号文献）。——359。

**329** 说的是斯大林的《高加索来信》一文（见《斯大林全集》第 2 卷）。——360。

**330** 指《社会民主党人呼声报》编辑部 1910 年 2 月在巴黎发出的有帕·波·阿克雪里罗得、费·伊·唐恩、尔·马尔托夫和亚·马尔丁诺夫 4 人署名的传单《给同志们的信》。传单鼓吹已从俄国社会民主工党分裂出去的合法派-取消派的各种公开的与半公开的组织和秘密的党"权利平等"，证明必须同它们联合。由于中央机关报《社会民主党人报》编辑部通过布尔什维克和波兰社会民主党的代表拒绝这种反党立场,传单的作者就指责《社会民主党人报》成了《无产者报》的分部,并声明自己打算继续出版《社会民主党人呼声报》。列宁在《反党的取消派的〈呼声报〉(答《社会民主党人呼声报》)》、《党在国外的统一》两篇文章中分析了这份材料并对它作了政治上的评价(见本版全集第 19 卷)。——360。

**331**　《社会民主党人报》第 12 号刊登了一篇题为《关于党的代表会议问题》的未署名文章。

　　　　《给各党组织的信(关于党的例行代表会议)》是由格·叶·季诺维也夫、约·费·杜勃洛文斯基和尔·马尔托夫组成的委员会起草的。——362。

**332**　指崩得中央委员 M. M. 罗森(埃兹拉)写给格·叶·季诺维也夫的信。信里用暗语说:"我已获悉,我的兄弟(指孟什维克)对总事务所(指中央委员会)整个存在的意义表示怀疑,并建议用某种类似情报委员会的东西来代替它。正是这种罕有的情况迫使我的股东们(指崩得中央委员会委员)召开紧急会议,以便给我一个决定性的指示。"——365。

**333**　大概是指中央委员会国外局会议。——367。

**334**　指在 1910 年 8 月 28 日即第二国际哥本哈根代表大会开幕那天刊登在《前进报》第 201 号上的匿名文章《俄国社会民主党(本报俄国通讯员)》,文章的作者是列·达·托洛茨基。1912 年,列宁在《〈前进报〉上的匿名作者和俄国社会民主工党的党内状况》一文中提到了这篇文章(见本版全集第 21 卷第 214 页)。——368。

**335**　这里说的是《明星报》。见注 320。——370。

**336**　这封介绍信写在俄国社会民主工党中央机关报《无产者报》公用笺上,盖有俄国社会民主工党中央委员会的图章,并由列宁签字。介绍信是给弗·德·邦契-布鲁耶维奇开的,他当时要到伦敦、柏林和巴黎去解决有关出版和发行马·高尔基、斯基塔列茨和其他作者的作品的外文版本的问题。出版这些书籍的部分收入应上交给俄国社会民主工党中央委员会会计处。介绍信一式4份，分别用俄文、法文、德文和英文写成。——379。

# 人 名 索 引

## A

阿·马·;阿·马—奇——见高尔基,马克西姆。

阿·瓦·;阿·瓦西·——见卢那察尔斯基,阿纳托利·瓦西里耶维奇。

阿布拉莫夫——见阿夫拉莫夫,罗曼·彼得罗维奇。

阿法纳西耶娃,索菲娅·尼古拉耶夫娜(谢拉菲玛)(Афанасьева,Софья Николаевна(Серафима)1876—1933)——19 世纪 90 年代走上革命斗争道路。1898 年因彼得堡工人阶级解放斗争协会案受审,流放哈尔科夫。1901 年流亡德国,在柏林加入《火星报》协助小组。回国后在俄国社会民主工党基辅委员会工作。1902 年初被捕,监禁两年后流放东西伯利亚,为期五年。1904 年夏逃往瑞士后,结识了娜·康·克鲁普斯卡娅和列宁。同年秋秘密回国,在彼得堡和哈尔科夫工作。1905 年身患重病,不再积极参加党的工作。——14。

阿芬那留斯,理查(Avenarius,Richard 1843—1896)——德国哲学家,主观唯心主义者,经验批判主义创始人之一。1877 年起任苏黎世大学教授。否认物质世界的客观存在,认为"只有感觉才能被设想为存在着的东西",杜撰所谓"原则同格"论、"潜在中心项"、"嵌入说"等。——185。

阿夫杰耶夫——见季维尔科夫斯基,阿纳托利·阿夫杰耶维奇。

阿夫拉莫夫(阿布拉莫夫),罗曼·彼得罗维奇(Аврамов(Абрамов),Роман Петрович 1882—1937)——保加利亚和俄国革命运动的参加者,1898 年加入保加利亚社会民主党。1900 年是日内瓦马克思主义小组成员,1901—1902 年是《火星报》柏林协助小组成员。俄国社会民主工党第二次代表大会后成为布尔什维克。曾任布尔什维克国外组织委员会秘书,负责运送秘密书刊。1904 年是布尔什维克柏林小组的组织者之一。1905 年为

布尔什维克中央驻国外特派员,参加中央委员会总务委员会的工作。同年
11月列宁回国后,他曾协同叶·德·斯塔索娃负责保管党的文献。十月
革命后在苏联驻外贸易机关工作。1930—1937年任面粉厂、粮库和面包
厂建筑安装托拉斯经理。——116、138。

阿捷夫,叶夫诺·菲舍列维奇(Азеф, Ефно Фишелевич 1869—1918)——俄国
社会革命党组织者和该党战斗组织领导人之一。1892年起是沙俄警察司
密探,1908年被揭穿。——292、366。

阿克雪里罗得,帕维尔·波里索维奇(Аксельрод, Павел Борисович 1850—
1928)——俄国孟什维克领袖之一。1883年参与创建劳动解放社。1900
年起是《火星报》和《曙光》杂志编辑部成员。在俄国社会民主工党第二次
代表大会上是《火星报》编辑部有发言权的代表,属火星派少数派,会后是
孟什维主义的思想家。斯托雷平反动时期和新的革命高涨年代是取消派
的思想领袖,参加孟什维克取消派的《社会民主党人呼声报》编辑部。1912
年加入"八月联盟"。第一次世界大战期间表面上是中派,实际持社会沙文
主义立场;曾参加齐美尔瓦尔德代表会议和昆塔尔代表会议,属于右翼。
1917年二月革命后任彼得格勒苏维埃执行委员会委员,支持资产阶级临
时政府。十月革命后侨居国外,敌视苏维埃政权,鼓吹武装干涉苏维埃俄
国。——11、53、169、319。

阿列·马;阿列·马克西—奇;阿列·马—奇——见高尔基,马克西姆。

阿列克辛斯基,格里戈里·阿列克谢耶维奇(彼得)(Алексинский, Григорий
Алексеевич(Петр)1879—1967)——俄国社会民主党人,1905—1907年革
命期间是布尔什维克。第二届国家杜马彼得堡工人代表。斯托雷平反动
时期是召回派分子、派别性的卡普里党校的讲课人和"前进"集团的组织者
之一。第一次世界大战期间是社会沙文主义者,曾为多个资产阶级报纸撰
稿。1917年加入孟什维克统一派;七月事变期间伙同特务机关伪造文件
诬陷列宁和布尔什维克。1918年逃往国外,投入反动营垒。——136—
138、144—145、149、162、183、184、199、221、244、251、255、265、303、314。

阿纳·瓦;阿纳·瓦西;阿纳·瓦西—奇;阿纳托·瓦西—奇——见卢那
察尔斯基,阿纳托利·瓦西里耶维奇。

阿斯特拉汉采夫,叶戈尔·巴甫洛维奇(Астраханцев, Егор Павлович 生于

Фед-вна，Мария Федоровна）1868—1953）——俄国女演员，社会活动家，高尔基的妻子和助手。1904 年加入俄国社会民主工党。参加过 1905 年革命，是布尔什维克《新生活报》的出版人。多次完成列宁委托的党的各种任务。十月革命后曾任彼得格勒剧院等娱乐场所的政治委员，在对外贸易人民委员部系统工作，参加苏维埃影片生产的开创工作。1931—1948 年任莫斯科科学工作者之家主任。——135、146、151—152、159、182、188、190、192、193、194—195、275、312、331—332。

安东诺维奇，马克西姆·阿列克谢耶维奇（Антонович，Максим Алексеевич 1835—1918）——俄国革命民主主义政论家，文学批评家，哲学家，《同时代人》杂志的撰稿人。唯物主义和达尔文主义的宣传家和普及者，开展过反对哲学唯心主义的斗争。车尔尼雪夫斯基被捕后，1862—1866 年他实际上是《同时代人》杂志的领导人。——324。

安年斯基，尼古拉·费多罗维奇（Анненский，Николай Федорович 1843—1912）——俄国政论家，经济学家和统计学家，自由主义民粹派代表人物。曾为《事业》和《祖国纪事》等杂志撰稿，担任过《俄国财富》杂志编委。1903—1905 年是资产阶级自由派组织"解放社"的领导人之一。1906 年参与组织人民社会党，是该党领导人之一。——324。

奥·阿·（O. A.）——326。

奥尔洛夫斯基——见沃罗夫斯基，瓦茨拉夫·瓦茨拉沃维奇。

奥里明斯基（**亚历山德罗夫**），米哈伊尔·斯捷潘诺维奇（加廖尔卡；瓦西·瓦—奇；瓦西·瓦西·）（Ольминский（Александров），Михаил Степанович（Гарелка，Вас. В-ч，Вас. Вас.）1863—1933）——19 世纪 80 年代初参加革命运动，曾为民意党人。1898 年加入俄国社会民主工党，1903 年起为布尔什维克。1904 年起先后任布尔什维克的《前进报》和《无产者报》编委。1905—1907 年为布尔什维克的《新生活报》、《浪潮报》、《我们的思想》杂志、《生活通报》杂志等撰稿，领导党的前进出版社编辑部。斯托雷平反动时期在巴库做党的工作。1911—1914 年积极参加布尔什维克的《明星报》、《真理报》和《启蒙》杂志的工作。1915—1917 年先后在萨拉托夫、莫斯科和彼得格勒做党的工作。1917 年二月革命后进入俄国社会民主工党（布）中央委员会俄国局，积极参加十月革命。十月革命后历任《真理报》编委、俄共(布)中央党史委员会领导人、老布尔什维克协会主席、《无产阶级革命》杂志编辑、列宁研究院院委会委员等职。——7、41、62、64、69、76、81、124。

奥丽珈——见拉维奇,索菲娅·瑠莫夫娜。

奥林——见勒柏辛斯基,潘捷莱蒙·尼古拉耶维奇。

奥斯特瓦尔德,威廉·弗里德里希(Ostwald, Wilhelm Friedrich 1853 — 1932)——德国自然科学家,唯心主义哲学家,唯能论的创始人。所提出的唯能论是物理学唯心主义的一个变种,认为能是最普遍的概念,试图离开物质来设想运动和能。——175。

# B

巴宾采夫,И.И.(萨韦利)(Бабинцев, И.И.(Савелий)1886 — 1919)——1908年参加俄国社会民主主义运动。1909年夏被莫斯科党组织由布特尔区派到卡普里学校学习。回到莫斯科后在茶叶分秤包装工人工会工作。屡遭沙皇政府迫害。1912年被驱逐出莫斯科,为期五年。曾在全俄城市联合会工作。——240—248。

巴尔索夫——见茨哈卡雅,米哈伊尔·格里戈里耶维奇。

巴里特——见巴图尚斯基,Б.Я.。

巴图尚斯基,Б.Я.(巴里特)(Батушанский, Б.Я.(Барит))——奸细。1902年9月起是叶卡捷琳诺斯拉夫保安处密探,后在国外搞谍报活动。1909年被揭穿。——292。

巴扎罗夫(**鲁德涅夫**),弗拉基米尔·亚历山德罗维奇(Базаров(Руднев), Владимир Александрович 1874 — 1939)——1896年参加俄国社会民主主义运动。1904—1907年是布尔什维克,曾为布尔什维克报刊撰稿。斯托雷平反动时期背弃布尔什维主义,宣传造神说和经验批判主义,是用马赫主义修正马克思主义的主要代表人物之一。1917年是孟什维克国际主义者,《新生活报》的编辑之一;反对十月革命。1921年起在国家计划委员会工作。晚年从事文艺和哲学著作的翻译工作。——112、124、125、165、176、178、185、186、206、244、248、271。

邦契-布鲁耶维奇,弗拉基米尔·德米特里耶维奇(Бонч-Бруевич, Владимир

Дмитриевич 1873—1955）——19世纪80年代末参加俄国革命运动，1896年侨居瑞士。在国外参加劳动解放社的活动，为《火星报》撰稿。俄国社会民主工党第二次代表大会后是布尔什维克。1903—1905年在日内瓦领导俄国社会民主工党中央委员会发行部，组织出版布尔什维克的书刊（邦契-布鲁耶维奇和列宁出版社）。以后几年从事布尔什维克报刊和党的出版社的组织工作。积极参加彼得格勒十月武装起义，是斯莫尔尼—塔夫利达宫区的警卫长。十月革命后任人民委员会办公厅主任（至1920年10月，其间曾兼任反破坏、抢劫和反革命行动委员会主席）、生活和知识出版社总编辑，后任莫斯科卫生局所属林中旷地国营农场场长，同时从事科学研究和著述活动。——61、114—115、116、130、263、348、349—350、378—379。

倍倍尔，奥古斯特（Bebel，August 1840—1913）——德国工人运动和国际工人运动活动家，德国社会民主党和第二国际的创建人和领袖之一，马克思和恩格斯的朋友和战友。19世纪60年代前半期开始参加政治活动，1867年当选为德国工人协会联合会主席，1868年该联合会加入第一国际。1869年与威·李卜克内西共同创建了德国社会民主工党（爱森纳赫派）。90年代和20世纪初同党内的改良主义和修正主义进行斗争，反对伯恩施坦及其拥护者对马克思主义理论的歪曲和庸俗化。——13—14、15—16、51、53、56、58、122、140、272、372—373。

比比科夫，И.И.（克列希）（Бибиков，И.И.（Клец）生于1882年）——1903年加入俄国社会民主工党，布尔什维克。曾在莫斯科、奥廖尔、巴库工作。1905年夏到国外旅行回来后参加了彼得堡组织的工作。曾被捕，1907年被判处在要塞监禁一年半。获释后脱党。十月革命后任法律顾问。——48。

比耶尔克（Björck）——138。

彼得——见阿列克辛斯基，格里戈里·阿列克谢耶维奇。

彼得楚尔特，约瑟夫（Petzoldt，Joseph 1862—1929）——德国哲学家，主观唯心主义者，恩·马赫和理·阿芬那留斯的门徒。——309。

彼得罗夫（Петров）——346。

彼什科夫，季诺维·阿列克谢耶维奇（**斯维尔德洛夫，季·马·；季诺·阿列·；季诺维·阿列·**）（Пешков，Зиновий Алексеевич（Свердлов，З.М.，

Зин.Ал.，Зиновий Ал.）生于 1884 年）——在下诺夫哥罗德居住时，与阿·
马·高尔基建立了联系。1902 年转入正教时，改姓彼什科夫，取父名为阿
列克谢耶维奇，因而被认为是高尔基的养子。1904 年初侨居国外，在卡普
里岛高尔基那里住过一段时间。1914 年作为志愿兵参加法国军队，后加
入法国国籍。——194。

俾斯麦，奥托·爱德华·莱奥波德（Bismarck，Otto Eduard Leopold 1815 —
1898）——普鲁士和德国国务活动家和外交家。普鲁士容克的代表。曾任
驻彼得堡大使（1859 — 1862）和驻巴黎大使（1862），普鲁士首相（1862 —
1872、1873 — 1890），北德意志联邦首相（1867 — 1871）和德意志帝国首相
（1871 — 1890）。1870 年发动普法战争，1871 年支持法国资产阶级镇压巴
黎公社。主张在普鲁士领导下"自上而下"统一德国。曾采取一系列内政
措施，捍卫容克和大资产阶级的联盟。1878 年颁布反社会党人非常法。
由于内外政策遭受挫折，于 1890 年 3 月去职。——279 — 280。

别尔曼，雅柯夫·亚历山德罗维奇（Берман，Яков Александрович 1868 —
1933）——俄国社会民主党人，法学家和哲学家。1905 — 1907 年革命期
间，起初追随孟什维克，后来转向布尔什维克。著有《论辩证法》(1908，收
入《关于马克思主义哲学的论丛》)、《从现代认识论来看辩证法》(1908)、
《实用主义的实质》(1911)等。十月革命后加入俄共（布），在高等院校任
教。——176。

别利斯基——见克拉西科夫，彼得·阿纳尼耶维奇。

别洛波尔斯基，伊里亚·伊萨耶维奇（莫嘉）（Белопольский，Илья Исаевич
（Мотя）1884 — 1918）——俄国印刷工人，1903 年参加革命运动，1905 年加
入布尔什维克党，在敖德萨做党的工作；对孟什维克采取调和主义态度，后
为召回派分子。曾被捕入狱。1911 年被判处服苦役并流放西伯利亚。
1916 年在增补连士兵中进行鼓动工作。曾积极参与组建克拉斯诺亚尔斯
克布尔什维克党组织和创办该组织机关报《西伯利亚真理报》的工作，并为
《克拉斯诺亚尔斯克工人报》撰稿，是克拉斯诺亚尔斯克赤卫队的组织者之
一。十月革命后被选入西伯利亚苏维埃中央执行委员会、克拉斯诺亚尔斯
克执行委员会和叶尼塞斯克省人民委员部。1918 年被捷克白卫分子杀
害。——127 — 129。

别洛乌索夫，捷连季·奥西波维奇（Белоусов，Терентий Осипович 1875 —
　　1920）——俄国孟什维克取消派分子，第三届国家杜马伊尔库茨克省代表，
　　在杜马中被选入预算和土地委员会。1912 年 2 月退出社会民主党杜马党
　　团，但未辞去代表职务。后脱离政治活动，在莫斯科合作社组织中工作。
　　——227。

别姆——见西尔文，米哈伊尔·亚历山德罗维奇。

波波夫（**布里特曼**），阿纳托利·弗拉基米罗维奇（Попов（Бритман），
　　Анатолий Владимирович 死于 1914 年）——俄国社会民主党人，俄国社会
　　民主工党第二次代表大会后是布尔什维克。1905—1907 积极参加彼得
　　堡和喀琅施塔得军事组织的活动。多次被捕，1908 年被流放服苦役，不久
　　从流放地逃跑。后侨居国外，加入党的巴黎支部和国外组织委员会。第一
　　次世界大战爆发后作为志愿兵参加法军，1914 年 11 月死于前线。
　　——324。

波格丹诺夫（**马林诺夫斯基**），亚历山大·亚历山德罗维奇（拉赫美托夫；雷涅
　　尔特；列兵；马克西莫夫；司索伊卡；维尔涅尔；亚·亚·；亚·亚—奇；亚
　　历·亚历·；亚历·亚历—奇）（Богданов（Малиновский），Александр
　　Александрович（Рахметов，Рейнерт，Рядовой，Максимов，Сысойка，Вернер，
　　А.А.，А.А-ч，Ал.Ал.，Ал.Ал-ч）1873 — 1928）——俄国社会民主党人，哲学
　　家，社会学家，经济学家；职业是医生。19 世纪 90 年代参加社会民主主义
　　小组。1903 年成为布尔什维克。作为多数派委员会常务局成员参加了俄
　　国社会民主工党第三次代表大会的筹备工作，在代表大会上当选为中央委
　　员。曾参加布尔什维克机关报《前进报》和《无产者报》编辑部，是布尔什维
　　克《新生活报》的编辑。斯托雷平反动时期和新的革命高涨年代领导召回
　　派，是"前进"集团的领袖。在哲学上宣扬经验一元论。1909 年 6 月因进
　　行派别活动被开除出党。十月革命后是无产阶级文化派的思想家。1926
　　年起任由他创建的输血研究所所长。——7 — 10、12 — 13、14、17、24、26、
　　48、49、52、58、60、92、93、100、112、124、125、144、159、162、165、169、170、
　　172 — 178、182、184、185、186、189、190、194、198、206、216、219、221、231、
　　244、245、248、250、252、253、255、260、265、276、277、278、279、289、290、
　　291、292、303、310、353 — 355。

波格丹诺娃,纳塔莉娅·波格丹诺夫娜(纳塔·波格丹·)(Богданова,
　　Наталья Богдановна(Нат. Богд.))——亚·波格丹诺夫的妻子。——
　　194—195。

波克罗夫斯基,米哈伊尔·尼古拉耶维奇(多莫夫)(Покровский,Михаил
　　Николаевич(Домов)1868—1932)——1905 年加入俄国社会民主工党,历
　　史学家。曾积极参加 1905—1907 年革命。1907 年在党的第五次(伦敦)代
　　表大会上当选为候补中央委员。1908—1917 年侨居国外。斯托雷平反动
　　时期参加召回派和最后通牒派,后加入"前进"集团,1911 年与之决裂。第
　　一次世界大战期间持国际主义立场,从事布尔什维克书刊的出版工作,曾
　　编辑出版列宁的《帝国主义是资本主义的最高阶段》一书。1917 年 8 月回
　　国,参加了莫斯科武装起义。十月革命后任莫斯科苏维埃主席,俄罗斯联
　　邦副教育人民委员以及共产主义科学院、红色教授学院和中央国家档案馆
　　等单位的领导人。——202、216、219、220、221、223、260、354—355。

波克罗夫斯基,伊万·彼得罗维奇(Покровский,Иван Петрович 1872—
　　1963)——俄国社会民主党人;职业是医生。第三届国家杜马库班州、捷列
　　克州和黑海省代表,参加社会民主党杜马党团的布尔什维克派。1910 年
　　以第三届杜马社会民主党党团代表的身份参加布尔什维克合法报纸《明星
　　报》编辑部。——227、337、379—380。

波里斯——见诺斯科夫,弗拉基米尔·亚历山德罗维奇。

波列塔耶夫,尼古拉·古里耶维奇(Полетаев,Николай Гурьевич 1872—
　　1930)——俄国第一批工人社会民主党人之一,布鲁斯涅夫小组和彼得堡
　　工人阶级解放斗争协会成员。1904 年加入俄国社会民主工党,布尔什维
　　克。多次被捕和流放。1905 年任彼得堡工人代表苏维埃执行委员会委
　　员。第三届国家杜马彼得堡省代表,参加社会民主党杜马党团的布尔什维
　　克派。曾积极参加布尔什维克《明星报》和《真理报》的出版工作。十月革
　　命后从事出版和经济工作。——226、370。

波斯托洛夫斯基,德米特里·西蒙诺维奇(杜布瓦;瓦季姆;亚历山德罗夫)
　　(Постоловский,Дмитрий Симонович(Дюбуа,Вадим,Александров)1876—
　　1948)——俄国社会民主党人。1895 年参加社会民主主义运动,曾在彼得
　　堡、维尔纽斯和梯弗利斯做党的工作。1904 年起是党中央代办员,调和派

分子。1905 年 3 月被任命为俄国社会民主工党中央委员会驻党总委员会
的代表。在党的第三次代表大会上是西北委员会的代表,当选为中央委
员。曾任俄国社会民主工党中央委员会驻彼得堡工人代表苏维埃执行委
员会的正式代表。斯托雷平反动时期脱离政治活动。1917 年二月革命后
在彼得格勒苏维埃法律委员会工作。十月革命后在人民委员会国家立法
提案委员会工作。——48、49、50、60、86。

波特金娜,М.С.(Боткина,М.С. 1870—1960)——俄国女画家;医学家和进
步社会活动家谢·彼·波特金的女儿。——312。

波特列索夫,亚历山大·尼古拉耶维奇(斯塔罗韦尔)(Потресов,Александр
Николаевич(Старовер)1869—1934)——俄国孟什维克领袖之一。19 世纪
90 年代初参加马克思主义小组。1896 年加入彼得堡工人阶级解放斗争协
会,后被捕,1898 年流放维亚特卡省。1900 年出国,参与创办《火星报》和
《曙光》杂志。在俄国社会民主工党第二次代表大会上是《火星报》编辑部
有发言权的代表,属火星派少数派,会后是孟什维克刊物的主要撰稿人和
领导人。斯托雷平反动时期和新的革命高涨年代是取消派思想家,在《复
兴》杂志和《我们的曙光》杂志以及孟什维克取消派的其他报刊中起领导作
用。第一次世界大战期间是社会沙文主义者。十月革命后侨居国外,为克
伦斯基的《白日》周刊撰稿,攻击苏维埃政权。——4、5、6、70、72、237、238、
247、279、314、315、318、319、341、349。

伯恩海姆(Bernheim)——197。

伯尔耶松(Börjesson)——138、142。

勃朗施坦,彼得·阿布拉莫维奇(尤·;尤里)(Бронштейн,Петр Абрамович
(Ю.,Юрий)1881—1944)——俄国社会民主党人,孟什维克。斯托雷平反
动时期和新的革命高涨年代是取消派分子,任取消派《生活事业》杂志编
辑,并为《涅瓦呼声报》、《光线报》及孟什维克取消派的其他报纸撰稿。十
月革命后在南方进行反革命活动,后移居国外,为孟什维克《社会主义通
报》杂志撰稿。——220、314、318、363、365、366。

博格达萨良,季格兰(Богдасарян,Тигран)——俄国大学生,布尔什维克日内
瓦支部成员。1908 年 1 月 5 日在慕尼黑兑换面额 500 卢布的纸币时,因涉
嫌参加 1907 年 6 月 13 日的梯弗利斯剥夺活动被捕。沙皇政府曾要求将

博格达萨良等人作为刑事犯引渡。由于列宁的努力和布尔什维克的宣传，引渡未能施行。博格达萨良被监禁15个月后获释。——196、197、228。

布尔采夫,弗拉基米尔·李沃维奇（Бурцев,Владимир Львович 1862—1942）——19世纪80年代是俄国民意党人。1885年被捕,流放西伯利亚,后逃往国外,从事收集和出版革命运动文献的工作。曾把沙俄内务部警察司的秘密活动公诸于众,揭露了奸细叶·菲·阿捷夫和罗·瓦·马林诺夫斯基等人。俄国第一次革命前夕接近社会革命党人,革命失败后支持立宪民主党人。1911年10月—1914年1月在巴黎出版自由派资产阶级的《未来报》。第一次世界大战期间是沙文主义者。1915年回国,反对布尔什维克。十月革命后侨居国外,参与建立君主派白卫组织,反对苏维埃俄国。——235。

布拉克（**亚历山大·玛丽·德鲁索**）（Bracke（Alexandre-Marie Desrousseaux）1861—1955）——法国社会党领袖之一,该党对外联络书记。1900年起是法国社会党多种定期刊物撰稿人,曾任《人道报》编辑。多次当选众议员。第一次世界大战期间是社会沙文主义者。反对法国社会党人参加共产国际。1923年起为法国社会党驻社会主义工人国际的代表。——43—44、118、129。

布兰亭,卡尔·亚尔马（Branting,Karl Hjalmar 1860—1925）——瑞典社会民主党和第二国际创建人和领袖之一,持机会主义立场。1887—1917年（有间断）任瑞典社会民主党中央机关报《社会民主党人报》编辑。1896年起为议员。1907年当选为党的执行委员会主席。第一次世界大战期间是社会沙文主义者。1917年参加埃登的自由党—社会党联合政府,支持武装干涉苏维埃俄国。1920年、1921—1923年、1924—1925年领导社会民主党政府,1921—1923年兼任外交大臣。—— 138—139、142—143、351、356。

布里特曼——见波波夫,阿纳托利·弗拉基米罗维奇。

布里亚兹昆,米哈伊尔·Ф.（Брязкун,Михаил Ф. 生于1879年）——俄国社会民主党人,钳工。曾在工人中做宣传工作。1904年是尤佐夫卡社会民主党组织成员。因参加1907年5月16日的抢劫活动被判处九年苦役。——299。

布林格曼,奥古斯特(Bringmann,August 1861—1920)——德国工会活动家,改良主义者,工人运动中行会倾向的代表人物。1893—1920 年编辑《木工》杂志。多年担任工会总委员会委员。——167。

# C

"财政家"——见克拉辛,列昂尼德·波里索维奇。

蔡特金,克拉拉(Zetkin,Clara 1857—1933)——德国工人运动和国际工人运动活动家,国际社会主义妇女运动领袖之一,德国共产党创建人之一。1881 年加入德国社会民主党。1892—1917 年任德国社会民主党主办的女工运动机关刊物《平等》杂志主编。第一次世界大战期间持国际主义立场。1916 年参与组织国际派(后改称斯巴达克派和斯巴达克联盟)。1919 年起为德国共产党党员,当选为中央委员。1920 年起为国会议员。1921 年起先后当选为共产国际执行委员会委员和主席团委员,领导国际妇女书记处。——295—298,370。

查苏利奇,维拉·伊万诺夫娜(Засулич,Вера Ивановна 1849—1919)——俄国民粹主义运动和社会民主主义运动活动家。1883 年参与创建劳动解放社。1900 年起是《火星报》和《曙光》杂志编辑部成员。在俄国社会民主工党第二次代表大会上是《火星报》编辑部有发言权的代表,属火星派少数派,会后成为孟什维克领袖之一,参加孟什维克的《火星报》编辑部。斯托雷平反动时期和新的革命高涨年代是取消派分子。第一次世界大战期间是社会沙文主义者。1917 年是孟什维克统一派分子。对十月革命持否定态度。——53。

常礼服——见柯普,维克多·列昂季耶维奇。

车尔尼雪夫斯基,尼古拉·加甫里洛维奇(Чернышевский,Николай Гаврилович 1828—1889)——俄国革命民主主义者和空想社会主义者,作家,文学评论家;俄国社会民主主义先驱之一,俄国 19 世纪 60 年代革命运动的领袖和思想鼓舞者。——324。

厨师——见舍科尔金,费多尔·伊万诺维奇。

茨哈卡雅,米哈伊尔·格里戈里耶维奇(巴尔索夫)(Цхакая,Михаил Григорьевич(Барсов)1865—1950)——1898 年加入俄国社会民主工党。

党的高加索联合会委员会领导人之一。参加了党的第二次代表大会的筹
备工作;是高加索联合会出席党的第三次代表大会的代表。积极参加
1905—1907 年革命。屡遭沙皇政府迫害。1907 — 1917 年流亡国外。
1917 年二月革命后随列宁回国。1917 — 1920 年任俄国社会民主工党
(布)梯弗利斯委员会委员。1920 年起为格鲁吉亚共产党(布)中央委员。
1921—1922 年任格鲁吉亚苏维埃社会主义共和国驻俄罗斯联邦人民委员
会代表,1923—1930 年任外高加索联邦中央执行委员会主席、苏联中央执
行委员会主席团委员、格鲁吉亚中央执行委员会主席。1920 年起为共产
国际执行委员会委员。——125。

## D

达维德松,И.(Давидсон,И.)——马克思主义刊物的撰稿人。19 世纪 90 年
代末在柏林居住和学习,起初追随锡安主义者,1899 年同锡安主义者决
裂,声明转向社会民主党人。是社会民主党人柏林协助小组和国外俄国社
会民主党人联合会成员。——380。

达维多夫,Н.М.(Давыдов,Н.М. 生于 1890 年)——1906 年加入俄国社会民
主工党,在叶卡捷琳堡布尔什维克组织中做党的工作。1909 年被捕并被
逐往阿尔汉格尔斯克省,1912 年回到叶卡捷琳堡。1913 年在上伊谢季工
厂工作,屡遭迫害。1914 年领导开展保险运动。——238。

大卫,爱德华(David,Eduard 1863 — 1930)——德国社会民主党右翼领袖之
一,经济学家;德国机会主义者的主要刊物《社会主义月刊》创办人之一。
1893 年加入社会民主党。公开修正马克思主义关于土地问题的学说,否
认资本主义经济规律在农业中的作用。1903 年出版《社会主义和农业》一
书,宣扬小农经济稳定,维护所谓土地肥力递减规律。第一次世界大战期
间是社会沙文主义者。1919 年 2 月任魏玛共和国国民议会第一任议长。
1919—1920 年任内务部长,1922 — 1927 年任中央政府驻黑森的代表。
——259、283、287。

丹尼拉——见基里洛夫斯基-诺沃米尔斯基,丹尼尔·伊萨耶维奇。

迪布勒伊,路易(Dubreuil,Louis 1862 — 1924)——法国社会党人,法国社会
党和第二国际法国支部总书记。一些社会党报纸的撰稿人和编辑。《公社

E

170、176、248、335。

尔·马·——见马尔托夫,尔·。

# F

菲拉托夫,弗谢沃洛德·弗拉基米罗维奇(Филатов, Всеволод Владимирович
　　生于 1879 年)——俄国社会民主党人,新闻工作者。19 世纪 90 年代开始
　　革命工作。曾流放奥伦堡省,后流亡国外,为《火星报》撰稿。俄国社会民
　　主工党第二次代表大会后加入布尔什维克,为布尔什维克的《前进报》和
　　《无产者报》撰稿。写有小册子《战术和筑城术在人民起义中的运用》。
　　1905 年秋回国,为布尔什维克的《新生活报》和《军营报》撰稿,后在莫斯科
　　军事战斗组织中工作。屡遭沙皇政府迫害。1920 年退出俄共(布)。
　　——42。

费多罗娃-施特列梅尔,Н.И.(Федорова-Штремер, Н.И.)——曾任彼得堡委
　　员会书记。1904 年 12 月对孟什维克采取调和主义态度。——1。

费多罗维奇——见泰奥多罗维奇,伊万·阿道福维奇。

费尔巴哈,路德维希·安德列亚斯(Feuerbach, Ludwig Andreas 1804 —
　　1872)——德国唯物主义哲学家和无神论者,德国古典哲学代表人物之一。
　　他的唯物主义是马克思主义哲学的理论来源之一。——63。

费尔兹,约瑟夫(Fells, Joseph)——英国人,肥皂业业主。——155 — 156。

费里,恩里科(Ferri, Enrico 1856 — 1929)——意大利社会党领袖之一,"整体
　　派"(中派)思想家,该派有时反对公开的改良主义者,但在阶级斗争的基本
　　问题上持改良主义和机会主义立场。1898 年和 1904 — 1908 年编辑意大
　　利社会党中央机关报《前进报》。第一次世界大战期间主张社会党人参加
　　资产阶级政府。后来支持意大利法西斯主义。——168、171、179。

费利克斯——见李维诺夫,马克西姆·马克西莫维奇。

费利克斯·亚历山德罗维奇——见沃罗夫斯基,瓦茨拉夫·瓦茨拉沃维奇。

费舍——见哈尔贝施塔特,罗莎丽亚·萨姆索诺夫娜。

芬——见芬-叶诺塔耶夫斯基,亚历山大·尤利耶维奇。

芬-叶诺塔耶夫斯基,亚历山大·尤利耶维奇(芬)(Финн-Енотаевский,
　　Александр Юльевич(Финн)1872 — 1943)——俄国社会民主党人,经济学

家。1903—1914年是布尔什维克。写有一些经济学著作。十月革命后为半孟什维克的《新生活报》撰稿。1919年和1920年从事教学工作。——7。

弗拉基米尔——见卡尔波夫,列夫·雅柯夫列维奇。

弗拉基米尔——见科萨列夫,弗拉基米尔·米哈伊洛维奇。

弗拉基米罗夫(舍印芬克尔),米龙·康斯坦丁诺维奇(列瓦)(Владимиров (Шейнфинкель), Мирон Константинович (Лева)1879—1925)——1903年加入俄国社会民主工党,布尔什维克。曾在彼得堡、戈梅利、敖德萨、卢甘斯克和叶卡捷琳诺斯拉夫做党的工作。参加1905—1907年革命,后被捕和终身流放西伯利亚,1908年从流放地逃往国外。1911年脱离布尔什维克,后加入出版《护党报》的普列汉诺夫派巴黎小组。第一次世界大战期间参加托洛茨基的《我们的言论报》的工作。1917年二月革命后回国,参加区联派,在俄国社会民主工党(布)第六次代表大会上随区联派集体加入布尔什维克党。十月革命后在彼得格勒市粮食局和粮食人民委员部工作。1919年任南方面军铁路军事特派员和粮食特设委员会主席。1921年先后任乌克兰粮食人民委员和农业人民委员。1922—1924年任俄罗斯联邦财政人民委员和苏联副财政人民委员。——229、230、246、336。

弗拉索夫——见李可夫,阿列克谢·伊万诺维奇。

弗雷,伊·——即列宁,弗拉基米尔·伊里奇。

弗谢·;弗谢沃洛德——见杰尼索夫,瓦列里安·彼得罗维奇。

福季耶娃,莉迪娅·亚历山德罗夫娜(小猫)(Фотиева, Лидия Александровна (Киска)1881—1975)——1904年加入俄国社会民主工党。1904—1905年在日内瓦和巴黎的布尔什维克支部工作,协助娜·康·克鲁普斯卡娅同国内地下党组织进行通信联系。1905—1907年革命和十月革命的参加者。1918—1930年任人民委员会和劳动国防委员会秘书,1918—1924年兼任列宁的秘书。——34、42—43。

## G

盖得,茹尔(巴西尔,马蒂厄)(Guesde, Jules (Basile, Mathieu) 1845—1922)——法国工人运动和国际工人运动活动家,法国工人党创建人之一,

第二国际的组织者和领袖之一。1901 年与其拥护者建立了法兰西社会
党,该党于 1905 年同改良主义的法国社会党合并,盖得为统一的法国社会
党领袖之一。1920 年法国社会党分裂后,支持少数派立场,反对加入共产
国际。——129。

高尔基,马克西姆(**彼什科夫,阿列克谢·马克西莫维奇**;阿·马·;阿·马—
奇;阿列·马·;阿列·马克西—奇)(Горький, Максим
(Пешков, Алексей Максимович, А. М., А. М-ч, Ал. М., Ал. Макс-ч, Ал. М-
ч) 1868—1936)——苏联作家和社会活动家,社会主义现实主义文学的奠
基人,苏联文学的创始人。—— 7、135、145 — 146、147、151 — 152、158 —
160、162 — 166、168 — 170、171 — 179、181、182、185 — 188、189 — 190、191 —
192、193 — 194、230、274 — 275、276 — 278、312 — 316、331。

戈尔登贝格,约瑟夫·彼得罗维奇(梅什科夫斯基)(Гольденберг, Иосиф
Петрович(Мешковский)1873 — 1922)——俄国社会民主党人。俄国社会
民主工党第二次代表大会后是布尔什维克。国外俄国社会民主党人联合
会成员。1905 — 1907 年革命期间参加了布尔什维克所有报刊编辑部的工
作,是俄国社会民主工党中央委员会负责同其他党派和组织联系的代表。
1907 年在党的第五次(伦敦)代表大会上当选为中央委员。1910 年进入中
央委员会俄国局,对取消派采取调和主义态度。第一次世界大战期间是护
国派分子。1917 — 1919 年参加新生活派。1920 年重新加入布尔什维克
党。——135、221、223、271 — 273。

戈洛文,В. В.(Головин, В. В.)——俄国林业资本家。——299。

哥列夫(**戈尔德曼**),波里斯·伊萨科维奇(伊哥尔)(Горев(Гольдман), Борис
Исаакович(Игорь)1874 — 1937)——俄国社会民主党人。19 世纪 90 年代
中期参加革命运动,彼得堡工人阶级解放斗争协会会员。1897 年被捕并
被流放奥廖克明斯克。1905 年是俄国社会民主党彼得堡委员会委员,
布尔什维克。1907 年转向孟什维克。在俄国社会民主工党第五次(伦敦)
代表大会上代表孟什维克当选为候补中央委员。曾为孟什维克取消派的
《社会民主党人呼声报》和《我们的曙光》杂志撰稿。1912 年参加托洛茨基
在维也纳召开的反布尔什维克的八月代表会议,在会上被选入组委会。
1917 年二月革命后为孟什维克《工人报》编辑之一、孟什维克中央委员会

委员和第一届中央执行委员会委员。1920 年 8 月声明退出孟什维克组织。后在高等院校从事教学工作。——26、209、308、311。

格·——见季诺维也夫,格里戈里·叶夫谢耶维奇。

格奥尔吉——见基尔科夫,格奥尔吉。

格奥尔吉·瓦连廷诺维奇——见普列汉诺夫,格奥尔吉·瓦连廷诺维奇。

格奥尔吉恩——见马希纳泽,勃·。

格格奇柯利,叶夫根尼·彼得罗维奇(Гегечкори,Евгений Петрович 1881—1954)——格鲁吉亚孟什维克。第三届国家杜马库塔伊西省代表,社会民主党杜马党团领袖之一。1917 年 11 月起任外高加索反革命政府——外高加索委员会主席,后为格鲁吉亚孟什维克政府的外交部长和副主席。1921 年格鲁吉亚建立苏维埃政权后为白俄流亡分子。——226。

格里·;格里戈里——见季诺维也夫,格里戈里·叶夫谢耶维奇。

"格里·伊万诺维奇"——见伊格纳季耶夫,亚历山大·米哈伊洛维奇。

格列博夫——见诺斯科夫,弗拉基米尔·亚历山德罗维奇。

格罗让(**格沃兹杰夫**,Д.С.;尤里)(Грожан(Гвоздев,Д.С.,Юрий)生于 1876 年)——1903 年加入俄国社会民主工党。1905—1906 年是党中央委员会战斗技术组的组织员。1906 年 11 月为俄国社会民主工党军事和战斗组织第一次代表会议代表。1910 年脱离政治活动。十月革命后从事经济和科研工作。——219。

格罗伊利希,海尔曼(Greulich,Hermann 1842—1925)——瑞士社会民主党创建人之一,该党右翼领袖。1887—1925 年任瑞士工人联合会书记。1902 年起为联邦议会议员。第一次世界大战期间是社会沙文主义者,反对齐美尔瓦尔德左派。后来反对瑞士社会民主党左翼加入共产国际。——13。

古契柯夫,亚历山大·伊万诺维奇(Гучков,Александр Иванович 1862—1936)——俄国大资本家,十月党的组织者和领袖。1907 年 11 月被选入第三届国家杜马,1910 年 3 月—1911 年 3 月任杜马主席。第一次世界大战期间是中央军事工业委员会主席和国防特别会议成员。1917 年 3—5 月任临时政府陆海军部长。十月革命后反对苏维埃政权,1918 年起为白俄流亡分子。——279、280。

古谢夫,谢尔盖·伊万诺维奇(**德拉布金,雅柯夫·达维多维奇**;国民;哈里顿)(Гусев,Сергей Иванович(Драбкин,Яков Давидович,Нация,Харитон)1874—1933)——1896 年在彼得堡开始革命活动。是 1902 年罗斯托夫罢工和 1903 年三月示威游行的领导人之一。1903 年在俄国社会民主工党第二次代表大会上是顿河区委员会的代表,属火星派多数派。1904 年 8月参加了在日内瓦举行的 22 个布尔什维克的会议。1904 年 12 月—1905年 5 月任多数派委员会常务局书记和党的彼得堡委员会书记,后为敖德萨布尔什维克组织的领导人之一。1906 年起任党的莫斯科委员会委员。斯托雷平反动时期反对取消派和召回派。十月革命期间领导彼得格勒军事革命委员会秘书处。十月革命后历任一些集团军和方面军革命军事委员会委员、共和国革命军事委员会野战司令部政委、工农红军政治部主任、共和国革命军事委员会委员等职。——1、12、14—15、17、19—21、23—24、26—28、32—33、89—90、107—111。

国民——见古谢夫,谢尔盖·伊万诺维奇。

# H

哈尔贝施塔特,罗莎丽亚·萨姆索诺夫娜(费舍)(Гальберштадт,Розалия Самсоновна(Фишер)1877—1940)——1896 年在日内瓦加入普列汉诺夫领导的社会民主主义小组,回国后加入《火星报》组织。1903 年 2 月被选入筹备召开俄国社会民主工党第二次代表大会的组织委员会,作为组织委员会有发言权的代表出席了代表大会。在会上属火星派少数派,会后成为孟什维克骨干分子。1905 年 12 月代表孟什维克进入统一的中央委员会。斯托雷平反动时期和新的革命高涨年代持取消派立场。1917 年二月革命后脱离政治活动。——22。

哈尔拉莫夫,B.A.(Харламов,B.A.)——324。

哈里顿——见古谢夫,谢尔盖·伊万诺维奇。

海伍德,威廉(比尔)(Haywood,William(Bill)1869—1928)——美国工人运动活动家;职业是矿工。1901 年加入美国社会党,后为该党左翼领导人之一。世界产业工人联合会的创建人和领导人之一。第一次世界大战一开始即谴责军国主义和帝国主义战争。欢迎俄国十月革命。美国共产党成立(1919)后不久加入该党。因从事革命活动遭受迫害而离开美国。1921年起住在俄国,积极参加库兹巴斯自治工业侨民区的组织工作。后在国际支援革命战士协会工作,并从事新闻活动。——371。

赫尔齐克,波里斯·Я.(Герцик,Борис Я.)——奸细。1903年在华沙保安处供职,后为国外保安机关工作人员。1908年布尔什维克日内瓦小组对他从事奸细活动、同国外间谍机关头目加尔京格-兰杰津有联系并参与经济犯罪勾当提出控告。由布尔什维克、孟什维克、社会革命党、波兰和立陶宛社会民主党的日内瓦小组和拉脱维亚边疆区社会民主党苏黎世小组的代表组成的联合法庭审理了赫尔齐克案件,认为他留在任何一个革命组织里都是不够格的。——234—236、253、254、257。

黑格尔,乔治·威廉·弗里德里希(Hegel,Georg Wilhelm Friedrich 1770—1831)——德国哲学家,客观唯心主义者,德国古典哲学的主要代表。根据唯心主义的思维与存在同一的基本原则,建立了客观唯心主义的哲学体系,并创立了唯心主义辩证法的理论。他的唯心主义辩证法是马克思主义哲学的理论来源之一。——274。

洪达泽,加布里埃尔·伊万诺维奇(莫斯科夫斯基,阿列克谢)(Хундадзе,Габриэль Иванович(Московский,Алексей)生于1877年)——1898年参加俄国社会民主主义运动,俄国社会民主工党第二次代表大会后是孟什维克。1906年11月—1907年10月任俄国社会民主工党莫斯科委员会委员。1909—1913年是孟什维克护党派分子,曾为俄国社会民主工党中央机关报《社会民主党人报》撰稿。第一次世界大战期间是孟什维克国际主义者。1917年追随新生活派。1918—1920年是格鲁吉亚孟什维克政府驻莫斯科代表。后脱离政治活动。——365。

胡斯曼,卡米耶(Huysmans,Camille 1871—1968)——比利时工人运动最早的活动家之一,比利时社会党领导人之一,语文学教授,新闻工作者。1905—1922年任第二国际社会党国际局书记。第一次世界大战期间持中派立场,实际上领导社会党国际局。多次参加比利时政府。——44—45、47、88—89、122、148—149、152、153—155、161、180、195—198、201、203、204—206、207、209—210、211、212、213、225—227、228、234—236、253—254、257—259、299、300—301、321—322、325、329、337、345、346。

霍贾米良,米格兰·克里斯托福罗维奇(Ходжамирян, Мигран Христофорович
1882—1938)——1902年加入俄国社会民主工党,党的第二次代表大会后
为布尔什维克。1905—1914年侨居国外。曾参与创办在日内瓦出版的布
尔什维克派刊物《长虹》杂志。因涉嫌参加1907年6月13日的梯弗利斯
剥夺活动,1908年1月在慕尼黑被捕。沙皇政府曾要求将其作为刑事犯
引渡。由于列宁的努力和布尔什维克的宣传,引渡未能施行。霍贾米良被
监禁15个月后获释。1914年回到高加索,1918年以前在军队中任职,后
脱党。亚美尼亚建立苏维埃政权后在财政系统工作。——196、197。

# J

基尔科夫,格奥尔吉(Кирков, Георги 1867—1919)——保加利亚工人运动活
动家,保加利亚紧密派(1903)组织者之一。1895年加入保加利亚工人社
会民主党,1905—1919年任保加利亚工人社会民主党(紧密派)中央委员
会书记,该党于1919年改名为保加利亚共产党(紧密派)。——374。

基尔科娃,季娜(Киркова, Дина 1872—1947)——保加利亚工人运动活动家,
保加利亚社会主义妇女运动领导人之一;格·基尔科夫的朋友和战友。
1914年起任保加利亚工人社会民主党(紧密派)中央委员会中央妇女委员
会书记,1920—1923年为保加利亚共产党(紧密派)中央委员。1927—
1944年侨居苏联。——374。

基里洛夫斯基-诺沃米尔斯基,丹尼尔·伊萨耶维奇(丹尼拉)(Кирилловский-
Новомирский, Данил Исаевич(Данила)生于1882年)——南俄革命小组
成员,敖德萨火星派小组组织者之一。1905年出国,在巴黎出版无政府工
团主义杂志《新世界》。回国后转入秘密状态,宣传无政府主义思想。1907
年被判处八年苦役和移居东西伯利亚。十月革命后在报社工作。
——30。

季尔克斯——见纳西莫维奇,尼古拉·费多罗维奇。

季娜——见基尔科娃,季娜。

季诺·阿列;季诺维·阿列——见彼什科夫,季诺维·阿列克谢耶维奇。

季诺维也夫(**拉多梅斯尔斯基**),格里戈里·叶夫谢耶维奇(格·;格里;格
里戈里)(Зиновьев (Радомысльский), Григорий Евсеевич (Г., Гр., Григорий)

1883—1936)——1901年加入俄国社会民主工党,党的第二次代表大会后是布尔什维克。1908—1917年侨居国外,参加布尔什维克《无产者报》编辑部和党的中央机关报《社会民主党人报》编辑部。斯托雷平反动时期对取消派、召回派和托洛茨基分子采取调和主义态度。1912年后和列宁一起领导中央委员会俄国局。第一次世界大战期间持国际主义立场。1917年4月回国,进入《真理报》编辑部。十月革命后任彼得格勒苏维埃主席。1919年共产国际成立后任共产国际执行委员会主席。1919年当选为党中央政治局候补委员,1921年当选为中央政治局委员。——221、231—232、237、238—239、246、249、251、252—253、259—260、307、324、326、354—355、357—366、367、370。

季维尔科夫斯基,阿纳托利·阿夫杰耶维奇(阿夫杰耶夫)(Дивильковский, Анатолий Авдеевич(Авдеев)1873—1932)——1898年加入俄国社会民主工党。1906年侨居瑞士;曾追随孟什维克普列汉诺夫派。第一次世界大战爆发后是国际主义者。1918年11月回国,在莫斯科做宣传鼓动工作。1922年任人民委员会办公厅主任助理。后从事写作。——319。

加邦,格奥尔吉·阿波罗诺维奇(Гапон, Георгий Аполлонович 1870—1906)——俄国神父,沙皇保安机关奸细。1902年起和莫斯科保安处处长祖巴托夫有了联系。1903年在警察司授意下在彼得堡工人中成立了一个祖巴托夫式的组织——圣彼得堡俄国工厂工人大会。1905年1月9日挑动彼得堡工人列队前往冬宫,向沙皇请愿,结果工人惨遭屠杀,他本人躲藏起来,逃往国外。同年秋回国,接受保安处任务,妄图潜入社会革命党的战斗组织。阴谋败露后被工人战斗队员绞死。——12、27。

加尔佩林,列夫·叶菲莫维奇(老鸦;瓦连廷)(Гальперин, Лев Ефимович (Ворон, Валентин)1872—1951)——俄国社会民主党人。1898年参加革命运动。1901年春作为《火星报》代办员被派往巴库,从事创建俄国社会民主工党巴库委员会和地下印刷所以及从国外运进和在国内散发秘密书刊的工作。1902年初在基辅参加游行示威时被捕,同年8月越狱逃往国外,继续进行向国内运送党的书刊的组织工作。俄国社会民主工党第二次代表大会后是布尔什维克,曾代表中央机关报编辑部参加党总委员会,后被增补进中央委员会。对孟什维克采取调和主义态度,反对召开党的第三次代表大会。1906 年起不再积极参加政治活动。1917 年二月革命后加入孟什维克国际主义派,参加了国务会议。1918 年起从事经济工作。——11、55。

加廖尔卡——见奥里明斯基,米哈伊尔·斯捷潘诺维奇。

加米涅夫(**罗森费尔德**),列夫·波里索维奇(加米涅夫,尤·;列·波·)(Каменев(Розенфельд), Лев Борисович(Каменев, Ю., Л. Б.)1883 — 1936)——1901 年加入俄国社会民主工党,党的第二次代表大会后是布尔什维克。曾在梯弗利斯、莫斯科、彼得堡从事宣传工作。1908 年底出国,任布尔什维克的《无产者报》编委。斯托雷平反动时期对取消派、召回派和托洛茨基分子采取调和主义态度。1914 年初回国,在《真理报》编辑部工作,曾领导第四届国家杜马布尔什维克党团。1914 年 11 月被捕,在沙皇法庭上宣布放弃使沙皇政府在帝国主义战争中失败的布尔什维克口号。1917 年二月革命后反对列宁的《四月提纲》。十月革命后历任全俄中央执行委员会主席、莫斯科苏维埃主席、国防委员会驻南方面军特派员、人民委员会副主席、劳动国防委员会主席等重要职务。1919 — 1925 年为党中央政治局委员。——112、232、237 — 238、239、249、301 — 302、307 — 309、354 — 355、357 — 358、372 — 373。

加米涅夫,尤·——见加米涅夫,列夫·波里索维奇。

加涅茨基(**菲尔斯滕贝格**),雅柯夫·斯坦尼斯拉沃维奇(Ганецкий(Фюрстенберг), Яков Станиславович 1879 — 1937)——波兰和俄国革命运动活动家。1896 年加入社会民主党。1903 — 1909 年为波兰王国和立陶宛社会民主党总执行委员会委员。1907 年在俄国社会民主工党第五次(伦敦)代表大会上缺席当选为中央委员。1912 年波兰王国和立陶宛社会民主党分裂后,是最接近布尔什维克的所谓分裂派的领导人之一。第一次世界大战期间参加齐美尔瓦尔德左派。1917 年是俄国社会民主工党(布)中央委员会国外局成员。十月革命后历任俄罗斯联邦财政人民委员部部务委员、人民银行委员和行长。1920 年 5 月起兼任中央消费合作总社理事会理事,6 月起任对外贸易人民委员部部务委员。1920 — 1921 年任俄罗斯联邦驻拉脱维亚全权代表和商务代表。1921 — 1923 年任外交人民委员部部务委员。——323。

加伊瓦斯，В.И.(Гаивас，В.И.(Gaïvas)生于 1879 年)——俄国工人。1907 年参加抢劫活动后移居比利时。沙皇政府曾要求将其作为刑事犯引渡。引渡案在布鲁塞尔经过两审级审理。审理过程中证实剥夺活动带有政治性质，因此比利时政府拒绝把他引渡给俄国当局。——298—301。

叫花子——见维诺格拉多娃，奥丽珈·伊万诺夫娜。

杰米扬年科，帕维尔(Демьяненко，Павел)——因参加 1907 年 5 月 16 日的抢劫活动，被判处六年苦役。——299。

杰尼索夫，瓦列里安·彼得罗维奇(弗谢· ；弗谢沃洛德)(Денисов，Валериан Петрович(Вс.，Всеволод) 生于 1876 年)——19 世纪 90 年代参加俄国社会民主主义运动，俄国社会民主工党第二次代表大会后加入布尔什维克。1908 年 12 月代表彼得堡组织出席了党的第五次代表会议。曾参加召回派。1909 年被捕，并被终身流放伊尔库茨克省。十月革命后在西伯利亚从事教育工作。——243、266。

捷尔任斯基，费利克斯·埃德蒙多维奇(约瑟夫)(Дзержинский，Феликс Эдмундович(Юзеф)1877—1926)——波兰和俄国革命运动活动家，1895 年加入社会民主党。是波兰王国和立陶宛社会民主党的组织者和领导人之一。1907 年在俄国社会民主工党第五次(伦敦)代表大会上被缺席选入中央委员会。十月革命后任全俄肃反委员会主席。1919—1923 年兼任内务人民委员。1921—1924 年兼任交通人民委员。1924 年起兼任最高国民经济委员会主席。1920 年起先后任党中央组织局候补委员、委员，中央政治局候补委员。——295。

捷姆利亚奇卡(**扎尔金德**)，罗莎丽亚·萨莫伊洛夫娜(魔鬼)(Землячка (Залкинд)，Розалия Самойловна(Демон) 1876—1947)——1893 年参加俄国革命运动，1896 年进入俄国社会民主工党基辅委员会。1901 年起为《火星报》代办员，在敖德萨和叶卡捷琳诺斯拉夫开展工作。在俄国社会民主工党第二次代表大会上是敖德萨委员会的代表，属火星派多数派。会后代表布尔什维克被增补进中央委员会，积极参加同孟什维克的斗争。1904 年 8 月参加了在日内瓦举行的 22 个布尔什维克的会议，被选入多数派委员会常务局。曾任彼得堡党组织书记，代表该组织出席了党的第三次代表大会。1905—1907 年革命期间任党的莫斯科委员会书记。屡遭沙皇政府

迫害。十月革命后担任党和苏维埃的负责工作。——1—2、10、14、17、
20、27。

捷依奇,列夫·格里戈里耶维奇(Дейч,Лев Григорьевич 1855—1941)——俄
国社会民主主义运动活动家,孟什维克领袖之一。早年参加土地和自由
社、土地平分社。1880 年出国,1883 年参与创建劳动解放社,从事出版和
向国内运送马克思主义书刊的工作。1884 年被判处服苦役。1901 年从流
放地逃走,来到慕尼黑,参加俄国革命社会民主党人国外同盟的工作,参与
出版和散发《火星报》和《曙光》杂志。俄国社会民主工党第二次代表大会
后成为孟什维克。斯托雷平反动时期是取消派分子。十月革命后脱离政
治活动,从事普列汉诺夫遗著的出版工作,写有一些俄国解放运动史方面
的论文。——22。

绝对者——见斯塔索娃,叶列娜·德米特里耶夫娜。

# K

卡尔宾斯基,维亚切斯拉夫·阿列克谢耶维奇(米宁)(Карпинский,Вячеслав
Алексеевич(Минин)1880—1965)——1898 年加入俄国社会民主工党,布
尔什维克;屡遭沙皇政府迫害。1904 年侨居国外,在日内瓦结识了列宁。
从此一直在党的国外组织中工作,参加布尔什维克《前进报》和《无产者报》
工作,主管设在日内瓦的俄国社会民主工党中央委员会图书馆和档案库。
1914—1917 年为党的中央机关报《社会民主党人报》撰稿,并从事出版和
推销布尔什维克书刊的工作。1917 年 12 月回国,担任苏维埃和党的负责
工作;是全俄中央执行委员会委员。1918—1922 年(有间断)任《贫苦农民
报》编辑。——262、263。

卡尔波夫,列夫·雅柯夫列维奇(弗拉基米尔)(Карпов,Лев Яковлевич
(Владимир)1879—1921)——1897 年参加俄国社会民主主义运动;化学
家。俄国社会民主工党第二次代表大会后是布尔什维克。曾参与创建北
方工人协会,以中央委员会代办员身份被派往萨马拉,组建并领导东方局。
1904 年组建中央委员会南方局并参与创办波尔塔瓦地下印刷所,1905 年
参加莫斯科十二月武装起义。1906 年在国外,回国后任俄国社会民主工
党莫斯科委员会书记。1910 年在莫斯科高等技术学校毕业,后从事化学

方面的科学研究。十月革命后任最高国民经济委员会主席团委员、化学工业局局长。——55。

卡尔普——见柳比莫夫,阿列克谢·伊万诺维奇。

卡尔斯基——见马尔赫列夫斯基,尤利安·约瑟福维奇。

卡科·帕沃(Kakko Paavo)——137。

卡里亚金,瓦西里·瓦西里耶维奇(Карякин,Василий Васильевич)——150。

康德,伊曼努尔(Kant,Immanuel 1724—1804)——德国哲学家,德国古典唯心主义哲学奠基人。康德哲学的基本特点是调和唯物主义和唯心主义。它承认在意识之外独立存在的物,即"自在之物",认为"自在之物"是感觉的源泉,但又认为"自在之物"是不可知的,是超乎经验之外的,是人的认识能力所不可能达到的"彼岸的"东西,人只能认识他头脑里固有的先验的东西。——170。

康斯坦丁·谢尔盖耶维奇——见多罗申科,尼古拉·瓦西里耶维奇。

考茨基,卡尔(Kautsky,Karl 1854—1938)——德国社会民主党和第二国际的领袖和主要理论家之一。从19世纪80年代到20世纪初写过一些宣传和解释马克思主义的著作。1883—1917年任德国社会民主党理论刊物《新时代》杂志主编。俄国社会民主工党分裂后支持孟什维克。1910年以后逐渐转到机会主义立场,成为中派领袖。第一次世界大战前夕提出超帝国主义论,大战期间打着中派旗号支持帝国主义战争。1918年后发表《无产阶级专政》等书,攻击俄国十月革命,反对无产阶级专政。——36、51、57、133、205、225、243、255、295—298、336、337、338、340、341、342、370。

柯恩,费利克斯·雅柯夫列维奇(Кон,Феликс Яковлевич 1864—1941)——1882年参加波兰革命运动。1884年被捕,服苦役八年。1891—1904年住在东西伯利亚,从事著述和社会工作。1904年加入波兰社会党,1906年起是波兰社会党"左派"领导人之一。1907年流亡国外。1917年5月来到彼得格勒,1918年加入俄共(布)。曾在乌克兰和莫斯科担任党的负责工作。1919—1922年任乌克兰共产党(布)中央委员会书记。——183、184、185。

柯尔佐夫,德·(金兹堡,波里斯·阿布拉莫维奇)(Кольцов,Д.(Гинзбург,Борис Абрамович)1863—1920)——俄国社会民主党人,孟什维克。1893年初侨居瑞士,接近劳动解放社。1895—1898年任国外俄国社会民主党人联合会书记,为联合会出版物积极撰稿。俄国社会民主工党第二次代表大会后成为孟什维克骨干分子,为一些孟什维克报刊撰稿。1905——1907年革命期间在彼得堡参加工会运动,1908年起在巴库工作。斯托雷平反动时期和新的革命高涨年代持取消派立场。第一次世界大战期间是社会沙文主义者。敌视十月革命。1918——1919年在合作社组织中工作。——103、301。

柯伦泰,亚历山德拉·米哈伊洛夫娜（Коллонтай, Александра Михайловна 1872—1952）——19世纪90年代参加俄国社会民主主义运动。1906—1915年是孟什维克,1915年加入布尔什维克党。曾参加1905—1907年革命。1908—1917年侨居国外。第一次世界大战一开始即持革命的国际主义立场;受列宁委托,在斯堪的纳维亚国家和美国进行团结社会民主党国际主义左派的工作。1917年二月革命后回国。十月革命后任国家救济人民委员、党中央妇女部部长、共产国际国际妇女书记处书记等职。——7。

柯普,维克多·列昂季耶维奇(常礼服)（Копп, Виктор Леотьевич(Сюртук) 1880—1930）——1898年参加俄国社会民主主义运动。1903—1905年曾组织运送秘密书刊通过德国边境。1904年对孟什维克采取调和主义态度,后加入孟什维克。第一次世界大战期间被征入伍,1915—1918年在德国当俘虏。1917年加入俄国社会民主工党(布)。1919—1930年在苏联外交人民委员部系统工作,1919—1921年是外交人民委员部和对外贸易人民委员部驻德国全权代表,1921年5月起是俄罗斯联邦驻德国负责战俘事务的代表。——67。

科别茨基,米哈伊尔·韦尼阿米诺维奇（Кобецкий, Михаил Вениаминович 1881—1937）——1903年加入俄国社会民主工党,布尔什维克。曾积极参加彼得堡、巴库、库尔斯克和叶卡捷琳诺斯拉夫党组织的工作。多次被捕入狱。1908年移居丹麦,担任向俄国运送布尔什维克《无产者报》和俄国社会民主工党中央机关报《社会民主党人报》以及向列宁转送国内信件的工作。1917年回国。十月革命后担任党、苏维埃和外交部门的负责工作。1919—1923年在共产国际工作,1920—1921年任共产国际执行委员会书记,1921—1923年任共产国际执行委员会部长。—— 328、330——331、332、334。

科济列夫,尼古拉·尼基季奇(托马斯)(Козырев,Николай Никитич(Фома) 1881—1933)——1906 年加入俄国社会民主工党。1909 年被党的博尔霍夫委员会派到卡普里学校学习,在该校加入列宁派,同波格丹诺夫分子进行了斗争。后应列宁的邀请,同另外一些被卡普里学校开除的同志一起在巴黎听过由布尔什维克中央举办的讲座。回国后在叶卡捷琳诺斯拉夫和布良斯克工作。1912 年被捕并流放阿尔汉格尔斯克省。流放期满后住在彼得堡。曾参加国内战争,复员后从事党和苏维埃工作。——240—248。

科罗廖夫-巴特舍夫,伊万·格里戈里耶维奇(尤利)(Королев-Батышев, Иван Григорьевич(Юлий)1885—1958)——1905 年加入俄国社会民主工党。1909 年夏被莫斯科党组织从罗戈日区派到卡普里学校学习,在该校加入列宁派,同波格丹诺夫分子进行了斗争。后应列宁的邀请,同另外一些被卡普里学校开除的同志一起在巴黎听过由布尔什维克中央举办的讲座。1910 年回到莫斯科后被捕,被逐往叶卡捷琳诺斯拉夫。1916 年转入地下。十月革命后在高尔基、乌克兰和莫斯科从事工会工作以及党和苏维埃工作。——240—248。

科萨列夫,弗拉基米尔·米哈伊洛维奇(弗拉基米尔)(Косарев,Владимир Михайлович(Владимир)1881—1945)——19 世纪 90 年代末在莫斯科开始革命活动,1898 年加入俄国社会民主工党,进入党的列福尔托沃区委员会。1907 年被捕并被逐往下诺夫哥罗德。1909 年夏被莫斯科党组织从列福尔托沃区派到卡普里学校学习。回国后被捕并流放纳雷姆边疆区。1916 年被征入伍,在托木斯克参加了地下士兵组织的工作。十月革命后历任托木斯克省执行委员会主席、西伯利亚革命委员会委员和俄共(布)中央委员会西伯利亚局成员等职。——240—248。

科斯佳(Костя)——127—129。

科斯特罗夫——见饶尔丹尼亚,诺伊·尼古拉耶维奇。

科特利亚连科,Д. М.(米哈伊连科)(Котляренко,Д. М.(Михайленко)生于 1876 年)——俄国社会民主党人。1905 年在喀山铁路领导罢工运动。革命失败后侨居国外。1908 年起先后负责布尔什维克《无产者报》和俄国社会民主工党中央机关报《社会民主党人报》的发行工作。对取消派采取调和主义态度。十月革命后从事经济工作。——254、295、312、324—325、

326—327、329—330。

科伊根,费多尔·马尔科维奇(**约诺夫**)(Койген, Федор Маркович(Ионов) 1870—1923)——俄国社会民主党人,崩得领袖之一,后为布尔什维克。1893 年起在敖德萨社会民主主义小组工作。1903 年当选为崩得中央委员。1907 年是俄国社会民主工党第五次(伦敦)代表大会的代表。1908 年 12 月参加了党的第五次代表会议的工作,在基本问题上支持孟什维克护党派的纲领,后对取消派采取调和主义态度。第一次世界大战期间加入接近中派立场的崩得国际主义派。十月革命后加入俄共(布),在党的沃佳基地区委员会工作。——262。

科兹洛夫斯基,Л.(Козловский, Л.)——俄国工团主义者。《法国工团主义概述》(1906 年莫斯科版)和《在俄国批评界审判面前的社会主义新思潮》(1908 年莫斯科版)的作者。——140。

克德罗夫,米哈伊尔·谢尔盖耶维奇(Кедров, Михаил Сергеевич 1878—1941)——1901 年加入俄国社会民主工党,布尔什维克。1905—1908 年任科斯特罗马布尔什维克委员会委员,在特维尔做党的工作。曾任负责推销革命书刊的中央代办员。1906 年组建种子出版社,出版秘密书刊,包括列宁的著作。多次被捕入狱。1912—1915 年侨居国外。1917 年 5 月起任俄国社会民主工党(布)军事组织成员和全俄布尔什维克组织局成员,《士兵真理报》编辑之一。十月革命后担任负责的军事职务。——141—142。

克拉西科夫,彼得·阿纳尼耶维奇(别利斯基)(Красиков, Петр Ананьевич (Бельский) 1870—1939)——1892 年在俄国彼得堡开始革命活动。1893 年被捕,次年流放西伯利亚,在流放地结识了列宁。1900 年到普斯科夫,成为《火星报》代办员。1902 年被选入筹备召开俄国社会民主工党第二次代表大会的组织委员会。在代表大会上是基辅委员会的代表,属火星派多数派;和列宁、普列汉诺夫一起进入大会常务委员会。会后积极参加同孟什维克的斗争。1904 年 8 月参加了在日内瓦举行的 22 个布尔什维克的会议。代表国外组织出席了俄国社会民主工党第三次代表大会。1905—1907 年革命期间任彼得堡工人代表苏维埃执行委员会委员。屡遭沙皇政府迫害。1917 年二月革命后任彼得格勒工兵代表苏维埃执行委员会委员。十月革命后任彼得格勒军事革命委员会所属肃反侦查委员会主席、司法人民委员部部务委员、副司法人民委员、小人民委员会委员、苏联最高法院检察长等职。——21—22、33—34、43、80—83、376—377。

克拉辛，列昂尼德·波里索维奇（"财政家"；尼基季奇；文特尔）(Красин, Леонид Борисович («Финанист», Никитич, Винтер) 1870—1926)——1890年参加俄国社会民主主义运动。1900—1904年在巴库当工程师，与弗·扎·克茨霍韦利一起建立《火星报》秘密印刷所。俄国社会民主工党第二次代表大会后加入布尔什维克党，被增补进中央委员会。参加了党的第三次代表大会，在会上当选为中央委员。俄国第一次革命的积极参加者。1905年是布尔什维克第一份合法报纸《新生活报》的创办人之一。1905—1907年革命期间作为中央代表参加彼得堡工人代表苏维埃，领导党中央战斗技术组。在党的第四次（统一）代表大会上当选为中央委员，第五次（伦敦）代表大会上当选为候补中央委员。曾主管党的财务和技术工作。1908年侨居国外。一度参加反布尔什维克的"前进"集团，后脱离政治活动。1918年参加了同德国缔结经济协定的谈判，后任红军供给非常委员会主席、最高国民经济委员会主席团委员、工商业人民委员、交通人民委员。1919年起从事外交工作。1920年起任对外贸易人民委员，先后兼任驻伦敦的苏俄贸易代表团团长、驻英国全权代表和商务代表。——11、22、49、51、80、86、216、219、221、290、291。

克里切夫斯基，波里斯·尼古拉耶维奇（Кричевский, Борис Николаевич 1866—1919）——俄国社会民主党人，政论家，经济派领袖之一。19世纪90年代初侨居国外，加入劳动解放社，参加该社的出版工作。90年代末是国外俄国社会民主党人联合会的领导人之一。1899年任该会机关刊物《工人事业》杂志的编辑，在杂志上宣扬伯恩施坦主义观点。1903年俄国社会民主工党第二次代表大会后不久脱离政治活动。——140。

克列希——见比比科夫，И.И.。

克鲁普斯卡娅，娜捷施达·康斯坦丁诺夫娜（列宁娜；娜·康·；娜嘉；萨布林娜）(Крупская, Надежда Константиновна (Ленина, Н. К., Надя, Саблина) 1869—1939)——列宁的妻子和战友。1890年在彼得堡大学生马克思主义小组中开始革命活动。1895年参与组织彼得堡工人阶级解放斗争协会。1896年8月被捕，后被判处流放三年，先和列宁一起在舒申斯克服刑,后来一人在乌法服刑。1901年起侨居国外,任《火星报》编辑部秘书。
曾参加俄国社会民主工党第二次代表大会的筹备工作,作为有发言权的代
表出席了大会。1904年起先后任布尔什维克的《前进报》和《无产者报》编
辑部秘书。曾参加党的第三次代表大会的筹备工作。1905—1907年革命
期间在国内担任党中央委员会秘书。斯托雷平反动时期和新的革命高涨
年代积极参加反对取消派和召回派的斗争。1911年在隆瑞莫党校工作。
1912年党的布拉格代表会议后协助列宁同国内党组织保持联系。第一次
世界大战期间参加国际妇女运动和布尔什维克国外支部的活动。1917年
二月革命后和列宁一起回国,在党中央书记处工作,参加了十月武装起义。
十月革命后任教育人民委员部部务委员,领导政治教育总委员会。——
116、123、136、144、145、146、151、188、331、332、353—354。

克鲁奇宁娜——见曼德尔施塔姆,莉迪娅·巴甫洛夫娜。

克尼波维奇一家(Книповичи)——娜·康·克鲁普斯卡娅的至交。1907年
夏列宁和克鲁普斯卡娅在芬兰时曾住在他们家。——137。

克努尼扬茨,波格丹·米尔扎江诺维奇(拉金;鲁边)(Кнунянц, Богдан
Мирзаджанович(Радин, Рубен)1878—1911)——俄国社会民主党人,布尔
什维克。1897年参加彼得堡工人阶级解放斗争协会。1901年被逐往巴
库,不久成为俄国社会民主工党巴库委员会和高加索联合会委员会委员。
1902年参与创建亚美尼亚社会民主党人联合会及其秘密机关报《无产阶
级报》。在俄国社会民主工党第二次代表大会上是巴库委员会的代表,属
火星派多数派,会后作为中央代办员在高加索和莫斯科工作。1905年9
月被增补进党的彼得堡委员会并代表布尔什维克参加彼得堡第一届工人
代表苏维埃执行委员会。1905年12月被捕,被判处终身流放西伯利亚。
1907年从流放地逃往国外,参加了第二国际斯图加特代表大会和在赫尔
辛福斯举行的俄国社会民主工党第四次代表会议(第三次全俄代表会议)
的工作。1907年底起在巴库工作。1910年9月被捕,死于巴库监狱。
——83、112、137。

克诺尔——见斯塔索娃,叶列娜·德米特里耶夫娜。

克韦塞尔,路德维希(Quessel, Ludwig 1872—1931)——德国社会民主党人,
政论家。——339、340、342。

克维亚特科夫斯基,亚历山大·亚历山德罗维奇(安德列)(Квятковский,
Александр Александрович(Андрей)生于 1878 年)——1899 年参加俄国
社会民主主义运动,曾担任运送秘密书刊的工作。1902 年底—1905 年是
俄国社会民主工党中央委员会的鼓动员,后被增补进中央委员会。曾任党
的莫斯科委员会委员。1907 年起脱离政治活动。1917 年在全俄城市联合
会工作。1921—1925 年任全俄合作股份公司董事长和总经理。——55。

库格曼,路德维希(Kugelmann,Ludwig 1828—1902)——德国社会民主主义
者,医生,马克思和恩格斯的朋友。曾参加德国 1848—1849 年革命。1865
年起为第一国际会员。1862—1874 年间经常和马克思通信,反映德国情
况。马克思给库格曼的信 1902 年第一次发表于德国《新时代》杂志,1907
年被译成俄文出版,并附有列宁的序言。——179。

库克林,格奥尔吉·阿尔卡季耶维奇(Куклин,Георгий Аркадьевич 1877—
1907)——俄国社会民主党人,社会民主党书刊出版家。1901 年加入国外
社会民主主义团体“生活社”。1903 年起在日内瓦出版《俄国无产者丛
书》。1905 年成为布尔什维克。在日内瓦创建了一所大型革命文献图书
馆,该图书馆自 1902 年起开放。他死后,依照其遗嘱,将图书馆转交给布
尔什维克党。——131—132、194。

库斯柯娃,叶卡捷琳娜·德米特里耶夫娜(Кускова,Екатерина Дмитриевна
1869—1958)——俄国社会活动家和政论家,经济派代表人物。参加过合
作社运动。19 世纪 90 年代中期在国外接触马克思主义,但很快走上修正
马克思主义的道路。1899 年所写的经济派的纲领性文件《信条》,受到以
列宁为首的一批俄国马克思主义者的严厉批判。1905—1907 年革命前夕
加入自由派的解放社。1906 年参与出版半立宪民主党、半孟什维克的《无
题》周刊。1921 年进入全俄赈济饥民委员会,同委员会中其他反苏维埃成
员利用该组织进行反革命活动。1922 年被驱逐出境。——215、238。

库兹明-卡拉瓦耶夫,弗拉基米尔·德米特里耶维奇(Кузьмин-Караваев,
Владимир Дмитриевич 1859—1927)——俄国军法官,将军,立宪民主党右
翼领袖之一。第一届和第二届国家杜马代表。在镇压 1905—1907 年革命
中起了重要作用。十月革命后极力反对苏维埃政权。1920 年起为白俄流
亡分子。——72。

库兹涅佐夫,格奥尔吉·谢尔盖耶维奇(Кузнецов,Георгий Сергеевич 生于
 1881 年)——俄国工人,孟什维克,第三届国家杜马叶卡捷琳诺斯拉夫省
 代表,参加社会民主党党团;工人问题委员会委员。——226。

奎尔奇,哈里(Quelch,Harry 1858—1913)——英国和国际工人运动活动家,
 英国社会民主联盟及在其基础上成立的英国社会党的创建人和领导人之
 一;职业是排字工人。1886 年起编辑联盟的机关报《正义报》和《社会民主
 党人》月刊。积极参加工会运动,在工人群众中宣传马克思主义。第二国
 际多次代表大会的代表;社会党国际局成员。1902—1903 年列宁的《火星
 报》在伦敦出版期间,积极协助报纸的印行工作。——156。

# L

拉波波特,沙尔(Rappoport,Charles 1865—1941)——法国社会党人,在哲学
 上是康德主义者。因主张修正马克思主义哲学,受到保·拉法格的批评。
 1883 年起在俄国参加革命运动,1887 年从俄国移居法国。曾倾向孟什维
 克护党派。1910—1911 年在俄国社会民主工党中央机关报《社会民主党
 人报》上发表过文章。写有许多哲学和社会学方面的著作。—— 225—
 226、247、253、257、258、319、324。

拉德日尼科夫,伊万·巴甫洛维奇(伊·巴·;伊万·巴·)(Ладыжников,
 Иван Павлович(И.П.,Ив.П.) 1874—1945)——俄国社会民主党人,布尔
 什维克。19 世纪 90 年代参加革命运动。曾在彼尔姆、下诺夫哥罗德和雅
 罗斯拉夫尔组织中做党的工作。1903 年被捕。1905 年 8 月出国,执行重
 要任务,参加俄国社会民主工党中央委员会总务委员会,领导一个图书出
 版社的工作,该出版社是根据党中央指示,为补充党的经费于 1905 年在柏
 林建立的。——114、116、138。

拉狄克,卡尔·伯恩哈多维奇(Радек,Карл Бернгардович 1885—1939)——
 20 世纪初参加加利西亚、波兰和德国的社会民主主义运动。1904—1908
 年在波兰王国和立陶宛社会民主党内工作。1908 年到柏林,为德国左派
 社会民主党人的报刊撰稿。第一次世界大战期间持国际主义立场。1917
 年加入俄国社会民主工党(布)。十月革命后在外交人民委员部工作。
 1918 年是"左派共产主义者"。1920—1924 年任共产国际执行委员会书

记、委员和主席团委员。在党的第八至第十二次代表大会上当选为中央委员。——335—336、339、342—343。

拉法格,保尔(Lafargue,Paul 1842—1911)——法国和国际工人运动活动家,法国工人党和第二国际创建人之一;马克思的女儿劳拉的丈夫。1865年初加入第一国际巴黎支部,1866年当选为国际总委员会委员。1905年统一的法国社会党成立后为党的领袖之一。——43、129。

拉赫美托夫——见波格丹诺夫,亚历山大·亚历山德罗维奇。

拉金——见克努尼扬茨,波格丹·米尔扎江诺维奇。

拉拉扬茨,伊萨克·克里斯托福罗维奇(尼古·伊万·;因萨罗夫)(Лалаянц,Исаак Христофорович(Ник.Ив.,Инсаров)1870—1933)——俄国社会民主主义运动的积极参加者。1888—1889年是喀山费多谢耶夫马克思主义小组成员。1893年在萨马拉参加列宁领导的马克思主义者小组。1895年参与创建叶卡捷琳诺斯拉夫工人阶级解放斗争协会。1900年春参加了第一份秘密的社会民主党报纸《南方工人报》的创刊和编辑工作。1900年4月被捕,1902年3月流放东西伯利亚,两个月后从流放地逃往国外,加入俄国革命社会民主党人国外同盟,在日内瓦主管《火星报》印刷所。俄国社会民主工党第二次代表大会后任中央驻国内代办员,1904年参与组织党中央委员会南方局。1905年代表布尔什维克进入统一的中央委员会。不久再次被捕,1913年底被终身流放伊尔库茨克省,后来脱离政治活动。1922年起在俄罗斯联邦教育人民委员部政治教育总委员会工作。——14、50、51、83、97。

拉维奇,索菲娅·瑞莫夫娜(奥丽珈)(Равич,София Наумовна(Ольга)1879—1957)——1903年加入俄国社会民主工党,曾在哈尔科夫、彼得堡和国外做党的工作。十月革命后从事党和苏维埃工作。1921年任内务人民委员部部务委员。——196、197、263。

莱特伊仁,加甫里尔·达维多维奇(林多夫)(Лейтейзен,Гавриил Давидович(Линдов)1874—1919)——俄国社会民主党人,火星派分子。19世纪90年代开始革命活动,20世纪初侨居国外,加入劳动解放社,后又参加国外俄国社会民主党人联合会。曾为《火星报》和《曙光》杂志撰稿。1903年俄国社会民主工党第二次代表大会后是布尔什维克,为《前进报》、《无产者报》等布尔什维克报刊撰稿。1907 年在党的第五次(伦敦)代表大会上当选为中央委员。斯托雷平反动时期和新的革命高涨年代参加党中央委员会俄国局的工作。1917 年二月革命后一度持孟什维克国际主义者立场,追随新生活派。1918 年初回到布尔什维克党内。同年 8 月起为东方面军第 4 集团军革命军事委员会委员。1919 年 1 月 20 日在前线被白卫分子杀害。——3—6、36—37、118、129、216、222。

老大爷——见李维诺夫,马克西姆·马克西莫维奇。

老头——即列宁,弗拉基米尔·伊里奇。

老鸦——见加尔佩林,列夫·叶菲莫维奇。

勒柏辛斯基,潘捷莱蒙·尼古拉耶维奇(奥林)(Лепешинский,Пантелеймон Николаевич(Олин)1868 — 1944)——1898 年加入俄国社会民主工党。1895 年被捕,后流放西伯利亚,在流放地结识列宁。1900 年流放期满后为《火星报》驻普斯科夫代办员。1902 年再次被捕和流放西伯利亚。1903 年底逃往国外,在瑞士参加了俄国社会民主工党第三次代表大会的筹备工作。1905—1907 年革命期间在叶卡捷琳诺斯拉夫和彼得堡进行革命工作。积极参加 1917 年二月革命和十月革命。1918 年起任俄罗斯联邦教育人民委员部部务委员、土耳其斯坦副教育人民委员。党史委员会创建人和领导人之一。——69、73—75、76。

雷涅尔特——见波格丹诺夫,亚历山大·亚历山德罗维奇。

雷斯涅尔,米哈伊尔·安德列耶维奇(Рейснер,Михаил Андреевич 1868 — 1928)——1905 年以前是俄国民粹派分子。1903 年侨居国外,接近德国社会民主党人,为《前进报》撰稿。1904 年以科学鉴定人身份参加了关于俄国社会民主党人运送非法书刊案件的柯尼斯堡诉讼程序。1905 年加入布尔什维克,出席了塔墨尔福斯代表会议。十月革命后曾任司法人民委员部法案司司长。——99。

李卜克内西,威廉(Liebknecht,Wilhelm 1826—1900)——德国和国际工人运动活动家,德国社会民主党的创建人和领袖之一,马克思和恩格斯的朋友和战友。第一国际成立后,成为国际的革命思想的热心宣传者和国际的德国支部的组织者之一。1869 年与奥·倍倍尔共同创建了德国社会民主工党(爱森纳赫派),任党的中央机关报《人民国家报》编辑。1875 年积极促成爱森纳赫派和拉萨尔派的合并。在反社会党人非常法施行期间是党的地下工作和斗争的领导人之一。1890年起任党的中央机关报《前进报》的主编，直至逝世。1867—1870年为北德意志联邦国会议员，1874年起多次被选为德意志帝国国会议员，利用议会讲坛揭露普鲁士容克反动的内外政策。是第二国际的组织者之一。——287。

李可夫，阿列克谢·伊万诺维奇（弗拉索夫）（Рыков，Алексей Иванович（Власов）1881—1938）——1899年加入俄国社会民主工党。曾在萨拉托夫、莫斯科、彼得堡等地做党的工作。斯托雷平反动时期对取消派、召回派和托洛茨基分子采取调和主义态度。十月革命后任内务人民委员、最高国民经济委员会主席（曾兼任国防委员会军需特派员）、人民委员会和劳动国防委员会副主席、人民委员会主席等职。1923—1930年为党中央政治局委员。——216、220、221、222、223、224。

李维诺夫，马克西姆·马克西莫维奇（费利克斯；老大爷）（Литвинов，Максим Максимович（Феликс，Папаша）1876—1951）——1898年加入俄国社会民主工党。1900年任党的基辅委员会委员。1901年被捕，在狱中参加火星派，1902年8月越狱逃往国外。作为《火星报》代办员，曾担任向国内运送《火星报》的工作。是俄国革命社会民主党人国外同盟的领导成员，出席了同盟第二次代表大会。1903年俄国社会民主工党第二次代表大会后是布尔什维克。1905年参加了布尔什维克第一份合法报纸《新生活报》的出版工作。1908年起任布尔什维克伦敦小组书记。1914年6月起为俄国社会民主工党中央委员会驻社会党国际局的代表。十月革命后在外交部门担任负责工作。——10、99、183、184。

利金——见利亚多夫，马尔丁·尼古拉耶维奇。

利亚多夫（**曼德尔施塔姆**），马尔丁·尼古拉耶维奇（利金；水妖）（Лядов（Мандельштам），Мартын Николаевич（Лидин，Русалка）1872—1947）——1891年参加俄国民粹派小组。1893年参与创建莫斯科工人协会。1895年被捕，1897年流放上扬斯克，为期五年。从流放地返回后在萨拉托夫工作。在俄国社会民主工党第二次代表大会上是萨拉托夫委员会的代表，属火星派多数派；会后是党中央代办员。1904年8月参加了在日内瓦举行的22个布尔什维克的会议，被选入多数派委员会常务局。是布尔什维克出席第二国际阿姆斯特丹代表大会的代表。积极参加 1905—1907 年革命。斯托雷平反动时期是召回派分子,卡普里党校的讲课人,曾加入"前进"集团。1917 年二月革命后持孟什维克立场。1920 年重新加入俄共(布),在最高国民经济委员会工作。——1、17、19、20、26、27、28、57、58、112、221、244、251、260、266、276、293。

梁赞诺夫(**戈尔登达赫**),达维德·波里索维奇(Рязанов(Гольдендах),Давид Борисович 1870—1938)——1889 年参加俄国革命运动。曾在敖德萨和基什尼奥夫开展工作。1900 年出国,是著作家团体斗争社的组织者之一。1903 年俄国社会民主工党第二次代表大会后是孟什维克。1909 年是"前进"集团的卡普里党校的讲课人。第一次世界大战期间是中派分子,为孟什维克的《呼声报》和《我们的言论报》撰稿。1917 年二月革命后参加区联派,在俄国社会民主工党(布)第六次代表大会上随区联派集体加入布尔什维克党。十月革命后从事工会工作。1921 年参与创建马克思恩格斯研究院,担任院长直到 1931 年。——232、247。

列·波·——见加米涅夫,列夫·波里索维奇。

列兵——见波格丹诺夫,亚历山大·亚历山德罗维奇。

列德尔,弗拉基斯拉夫·L.(Leder,Władysław L.1882—1938)——波兰工人运动活动家。1900 年加入波兰王国和立陶宛社会民主党,1905—1911 年任该党总执行委员会委员。1908 年因受政府迫害流亡国外。1910—1911 年任波兰王国和立陶宛社会民主党总执行委员会书记和该党驻俄国社会民主工党中央机关报《社会民主党人报》编辑部代表。曾参加国外组织委员会和技术委员会。支持调和派反对布尔什维克。1919—1920 年积极参加波兰共产主义工人党的工作。1921 年起是共产国际和红色工会国际的负责工作人员,苏维埃报刊的撰稿人。——304、305。

列金,卡尔(Legien,Karl 1861—1920)——德国右派社会民主党人,德国工会领袖之一。1890 年起任德国工会总委员会主席。1903 年起任国际工会书记处书记,1913 年起任主席。1893—1920 年(有间断)为德国社会民主党国会议员。第一次世界大战期间是社会沙文主义者。1918 年十一月革命期间同其他右派社会民主党人一起推行镇压革命运动的政策。——212、213。

列宁,尼·——即列宁,弗拉基米尔·伊里奇。

列宁娜——见克鲁普斯卡娅,娜捷施达·康斯坦丁诺夫娜。

列瓦——见弗拉基米罗夫,米龙·康斯坦丁诺维奇。

林多夫——见莱特伊仁,加甫里尔·达维多维奇。

林格尼克,弗里德里希·威廉莫维奇(瓦西里耶夫)(Ленгник, Фридрих
　　Вильгельмович(Васильев)1873—1936)——1893 年参加俄国社会民主主
　　义运动,1896 年因彼得堡工人阶级解放斗争协会案被捕并流放。1899 年
　　8 月在列宁起草的反对经济派《信条》的《俄国社会民主党人抗议书》上签
　　了名。流放归来后加入《火星报》组织,是筹备召开俄国社会民主工党第二
　　次代表大会的组织委员会委员,在代表大会上被缺席选入党中央委员会和
　　党总委员会。1903—1904 年在国外积极参加反对孟什维克的斗争。1904
　　年 2 月回国,是党中央委员会北方局成员。1905—1907 年革命后在俄国
　　南方、莫斯科和彼得堡做党的工作。在彼得格勒参加十月革命。十月革命
　　后担任负责工作。1921 年起任对外贸易人民委员部部务委员。——122。

柳比莫夫,阿列克谢·伊万诺维奇(卡尔普;马·;马尔克;佐梅尔)(Любимов,
　　Алексей Иванович(Карп, М., Марк, Зоммер)1879—1919)——俄国社会
　　民主党人。1898 年参加革命运动,莫斯科工人阶级解放斗争协会会员。
　　屡遭沙皇政府迫害。1904 年被增补进俄国社会民主工党中央委员会,是
　　党总委员会出席党的第三次代表大会的代表。党的第二次代表大会后以
　　及斯托雷平反动时期,对孟什维克采取调和主义态度。1910 年为中央委
　　员会国外局成员,巴黎调和派集团(1911—1914)的组织者之一。第一次
　　世界大战期间是护国派分子,1917 年参加普列汉诺夫的统一派。——22、
　　49、230—231、250—252、259—260、310—312、325—326、336。

柳比奇——见萨美尔,伊万·阿达莫维奇。

卢那察尔斯基,阿纳托利·瓦西里耶维奇(阿·瓦·;阿·瓦西·;阿纳·
　　瓦·;阿纳·瓦西·;阿纳·瓦西—奇;阿纳托·瓦西—奇;沃伊诺夫)
　　(Луначарский, Анатолий Васильевич(А.В., А.Вас., Ан.В., Ан.Вас., Ан.Вас-
　　ч, Анат.Вас-ч, Воинов)1875—1933)——19 世纪 90 年代初参加俄国社会
　　民主主义运动。俄国社会民主工党第二次代表大会后是布尔什维克。曾
　　先后参加布尔什维克的《前进报》、《无产者报》和《新生活报》编辑部。斯托

雷平反动时期脱离布尔什维克,参加"前进"集团;在哲学上宣扬造神说和马赫主义。第一次世界大战期间持国际主义立场。1917 年二月革命后参加区联派,在俄国社会民主工党(布)第六次代表大会上随区联派集体加入布尔什维克党。十月革命后任教育人民委员、苏联中央执行委员会学术委员会主席等职。—— 11、21、62 — 65、69 — 73、94、104 — 107、124、125、139 — 141、146 — 148、150、160、165、167 — 168、171、175、176、179 — 180、181、182、186、190 — 191、193、244、245、248、255、276。

卢那察尔斯卡娅,安娜·亚历山德罗夫娜(安·亚历·)(Луначарская,Анна Александровна(Ан.Ал.)1883 — 1959)——阿·瓦·卢那察尔斯基的妻子。侨居国外时与丈夫患难与共。1917 年回国后参加马戏团管理工作,任《马戏》杂志编辑;20 年代领导莫斯科的儿童教养院。—— 107。

卢森堡,罗莎(Luxemburg,Rosa 1871 — 1919)——德国、波兰和国际工人运动活动家,德国社会民主党和第二国际左翼领袖和理论家之一。生于波兰。1893 年参与创建波兰王国社会民主党,为党的领袖之一。1898 年移居德国,积极参加德国社会民主党的活动,反对伯恩施坦主义和米勒兰主义。曾参加俄国第一次革命(在华沙)。1907 年参加俄国社会民主工党第五次(伦敦)代表大会,在会上支持布尔什维克。斯托雷平反动时期和新的革命高涨年代对取消派采取调和主义态度。1912 年波兰王国和立陶宛社会民主党分裂后,曾谴责最接近布尔什维克的所谓分裂派。第一次世界大战期间持国际主义立场,是建立国际派(后改称斯巴达克派和斯巴达克联盟)的发起人之一。参加领导了德国 1918 年十一月革命,同年底参与领导德国共产党成立大会,作了党纲报告。1919 年 1 月柏林工人斗争被镇压后,于 15 日被反革命军队逮捕和杀害。—— 57、220、224 — 225、247、304、305、323、340、341、342。

卢申——见施普林斯基,费奥凡·普拉东诺维奇。

鲁巴诺维奇,伊里亚·阿道福维奇(Рубанович,Илья Адольфович 1860 — 1920)——俄国社会革命党领袖之一。出席国际社会党阿姆斯特丹代表大会(1904)和斯图加特代表大会(1907)的社会革命党代表,社会党国际局成员。第一次世界大战期间是社会沙文主义者。十月革命后反对苏维埃政权。—— 356 — 357。

鲁边——见克努尼扬茨，波格丹·米尔扎江诺维奇。

鲁勉采夫，彼得·彼得罗维奇（施米特）（Румянцев，Петр Петрович（Шмидт）1870—1925）——1891 年参加俄国社会民主主义运动。俄国社会民主工党第二次代表大会后是布尔什维克，为多数派委员会常务局成员。是沃罗涅日委员会出席党的第三次代表大会的代表。1905 年 6 月被增补进党中央委员会。1905 年是布尔什维克第一份合法报纸《新生活报》的撰稿人和编辑。斯托雷平反动时期脱党，从事统计工作。死于国外。——7、21、48、58、60、97、112、122、124。

鲁塞尔，昂热尔（Roussel，Angéle）——法国女社会党人。1907—1912 年是法国社会党常务委员会委员。后脱离政治活动。——213。

伦茨，米哈伊尔·格里戈里耶维奇（Лунц，Михаил Григорьевич 1872—1907）——俄国社会民主党人，著作家。1904 年起在莫斯科布尔什维克组织中工作。1905 年底在莫斯科进入布尔什维克合法报纸《斗争报》编辑委员会，同时为布尔什维克《当前问题报》和《真理》杂志编辑部成员；是 1907 年春创刊的俄国工会运动机关报《从业者报》的创办人之一。——7。

罗布兰，路易·昂利（Roblin，Louis-Henri 1877—1916）——法国社会党人，政治活动家。1900、1906、1910 和 1914 年当选为议会议员。——376。

罗曼——见叶尔莫拉耶夫，康斯坦丁·米哈伊洛维奇。

罗曼诺夫，安德列·谢尔盖耶维奇（伊万）（Романов，Андрей Сергеевич（Иван）1881—1917）——俄国印刷工人。1909 年夏被莫斯科党组织派到卡普里学校学习，在该校加入列宁派，与列宁派其他人一起被开除出该校。1910 年初回国，被捕后成为保安处的密探，是最大的奸细之一。1912 年曾向保安处提供有关俄国社会民主工党第六次（布拉格）全国代表会议的情报。1914 年向警方密告了预定在奥泽尔基召开代表会议的情况。1917 年被揭露。——240—248。

罗曼诺夫，伊万·罗曼诺维奇（Романов，Иван Романович 1881—1919）——俄国工人，布尔什维克。1898 年参加俄国革命运动，后加入俄国社会民主工党。1907 年当选为第二届国家杜马代表。杜马解散后侨居比利时，后住在法国。1917 年 6 月回国。十月革命期间任下诺夫哥罗德军事革命委员会主席。十月革命后任下诺夫哥罗德工兵农代表苏维埃执行委员会主席。——195。

罗日柯夫,尼古拉·亚历山德罗维奇(维亚奇·)(Рожков,Николай Алексан-
дрович(Вяч.)1868—1927)——俄国历史学家和政论家。1905 年初加入
俄国社会民主工党,布尔什维克。1905—1907 年革命失败后成为取消派
的思想领袖之一,为《我们的曙光》杂志撰稿,编辑孟什维克取消派的《新西
伯利亚报》。1917 年二月革命后加入孟什维克党,当选为该党中央委员。
敌视十月革命,在外国武装干涉和国内战争时期反对苏维埃政权。20 年
代初因与孟什维克的反苏维埃活动有关而两次被捕。1922 年同孟什维克
决裂。后来在一些高等院校和科研机关工作。——278。

罗森,М.М.(埃·)(Розен,М.М.(Э.)生于 1876 年)——1898 年加入崩得,曾
在明斯克、华沙、敖德萨、基辅和罗兹工作。1907—1908 年进入崩得中央
委员会,为崩得中央机关报编辑部成员。十月革命后在国家银行工作。
——364、365。

罗莎——见卢森堡,罗莎。

罗特施坦,费多尔·阿罗诺维奇(Ротштейн,Федор Аронович 1871—1953)
——1901 年加入俄国社会民主工党。1890 年侨居英国,积极参加英国工
人运动,加入英国社会民主联盟。1911 年英国社会党成立后,是该党左翼
领袖之一。英国社会党机关报《号召报》(1916—1920)的创办人和撰稿人
之一。1920 年参与创建英国共产党,同年回到俄国,是苏维埃俄国同英国
进行和平谈判的代表团成员。1921—1922 年为俄罗斯联邦驻伊朗全权代
表。——155—156、199—200、225、247。

洛巴诺夫,米哈伊尔·伊万诺维奇(斯坦尼斯拉夫)(Лобанов,Михаил
Иванович(Станислав)1887—1937)——1904 年加入俄国社会民主工党。
1909 年被派到卡普里学校学习,追随波格丹诺夫分子,在召回派—最后通
牒派的"前进"集团的纲领上签了名。十月革命后加入俄共(布)。曾在乌
克兰社会主义苏维埃共和国重工业人民委员部系统工作。——240
—248。

洛佐夫斯基(**德里佐**),索洛蒙·阿布拉莫维奇(Лозовский(Дридзо),Соломон
Абрамович 1878—1952)——1901 年加入俄国社会民主工党。积极参加
俄国第一次革命,曾经被捕和流放。1909—1917 年流亡日内瓦和巴黎,

1912年参加布尔什维克调和派。1920年任莫斯科省工会理事会主席。1921—1937年任红色工会国际总书记。——336。

# M

马——见诺斯科夫,弗拉基米尔·亚历山德罗维奇。

马·——见柳比莫夫,阿列克谢·伊万诺维奇。

马尔采利(**埃杜凯维奇乌斯**),普拉纳斯·温佐维奇(Марцели（Эйдукявичус），Пранас Винцович 1869—1926)——俄国五金工人,立陶宛革命运动著名活动家。1906年起为立陶宛社会民主党中央委员。1918年参与创建立陶宛和白俄罗斯共产党,当选为该党中央委员会主席。1918年底任维尔纽斯工人代表苏维埃主席。——212。

马尔丁诺夫,亚历山大(**皮凯尔,亚历山大·萨莫伊洛维奇**)(Мартынов,Александр(Пиккер,Александр Самойлович)1865—1935)——俄国经济派领袖之一,孟什维克著名活动家。19世纪80年代初参加民意党人小组,后成为社会民主党人。1900年侨居国外,参加经济派的《工人事业》杂志编辑部,反对列宁的《火星报》。在俄国社会民主工党第二次代表大会上是国外俄国社会民主党人联合会的代表,反火星派分子,会后成为孟什维克。斯托雷平反动时期和新的革命高涨年代是取消派分子,参加取消派的机关报《社会民主党人呼声报》编辑部。第一次世界大战期间持中派立场。1917年二月革命后为孟什维克国际主义者。十月革命后脱离孟什维克。1923年加入俄共(布),在马克思恩格斯研究院工作。——169、283、308、319。

马尔赫列夫斯基,尤利安·约瑟福维奇(卡尔斯基)(Marchlewski,Julian(Мархлевский,Юлиан Юзефович(Карский))1866—1925)——波兰和国际工人运动活动家。波兰王国和立陶宛社会民主党的组织者和领导人之一。曾帮助列宁组织出版《火星报》。在华沙积极参加俄国1905—1907年革命。1907年在俄国社会民主工党第五次(伦敦)代表大会上当选为候补中央委员。1909年起主要在德国社会民主党内工作。第一次世界大战期间参与创建斯巴达克联盟。1918年来到苏俄,担任全俄中央执行委员会委员直到逝世。执行过许多重要的外交使命。1919年当选为德国共产党中

苏黎世出版在俄国推销的无神论刊物《前卫》杂志。十月革命后在苏联出版部门工作。——91、97、111—113。

马斯洛夫,彼得·巴甫洛维奇(伊克斯)(Маслов, Петр Павлович(Икс)1867—1946)——俄国经济学家,社会民主党人。写有一些土地问题著作,修正马克思主义政治经济学原理。1896—1897年编辑合法马克思主义的《萨马拉新闻》,后去彼得堡,为《生活》、《开端》和《科学评论》等杂志撰稿。俄国社会民主工党第二次代表大会后是孟什维克。曾提出孟什维克的土地地方公有化纲领。斯托雷平反动时期和新的革命高涨年代是取消派分子。第一次世界大战期间是社会沙文主义者。十月革命后脱离政治活动,从事教学和科研工作。——31。

马特廖娜——见斯米多维奇,彼得·格尔莫格诺维奇。

马希纳泽,勃·(捷夫扎亚,维克多;格奥尔吉恩)(Машинадзе, Б.(Тевзая, Виктор, Georgien))——格鲁吉亚孟什维克。斯托雷平反动时期曾撰文反对取消派,维护秘密政党。第一次世界大战期间是中派分子。曾为一些孟什维克报刊撰稿。——231。

玛·费;玛·费—娜;玛·费多—夫娜;玛丽亚·费多罗夫娜——见安德列耶娃,玛丽亚·费多罗夫娜。

迈尔,古斯塔夫(Mayer, Gustav 1871—1948)——德国历史学家,反法西斯主义者;布鲁塞尔大学、布雷斯劳大学和柏林大学教授,拉萨尔遗著的出版人。写有恩格斯传记以及社会主义史和工人运动史方面的著作。——293—294。

麦克唐纳,詹姆斯·拉姆赛(MacDonald, James Ramsay 1866—1937)——英国政治活动家,英国工党创建人和领袖之一。1900年当选为劳工代表委员会书记,该委员会于1906年改建为工党。推行机会主义政策,鼓吹阶级合作和资本主义逐渐长入社会主义的理论。1924年任第一届工党政府首相。——18、25、26、39—40。

曼德尔贝格,维克多·叶夫谢耶维奇(Мандельберг, Виктор Евсеевич 生于1870年)——俄国社会民主党人。在俄国社会民主工党第二次代表大会上是西伯利亚联合会的代表,属火星派少数派,会后成为孟什维克。——162。

曼德尔施塔姆, 莉迪娅 • 巴甫洛夫娜（克鲁奇宁娜）（Мандельштам, Лидия Павловна（Кручинина）1869 — 1917）——1895 年参加俄国工人运动, 1903 年初侨居国外。在柏林加入《火星报》协助小组, 俄国社会民主工党第二次代表大会后在报纸发行部门、布尔什维克《前进报》和《无产者报》出版社以及党中央总务委员会工作。1905 年回国后任党的莫斯科委员会事务秘书。曾参加莫斯科十二月武装起义, 被捕并被驱逐出境。在国外加入俄国社会民主工党巴黎协助小组；1910 年任派别性的博洛尼亚党校书记。回国后被逐往阿尔汉格尔斯克省。——116。

曼努伊洛夫, 亚历山大 • 阿波罗诺维奇（Мануилов, Александр Аполлонович 1861 — 1929）——俄国经济学家, 立宪民主党的著名活动家,《俄罗斯新闻》编辑之一。1907 — 1911 年为国务会议成员。1905 — 1908 年任莫斯科大学副校长, 1908 — 1911 年任莫斯科大学校长。1917 年二月革命后任临时政府国民教育部长。十月革命后一度侨居国外, 但很快回国, 并同苏维埃政权合作, 在高等院校任教。——106。

梅利尼克, 米哈伊尔（Мельник, Михаил）——因参加抢劫活动被判处九年苦役。1910 年逃跑时被杀害。——299。

梅林, 弗兰茨（Mehring, Franz 1846 — 1919）——德国工人运动活动家, 德国社会民主党左翼领袖和理论家之一, 历史学家和政论家, 德国共产党创建人之一。1891 年加入德国社会民主党, 担任党的理论刊物《新时代》杂志撰稿人和编辑, 1902 — 1907 年任《莱比锡人民报》主编, 反对第二国际的机会主义和修正主义, 批判考茨基主义。第一次世界大战爆发后是国际派的组织者和领导人之一。欢迎俄国十月革命, 撰文驳斥对十月革命的攻击, 维护苏维埃政权。在整理出版马克思、恩格斯和拉萨尔的遗著方面做了大量工作。——38、295 — 298、370。

梅什科夫斯基——见戈尔登贝格, 约瑟夫 • 彼得罗维奇。

米•——见维洛诺夫, 尼基福尔 • 叶弗列莫维奇。

米德尔顿, E.D.（Middleton, E.D.）——28 — 29。

米尔德, 阿尔伯特（Milde, Albert）——104。

米哈伊尔——见维洛诺夫, 尼基福尔 • 叶弗列莫维奇。

米哈伊尔——见伊苏夫, 约瑟夫 • 安德列耶维奇。

米哈伊尔·安德列耶维奇——见雷斯涅尔,米哈伊尔·安德列耶维奇。

米哈伊尔·尼古拉耶维奇——见波克罗夫斯基,米哈伊尔·尼古拉耶维奇。

米海洛夫斯基,尼古拉·康斯坦丁诺维奇(Михайловский, Николай Константинович 1842—1904)——俄国自由主义民粹派理论家,政论家,文艺批评家,实证论哲学家,社会学主观学派代表人物。1892 年起任《俄国财富》杂志编辑,在该杂志上与俄国马克思主义者进行激烈论战。——172。

米留可夫,帕维尔·尼古拉耶维奇(Милюков, Павел Николаевич 1859—1943)——俄国立宪民主党领袖,俄国自由派资产阶级思想家,历史学家和政论家。1905 年 10 月参与创建立宪民主党,后任该党中央委员会主席和中央机关报《言语报》编辑。第三届和第四届国家杜马代表。第一次世界大战期间为沙皇政府的掠夺政策辩护。1917 年二月革命后任第一届临时政府外交部长。十月革命后同白卫分子和武装干涉者合作。1920 年起为白俄流亡分子,在巴黎出版《最新消息报》。——105、134。

米宁——见卡尔宾斯基,维亚切斯拉夫·阿列克谢耶维奇。

米雅姆林——见埃森,亚历山大·马格努索维奇。

魔鬼——见捷姆利亚奇卡,罗莎丽亚·萨莫伊洛夫娜。

莫嘉——见别洛波尔斯基,伊里亚·伊萨耶维奇。

莫斯科夫斯基,阿列克谢——见洪达泽,加布里埃尔·伊万诺维奇。

姆格拉泽,弗拉斯·Д.(特里亚)(Мгеладзе, Влас Д.(Триа)生于 1868 年)——俄国孟什维克,1905—1907 年革命的参加者。斯托雷平反动时期和新的革命高涨年代是取消派分子。1912 年曾参加在维也纳召开的反布尔什维克的八月代表会议。第一次世界大战期间接近资产阶级民族主义组织"乌克兰解放协会"。1918—1920 年是格鲁吉亚孟什维克反革命政府的成员。1921 年格鲁吉亚建立苏维埃政权后成为白俄流亡分子。——331。

穆申科,伊万·瑙莫维奇(Мушенко, Иван Наумович 生于 1871 年)——俄国第二届国家杜马库尔斯克省代表,社会革命党杜马党团领袖之一。在杜马中参加土地委员会,是社会革命党关于土地问题的正式报告人。——149。

# N

纳塔·波格丹·——见波格丹诺娃,纳塔莉娅·波格丹诺夫娜。

纳坦松,马尔克·安德列耶维奇(Натансон, Марк Андреевич 1851—1919)——
俄国革命民粹派代表人物,后为社会革命党人。1869年参加革命运动,是
土地和自由社的创建人之一。1905年加入社会革命党,为该党中央委员。
1907—1917年十月革命前夕侨居国外。第一次世界大战期间采取不彻底
的国际主义立场,向中派方面动摇。1917年二月革命后是左派社会革命
党的组织者和领袖之一。1918年左派社会革命党人叛乱后,与该党决裂,
组织"革命共产党",主张同布尔什维克合作。曾任全俄中央执行委员会主
席团委员。——290、291。

纳西莫维奇,尼古拉·费多罗维奇(季尔克斯)(Насимович, Николай Федорович
(Диркс)1876—1927)——俄国新闻工作者,曾参加布尔什维克秘密和合
法报刊的工作。——130。

娜·康·;娜嘉——见克鲁普斯卡娅,娜捷施达·康斯坦丁诺夫娜。

瑙曼,弗里德里希(Naumann, Friedrich 1860—1919)——德国政治活动家,
政论家,"民族社会主义"理论的创始人之一。1907—1919年(稍有间断)
为国会议员。第一次世界大战期间持帝国主义立场,提出建立在德国庇护
下的"中欧"的思想。1919年建立德国民主党,并任该党主席。他的某些
思想后来被德国法西斯主义思想家所利用。——287。

尼·亚——见谢马什柯,尼古拉·亚历山德罗维奇。

尼尔森,马格努斯(Nilssen, Magnus 生于1871年)——挪威社会民主党人,
政治活动家。1901—1918年任挪威工党书记。曾任挪威工党驻社会党国
际局代表。1921年为右派社会民主党人的领袖,该集团因挪威工党加入
共产国际而从工党分裂出来并成立了挪威社会党。1921—1927年任上议
院议长,1928年任劳工大臣。——152—153。

尼古·瓦西里奇(Ник.Васильич)——116。

尼古·伊万·(Ник.Ив.)——263。

尼古·伊万·——见拉拉扬茨,伊萨克·克里斯托福罗维奇。

尼古拉二世(**罗曼诺夫**)(Николай II(Романов)1868—1918)——俄国最后一

个皇帝,亚历山大三世的儿子。1894 年即位,1917 年二月革命时被推翻。1918 年 7 月 17 日根据乌拉尔州工兵代表苏维埃的决定在叶卡捷琳堡被枪决。——356。

尼基福罗夫,谢尔盖·C.(Никифоров,Сергей C.)——因参加抢劫活动被判处九年苦役。——299。

尼基季奇——见克拉辛,列昂尼德·波里索维奇。

涅菲奥多夫,А.Ф.(Нефедов,А.Ф.)——2—3。

女送信人——见乌里扬诺娃-叶利扎罗娃,安娜·伊里尼奇娜。

诺根,维克多·巴甫洛维奇(马卡尔)(Ногин,Виктор Павлович(Макар) 1878—1924)——1898 年加入俄国社会民主工党,布尔什维克。曾在国内外做党的工作,是《火星报》代办员。积极参加 1905—1907 年革命。1907 年在党的第五次(伦敦)代表大会上当选为中央委员。斯托雷平反动时期对孟什维克取消派采取调和主义态度。第一次世界大战期间在莫斯科和萨拉托夫的地方自治机关工作,为《莫斯科合作社》等杂志撰稿。1917 年二月革命后先后任莫斯科苏维埃副主席和主席。十月革命后历任工商业人民委员、副劳动人民委员、最高国民经济委员会主席团委员、纺织企业总管理委员会主席、全俄纺织辛迪加管理委员会主席、红色工会国际国际执行局成员、全俄中央执行委员会土耳其斯坦事务委员会委员等职。曾任苏联中央执行委员会主席团委员。——308。

诺斯科夫,弗拉基米尔·亚历山德罗维奇(波里斯;格列博夫;马)(Носков, Владимир Александрович(Борис,Глебов,Ма)1878—1913)——俄国社会民主党人。19 世纪 90 年代参加革命运动。1898 年因彼得堡工人阶级解放斗争协会案被捕,先后流放雅罗斯拉夫尔和沃罗涅日。1900 年是俄国社会民主工党北方协会组织者之一。1902 年侨居国外,1902—1903 年负责向国内运送社会民主党秘密出版物的组织工作,参与筹备俄国社会民主工党第二次代表大会。在代表大会上是有发言权的代表,属火星派多数派;是党章起草委员会主席,当选为中央委员。会后对孟什维克采取调和主义态度,反对召开党的第三次代表大会。1905 年被捕。斯托雷平反动时期脱离政治活动。——11、55、82。

## P

帕尔乌斯(**格尔方德,亚历山大·李沃维奇**)(Парвус (Гельфанд, Александр Львович)1869—1924)——生于俄国,19 世纪 80 年代移居国外。90 年代末起在德国社会民主党内工作,属该党左翼;曾任《萨克森工人报》编辑。写有一些世界经济问题的著作。20 世纪初参加俄国社会民主工党的工作,为《火星报》撰稿。俄国社会民主工党第二次代表大会后支持孟什维克的组织路线。1905 年回到俄国,曾担任彼得堡工人代表苏维埃执行委员会委员,为孟什维克的《开端报》撰稿;同托洛茨基一起提出"不断革命论",主张参加布里根杜马,坚持同立宪民主党人搞交易。斯托雷平反动时期脱离俄国社会民主工党,后移居德国。第一次世界大战期间是社会沙文主义者和德国帝国主义的代理人。从事投机买卖,靠供应军需品发了财。1915 年起在柏林出版《钟声》杂志。1918 年脱离政治活动。—— 105、106、125、247。

潘克拉托夫,伊万·伊万诺维奇(万尼亚)(Панкратов, Иван Иванович(Ваня) 1886—1962)——俄国工人。1906 年加入俄国社会民主工党。曾在莫斯科和佩罗沃的车辆厂工作。莫斯科十二月武装起义的参加者。1908 年被捕并被逐往沃洛格达省。1909 年从流放地逃跑,被派到卡普里学校学习,在那里领导列宁派同该校组织者的派别活动进行斗争。1909 年 11 月底应列宁的邀请去巴黎听过讲座。回国后作为布尔什维克中央的代表在彼得堡工作。1910 年初被捕并被终身流放西伯利亚。十月革命后在西伯利亚和远东从事党的工作以及苏维埃和工会工作。1926 年起在莫斯科从事经济工作。——240—248。

皮亚特尼茨基,康斯坦丁·彼得罗维奇(Пятницкий, Константин Петрович 1864—1938)——彼得堡知识出版社创办人之一(1898),该社社长兼经理。1905 年与布尔什维克党中央签订过出版马克思主义文献的合同。——113。

皮亚特尼茨基(**塔尔希斯**),约瑟夫·阿罗诺维奇(星期五;星期五)(Пятницкий (Таршис), Иосиф Аронович (Пятница, Фрейтаг)1882—1938)——1898 年加入俄国社会民主工党,1901 年起是《火星报》代办员。侨居国外

期间,主持运送秘密书刊和把党内同志从国外送回俄国的工作。积极参加
了召开俄国社会民主工党第二次和第三次代表大会的工作。俄国第一次
革命的参加者。1912年参与俄国社会民主工党第六次(布拉格)全国代表
会议的筹备工作。曾在敖德萨、莫斯科、沃利斯克、萨马拉等地工作,是萨
马拉布尔什维克委员会的组织者之一。因从事革命活动多次被捕、监禁和
流放;1914年被流放叶尼塞斯克省。十月革命期间是领导起义的莫斯科
党总部成员。十月革命后做党的工作,曾任党的莫斯科委员会书记和共产
国际执行委员会书记。——325、378。

皮尤涅(Пюнье)——166。

普佳京,瓦西里·彼得罗维奇(Путятин,Василий Петрович 生于 1878
　　年)——农民出身,曾在普杰姆工厂当制图员。第三届国家杜马维亚特卡
　　省代表,一度参加社会民主党党团。——227。

普列奥布拉任斯基,阿列克谢·安德列耶维奇(Преображенский,Алексей
　　Андреевич 1863—1938)——俄国民粹派分子,后参加社会民主主义运动。
　　1889—1893年列宁与家人在阿拉卡耶夫卡度夏时经常同列宁见面,并就
　　农民问题进行过争论。1902年起在萨马拉—兹拉托乌斯特铁路工作。
　　1904年加入俄国社会民主工党。1905年在萨马拉工作。十月革命后任萨
　　马拉—兹拉托乌斯特铁路局办公室主任、总务主任和行政处处长等职。
　　1922年根据列宁的提议被任命为哥尔克国营农场场长。——37—38。

普列德卡林,安德列·亚诺维奇(Предкальн(Приедкалн),Андрей Янович
　　1873—1923)——拉脱维亚社会民主党人;职业是医生。1907年被选入第
　　三届国家杜马,参加社会民主党党团,追随布尔什维克。曾为布尔什维克
　　的《明星报》和《真理报》撰稿。十月革命后从事医学方面的科研工作,领导
　　里加市儿童医院。——226。

普列汉诺夫,格奥尔吉·瓦连廷诺维奇(Плеханов,Георгий Валентинович
　　1856—1918)——俄国早期的马克思主义理论家,后来成为孟什维克和第
　　二国际机会主义领袖之一。1883年在日内瓦创建俄国第一个马克思主义
　　团体——劳动解放社。翻译和介绍了马克思和恩格斯的许多著作,对马克
　　思主义在俄国的传播起了重要作用;写过不少优秀的马克思主义著作,批
　　判民粹主义、合法马克思主义、经济主义、伯恩施坦主义、马赫主义。20世

纪初是《火星报》和《曙光》杂志编辑部成员。曾参与制定俄国社会民主工党纲领草案和参加党的第二次代表大会的筹备工作。在代表大会上是劳动解放社的代表,属火星派多数派,参加了大会常务委员会,会后逐渐转向孟什维克。1905—1907年革命时期反对列宁的民主革命的策略,后来在孟什维克和布尔什维克之间摇摆。斯托雷平反动时期和新的革命高涨年代反对取消主义,领导孟什维克护党派。第一次世界大战期间持社会沙文主义立场。1917年二月革命后支持资产阶级临时政府。对十月革命持否定态度,但拒绝支持反革命。——34、37、44、45、46、47、51、52、53、54、55、56、57、58、62、63、70、71、83、86、92、94、102、103、123、124—127、140、147、165、169、170、172、175、177、186、247、251、252、253、260、272、279、296、297、302、306、308、314、318、319、333、341、344、361、365、368—369。

普罗柯波维奇,谢尔盖·尼古拉耶维奇(Прокопович,Сергей Николаевич 1871—1955)——俄国经济学家和政论家,经济派的著名代表人物,伯恩施坦主义在俄国最早的传播者之一。1904年加入资产阶级自由派的解放社,为该社骨干分子。1905年为立宪民主党中央委员。1906年参与出版半立宪民主党、半孟什维克的《无题》周刊,为左派立宪民主党人的《同志报》积极撰稿。1917年二月革命后任临时政府工商业部长(8月)和粮食部长(9—10月)。1921年进入全俄赈济饥民委员会,同委员会中其他反苏维埃成员利用该组织进行反革命活动。1922年被驱逐出境。——83、215、238。

# Q

齐赫泽,尼古拉·谢苗诺维奇(Чхеидзе,Николай Семенович 1864—1926)——俄国孟什维克领袖之一。第三届和第四届国家杜马梯弗利斯省代表,第四届国家杜马孟什维克党团主席。第一次世界大战期间是中派分子。1917年二月革命后任国家杜马临时委员会委员、彼得格勒工兵代表苏维埃主席和第一届中央执行委员会主席,极力支持资产阶级临时政府。十月革命后是格鲁吉亚孟什维克政府——立宪会议主席。1921年格鲁吉亚建立苏维埃政权后流亡法国。——227。

切博塔廖夫,伊万·尼古拉耶维奇(Чеботарев,Иван Николаевич 1861—1934)——俄国民意党人,1886年参加革命运动;曾因亚·伊·乌里扬诺夫案被捕。早在辛比尔斯克时就是乌里扬诺夫一家的好友。在彼得堡时，列宁曾利用他的住址同窗里人通信和转寄秘密书刊。1906—1922 年在波波夫卡车站一所学校工作。——132。

切尔诺夫，维克多·米哈伊洛维奇（Чернов，Виктор Михайлович 1873—1952）——**俄国社会革命党领袖和理论家之一**。1902—1905 年任社会革命党中央机关报《革命俄国报》编辑。曾撰文反对马克思主义，企图证明马克思的理论不适用于农业。第一次世界大战期间持社会沙文主义立场，曾参加齐美尔瓦尔德代表会议和昆塔尔代表会议。1917 年 5—8 月任临时政府农业部长，对夺取地主土地的农民实行残酷镇压。十月革命后参与策划反苏维埃叛乱。1920 年流亡国外，继续反对苏维埃政权。——315。

切列万宁，涅·（利普金，费多尔·安德列耶维奇）（Череванин，Н.（Липкин，Федор Андреевич）1868—1938）——**俄国孟什维克领袖之一**，取消派分子。取消派报刊的撰稿人，16 个孟什维克关于取消党的"公开信"的起草人之一。1912 年反布尔什维克的八月代表会议后是孟什维克领导中心——组委会成员。第一次世界大战期间是社会沙文主义者。1917 年是孟什维克中央机关报《工人报》编辑之一和孟什维克中央委员会委员。敌视十月革命。——287、293、338。

# R

饶尔丹尼亚，诺伊·尼古拉耶维奇（科斯特罗夫）（Жордания，Ной Николаевич（Костров）1869—1953）——**俄国社会民主党人**，俄国社会民主工党第二次代表大会后为高加索孟什维克的领袖。1905 年编辑孟什维克的《社会民主党人报》（格鲁吉亚文）。1906 年是第一届国家杜马代表。在俄国社会民主工党第五次（伦敦）代表大会上代表孟什维克当选为中央委员。斯托雷平反动时期和新的革命高涨年代形式上参加孟什维克护党派，实际上支持取消派。1914 年为托洛茨基的《斗争》杂志撰稿。第一次世界大战期间是社会沙文主义者。1918—1921 年是格鲁吉亚孟什维克政府主席。1921 年格鲁吉亚建立苏维埃政权后成为白俄流亡分子。——69、70、71。

饶勒斯，让（Jaurès，Jean 1859—1914）——**法国和国际社会主义运动活动家**，法国社会党领袖，历史学家和哲学家。1902 年与可能派、阿列曼派等组成改良主义的法国社会党。1905 年法国社会党同盖得领导的法兰西社会党合并后,成为统一的法国社会党的主要领导人。1904 年创办《人道报》,主编该报直到逝世。在理论和实践问题上往往持改良主义立场,但始终不渝地捍卫民主主义,反对殖民主义和军国主义。由于呼吁反对临近的帝国主义战争,于 1914 年 7 月 31 日被法国沙文主义者刺杀。——179。

## S

萨布林娜——见克鲁普斯卡娅,娜捷施达·康斯坦丁诺夫娜。

萨美尔,伊万·阿达莫维奇(柳比奇)(Саммер, Иван Адамович(Любич)1870—1921)——俄国社会民主党人,布尔什维克。1897 年参加革命运动,在基辅和喀山等地做党的工作,积极参加 1905—1907 年革命。1905 年秋被增补进党中央委员会。屡遭沙皇政府迫害。十月革命后在沃洛格达从事经济工作,任国民经济委员会主席。1919 年起在中央消费合作总社工作。1920—1921 年任乌克兰消费合作总社主席和对外贸易人民委员部驻乌克兰特派员。——52、67、97、219。

萨韦利——见巴宾采夫,И.И.。

尚采尔,维尔吉利·列昂诺维奇(马拉)(Шанцер, Виргилий Леонович(Марат)1867—1911)——俄国社会民主党人,曾在莫斯科、鄂木斯克和彼得堡做党的工作。在俄国社会民主工党第五次(伦敦)代表大会上当选为候补中央委员。1908 年 12 月参加了党的第五次代表会议的工作,任布尔什维克《无产者报》编委。在国外参加最后通牒派,加入"前进"集团。——219、220、223、224、354—355。

舍科尔金,费多尔·伊万诺维奇(厨师)(Щеколдин, Федор Иванович(Повар)1870—1919)——俄国社会民主党人,火星派分子;为伊万诺沃-沃兹涅先斯克社会民主党组织培养了一批积极分子。1900 年是北方工人协会的组织者之一,1902 年进入协会的领导核心。1902—1903 年担任运送火星派书刊的工作。曾积极参加俄国社会民主工党第二次代表大会的筹备工作。1904 年以中央代办员的身份在彼得堡工作。1905 年 2 月被捕。1905—1907 年革命后脱离政治活动。——22。

施德洛夫斯基,尼古拉·弗拉基米罗维奇(Шидловский, Николай Владимирович

1843—1907)——俄国沃罗涅日省地主，参议员，国务会议成员。1905年1月29日(2月11日)被任命为负责"迅即查清圣彼得堡市及其郊区工人不满的原因并提出杜绝此种情况的措施"的政府特别委员会主席。1905年2月20日(3月5日)，委员会还没有开始工作即被沙皇政府解散。——19。

施米特——见鲁勉采夫，彼得·彼得罗维奇。

施米特-安德里卡尼斯，叶卡捷琳娜·巴甫洛夫娜(Шмит-Андриканис，Екатерина Павловна)——1904年加入俄国社会民主工党；尼·巴·施米特的妹妹。——290。

施普林斯基，费奥凡·普拉东诺维奇(卢申)(Шипулинский，Феофан Платонович(Лушин)1876—1942)——1898年参加俄国社会民主主义运动，在叶卡捷琳诺斯拉夫和俄国其他城市开展工作。1905年加入孟什维克。十月革命后在国立电影学院任教。1920年退出孟什维克党。——68、69。

施泰因——见亚历山德罗娃，叶卡捷琳娜·米哈伊洛夫娜。

施瓦尔茨——见沃罗夫斯基，瓦茨拉夫·瓦茨拉沃维奇。

施瓦尔茨，伊萨克·伊兹拉伊列维奇(Шварц，Исаак Израилевич 1879—1951)——1899年加入俄国社会民主工党，曾在叶卡捷琳诺斯拉夫和乌拉尔从事革命工作。1911年是列宁创办的隆瑞莫党校的学员。曾任国外组织委员会委员，从事重建布尔什维克组织的工作，积极参加负责筹备召开俄国社会民主工党第六次(布拉格)全国代表会议的俄国组织委员会的组建工作。七次被捕和流放，六次从流放地逃跑。1917年二月革命后在乌克兰担任党和苏维埃的负责工作。1918年起是乌克兰党的地下工作和游击运动的领导人之一。在乌克兰共产党(布)第一次和第二次代表大会上当选为中央委员。1918—1919年任全乌克兰肃反委员会主席、乌克兰苏维埃社会主义共和国国防委员会驻敖德萨和尼古拉耶夫特派员。1920年任俄共(布)中央驻顿巴斯特派员。1921年起任全俄矿工工会中央委员会主席。1930年起从事经济工作。曾任俄共(布)中央监察委员和联共(布)中央委员。——31—32。

什克洛夫斯基，格里戈里·李沃维奇(Шкловский，Григорий Львович 1875—1937)——1898年加入俄国社会民主工党，曾在白俄罗斯一些城市和国外做党的工作。1909年起流亡瑞士，加入布尔什维克伯尔尼支部；1915年起任布尔什维克国外组织委员会委员。1917 年二月革命后回国,在下诺夫哥罗德和莫斯科工作。1918—1925 年主要从事外交工作,其间曾在农业人民委员部和莫斯科市政机关短期工作。——344—345。

"实践家"——见杜勃洛文斯基,约瑟夫·费多罗维奇。

舒尔——见斯克雷普尼克,尼古拉·阿列克谢耶维奇。

舒尔卡诺夫,瓦西里·叶戈罗维奇(Шурканов, Василий Егорович 生于 1876 年)——俄国工人,第三届国家杜马哈尔科夫省代表,社会民主党党团成员。曾为布尔什维克的《明星报》和取消派的《现代事业报》撰稿。后查明,他自 1913 年起就是保安处的密探。——227。

水妖——见利亚多夫,马尔丁·尼古拉耶维奇。

朔尔茨(Scholz)——日内瓦一家印刷厂的厂主。——114。

司索伊卡——见波格丹诺夫,亚历山大·亚历山德罗维奇。

司徒卢威,彼得·伯恩哈多维奇(Струве, Петр Бернгардович 1870—1944)——俄国经济学家,哲学家,政论家,合法马克思主义主要代表人物,立宪民主党领袖之一。19 世纪 90 年代编辑合法马克思主义者的《新言论》杂志和《开端》杂志。在 1894 年发表的第一部著作《俄国经济发展问题的评述》中,在批判民粹主义的同时,对马克思的经济学说和哲学学说提出"补充"和"批评"。20 世纪初同马克思主义和社会民主主义彻底决裂,转到自由派营垒。1902 年起编辑自由派资产阶级刊物《解放》杂志,1903 年起是解放社的领袖之一。1905 年起是立宪民主党中央委员,领导该党右翼。第一次世界大战爆发后鼓吹俄国的帝国主义侵略扩张政策。十月革命后敌视苏维埃政权,是邓尼金和弗兰格尔反革命政府成员,后逃往国外。——5、42、279。

斯捷潘诺夫——见斯克沃尔佐夫-斯捷潘诺夫,伊万·伊万诺维奇。

斯克雷普尼克,尼古拉·阿列克谢耶维奇(舒尔)(Скрыпник, Николай Алексеевич(Щур)1872—1933)——1897 年参加俄国社会民主主义运动,曾在彼得堡、莫斯科、里加、敖德萨、叶卡捷琳诺斯拉夫等城市做党的工作,屡遭沙皇政府迫害。1918 年 12 月起任乌克兰苏维埃政府主席和外交人民委员、国家监察人民委员、内务人民委员、司法人民委员和共和国总检察长等职,是全乌中央执行委员会主席团委员。乌克兰共产党(布)组织者之一,该党中央委员和政治局委员。——220、221。

斯克沃尔佐夫-斯捷潘诺夫,伊万·伊万诺维奇(斯捷潘诺夫)(Скворцов-Степанов,Иван Иванович(Степанов)1870—1928)——1891年参加俄国社会民主主义运动,1904年成为布尔什维克。1905—1907年革命期间在党的莫斯科委员会写作演讲组工作。1907年和1911年代表布尔什维克被提名为国家杜马代表的候选人。斯托雷平反动时期在土地问题上坚持错误观点,对"前进"集团采取调和主义态度,但在列宁影响下纠正了自己的错误。因进行革命活动多次被捕和流放。十月革命后参加第一届人民委员会,历任财政人民委员、全俄工人合作社理事会副主席、中央消费合作总社理事会理事、国家出版社编辑委员会副主任、中央列宁研究院院长等职。马克思《资本论》(第1—3卷,1920年俄文版)以及马克思和恩格斯其他一些著作的译者和编者,写有许多有关革命运动史、政治经济学、无神论等方面的著作。——16、216、271、278—281、282—288。

斯米多维奇,彼得·格尔莫格诺维奇(马特廖娜)(Смидович,Петр Гермогенович(Матрена)1874—1935)——俄国社会民主党人,火星派分子,俄国社会民主工党第二次代表大会后是布尔什维克;职业是电气工程师。1898年加入俄国社会民主工党。起初倾向经济主义,后参加火星派。1900年底被捕,1901年被驱逐出境;是俄国革命社会民主党人国外同盟成员。1905年在党的莫斯科郊区委员会工作,是莫斯科十二月武装起义的积极参加者。1906年任俄国社会民主工党莫斯科郊区委员会委员,1907—1908年任莫斯科委员会委员。屡遭沙皇政府迫害。积极参加1917年二月革命和十月革命。十月革命后历任莫斯科苏维埃主席、最高国民经济委员会主席团委员、莫斯科省国民经济委员会主席、党的中央监察委员、全俄中央执行委员会和苏联中央执行委员会主席团委员等职。——50。

斯切克洛夫,尤里·米哈伊洛维奇(Стеклов,Юрий Михайлович 1873—1941)——1893年参加俄国社会民主主义运动,是敖德萨第一批社会民主主义小组的组织者之一。1903年俄国社会民主工党第二次代表大会后是布尔什维克。斯托雷平反动时期和新的革命高涨年代为布尔什维克的一些报纸和杂志撰稿。1917年二月革命后当选为彼得格勒苏维埃执行委员会委员;最初持"革命护国主义"立场,后转向布尔什维克。十月革命后任全俄中央执行委员会和苏联中央执行委员会主席团委员,《全俄中央执行委员会消息报》和《苏维埃建设》杂志的编辑。——41—42、206、271。

斯塔罗韦尔——见波特列索夫,亚历山大·尼古拉耶维奇。

斯塔索娃,叶列娜·德米特里耶夫娜(迭尔塔;绝对者;克诺尔)(Стасова, Елена Дмитриевна(Дельта, Абсолют, Кноль) 1873—1966)——1898 年加入俄国社会民主工党,1901 年起为《火星报》代办员。曾在彼得堡、莫斯科做党的工作,1904—1906 年任党中央委员会北方局、彼得堡委员会和中央委员会俄国局书记。1907—1912 年为党中央驻梯弗利斯的代表。1912 年在党的第六次(布拉格)全国代表会议上当选为候补中央委员。1917 年2 月—1920 年 3 月任党中央书记。1920—1921 年先后在彼得格勒和巴库担任党的负责工作。1921—1926 年在共产国际工作。——68—69、94、100、101、116。

斯坦尼斯拉夫——见洛巴诺夫,米哈伊尔·伊万诺维奇。

斯坦尼斯拉夫——见沃尔斯基,斯坦尼斯拉夫。

斯托雷平,彼得·阿尔卡季耶维奇(Столыпин, Петр Аркадьевич 1862—1911)——俄国国务活动家,大地主。1906—1911 年任大臣会议主席兼内务大臣。1907 年发动"六三政变",解散第二届国家杜马,颁布新选举法以保证地主、资产阶级在杜马中占统治地位,残酷镇压革命运动,大规模实施死刑,开始了"斯托雷平反动时期"。实行旨在摧毁村社和培植富农的土地改革。1911 年被社会革命党人 Д. Г. 博格罗夫刺死。——134、256、279、280、283。

苏尔科夫,彼得·伊里奇(Сурков, Петр Ильич 1876—1946)——俄国社会民主党人,布尔什维克;职业是织布工人。第三届国家杜马科斯特罗马省工人代表。曾为在彼得堡出版的布尔什维克合法报纸《明星报》撰稿。十月革命后是无党派人士,在苏维埃机关工作。——227。

苏沃洛夫,谢尔盖·亚历山德罗维奇(Суворов, Сергей Александрович 1869—1918)——俄国社会民主党人,著作家和统计学家。19 世纪 90 年代开始革命活动时是民意党人,1900 年起为社会民主党人。1905—1907 年在俄国一些城市的布尔什维克组织中工作。1905—1907 年革命失败后,参加党内马赫主义者知识分子集团,攻击马克思主义哲学。在该集团编纂的

《关于马克思主义哲学的论丛》(1908)中发表了他的《社会哲学的基础》一文。1910 年以后脱党,从事统计工作。1917 年加入孟什维克国际主义派。十月革命后在莫斯科和雅罗斯拉夫尔工作。在 1918 年 7 月雅罗斯拉夫尔发生反革命暴动时死去。——7、175—176。

索柯洛夫,安德列——见沃尔斯基,斯坦尼斯拉夫。

索柯洛夫,尼古拉·德米特里耶维奇(Соколов, Николай Дмитриевич 1870—1928)——俄国社会民主党人,著名的政治诉讼案律师。曾为《生活》、《教育》等杂志撰稿。1909 年在彼得堡补选第三届国家杜马代表时,被提名为俄国社会民主党的候选人;同情布尔什维克。1917 年二月革命后任彼得格勒苏维埃执行委员会委员,主张同资产阶级联合。十月革命后在一些苏维埃机关担任法律顾问。——237。

索洛蒙,格奥尔吉·亚历山德罗维奇(伊谢茨基)(Соломон, Георгий Александрович(Исецкий)生于 1868 年)——1898 年参加俄国社会民主主义运动,从事宣传鼓动工作。曾遭沙皇政府迫害。1907—1917 年侨居国外。十月革命后被派到德国做外交工作,后在对外贸易人民委员部机关工作,1920 年任对外贸易人民委员部驻爱沙尼亚特派员。——196、197。

## T

塔拉图塔,维克多·康斯坦丁诺维奇(维· ；维克多;谢尔盖耶夫,维·)(Таратута, Виктор Константинович (В., Виктор, Сергеев, В.) 1881—1926)——1898 年加入俄国社会民主工党,布尔什维克。1906—1907 年任党的莫斯科委员会和莫斯科区域局书记。党的第四次(统一)和第五次(伦敦)代表大会代表,在第五次代表大会上当选为候补中央委员,进入布尔什维克中央。多次被捕和流放,1909 年起侨居国外。曾任党中央委员会国外局成员和书记、布尔什维克中央财务代办员。1919 年回国,历任最高国民经济委员会办公厅主任、最高国民经济委员会化学局副局长、外贸银行管理委员会主席等职。——194、208—209、263、289—292、347、353—355、358—359。

泰奥多罗维奇,伊万·阿道福维奇(费多罗维奇)(Теодорович, Иван Адольфович(Федорович)1875—1937)——1895 年加入莫斯科工人阶级解放斗争协会,1903年俄国社会民主工党第二次代表大会后是布尔什维克。1905年在日内瓦任《无产者报》编辑部秘书。1905—1907年为党的彼得堡委员会委员。国内战争时期参加游击队同高尔察克作战。1920年起任农业人民委员部部务委员,1922年起任副农业人民委员。——112。

唐恩(**古尔维奇**),费多尔·伊里奇(Дан(Гурвич),Федор Ильич 1871—1947)——俄国孟什维克领袖之一;职业是医生。1894年参加俄国社会民主主义运动,加入彼得堡工人阶级解放斗争协会。1896年8月被捕,1898年流放维亚特卡省。1901年夏逃往国外,加入《火星报》柏林协助小组。1902年作为《火星报》代办员参加了在比亚韦斯托克举行的筹备召开俄国社会民主工党第二次代表大会的代表会议,会后再次被捕,流放东西伯利亚。1903年9月逃往国外,成为孟什维克。斯托雷平反动时期和新的革命高潮年代在国外领导取消派,编辑取消派的《社会民主党人呼声报》。第一次世界大战期间是社会沙文主义者。1917年二月革命后任彼得格勒苏维埃执行委员会委员和第一届中央执行委员会主席团委员,支持资产阶级临时政府。十月革命后在卫生人民委员部系统当医生。因反对苏维埃政权,1922年被驱逐出境,在柏林领导孟什维克进行反革命活动。——169、304、307、308、317、318、347、351、359—364。

特里亚——见姆格拉泽,弗拉斯·Д.。

特列波夫,德米特里·费多罗维奇(Трепов,Дмитрий Федорович 1855—1906)——沙俄少将(1900)。1896—1905年任莫斯科警察总监,1905年1月11日起任彼得堡总督,4月起任副内务大臣兼独立宪兵团司令。1905年10月全国政治大罢工期间发布了臭名昭著的"不放空枪,不惜子弹"的命令,是武装镇压1905—1907年革命的策划者。——99。

特鲁别茨科伊,叶夫根尼·尼古拉耶维奇(Трубецкой,Евгений Николаевич 1863—1920)——俄国资产阶级自由派思想家,宗教哲学家,公爵。曾先后任基辅大学和莫斯科大学法哲学教授。1906年以前是立宪民主党人,1906年是君主立宪派政党"和平革新党"的组织者之一。在沙皇政府镇压1905—1907年革命和建立斯托雷平体制的过程中起重要作用。第一次世界大战期间主张将战争进行到"最后胜利"。十月革命后反对苏维埃政权,是邓尼金的骨干分子。——106。

梯什卡,扬(**约吉希斯,莱奥**)(Tyszka,Jan(Jogiches,Leo)1867—1919)——波
　兰和德国工人运动活动家。1893 年参与创建波兰王国社会民主党(1900
　年改组为波兰王国和立陶宛社会民主党),1903 年起为该党总执行委员会
　委员。曾积极参加俄国 1905—1907 年革命。1907 年出席俄国社会民主
　工党第五次(伦敦)代表大会,当选为候补中央委员。斯托雷平反动时期和
　新的革命高涨年代谴责取消派,但往往采取调和主义态度。1912 年反对
　布拉格代表会议的决议。第一次世界大战期间在德国,参加德国社会民主
　党的工作,持国际主义立场;是斯巴达克联盟的组织者和领导人之一。
　1916 年被捕入狱,1918 年十一月革命时获释。积极参与创建德国共产党,
　在该党成立大会上当选为中央委员会书记。1919 年 3 月被捕,于柏林监
　狱遇害。——183—185、189、208—209、225、304—305、323。

托尔斯泰,列夫·尼古拉耶维奇(Толстой,Лев Николаевич 1828—1910)——俄
　国作家。——189。

托洛茨基(**勃朗施坦**),列夫·达维多维奇(Троцкий（Бронштейн）,Лев
　Давидович 1879—1940)——1897 年参加俄国社会民主主义运动。在俄
　国社会民主工党第二次代表大会上是西伯利亚联合会的代表,属火星派少
　数派。1905 年同亚·帕尔乌斯一起提出和鼓吹"不断革命论"。斯托雷平
　反动时期和新的革命高潮年代,打着"非派别性"的幌子,实际上采取取消
　派立场。1912 年组织"八月联盟"。第一次世界大战期间持中派立场,先
　后任孟什维克取消派的《我们的言论报》的撰稿人和编辑。1917 年二月革
　命后参加区联派,在党的第六次代表大会上随区联派集体加入布尔什维克
　党,当选为中央委员。参加十月武装起义的领导工作。十月革命后任外交
　人民委员、陆海军人民委员、共和国革命军事委员会主席和交通人民委员
　等职。曾被选为党中央政治局委员和共产国际执行委员会委员。1918 年
　初反对签订布列斯特和约。1920—1921 年挑起关于工会问题的争论。
　——82、137、140、169、230、231、232、245、255、272、273、293、298、302、307、
　308、315、336、338、342、343、344、368—369。

托马斯——见科济列夫,尼古拉·尼基季奇。

托姆斯基(**叶弗列莫夫**),米哈伊尔·巴甫洛维奇(Томский(Ефремов),
　Михаил Павлович 1880—1936)——1904 年加入俄国社会民主工党。

1905—1906 年在党的雷瓦尔组织中工作。1907 年当选为党的彼得堡委员会委员,任布尔什维克的《无产者报》编委。斯托雷平反动时期对取消派、召回派和托洛茨基分子采取调和主义态度。十月革命后任莫斯科工会理事会主席。1919 年起任全俄(后为全苏)工会中央理事会主席团主席。1920 年参与创建红色工会国际,1921 年工会国际成立后任总书记。1921年 5 月起任全俄中央执行委员会和俄罗斯联邦人民委员会土耳其斯坦事务委员会主席。1919 年起为党中央委员,1923 年起为中央政治局委员。——254—256。

## W

瓦尔·,阿·——见瓦尔斯基,阿道夫。

瓦尔斯基,阿道夫(**瓦尔沙夫斯基,阿道夫·绍洛维奇**;瓦尔·,阿·)(Warski,Adolf(Варшавский,Адольф Саулович,Вар.,А.)1868—1937)——波兰革命运动活动家,先后参加波兰王国社会民主党以及波兰王国和立陶宛社会民主党的建党工作。是波兰王国和立陶宛社会民主党出席俄国社会民主工党第四次(统一)代表大会的有发言权的代表,会后进入俄国社会民主工党中央委员会。在党的第五次(伦敦)代表大会上当选为中央委员。1909—1910 年是俄国社会民主工党中央机关报《社会民主党人报》编辑之一。第一次世界大战期间是国际主义者。1918 年参与创建波兰共产党,是波共中央委员(1919—1929)和政治局委员(1923—1929)。——304、305、323、335、357—358、359—366、368—369。

瓦季姆——见波斯托洛夫斯基,德米特里·西蒙诺维奇。

瓦连廷——见加尔佩林,列夫·叶菲莫维奇。

瓦西·瓦—奇;瓦西·瓦西·——见奥里明斯基,米哈伊尔·斯捷潘诺维奇。

瓦西里耶夫——见林格尼克,弗里德里希·威廉莫维奇。

瓦扬,爱德华·玛丽(Vaillant,Édouard-Marie 1840—1915)——法国工人运动活动家,布朗基主义者,第二国际左翼领袖之一。在反对米勒兰主义斗争中与盖得派接近,是 1901 年盖得派与布朗基派合并为法兰西社会党的发起人之一。1905—1915 年是法国社会党(1905 年建立)的领导人之一。第一次世界大战期间持社会沙文主义立场。——115—116。

万尼亚——见潘克拉托夫，伊万·伊万诺维奇。

韦利奇金娜(**邦契-布鲁耶维奇**)，维拉·米哈伊洛夫娜(维·米·)(Величкина(Бонч-Бруевич)，Вера Михайловна(В.М.)1868—1918)——弗·德·邦契-布鲁耶维奇的妻子。19世纪90年代开始革命活动。1902年侨居国外，参加俄国革命社会民主党人国外同盟的工作。1903年加入俄国社会民主工党。党的第二次代表大会后是布尔什维克；为《前进报》和《无产者报》撰稿，翻译马克思和恩格斯的著作；把党的出版物运往俄国。1905年是布尔什维克驻日内瓦政治红十字会的代表。斯托雷平反动时期参加第三届国家杜马社会民主党党团的工作。十月革命后在教育人民委员部和卫生人民委员部工作。——61、348。

韦钦金(Ветчинкин)——1905年10月任俄国社会民主工党中央委员会总务委员会委员。——116。

维·——见塔拉图塔，维克多·康斯坦丁诺维奇。

维·米·——见韦利奇金娜，维拉·米哈伊洛夫娜。

维尔涅尔——见波格丹诺夫，亚历山大·亚历山德罗维奇。

维克多——见塔拉图塔，维克多·康斯坦丁诺维奇。

维洛诺夫，尼基福尔·叶弗列莫维奇(米·；米哈伊尔)(Вилонов，Никифор Ефремович(М.，Михаил)1883—1910)——俄国社会民主党人。1901年在卡卢加开始革命活动，1902年加入基辅社会民主党组织。1903年被捕，流放叶卡捷琳诺斯拉夫，参加当地的火星派委员会，是1903年8月总罢工的组织者之一。俄国社会民主工党第二次代表大会后是布尔什维克。在伏尔加河流域和乌拉尔积极参加1905—1907年革命。1906年3月被捕，7月越狱潜逃，在莫斯科做党的工作。再次被捕后流放阿斯特拉罕省，1908年底从那里出国。是卡普里党校的组织者之一，在认清学校的反党性质后，带领一批列宁派学员应列宁的邀请到了巴黎。因患结核病于1910年5月1日在瑞士去世。——274、275、277、302—303、309—310、316、317。

维诺格拉多娃，奥丽珈·伊万诺夫娜(叫花子)(Виноградова，Ольга Ивановна(Нищий)1881—1913)——1901年参加俄国革命运动。1903年在下诺夫哥罗德做宣传鼓动工作。1903—1904年是布尔什维克柏林小组成员。

1905 年春在敖德萨的组织中工作。曾任《前进报》和《无产者报》记者。1905—1907 年在彼得堡工作,参加彼得堡委员会鼓动员委员会。曾为布尔什维克《生活通报》杂志撰稿。后在萨拉托夫工作。——35—36。

维特,谢尔盖·尤利耶维奇(Витте, Сергей Юльевич 1849—1915)——俄国国务活动家。1892 年 2—8 月任交通大臣,1892—1903 年任财政大臣,1903 年 8 月起任大臣委员会主席,1905 年 10 月—1906 年 4 月任大臣会议主席。在财政、关税政策、铁路建设、工厂立法和鼓励外国投资等方面采取了一系列措施,促进了俄国资本主义的发展。同时力图通过对自由派资产阶级稍作让步和对人民群众进行镇压的手段来维护沙皇专制制度。——99。

维亚奇·——见罗日柯夫,尼古拉·亚历山德罗维奇。

文特尔——见克拉辛,列昂尼德·波里索维奇。

沃多沃佐夫,瓦西里·瓦西里耶维奇(Водовозов, Василий Васильевич 1864—1933)——俄国经济学家和自由主义民粹派政论家。1904 年起任《我们的生活报》编委,1906 年为左派立宪民主党人的《同志报》撰稿。第二届国家杜马选举期间参加劳动派。1912 年在立宪民主党人、人民社会党人和孟什维克取消派撰稿的《生活需要》杂志上发表文章。敌视十月革命。——231。

沃尔斯基,安·——见沃尔斯基,斯坦尼斯拉夫。

沃尔斯基,斯坦尼斯拉夫(**索柯洛夫,安德列·弗拉基米罗维奇**;安德列;斯坦尼斯拉夫;沃尔斯基,安·)(Вольский, Станислав (Соколов, Андрей Владимирович, Андрей, Станислав, Вольский, А.) 生于 1880 年)——俄国社会民主党人,俄国社会民主工党第二次代表大会后加入布尔什维克。1904—1905 年在莫斯科做党的工作,参加过十二月武装起义。斯托雷平反动时期和新的革命高涨年代是召回派领袖之一,曾参与组织派别性的卡普里和博洛尼亚党校(意大利)的工作,加入"前进"集团。敌视十月革命,反对苏维埃政权。一度侨居国外,但很快回国。曾在林业合作社、国家计划委员会和商业人民委员部工作。——7、50、220、243、248、266、303。

沃罗夫斯基,瓦茨拉夫·瓦茨拉沃维奇(奥尔洛夫斯基;费利克斯·亚历山德罗维奇;施瓦尔茨;约瑟芬)(Воровский, Вацлав Вацлавович (Орловский,

Феликс Александрович, Шварц, Жозефина) 1871—1923)——1890 年在大学生小组中开始革命活动。1902 年侨居国外,成为列宁《火星报》的撰稿人。俄国社会民主工党第二次代表大会后是布尔什维克。1904 年初受列宁委派,在敖德萨建立俄国社会民主工党中央委员会南方局;8 月底出国,赞同 22 个布尔什维克的宣言。1905 年同列宁等人一起参加《前进报》和《无产者报》编辑部,后在布尔什维克的《新生活报》编辑部工作。1907—1912 年领导敖德萨的布尔什维克组织。第一次世界大战初期在彼得格勒做党的工作,1915 年去斯德哥尔摩,1917 年 4 月根据列宁提议进入党中央委员会国外局。1917—1919 年任俄罗斯联邦驻斯堪的纳维亚国家的全权代表,1919—1920 年领导国家出版社,1921—1923 年任驻意大利全权代表。1923 年 5 月 10 日在洛桑被白卫分子杀害。——11、30、64、65、70、81、94、99、100、103、119、124、198—199、216、222、325。

沃罗宁,谢苗·亚历山德罗维奇(Воронин, Семен Александрович 1880—1915)——俄国工人,第三届国家杜马弗拉基米尔省代表,参加社会民主党党团,追随布尔什维克。曾为布尔什维克合法报纸《明星报》撰稿。——227。

沃伊洛什尼科夫,阿维夫·阿德里安诺维奇(Войлошников, Авив Адрианович 1877—1930)——俄国第三届国家杜马外贝加尔哥萨克军屯区居民的代表,参加社会民主党党团,追随布尔什维克。1911—1912 年为布尔什维克的《明星报》和《真理报》撰稿。十月革命后从事经济工作。——227。

沃伊诺夫——见卢那察尔斯基,阿纳托利·瓦西里耶维奇。

乌里扬诺夫;乌里扬诺夫,弗·;乌里扬诺夫,弗·伊·;乌里扬诺夫,弗拉·;乌里扬诺夫,弗拉基米尔——即列宁,弗拉基米尔·伊里奇。

乌里扬诺娃-叶利扎罗娃,安娜·伊里尼奇娜(女送信人)(Ульянова-Елизарова, Анна Ильинична(Подательница) 1864—1935)——列宁的姐姐。1886 年参加大学生革命运动。1898 年任俄国社会民主工党第一届莫斯科委员会委员。1900—1905 年在《火星报》组织和布尔什维克的一些秘密报刊工作,曾任《前进报》编委。积极参加列宁著作的出版工作。曾在彼得堡、莫斯科和萨拉托夫从事革命工作。1913 年起在《真理报》工作,任《启蒙》杂志秘书和《女工》杂志编委。多次被捕。1917 年二月革命后为党中央委员会俄国局成员、《真理报》编辑部秘书和《织工》杂志编辑,参加了十月革命的准备工作。1918—1921 年领导社会保障人民委员部儿童保健司,后到教育人民委员部工作。是党史委员会和列宁研究院的组织者之一。写有一些回忆列宁的作品和其他文学著作。——112、138。

武尔姆,埃马努埃尔(Wurm,Emanuel 1857—1920)——德国社会民主党人。1890 年起为帝国国会议员。1902—1917 年是《新时代》杂志编辑之一。第一次世界大战期间为中派分子。德国 1918 年十一月革命后任粮食部长。——337、338、342。

# X

西尔文,米哈伊尔·亚历山德罗维奇(别姆)(Сильвин,Михаил Александрович(Бем)1874—1955)——俄国社会民主党人。1891 年参加革命运动,1895 年参与组织彼得堡工人阶级解放斗争协会,是协会的中心小组成员。1896 年被捕,1898 年流放东西伯利亚三年。1899 年 8 月在列宁起草的反对经济派《信条》的《俄国社会民主党人抗议书》上签了名。不久应征入伍,先后在西伯利亚和里加服役。1901 年为《火星报》代办员。1902 年被捕,后流放伊尔库茨克省,从流放地逃往国外。1904 年被增补进俄国社会民主工党中央委员会,曾一度转向孟什维克。1905—1908 年为一些布尔什维克报纸撰稿。1908 年脱离政治活动并退党。十月革命后在俄罗斯联邦教育人民委员部、苏联驻英国商务代表处等单位工作。——55。

希法亭,鲁道夫(Hilferding,Rudolf 1877—1941)——奥地利社会民主党、德国社会民主党和第二国际机会主义领袖之一。1907—1915 年任德国社会民主党中央机关报《前进报》编辑。第一次世界大战期间是中派分子。1917 年起为德国独立社会民主党领袖之一。1923 年任魏玛共和国财政部长。——105。

显克微支,亨利克(Sienkiewicz,Henryk 1846—1916)——波兰作家,以历史小说闻名。1908 年曾就普鲁士政府掠夺波兹南地主地产一事进行调查,并把 252 份调查答复汇编成书在巴黎出版。高尔基的答复是一份反对显克微支维护波兹南地主大私有制的揭露性文件,因此没有被收进单行本。——163。

小猫——见福季耶娃,莉迪娅·亚历山德罗夫娜。

小兽——见埃森,玛丽亚·莫伊谢耶夫娜。

谢尔盖·瓦西里奇(Сергей Васильич)——112。

谢尔盖耶夫,维·——见塔拉图塔,维克多·康斯坦丁诺维奇。

谢拉菲玛——见阿法纳西耶娃,索菲娅·尼古拉耶夫娜。

谢马什柯,尼古拉·亚历山德罗维奇(尼·亚·)(Семашко, Николай Алексан-
дрович (Н.А.) 1874—1949)——1893 年参加俄国社会民主主义运动,布
尔什维克。1905 年参加下诺夫哥罗德武装起义被捕,获释后流亡国外。
曾任俄国社会民主工党中央委员会国外局书记兼财务干事。1913 年参加
塞尔维亚和保加利亚的社会民主主义运动。1917 年 9 月回国。积极参加
莫斯科十月武装起义,为起义战士组织医疗救护。十月革命后任莫斯科苏
维埃医疗卫生局局长。1918—1930 年任俄罗斯联邦卫生人民委员。——
157、158、159、336。

谢平,Ж.Г.(Сеппин, Ж.Г.)——153、154。

星期五——见皮亚特尼茨基,约瑟夫·阿罗诺维奇。

## Y

亚·亚· ;亚·亚—奇;亚历·亚历· ;亚历·亚历—奇——见波格丹诺
夫,亚历山大·亚历山德罗维奇。

亚历山德罗夫——见波斯托洛夫斯基,德米特里·西蒙诺维奇。

亚历山德罗娃,叶卡捷琳娜·米哈伊洛夫娜(施泰因)(Александрова, Екатерина
Михайловна (Штейн) 1864—1943)——19 世纪 80 年代末加入俄国民意
党组织,1890 年起在彼得堡工人小组中进行宣传活动,加入民意社。1894
年被捕,流放沃洛格达省五年;流放期间成为社会民主党人。1902 年在国
外加入《火星报》组织,后作为该组织代办员在俄国工作。1903 年 2 月被
选入筹备召开俄国社会民主工党第二次代表大会的组织委员会。在代表
大会上是组织委员会有发言权的代表,属火星派少数派,会后成为孟什维
克骨干分子。1904 年代表孟什维克被增补进中央委员会。1905 年 10 月
起任孟什维克组织委员会秘书。1910—1912 年加入托洛茨基的维也纳
《真理报》。十月革命后在文教机关工作。——22。

叶尔莫拉耶夫,康斯坦丁·米哈伊洛维奇(罗曼)(Ермолаев,Константин Михайлович(Роман)1884—1919)——俄国社会民主党人,孟什维克。1904—1905年在彼得堡和顿涅茨煤田工作。俄国社会民主工党第五次(伦敦)代表大会代表,代表孟什维克被选入中央委员会。斯托雷平反动时期是取消派分子,1910年是在关于取消党的"公开信"上签名的16个孟什维克之一。1917年当选为孟什维克党中央委员,参加第一届全俄中央执行委员会。——314、318、363、365、366。

叶戈罗夫,尼古拉·马克西莫维奇(Егоров,Николай Максимович 生于1871年)——俄国工人,第三届国家杜马彼尔姆省代表,参加社会民主党党团。曾为布尔什维克合法报纸《明星报》撰稿,后加入托洛茨基派。1913年是取消派《光线报》撰稿人。1917年加入区联派。后任俄罗斯联邦金矿总委员会主席。——227。

叶卡捷琳娜·巴甫洛夫娜——见施米特-安德里卡尼斯,叶卡捷琳娜·巴甫洛夫娜。

叶罗金,米哈伊尔·米哈伊洛维奇(Ерогин,Михаил Михайлович 生于1856年)——俄国地主,在格罗德诺省当过地方官,后为该省比亚韦斯托克县的贵族代表;沙皇政府反动政策最热心的执行者之一。第一届国家杜马格罗德诺省代表。为了使国家杜马中的农民代表不受革命影响,他为这些代表开设了一个旅馆,企图使他们接受君主制思想,但农民代表识破他的意图后,便离开了这个旅馆。——250、255。

叶泽尔斯基,Ф.(Езерский,Ф.)——《法国工人的罢工》一文(载于1907年《教育》杂志第1期)的作者。——140。

伊·巴·——见拉德日尼科夫,伊万·巴甫洛维奇。

伊哥尔——见哥列夫,波里斯·伊萨科维奇。

伊格纳季耶夫,亚历山大·米哈伊洛维奇("格里·伊万诺维奇")(Игнатьев,Александр Михайлович(«Гр. Иванович»)1879—1936)——1903年加入俄国社会民主工党。参加1905—1907年革命,是党中央战斗技术组成员。根据党的建议,1908年同尼·巴·施米特的妹妹——伊·巴·施米特佯婚,以便保证在尼·巴·施米特死后把伊·巴·施米特分得的那份遗产立即交给布尔什维克党。1920—1925年任苏联驻芬兰商务代表。——

290、291。

伊克斯——见马斯洛夫,彼得·巴甫洛维奇。

伊林;伊林,弗·——即列宁,弗拉基米尔·伊里奇。

伊林,Ф.Ф.(Ильин,Ф.Ф.)——1904 年是俄国社会民主工党中央委员会所属
图书馆和档案库的创建人之一。曾在中央委员会总务委员会、中央委员会
和《无产者报》的发行部门工作。1905 年后脱党。——116。

伊苏夫,约瑟夫·安德列耶维奇(米哈伊尔)(Исув,Иосиф Андреевич(Михаил)
1878—1920)——俄国社会民主党人,孟什维克。1903 年任俄国社会民主
工党叶卡捷琳诺斯拉夫委员会委员,后在莫斯科和彼得堡工作。1907 年
代表孟什维克参加中央委员会。斯托雷平反动时期和新的革命高涨年代
是取消派分子,为《我们的曙光》杂志及取消派其他刊物撰稿。十月革命后
在劳动博物馆工作。——314、318、319、363、365、366。

伊万——见罗曼诺夫,安德列·谢尔盖耶维奇。

伊万·巴·——见拉德日尼科夫,伊万·巴甫洛维奇。

伊万·瓦西里奇(Иван Васильич)——111、112。

伊谢茨基——见索洛蒙,格奥尔吉·亚历山德罗维奇。

因萨罗夫——见拉拉扬茨,伊萨克·克里斯托福罗维奇。

英·——见杜勃洛文斯基,约瑟夫·费多罗维奇。

英国人——见费尔兹,约瑟夫。

英诺;英诺森;英诺森耶夫——见杜勃洛文斯基,约瑟夫·费多罗维奇。

尤·;尤里——见勃朗施坦,彼得·阿布拉莫维奇。

尤里——见格罗让。

尤里松(马尔特纳),М.(Юриссон(Martна),М.1860—1934)——俄国新闻
工作者,塔林印刷厂厂主,孟什维克。1905—1907 年革命期间参加过爱沙
尼亚、芬兰和彼得堡社会民主党组织的工作。1910 年出席哥本哈根国际
社会党代表大会。爱沙尼亚资产阶级专政时期是孟什维克党的领袖。
——153、154。

尤利——见科罗廖夫-巴特舍夫,伊万·格里戈里耶维奇。

尤什凯维奇,帕维尔·索洛蒙诺维奇(Юшкевич,Павел Соломонович 1873—
1945)——俄国社会民主党人,孟什维克;数学家。在哲学上是马赫主义

者,拥护实证论和实用主义;斯托雷平反动时期对马克思主义哲学进行修正,企图用马赫主义的一个变种——"经验符号论"代替马克思主义哲学。著有《从经验符号论观点看现代唯能论》一文(1908)及《唯物主义和批判实在论》(1908)、《新思潮》(1910)、《一种世界观与种种世界观》(1912)等书。十月革命后反对苏维埃政权,1917—1919年在乌克兰为孟什维克—社会革命党人的《联合》杂志和其他反布尔什维克的报刊撰稿,后脱离政治活动。——176、208。

约诺夫——见科伊根,费多尔·马尔科维奇。

约瑟芬——见沃罗夫斯基,瓦茨拉夫·瓦茨拉沃维奇。

约瑟夫——见捷尔任斯基,费利克斯·埃德蒙多维奇。

越飞,M.B.(Jofe,M.B.)——300。

# Z

扎哈罗夫,米哈伊尔·瓦西里耶维奇(Захаров, Михаил Васильевич 生于 1881 年)——俄国工人,布尔什维克,第三届国家杜马斯科省代表,布尔什维克合法报纸《明星报》撰稿人。1919 年是最高国民经济委员会国家建筑工程委员会调度局成员,1920 年是苏俄亚—恩巴工程的政治委员,1921 年 5 月起任最高国民经济委员会国家建筑工程总委员会会务委员。——227。

兹林琴科,基里尔·巴甫洛维奇(Злинченко, Кирилл Павлович 1870 — 1947)——俄国社会民主党人。1904 年加入敖德萨组织,持布尔什维克立场,参加了敖德萨的革命事件。1905 年底移居瑞士,参加瑞士社会主义工人党;是国际支援俄国失业工人委员会的组织者和秘书。十月革命后回国。1917 年加入俄国社会民主工党(布)。曾在人民委员会报刊局、罗斯塔社、革命博物馆和党史委员会工作。——188。

佐林娜,玛丽亚·米哈伊洛夫娜(Золина, Мария Михайловна 生于 1885 年)——1904 年参加俄国社会民主主义运动,曾在喀山、萨马拉、萨拉托夫和莫斯科做党的工作。1909 年是其丈夫尼·叶·维洛诺夫(当时住在意大利)与俄国社会民主工党莫斯科委员会和莫斯科郊区委员会就组织卡普里党校进行谈判的联系人;同年应高尔基的邀请去卡普里岛。维洛诺夫同波格丹诺夫分子决裂后,她与丈夫一起到了瑞士达沃斯。1910年维洛诺夫去世后,她回到俄国,在喀山工作。1912年被捕,获释后不再参加党的工作。——316—317。

佐梅尔——见柳比莫夫,阿列克谢·伊万诺维奇。

————

Н.И.——见费多罗娃-施特列梅尔,Н.И.。

# 文 献 索 引

［阿夫拉阿莫夫，А. И.］《［书评：］弗拉·伊林〈唯物主义和经验批判主义〉》（［Авраамов，А. И. Рецензия на книгу：］Вл. Ильин. Материализм и эмпириокритицизм. Критические заметки об одной реакционной философии. Ц. 2 р. 60 к.—«Возрождение», М., 1909, № 7-8, стр. 91—93, в отд.：Библиография. Подпись：А—ов）——237。

［Аксельрод, Л. И. Рецензия на книгу：］弗拉·伊林〈唯物主义和经验批判主义〉》（［Аксельрод，Л. И. Рецензия на книгу：］Вл. Ильин. Материализм и эмпириокритицизм. Критические заметки об одной реакционной философии. Издание «Звено». Москва. 1909 г. Стр. 438. Ц. 2 р. 60 к.— «Современный Мир», Спб., 1909, № 7, стр. 207—211, в отд.：Критика и библиография. Подпись：Ортодокс）——237。

阿克雪里罗得，帕·波·《不得不作的说明》（Аксельрод, П. Б. Вынужденное объяснение.—В кн.：Необходимое дополнение к «Дневникам» Г. В. Плеханова. Изд. ред. «Голоса Социал-Демократа». ［Paris, кооп. тип. «Союз», апрель 1910］, стлб. 16—21. (РСДРП)）——318—319。

巴扎罗夫，弗·亚·《反常的议会迷》（Базаров, В. А. Парламентский кретинизм наизнанку.—«Пролетарий», ［Выборг］, 1907, № 18, 29 октября, стр. 2—5）——178。

——《现代的神秘主义和实在论》（Мистицизм и реализм нашего времени.—В кн.：Очерки по философии марксизма. Философский сборник. Спб., «Зерно», 1908, стр. 3—71)——176。

倍倍尔，奥·《给弗·伊·列宁的信》（1905 年 1 月 21 日（2 月 3 日））（Бебель, А. Письмо В. И. Ленину. 21 января (3 февраля) 1905 г. Рукопись)—— 13、16、56。

别尔曼,雅·亚·《论辩证法》(Берман, Я. А. О диалектике. — В кн.: Очерки
　　по философии марксизма. Философский сборник. Спб., «Зерно», 1908, стр.
　　72—106)——176。

波格丹诺夫,亚·《恩斯特·马赫和革命》(Bogdanow, A. Ernst Mach und die
　　Revolution. — «Die Neue Zeit», Stuttgart, 1908, Jg. 26, Bd. 1, Nr. 20, 14.
　　Februar, S. 695—700)——177。

［波格丹诺夫,亚·］《党内状况》(［Богданов, А.］ Положение дел в партии. —
　　«Летучие Листки ЦК РСДРП», Спб., 1905, №1, ［10 июня］, стр. 3—12)
　　——80、87。

——《党组织的原则》(Основы партийной организации. — «Летучие Листки
　　ЦК РСДРП», Спб., 1905, №2, 24 июня, стр. 2—6)——93。

——《经验一元论》(第3卷)(Эмпириомонизм. Кн. III. Спб., 1906. XLVIII, 159
　　стр.)——175。

——《经验一元论》(哲学论文)(Эмпириомонизм. Статьи по философии. М.,
　　Дороватовский и Чарушников, 1904. 185 стр.)——172。

——《偶像之国和马克思主义哲学》(Страна идолов и философия марксизма.
　　— В кн.: Очерки по философии марксизма. Философский сборник. Спб.,
　　«Зерно», 1908, стр. 215—242)——176。

——《自然史观的基本要素》(Основные элементы исторического взгляда на
　　природу. Природа. — Жизнь. — Психика. — Общество. Спб., «Издатель»,
　　1899. 251 стр.)——172。

——《组织问题》(Организационный вопрос. — «Вперед», Женева, 1905, №13, 5
　　апреля (23 марта), стр. 2—3)——34。

波特列索夫,亚·尼·《关于对自由派的态度的决议案》——见《关于对自由
　　派的态度》(斯塔罗夫尔的)。

——《批判的提纲(论为什么微不足道的东西取胜了)》(Потресов, А. Н.
　　Критические наброски. О том, почему пустяки одолели. — «Наша Заря»,
　　Спб., 1910, №2, стр. 50—62)——314、318、319。

——《让孟什维克同志们去评判》(На суд тт. меньшевиков. — В кн.: Необходимое
　　дополнение к «Дневникам» Г. В. Плеханова. Изд. ред. «Голоса Социал-

Демократа». [Paris, кооп. тип. «Союз», апрель 1910], стлб. 21 — 26. (РСДРП). Подпись: А. Потресов-Старовер)——319。

——《我们的厄运(Ⅰ. 关 于 自 由 主 义 和 领 导 权)》(Наши злоключения. Ⅰ. О либерализме и гегемонии.—«Искра», [Женева], 1904, №78, 20 ноября, стр. 2 — 6. Подпись: Старовер)——4、5、6。

——《我们的厄运(Ⅱ.关于小组马克思主义和知识分子社会民主党)》(Наши злоключения. Ⅱ. О кружковом марксизме и об интеллигентской социал-демократии.—«Искра», [Женева], 1905, №107, 29 июля, стр. 2 — 5. Подпись: Старовер)——70、72。

迪布勒伊,路·《公社(1871)》——见饶勒斯,让·《普法战争(1870—1871)》。
迪布勒伊,路·〈公社(1871)〉》。

恩格斯,弗·《〈德国农民战争〉序言》(Энгельс, Ф. Предисловие к «Крестьянской войне в Германии». 1 июля 1874 г.)——108。

——《德国维护帝国宪法的运动》(Engels, F. Die deutsche Reichsverfassungskampagne.—In: Aus dem literarischen Nachlaß von K. Marx, F. Engels und F. Lassalle. Hrsg. von F. Mehring. Bd. Ⅲ. Gesammelte Schriften von K. Marx und F. Engels. Von Mai 1848 bis Oktober 1850. Stuttgart, Dietz, 1902, S. 289 — 383)——38。

——《反杜林论》(俄文版)(Анти-Дюринг. Переворот господином Евгением Дюрингом. 1876 — 1878 гг.)——170。

——《欧洲能否裁军?》(Kann Europa abrüsten? Separat-Abdruck aus dem «Vorwärts». [Nürnberg], Wörlein, 1893. 29 S.)——335。

高尔基,阿·马·《忏悔》(Горький, А. М. Исповедь)——159。

——《个性的毁灭》(Разрушение личности.—В кн.: Очерки философии коллективизма. Сборник первый. Спб., «Знание», 1909, стр. 351 — 403)——171、176—178。

——《给亨·显克微支的信》(1908 年 1 月 30 日)(Письмо Г. Сенкевичу. 30 января 1908 г.)——163。

——《论犬儒主义》(О цинизме.—В кн.: Литературный распад. Критический сборник. Спб., «Зерно», 1908, стр. 299—311)——163。

октября,стр.3—6)——237、238—239、249。

捷姆利亚奇卡,罗·萨·《给弗·伊·列宁的信》(1904 年 12 月 13 日)(Землячка, Р. С. Письмо В. И. Ленину. 13 декабря 1904 г. Рукопись)——1。

考茨基,卡·《俄国社会党人之间的意见分歧》(Kautsky, K. Die Differenzen unter den russischen Sozialisten.—«Die Neue Zeit», Stuttgart, 1905, Jg. 23, Bd. 2, Nr. 29, S. 68—79)——36—37。

——《俄国社会民主党的分裂》(Die Spaltung der russischen Sozialdemokratie.—«Leipziger Volkszeitung», 1905, Nr.135, 15. Juni, S. 2—3)——51。

——《现在怎么办?》(Was nun? —«Die Neue Zeit», Stuttgart, 1910, Jg. 28, Bd. 2, Nr. 28, S. 33—40; Nr. 29, S. 68—80)——340—341。

——《在巴登和卢森堡之间》(Zwischen Baden und Luxemburg.—«Die Neue Zeit», Stuttgart, 1910, Jg. 28, Bd. 2, Nr. 45, S. 652—667)——340—341。

[考茨基,卡·]《考茨基[给卡普里学校组织者]的信》(1909 年 8 月 20 日)([Каутский, К.] Письмо Каутского [к организаторам Каприйской школы]. 20 августа 1909 г.—В листовке: К вопросу о партийной школе. (Четыре документа). Изд. парт. школы. Б. м., [1909], стр. 1 — 2. (РСДРП))——255。

科兹洛夫斯基,Л.《法国工团主义概述》(Козловский, Л. Очерки синдикализма во Франции. М., «Свободная Мысль», 1906. 110 стр.)——140。

克拉西科夫,彼·阿·《给弗·伊·列宁的信》(1905 年 9 月 4 日)(Красиков, П. А. Письмо В. И. Ленину. 4 сентября 1905 г. Рукопись)——80。

克里切夫斯基,波·尼·《议会制的界限》(Кричевский, Б. Н. Границы парламентаризма.—«Образование», Спб., 1907, №8, стр. 1 — 26; №9, стр. 90—117)——140。

拉波波特,Х. Л.《国际和战争》(Раппопорт, Х. Л. Интернационал и война. (Третья комиссия).—«Социал-Демократ», [Париж], 1910, №17, 25 сентября (8 октября), стр. 6—7)——335。

拉狄克,卡·《殖民主义的掠夺与革命》(Радек, К. Колониальные грабежи и революция.—«Пролетарий», [Париж], 1909, №47-48, 5 (18) сентября, стр. 3—4)——231—232。

[拉狄克, 卡·]《关于哥本哈根的批评意见》([Radek, K.] Kritisches über Kopenhagen.—«Leipziger Volkszeitung», 1910, Nr. 214, 15. September, S. 1—2; Nr. 215, 16. September, S. 1—2)——335。

[莱特伊仁, 加·达·]《盖得派与俄国社会民主党人参加临时革命政府》([Лейтейзен, Г. Д.] Гедисты и участие русских социал-демократов во временном революционном правительстве.—«Пролетарий», Женева, 1905, №26, 25 (12) ноября, стр. 6. Подпись: Линдов)——129。

—《一点小小的更正!》(Маленькая поправка! (Письмо в редакцию).—«Вперед», Женева, 1905, №15, 21 (7) апреля, стр. 4. Подпись: Гедист)——36。

勒柏辛斯基, 潘·尼《给俄国社会民主工党发行委员会的信》(Лепешинский, П. Н. Письмо к коллегии экспедиции РСДРП. 28 августа 1905 г. Рукопись)——73—75。

利金, 马·《说明俄国社会民主党危机的材料》(Lydin, M. Material zur Erläuterung der Parteikrise in der Sozialdem. Arbeiterpartei Rußlands. Genf, Buchdr. «Iskra», 1904. 85 S. (Sozialdemokratische Arbeiterpartei Rußlands))——293。

列宁, 弗·伊·《抵制布里根杜马和起义》(Ленин, В. И. Бойкот булыгинской Думы и восстание.—«Пролетарий», Женева, 1905, №12, 16 (3) августа, стр. 1)——78、84。

—《第三届杜马关于土地问题的讨论》(Аграрные прения в III Думе.—«Пролетарий», Женева, 1908, №40, 1 (14) декабря, стр. 3—5. Подпись: Н. Л.)——283。

—《公民列宁对记者发表的谈话》(Lenin, W. I. Une interview du citoyen Lénine.—La tactique suivie pendant la campagne électorale.—Majoritaires et minoritaires. (Par lettre de notre correspondant particulier).—«L'Humanité», Paris, 1907, N 1082, 4 avril, p. 2. Под общ. загл.: En Russie. Dans le partisocial-démocrate)——133—134。

—《内政评论》(Внутреннее обозрение.—«Заря», Stuttgart, 1901, №2-3,

РСДРП в Международном социалистическом бюро. — «Пролетарий», Женева, 1905, № 20, 10 октября (27 сентября), стр. 8, в отд.: Из партии. Подпись: Н. Ленин) —— 102 — 103。

— 《俄国社会民主工党在选举运动时期的策略》—— 见列宁，弗·伊·《公民列宁对记者发表的谈话》。

— 《俄国资本主义的发展》(1899 年版) (Развитие капитализма в России. Процесс образования внутреннего рынка для крупной промышленности. Спб., Водовозова, 1899. IX, IV, 480 стр.; 2 л. диагр.; VIII стр. табл. Перед загл. авт.: Владимир Ильин) —— 283。

— 《俄国资本主义的发展》(1908 年第 2 版) (Развитие капитализма в России. Процесс образования внутреннего рынка для крупной промышленности. Изд. 2-е, доп. Спб., «Паллада», 1908. VIII, VIII, 489 стр. Перед загл. авт.: Владимир Ильин) —— 284。

— 《[〈俄国资本主义的发展〉一书]第二版序言》(Предисловие ко второму изданию [книги «Развитие капитализма в России»]. — В кн.: Ленин, В. И. Развитие капитализма в России. Процесс образования внутреннего рынка для крупной промышленности. Изд. 2-е, доп. Спб., «Паллада», 1908, стр. V—VIII. Перед загл. кн. авт.: Владимир Ильин. Подпись: Автор) —— 284。

— 《反党的取消派的〈呼声报〉(答《社会党人呼声报》)》(传单) («Голос» ликвидаторов против партии. (Ответ «Голосу Социал-Демократа»). Листовка. Отд. оттиск из № 12 «Социал-Демократа», ЦО РСДРП. [Париж, 23 марта (5 апреля) 1910 г.]. 2 стр. (РСДРП)) —— 302、306、319。

— 《反党的取消派的〈呼声报〉(答《社会党人呼声报》)》(载于 1910 年《社会民主党人报》第 12 号) («Голос» ликвидаторов против партии. (Ответ «Голосу Соц.-Демократа»). — «Социал-Демократ», [Париж], 1910, № 12, 23 марта (5 апреля), стр. 5 — 6) —— 306、318 — 319、361、363。

— 《给弗·德·邦契-布鲁耶维奇的证明书》(1905 年 7 月 31 日) (Удостоверение В. Д. Бонч-Бруевичу. 31 июля 1905 г.) —— 61。

—《给格罗伊利希的信》(1905 年 2 月 3 日)》(Письмо к Грейлиху. 3 февраля 1905 г.)——13。

—《〈工人阶级和革命〉小册子的两个提纲》》(Планы брошюры «Рабочий класс и революция». Август 1905 г.)——70。

—《工人民主派和资产阶级民主派》》(Рабочая и буржуазная демократия.— «Вперед», Женева, 1905, №3, 24 (11) января, стр. 1)——4。

—《关于成立组织委员会和召开俄国社会民主工党第三次(例行)代表大会的通知(12 月 11 日(24 日)以后)》》(Извещение об образовании Организационного Комитета и о созыве III очередного съезда Российской социал-демократической рабочей партии. Декабрь, позднее 11 (24), 1904 г.)——9—10。

—《关于党的统一问题》》(К вопросу о партийном объединении. [Приписка от редакции «Пролетария» к протоколу 3-го совещания представителей ЦК и ОК в сентябре 1905 г.].—«Пролетарий», Женева, 1905, №20, 10 октября (27 сентября), стр. 4)——127—128。

—《关于俄国社会民主工党第三次代表大会的通知》》(Извещение о III съезде Российской социал-демократической рабочей партии.—В кн.: Извещение о III съезде Российской социал-демократической рабочей партии. С прилож. устава партии и главнейших резолюций, принятых III съездом. Изд. ЦК РСДРП. Женева, кооп. тип., 1905, стр. 3—6. (РСДРП). Подпись: Центральный Комитет РСДРП)——40、49、52。

—《关于巩固党和党的统一的决议草案》》(Проект резолюции об укреплении партии и ее единства. 21 октября (3 ноября) 1909 г.)——270、357。

—《关于加伊瓦斯的一封信》》(Листок о Гайвасе.—В листовке: ЗБЦК доводит до сведения всех заграничных групп следующее письмо, полученное им от представителя РСДРП в Межд. соц. бюро т. ленина. [Париж], 18 марта 1910, стр. 1. (РСДРП))——300—301。

—《关于〈论迫切问题〉一文》——见[列宁, 弗·伊·]《〈无产者报〉编辑部的话》。

—《关于在国外某地创办的党校》》(О партийной школе, устраиваемой за

границей в NN. [Резолюция Совещания расширенной редакции «Пролетария»]. — «Пролетарий», [Париж], 1909, №46. Приложение к №46 газеты «Пролетарий», 16 (3) июля, стр. 7) —— 229、240。

—[《关于召开党的第三次代表大会》](编辑部的话)([О созыве III партийного съезда]. От редакции. — «Вперед», Женева, 1905, №8, 28 (15) февраля, стр. 1) —— 17、21。

—《关于中央机关与党决裂的声明和文件》(Заявление и документы о разрыве центральных учреждений с партией. №13. Изд-во «Вперед». Женева, кооп. тип., 1905. 13 стр. (РСДРП). Перед загл. авт.: Н. Ленин) —— 11。

—《进一步, 退两步(尼·列宁给罗莎·卢森堡的答复)》(Шаг вперед, два шага назад. Ответ Н. Ленина Розе Люксембург. Позднее 2 (15) сентября 1904 г.) —— 57。

—《进一步, 退两步(我们党内的危机)》(Шаг вперед, два шага назад. (Кризис в нашей партии). Женева, тип. партии, 1904. VIII, 172 стр. (РСДРП). Перед загл. авт.: Н. Ленин) —— 172。

—《论俄国罢工统计》(О статистике стачек в России. — «Мысль», М., 1910, №1, декабрь, стр. 12—23; 1911, №2, январь, стр. 19—29) —— 338。

—《论"前进派分子"的派别组织》(О фракции «впередовцев». — «Социал-Демократ», [Париж], 1910, №15-16, 12 сентября (30 августа), стр. 9—10) —— 327。

—《论统一》(К единству. — «Социал-Демократ», [Париж], 1910, №11, 26 (13) февраля, стр. 2—3) —— 318。

—《论拥护召回主义和造神说的派别》(О фракции сторонников отзовизма и богостроительства. — «Пролетарий», [Париж], 1909, №47-48. Приложение к №47-48 газеты «Пролетарий», 11 (24) сентября, стр. 1—10) —— 231、239、250、252。

—《马克思主义和修正主义》(Марксизм и ревизионизм. — В кн.: Карл Маркс (1818—1883). К двадцатипятилетию со дня его смерти (1883—1908). Спб., [Кедровы], 1908, стр. 210—217. На обл. загл.: Памяти

Карла Маркса. Подпись: Вл. Ильин)——192。

——《农村需要什么（告贫苦农民）》(Нужды деревни. (К деревенской бедноте). Спб., «Молот», 1905. 63 стр. Перед загл. авт.: Н. Ленин)——112。

——《取消取消主义》(Ликвидация ликвидаторства.——«Пролетарий», [Париж], 1909, №46, 11 (24) июля, стр. 1—2)——229、339。

——《"沙皇与人民和人民与沙皇的一致"》(«Единение царя с народом и народа с царем».——«Пролетарий», Женева, 1905, №14, 29 (16) августа, стр. 1)——71。

——《社会民主党在俄国革命中的土地纲领》([Lenin, W. I. Program rolny Socjaldemokracji w rewolucji rosyiskiej. (Autoreferat).——«Przegląd Socjaldemokratyczny», Kraków, 1908, N 6, sierpień, s. 516 — 532. После загл. авт.: N. Lenin)——286。

——《社会民主党在民主革命中的两种策略》(Две тактики социал-демократии в демократической революции. Изд. ЦК РСДРП. Женева, тип. партии, 1905. VIII, 108 стр. (РСДРП). Перед загл. авт.: Н. Ленин)——52、62、90。

——《十二年来》文集（第 1 卷）(За 12 лет. Собрание статей. Т. 1. Два направления в русском марксизме и русской социал-демократии. Спб., тип. Безобразова, [1907]. XII, 471 стр. Перед загл. авт.: Вл. Ильин. На тит. л. год изд.: 1908)——141、146、147。

——《是结束的时候了》(Пора кончить.——«Вперед», Женева, 1905, №1, 4 января (22 декабря), стр. 4, в отд.: Из партии)——9。

——《他们想骗谁?》(Кого они хотят обмануть?——«Вперед», Женева, 1905, №10, 15 (2) марта, стр. 6, в отд.: Из партии)——27。

——《谈谈彼得堡的选举（短评）》(К выборам в Петербурге. (Заметка).——«Пролетарий», [Париж], 1909, №47-48, 5 (18) сентября, стр. 2 — 3)——231、237、239。

——《谈谈对俄国革命的估计》(载于 1908 年〈社会民主党评论〉杂志第 2 期) (Przyczynek do oceny rewolucji rosyjskiej.——«Przegląd Socjaldemokraty-czny», Kraków, 1908, N 2, kwiecień, s. 102 — 111. После загл. авт.: N.

Lenin)——184。

——《谈谈对俄国革命的估计》(载于 1908 年 5 月 10 日 (23 日)《无产者报》第 30 号)(К оценке русской революции.—«Пролетарий», Женева, 1908, No30, (23) 10 мая, стр. 3—6)——184。

——《唯物主义和经验批判主义》(Материализм и эмпириокритицизм. Критические заметки об одной реакционной философии. М., «Звено», [май] 1909. III, 438 стр. Перед загл. авт.: Вл. Ильин)——186、199、222、224。

——《沃伊诺夫 (阿·瓦·卢那察尔斯基) 论党同工会的关系一书的序言》(Предисловие к брошюре Воинова (А. В. Луначарского) об отношении партии к профессиональным союзам. Ноябрь 1907 г.)——139。

——《〈无产者报〉编辑部的话》(От редакции «Пролетария». [По поводу статьи «К очередным вопросам»].—«Пролетарий», Париж, 1909, No42, 12 (25) февраля, стр. 3—4)——213。

——《[〈无产者报〉编辑部的] 声明》(Заявление [редакции «Пролетария»].—«Пролетарий», [Женева], 1908, No21, 26 (13) февраля, стр. 8)——176。

——《无产者的漂亮示威和某些知识分子的拙劣议论》(О хороших демонстрациях пролетариев и плохих рассуждениях некоторых интеллигентов.—«Вперед», Женева, 1905, No1, 4 января (22 декабря), стр. 2—3)——3。

——《新土地政策》(Новая аграрная политика.—«Пролетарий», Женева, 1908, No22, 3 марта (19 февраля), стр. 1)——283。

——《怎么办?》(Что делать? Наболевшие вопросы нашего движения. Stuttgart, Dietz, 1902. VII, 144 стр. После загл. авт.: Н. Ленин)——108。

——《政论家札记》(Заметки публициста. I. О «платформе» сторонников и защитников отзовизма.—«Дискуссионный Листок», [Париж], 1910, No1, 6 (19) марта, стр. 1—3. Подпись: Н. Ленин)——312—313。

——《致阿·马·高尔基》(1908 年 1 月 9 日)(Письмо А. М. Горькому. 9 января 1908 г.)——147。

——《致阿·马·高尔基》(1908 年 2 月 2 日)(Письмо А. М. Горькому. 2

——《致尤·约·马尔赫列夫斯基》(1910 年 10 月 7 日)(Письмо Ю. Ю. Мархлевскому. 7 октября 1910 г.)——342。

——《自然发生论》(Теория самопроизвольного зарождения. —«Пролетарий», Женева, 1905, №16, 14 (1) сентября, стр. 4)——78。

龙格, 让·《布鲁塞尔国际》(Longuet, J. L'Internationale à Bruxelles. —«L' Humanité», Paris, 1908, N 1639, 13 octobre, p. 2)——205。

卢那察尔斯基, 阿·瓦·《彼得堡的工人是怎样向沙皇请愿的》 (Луначарский, А. В. Как петербургские рабочие к царю ходили. №16. Изд-во «Вперед». Женева, кооп. тип., 1905. 23 стр. Перед загл. авт.: В. Воинов. Загл. на русск. и нем. яз.)——62。

——《欧洲无产阶级革命斗争史纲要》(Очерки из истории революционной борьбы европейского пролетариата. Женева, тип. партии, 1905. 2, 38 стр. (РСДРП). Загл. на русск. и нем. яз.)——62。

——《无神论》(Атеизм. —В кн.: Очерки по философии марксизма. Философский сборник. Спб., «Зерно», 1908, стр. 107—161)——176。

——《西欧无产阶级革命斗争史纲要》(Очерки по истории революционной борьбы западноевропейского пролетариата. Февральская революция и ее последствия. —«Пролетарий», Женева, 1905, №20, 10 октября (27 сентября), стр. 2—3)——62、72—73。

——《议会及其意义》(Парламент и его значение. —«Пролетарий», Женева, 1905, №25, 16 (3) ноября, стр. 1—2)——104—105。

——《意大利工人党内的危机》(Кризис в итальянской рабочей партии. —«Пролетарий», Genève, 1908, №23, (11 мар.) 27 февраля, стр. 7—8, в отд.: Иностранная жизнь. Подпись: Воинов)——168、171、179。

卢森堡, 罗·《俄国社会民主党的组织问题》(载于《新时代》杂志第 22 年卷 (1904)第 2 册第 42 期)(Luxemburg, R. Organisationsfragen der russischen Sozialdemokratie. —«Die Neue Zeit», Stuttgart, 1904, Jg. XXII, Bd. II, Nr. 42, S. 484—492; Nr. 43, S. 529—535)——57。

——《俄国社会民主党的组织问题》(载于 1904 年 7 月 10 日《火星报》第 69 号)(Люксембург, Р. Организационные вопросы русской социал-

демократии.—«Искра», ［Женева］, 1904, №69, 10 июля, стр. 2 — 7）
——57。

—《革命醉后昏》（Революционное похмелье.—«Пролетарий»，Париж，
1909，№44，8（21）апреля，стр.3—6）——225。

—《理论和实践》(Die Theorie und die Praxis.—«Die Neue Zeit»，Stuttgart，
1910，Jg.28，Bd.2，Nr.43，S.564 — 578; Nr.44，S.626 — 642）—— 304、
340、341。

—《是表示疲劳还是起来战斗?》（Ermattung oder Kampf? —«Die Neue
Zeit»，Stuttgart，1910，Jg. 28，Bd. 2，Nr. 35，S. 257 — 266）—— 304、
340、341。

［卢森堡，罗·等《关于选举问题的决议草案(提交德国社会民主党马格德堡
代表大会的)》］（［Luxemburg, R. u. andere. Der Resolutionsentwurf zur
Wahlrechtsfrage，eingebracht auf dem Parteitag der Sozialdemokratischen
Partei Deutschlands in Magdeburg］.—In: Protokoll über die Verhandlun-
gen des Parteitages der Sozialdemokratischen Partei Deutschlands. Abge-
halten in Magdeburg vom 18. bis 24. September 1910. Berlin, Buchh.
«Vorwärts»，1910，S.181—182）——341—342。

罗特施坦，特·《独立工党的党内危机》（Rothstein, Th. Die Parteikrise der In-
dependent Labour Party.—«Die Neue Zeit»，Stuttgart，1909，Jg.27，Bd.2，
Nr.33，14.Mai，S.193—202）——225。

马尔丁诺夫，亚·《反革命杜马中的土地问题》（Мартынов, А. Аграрный
вопрос в контрреволюционной Думе.—« Голос Социал-Демократа »，
［Женева］，1908，№10-11，ноябрь—декабрь，стр.5—14）——283。

—《两种专政》(«Две диктатуры»）——20。

—《寻找原则性》（В поисках за принципиальностью.（См. Г. В. Плеханов.
«Комедия ошибок». «Дневник Соц.-Дем.». Февраль, №10）.—В кн.:
Необходимое дополнение к « Дневникам » Г. В. Плеханова. Изд. ред.
«Голоса Социал-Демократа». ［Paris, кооп. тип. «Союз», апрель 1910］,
стлб.1—8.（РСДРП））——308、318—319。

［马尔赫列夫斯基，尤·］《误解》（［Marchlewski, J.］ Ein Mißverständnis.—

《Die Neue Zeit》，Stuttgart，1910，Jg. 29，Bd. 1，Nr. 4，28. Oktober，S. 100 —
107. Подпись：J. Karski)——337—338、342。

马尔托夫，尔·《大委屈的小原因》(Мартов，Л. Маленькие причины великой
обиды.——В кн.：Необходимое дополнение к «Дневникам» Г. В. Плеханова.
Изд. ред. «Голоса Социал-Демократа». [Paris，кооп. тип. «Союз»，апрель
1910]，стлб. 8—16. (РСДРП))——318。

——《当务之急》(На очереди. По поводу революционной рецентуры.——
«Искра»，[Женева]，1905，№107，29 июля，стр. 3—5. Подпись：Л. М.)
——70、72。

——《俄国无产阶级和杜马》(Martoff，L. Das russische Proletariat und die
Duma.——«Arbeiter-Zeitung»，Wien，1905，Nr. 233，24. August，S. 1—2)
——79。

——《普鲁士的争论和俄国的经验》(Die preußische Diskussion und die rus-
sische Erfahrung.——«Die Neue Zeit»，Stuttgart，1910，Jg. 28，Bd. 2，Nr. 51，
S. 907—919)——336、338—341、342。

——《声明》(Erklärung.——«Berner Tagwacht»，1908，Nr. 24，30. Januar，S. 2)
——157、158—159。

——《是党代表大会还是小团体的代表大会?》》(Партийный съезд или съезд
кружков?——«Искра»，[Женева]，1905，№94，25 марта，стр. 2—3.
Подпись：Л. М.)——36。

——《在正确的道路上》(На верном пути.——«Голос Социал-Демократа»，
[Париж]，1910，№19—20，январь—февраль，стр. 19—20)——318、362。

马克思，卡·《给路·库格曼的信》(1871 年 4 月 12 日)(Маркс，К. Письмо Л.
Кугельману. 12 апреля 1871 г.)——179。

——《给路·库格曼的信》(1871 年 4 月 17 日)(Письмо Л. Кугельману. 17
апреля 1871 г.)——179。

——《国际工人协会成立宣言(协会于 1864 年 9 月 28 日在伦敦朗-爱克街圣
马丁堂举行的公开大会上成立)》》(Учредительный манифест Между-
народного Товарищества Рабочих，основанного 28 сентября 1864 г. на
публичном собрании，состоявшемся в Сент-Мартинс-холле，Лонг-Эйкр，в

Лондоне. 21—27 октября 1864 г.) ——335。

—《剩余价值理论》(德文版第 1 卷)(Marx, K. Theorien über den Mehrwert. Aus dem nachgelassenen Manuskript «Zur Kritik der politischen Ökonomie». Hrsg. von K. Kautsky. Bd. I. Die Anfänge der Theorie vom Mehrwert bis Adam Smith. Stuttgart, Dietz, 1905. XX, 430 S.) ——141、159。

—《剩余价值理论》(德文版第 2 卷第 1 册)(Theorien über den Mehrwert. Aus dem nachgelassenen Manuskript «Zur Kritik der politischen Ökonomie». Hrsg. von K. Kautsky. Bd. II. David Ricardo. T. 1. Stuttgart. Dietz, 1905. XII, 344 S.) ——141、159。

—《剩余价值理论》(德文版第 2 卷第 2 册)(Theorien über den Mehrwert. Aus dem nachgelassenen Manuskript «Zur Kritik der politischen Ökonomie». Hrsg. von K. Kautsky. Bd. II. David Ricardo. T. 2. Stuttgart, Dietz, 1905. IV, 384 S.) ——141、159。

—《剩余价值理论》(《资本论》第 4 卷)(Теории прибавочной стоимости (IV том «Капитала»). Январь 1862 г.—июль 1863 г.) ——141、286。

—《1848 年至 1850 年的法兰西阶级斗争》(Классовая борьба во Франции с 1848 по 1850 г. Январь—1 ноября 1850 г.) ——106。

马克思, 卡·和恩格斯, 弗·《共产党宣言》(Маркс, К. и Энгельс, Ф. Манифест Коммунистической партии. Декабрь 1847 г.—январь 1848 г.) ——34。

马斯洛夫, 彼·巴·《19 世纪国民经济的发展及其对阶级斗争的影响》(Маслов, П. П. Развитие народного хозяйства и влияние его на борьбу классов в XIX веке. — В кн.: Общественное движение в России в начале XX-го века. Под ред. Л. Мартова, П. Маслова и А. Потресова. Т. I. Предвестники и основные причины движения. Спб., тип. «Общественная Польза», 1909, стр. 643—662, в отд.: Итоги) ——285。

麦克唐纳, 拉·《给弗·伊·列宁的信》(1905 年 2 月 24 日)(Макдональд, Р. Письмо В. И. Ленину. 24 февраля 1905 г. Рукопись) ——18、28—29。

普列汉诺夫, 格·瓦·《必要的更正》(Плеханов, Г. В. Необходимая поправка. — «Дневник Социал-Демократа», [Женева], 1909, №9, август, стр. 19—20) ——278、341。

——《不该这么办》(Чего не делать.——«Искра», [Женева], 1903, №52, 7 ноября, стр. 1—2)——54。

——《对工团主义的理论和实践的批判》(Критика теории и практики синдикализма.——«Современный Мир», Спб., 1907, №11, стр. 20—52; №12, стр. 29—58)——147。

——《[弗·恩格斯〈路德维希·费尔巴哈〉一书]第二版译者序言》(Предисловие переводчика ко второму изданию [книги Ф. Энгельса «Людвиг Фейербах»].——В кн.: Энгельс, Ф. Людвиг Фейербах. Пер. с нем. Г. Плеханова. С двумя прилож., с новыми объяснительными примеч. и с новым предисл. переводчика. Женева, 1905, стр. VII—XXXII. ( Б-ка научного социализма. Изд. 2-е, серия I. Вып. I))——62、63。

——[《给社会党国际局的信》(1905 年 6 月 3 日 (16 日))]([Письмо в Международное социалистическое бюро. 3 (16) июня 1905 г.]. Рукопись) ——53、54、55、58。

——《机会主义、分裂还是为争取在党内的影响而斗争?》(Оппортунизм, раскол или борьба за влияние в партии? ——«Дневник Социал-Демократа», [Женева], 1909, №9, август, стр. 2—16)——279、296。

——《论"彻底划清界限"的好处》(Нечто о выгодах «генерального межевания».——«Дневник Социал-Демократа», [Женева], 1909, №9, август, стр. 16—19)——279。

——《谈几件小事,特别是谈谈波特列索夫先生》(О пустяках, особенно о г. Потресове.——«Социал-Демократ», [Париж], 1910, №13, 26 апреля (9 мая), стр. 3—6)——319。

——《我党中央委员会最近一次全体会议》(Последнее пленарное собрание нашего Центрального Комитета.——« Дневник Социал-Демократа », [Женева], 1910, №11, март, стр. 1—20)——306、308、314。

——《相仇的兄弟》(Враждующие между собою братья.——«Дневник Социал-Демократа», Женева, 1905, №2, август, стр. 37—49)——125。

——《与友人通信选录》(给《无产者报》编辑部的信)(Выбранные места из переписки с друзьями. (Письмо в редакцию газеты «Пролетарий»).——

«Дневник Социал-Демократа», Женева, 1905, №2, август, стр. 10 — 37)
——70、92。

—[《致〈火星报〉编辑部》(1905 年 5 月 16 日(29 日))](载于 1905 年 6 月 1
日《火星报》第 101 号)([В редакцию «Искры». 16 (29) мая 1905г.].—
«Искра», [Женева], 1905, №101, 1 июня, стр. 8, в отд.: Из партии)——
45、51、54 — 55。

[切列万宁, 安·]《无产阶级和俄国革命》([Tscherewanin, A.] Das Prole-
tariat und die russische Revolution. Mit einer Vorrede von H. Roland-
Holst und einem Anhang vom Übersetzer S. Lewitin. Stuttgart, Dietz,
1908. XVI, 170 S.)——293、338。

切列万宁, 涅·《当前的形势和未来的展望(土地问题和斗争中的政党解决这
个问题的办法。第三届杜马、它出现的原因和它的前途)》(Череванин,
Н. Современное положение и возможное будущее. Аграрная проблема и ее
решение борющимися партиями. 3-я Дума, причины ее появления и ее
будущее. М., тип. «Русский Труд», 1908. VII, 248 стр.)——287。

[饶尔丹尼亚, 诺·尼·]《"布尔什维主义"还是"孟什维主义"?》
([Жордания, Н. Н.] «Большинство» или «меньшинство»? Перевод с
груз. (из №№1, 2 и 3 «Социал-Демократа»). С прилож. статьи К. Ц.
«Съезд» и конференция. С предисл. и примеч. Ф. Дана. Изд. «Искры».
Женева, тип. партии, 1905. 36 стр. (РСДРП))——69、72。

—《关于〈高加索来信〉》(По поводу «Письма с Кавказа».—
«Дискуссионный Листок», [Париж], 1910, №2, 25 мая (7 июня), стр.
28—30. Подпись: Ан. На газ. дата: 24/7 июня)——360。

饶勒斯, 让·《普法战争(1870 — 1871)。迪布勒伊, 路·〈公社(1871)〉》
(Jaurès, J. La Guerre Franco-Allemande (1870 — 1871). Dubreuil, L. La
Commune (1871). Paris, Rouff, [1908]. 497, [4] p. (Histoire Socialiste
(1789—1900) sous la direction de J. Jaurès. T. XI))——179。

萨尔蒂科夫-谢德林, 米·叶·《五光十色的书信》(Салтыков-Щедрин, М. Е.
Пестрые письма)——90。

[斯大林, 约·维·]《高加索来信》([Сталин, И. В.] Письмо с Кавказа.—

《Дискуссионный Листок》，［Париж］，1910，№2，25 мая（7 июня），стр. 26—28.Подпись：К.Ст.На газ.дата:24/7 июня)——360。

斯托雷平，亚·阿·《虚伪的决定》(Столыпин, А. А. Ложное решение.—《Новое Время》,Спб.,1907,№11068,4（17）января,стр.3)——134。

苏沃洛夫，谢·亚·《社会哲学的基础》(Суворов,С.А.Основания социальной философии.—В кн.：Очерки по философии марксизма. Философский сборник.Спб.,《Зерно》,1908,стр.291—328)——175—176。

唐恩，唐·《声明》(Dahn, Th. Erklärung.—《Vorwärts》,Berlin,1908,Nr.151, 1.Juli,S.3,в отд.：Aus der Partei)——293。

托洛茨基，列·《俄国社会民主党》(Trotzky, L. Die russische Sozialdemo-kratie.（Von unserem russischen Korrespondenten).—《Vorwärts》, Berlin,1910,Nr.201,28.August,S.4)——368—369。

——《俄国社会民主党发展的趋势》(Die Entwicklungstendenzen der russischen Sozialdemokratie.—《Die Neue Zeit»,Stuttgart,1910,Jg. 28, Bd.2,Nr.50,S.860—871)——336、338、342。

——《革命中的俄国》(Rußland in der Revolution. Dresden, Raden,［1910］. VIII,359 S.)——293。

——《内外交困》(Троцкий, Л. Д. Затруднения внешние и внутренние.— 《Социал-Демократ»,［Париж］,1909,№7-8,8（21）августа,стр.3—6. Подпись：Н.Троцкий)——231。

——《走向党的道路》(На партийную дорогу.—《Правда»,［Вена］,1910, №10,12（25）февраля,стр.1)——302。

维吉尔《埃涅阿斯纪》(Вергилий.Энеида)——23。

沃尔斯基，斯·《斗争哲学》(建立马克思主义伦理学的尝试)(Вольский,С. Философия борьбы.（Опыт построения этики марксизма).М.,《Слово», 1909.V—VI, 311 стр. Перед загл. авт.：Станислав А. Вольский)—— 220、243。

希法亭，鲁·《议会主义和群众性罢工》(Hilferding,R.Parlamentarismus und Massenstreik.—《Die Neue Zeit»,Stuttgart,1905,Jg.23,Bd.2,Nr.51,S. 804—816)——105。

席勒,弗·《华伦斯坦》(Шиллер,Ф.Валленштейн)——366。

叶泽尔斯基,Ф.《法国工人的罢工》(Езерский,Ф.Стачка французских рабочих.——
«Образование»,Спб.,1907,№1,стр. 100 — 127. Под общ. загл.: На
Западе.(Из Франции))——140。

尤什凯维奇,帕·索·《从经验符号论观点看现代唯能论》(Юшкевич,П.С.
Современная энергетика с точки зрения эмпириосимволизма.—В кн.:
Очерки по философии марксизма. Философский сборник. Спб., «Зерно»,
1908,стр.162—214)——176。

*　　　*　　　*

《奥廖尔-布良斯克委员会的决议》(Резолюция Орловско- Брянского комитета.——
«Искра»,[Женева],1905,№106,18 июля, стр. 7, в отд.: Из партии)
——67。

《崩得呼声报》(«Голос Бунда», б. м. 1909, №2,сентябрь. 26 стр. На евр. яз.)
——239。

《编辑部的话》[关于《公开信》一文](От редакции.[К статье: «Открытое
письмо»].—« Голос Социал-Демократа », [Париж], 1910, №19-20,
январь—февраль,стр.24)——361。

《编辑部的话》(载于《前进报》1905 年第 8 号)(От редакции.—«Вперед»,
Женева,1905,№8,28 (15) февраля,стр.4,в отд.: Из партии)——22。

《伯尔尼哨兵报》(«Berner Tagwacht»)——157、159。
　　—1908, Nr.24,30. Januar,S.2.—157、158—159。
　　—1908, Nr.29,5.Februar,S.2.—159。

《不该结束吗?》(Не пора ли покончить? —«Голос Социал-Демократа»,[Женева],
1908,№1-2,февраль,стр.24—26)——184。

《布鲁塞尔国际社会党代表大会》(Internationale sozialistische Konferenz zu
Brüssel.—«Vorwärts», Berlin, 1908, Nr. 242, 15. Oktober. 1. Beilage des
«Vorwärts»,S.1—2)——204—205。

《长虹》杂志(日内瓦)(«Радуга»,Женева)——136、137。

《出版〈社会民主党人呼声报〉(月刊)的预告》——见《定期机关报〈社会民主

党人呼声报〉出版通告》。

《党的工作者的来信》（Письмо партийного работника.—«Рабочее Знамя»,
　　[М.], 1908, №7, декабрь, стр. 4—6）——243。

《党内状况》［1910 年 1 月俄国社会民主工党中央全会通过的决议］
　　（Положение дел в партии.［Резолюция, принятая на пленуме ЦК
　　РСДРП в январе 1910 г.].—«Социал-Демократ», [Париж], 1910,
　　№11, 26（13）февраля, стр. 10, в отд.: Из партии）——296、297、
　　305、360。

《党章［俄国社会民主工党第三次代表大会通过]》（Устав партии,［принятый
　　на III съезде РСДРП].—В кн.: Извещение о III съезде Российской
　　социал-демократической рабочей партии. С прилож. устава партии и
　　главнейших резолюций, принятых III съездом. Изд. ЦК РСДРП. Женева,
　　кооп. тип., 1905, стр. 17—18.（РСДРП））——66、68、70、71、74、75、82、
　　86、89—90、253、257、258。

《第三届国家杜马》（Третья Государственная дума. Сессия 3-я. Фракция
　　народной свободы в период 10 октября 1909 года— 5 июня 1910 года.
　　Отчет и речи депутатов. Спб., 1910. 90, 182 стр.）——324。

《［第一次全国党的工作者］代表会议通过的决议》（Резолюции, принятые [1-
　　ой общерусской] конференцией [партийных работников].—В кн.:
　　Первая общерусская конференция партийных работников. Отдельное
　　приложение к №100 «Искры». Женева, тип. партии, 1905, стр. 15—30.
　　（РСДРП））——42—43、52、55。

《定期机关报〈社会民主党人呼声报〉出版通告》（Объявление об издании
　　периодического органа «Голос Социал-Демократа». Листовка. Genève,
　　[1908]. 1 стр. Подпись: П. Аксельрод, Ф. Дан, Л. Мартов, А. Мартынов, Г.
　　Плеханов）——169。

《斗争》杂志（维也纳）（«Der Kampf», Wien）——293。

《对格·瓦·普列汉诺夫〈日志〉的必要补充》（Необходимое дополнение к
　　«Дневникам» Г. В. Плеханова. Изд. ред. «Голоса Социал-Демократа».
　　[Paris, кооп. тип. «Союз», апрель 1910]. 32 стлб. (РСДРП））—— 308、

318—319、320。

《多数派委员会常务局关于召开俄国社会民主工党第三次代表大会的通知》——见《同志们。革命开始了》(传单)(1905年1月21日)。

《俄国社会民主党组织代表会议》(Конференция социал-демократических организаций в России. Резолюция о Государственной думе.— «Пролетарий», Женева, 1905, No 22, 24 (11) октября, стр. 1.)——99。

《俄国社会民主工党教德萨委员会关于工会斗争的决议》(Резолюция Одесского комитета РСДРП о профессиональной борьбе. Рукопись)—— 107—111。

《俄国社会民主工党第三次代表大会[公报]。通知和主要决议》([Communiqué sur le] Troisième congrès du Parti ouvrier socialdémocrate de Russie. Compte rendu et principales résolutions.—«Le Socialiste», Paris, 1905, N 8, 25 juin — 2 juillet. Supplément à N 8 «Le Socialiste», p. 5 — 6) ——54。

《[俄国社会民主工党第三次代表大会]关于宣传和鼓动的决议》(Резолюция [III съезда РСДРП] о пропаганде и агитации.—В кн.: Извещение о III съезде Российской социал-демократической рабочей партии. С прилож. устава партии и главнейших резолюций, принятых III съездом. Изд. ЦК РСДРП. Женева, кооп. тип., 1905, стр. 15 — 16. (РСДРП). Под общ. загл.: Главнейшие резолюции)——93。

《[俄国社会民主工党第三次代表大会]主要决议》(Главнейшие резолюции [III съезда РСДРП].—«Пролетарий», Женева, 1905, No 1, 27 (14) мая, стр. 1 — 3)——42、52、54、56 — 57、58、66、84、126。

《俄国社会民主工党第三次(例行)代表大会(记录全文)》(Третий очередной съезд Росс. соц.-дем. рабочей партии. Полный текст протоколов. Изд. ЦК. Женева, тип. партии, 1905. XXIX, 401 стр. (РСДРП))——62、67、125。

《俄国社会民主党对自由派的态度》(Отношение Росс. соц.-дем. рабочей партии к либералам.—«Вперед», Женева, 1905, No 10, 15 (2) марта, стр. 1 — 2. Подпись: Бюро Комитетов Большинства)——20。

《俄国社会民主工党发行委员会给日内瓦小组书记的信》(Письмо секретарю

женевской группы от коллегии экспедиции РСДРП. 29 августа 1905 г. Рукопись)——73—75。

《俄国社会民主工党纲领（党的第二次代表大会通过）》（Программа Российской соц.-дем. рабочей партии, принятая на Втором съезде партии.—В кн.: Второй очередной съезд Росс. соц.-дем. рабочей партии. Полный текст протоколов. Изд. ЦК. Genève, тип. партии, [1904], стр. 1—6. (РСДРП))——225—226、253、257、258、338、340。

《[俄国社会民主工党]科斯特罗马委员会[关于格·瓦·普列汉诺夫参加社会党国际局的代表资格的]决议》（Резолюция Костромского комитета [РСДРП относительно представительства Г. В. Плеханова в МСБ].—«Пролетарий», Женева, 1905, №20, 10 октября（27 сентября）, стр. 8, в отд.: Из партии)——83。

《俄国社会民主工党全国代表会议》（1908 年 12 月）（Всероссийская конференция Росс. соц.-дем. рабочей партии. (В декабре 1908 года). Изд. газ. «Пролетарий». Paris, 1909. 47 стр. (РСДРП))——365。

《俄国社会民主工党向哥本哈根国际社会党第八次代表大会提出的报告》（Rapport du Parti Socialiste-Démocrate Ouvrier de Russie au VIII^e Congrès Socialiste International à Copenhague（28 août—3 septembre 1910). [Paris, 1910]. 140 p.)——259、293、308、321、324、325、326、328、329、330、331、334。

[《俄国社会民主工党中央委员会俄国局一封信的摘录》]（[Выписки из письма Российского бюро ЦК РСДРП].—«Социал-Демократ», [Париж], 1910, №12, 23 марта（5 апреля）, стр. 6, в примечании к статье: Ленин, В. И. «Голос» ликвидаторов против партии. Ответ «Голосу Социал-Демократа»)——361。

《[俄国社会民主工党中央委员会给全俄社会民主党工作者第一次代表会议选出的组织委员会的]公开信》（Открытое письмо [ЦК РСДРП к Организационной комиссии, выбранной 1-ой общерусской конференцией социал-демократических работников].—«Пролетарий», Женева, 1905, №11, 9 августа（27 июля）, стр. 2—3)——52、60、66。

《俄国社会民主工党中央委员会快报》(圣彼得堡)(«Летучие Листки ЦК
　　РСДРП»,Спб.)——80。

　　—1905,№1,[10 июня],стр.3—12.——81、87。

　　—1905,№2,24 июня.8 стр.——93。

　　—1905,№3,22 июля,стр.5—6.——85。

《俄国社会民主工党总委员会决定(1905 年 3 月 8 日)》(Постановление
　　Совета РСДРП от 8 марта 1905 года.—«Искра»,[Женева],1905,№89,
　　24 февраля,стр.8,в отд.:Из партии)——23、27。

《俄国社会民主工党组织委员会和中央委员会代表 7 月 12 日会议记录》
　　(Протокол совещания 12-го июля между представителями Организац.
　　ком.и Центрального Ком.РСДРП.—«Искра»,[Женева],1905,№107,29
　　июля,стр.8,в отд.:Из партии)——66。

《俄国社会民主工党组织章程(党的第二次代表大会通过)》(Организа-
　　ционный устав Российской соц.-дем.рабочей партии,принятый на Втором
　　съезде партии.—В кн.:Второй очередной съезд Росс.соц.-дем.рабочей
　　партии.Полный текст протоколов.Изд.ЦК.Genève,тип.партии,[1904],
　　стр.7—9.(РСДРП))——54、55。

《俄国社会民主主义组织代表会议通告》(载于 1905 年《火星报》第 89 号)
　　(Извещение о конференции соц.-демократических организаций
　　России.—«Искра»,[Женева],1905,№89,24 февраля,стр.7,в отд.:Из
　　партии)——24。

《俄国社会民主主义组织代表会议通告》(载于 1905 年《最新消息》第 219 号)
　　(Извещение о конференции социал-демократических организаций
　　России.—«Последние Известия»,Женева,1905,№219,7 марта（22
　　февраля),стр.1—3)——24。

《20 世纪初俄国的社会运动》(第 1—4 卷)(Общественное движение в России
　　в начале XX-го века.Под ред.Л.Мартова,П.Маслова и А.Потресова.Т.
　　I—IV.Спб.,тип.«Общественная Польза»,1909—1914.5 т.)——232、
　　279、297、324、341。

　　—第 1 卷:《运动的征兆和根本原因》(Т.I.Предвестники и основные

причины движения. 1909. 676 стр.）——285。

《反革命的杜马》（Дума контрреволюции. —《Последние Известия》, Женева, 1905, №247, 1 сентября (19 августа), стр. 1—4）——78。

[《弗·伊·列宁〈谈谈对俄国革命的估计〉一文的附言》]（[Приписка к статье: Ленин, В. И. К оценке русской революции].—《Пролетарий》, Женева, 1908, №30, (23) 10 мая, стр. 6）——184。

《复兴》杂志（莫斯科）（《Возрождение》, М.)——341、345。
——1909, №7-8, стр. 91—93.——237。

《告全党书》[俄国社会民主工党中央委员会和多数派委员会常务局的呼吁书 (1905 年 3 月 12 日(25 日))]（К партии. [Воззвание ЦК РСДРП и Бюро Комитетов Большинства. 12 (25) марта 1905 г.].—《Вперед》, Женева, 1905, №13, 5 апреля (23 марта), стр. 6, в отд.: Из партии, в ст.: [Ленин, В. И.] Второй шаг）——34。

《哥本哈根国际会议》（Копенгагенск. международн. конгресс. [Резолюция, принятая на пленуме ЦК РСДРП в январе 1910 г.].—《Социал-Демократ》, [Париж], 1910, №11, 26 (13) февраля, стр. 10, в отд.: Из партии）——333。

《给第三次代表大会代表的公开信》（传单）（Открытое письмо к делегатам на III съезд. Листовка. Б. м., [апрель 1905]. 2 стр. Подпись: Федор Лушин. Ниже подписи: Присоединяюсь всецело к письму тов. Лушина Константин Сергеевич）——68—69。

《给各党组织的信》[第一封信]（传单）（Письмо к партийным организациям. [Письмо 1-е]. Листовка. Б. м., [ноябрь 1904]. 4 стр. (Только для членов партии)）——5。

《给各党组织的信》[第二封信]（传单）（Письмо к партийным организациям. [Письмо 2-е]. Листовка. Б. м., [декабрь 1904]. 4 стр. (Только для членов партии)）——3、4、5、6。

《给各党组织的信》（关于党的例行代表会议）（Письмо к партийным организациям. (Об очередной партийной конференции).—《Социал-Демократ》, [Париж], 1910, №11, 26 (13) февраля, стр. 11 — 12. Подпись:

резолюции, принятые на Втором съезде РСДРП ].—В кн.: Второй
очередной съезд Росс. соц.-дем. рабочей партии. Полный текст протоколов.
Изд. ЦК. Genève, тип. партии, [1904], стр. 13 — 14, 357. (РСДРП)) ——
4、5。

《关于俄国社会民主工党第三次代表大会的通知》(附第三次代表大会通过的
党章和主要决议)(Извещение о III съезде Российской социал-
демократической рабочей партии. С прилож. устава партии и главнейших
резолюций, принятых III съездом. Изд. ЦК РСДРП. Женева, кооп. тип.,
1905. 20 стр. (РСДРП)) —— 40、49、52、66、68、71、73、74、75、82、86 —
87、93、253、257、258。

《关于俄国社会民主工党第三次代表大会的通知》(附第三次代表大会通过的
党章和主要决议)(Bericht über den III. Parteitag der SDAPR mit
Beifügung des Parteistatuts und der wichtigen Resolutionen, die auf dem
III. Parteitag angenommen wurden. München, Birk, 1905. 23 S. (SDAPR))
—— 51、57。

《关于俄国社会民主工党圣彼得堡委员会和莫斯科委员会机关报〈无产者报〉
出版通告》(Объявление о выходе газеты «Пролетарий», органа С.-
Петербургского и Московского комитетов Российской социал-демократи-
ческой рабочей партии. Листовка. [Женева, 1908]. 1 стр. (РСДРП)) ——
159、169。

[《关于弗·伊·列宁的〈唯物主义和经验批判主义〉一书出版的简讯》]([Die
Notiz über das Erscheinen des Buches «Materialismus und Empiriokriti-
zismus» von W. I. Lenin].—«Die Neue Zeit», Berlin, 1909, Jg. 28, Bd. 1, Nr.
2, 8. Oktober, S. 64, в отд.: Bibliographie des Sozialismus) —— 224。

《关于各个工作报告的决议[俄国社会民主工党第五次代表会议(1908年全
国代表会议)通过]》(Резолюция по отчетам, [принятая на Пятой
конференции РСДРП (Общероссийской 1908 г.)].—В кн.: Извещение
Центрального Комитета Российской с.-д. рабочей партии о состоявшейся
очередной общепартийной конференции. [Изд. ЦК РСДРП. Paris, 1909],
стр. 4. (РСДРП)) —— 296。

《关于工会》[俄国社会民主工党第五次(伦敦)代表大会通过的决议](О профессиональных союзах. [Резолюция, принятая на V (Лондонском) съезде РСДРП].—В кн.: Лондонский съезд Российской соц.-демокр. раб. партии (состоявшийся в 1907 г.). Полный текст протоколов. Изд. ЦК. Paris, 1909, стр. 458. (РСДРП))——157。

《[关于建立国家杜马的]诏书》[1905 年 8 月 6 日(19 日)](Манифест [об учреждении Государственной думы. 6 (19) августа 1905 г.].— «Правительственный Вестник», Спб., 1905, №169, 6 (19) августа, стр. 1)——341。

《关于柯尔佐夫的文章》——见加米涅夫, 列·波·《又一位无产阶级运动的"批评家"》。

《关于马克思主义哲学的论丛》(Очерки по философии марксизма. Философский сборник. Спб., «Зерно», 1908. 329 стр.)——172、175、176、177、186。

《关于派别中心》[1910 年 1 月俄国社会民主工党中央全会通过的决议](О фракционных центрах. [Резолюция, принятая на пленуме ЦК РСДРП в январе 1910 г.].—«Социал-Демократ», [Париж], 1910, №11, 26 (13) февраля, стр. 11, в отд.: Из партии)——359—360。

[《关于取消派》](孟什维克护党派 1910 年 4 月 13 日在圣雷莫会议上通过的决议)]([О ликвидаторах. Резолюция, принятая меньшевиками-партийцами на собрании в Сан-Ремо 13 апреля 1910 г.].—В листовке: Резолюции, принятые в Сан-Ремо 13 апр. 1910 г. Б. м., [1910], стр. 2. (РСДРП))——319。

《关于违反党的纪律》[1910 年 1 月俄国社会民主工党中央全会通过的决议](Об отступлениях от партийной дисциплины. [Резолюция, принятая на пленуме ЦК РСДРП в январе 1910 г.].—«Социал-Демократ», [Париж], 1910, №11, 26 (13) февраля, стр. 11, в отд.: Из партии)——364。

《关于一位日内瓦同志的文章》(По поводу статьи женевского товарища.—«Голос Социал-Демократа», [Париж], 1909, №15, июнь, стр. 13 — 14)

——231。

《关于召开党的第三次代表大会的通知》（Извещение о созыве Третьего
партийного съезда.—«Вперед»，Женева，1905，№8，28（15）февраля，стр.
1）——17。

《关于中央机关报》[1910 年 1 月俄国社会民主工党中央全会通过的决议]（О
Центр [альном] Органе.[Резолюция，принятая на пленуме ЦК РСДРП
в январе 1910 г.].—«Социал-Демократ»，[Париж]，1910，№11，26（13）
февраля，стр.10，в отд.：Из партии）——279。

《[国家杜马的]速记记录》（1908 年第 2 次常会）（Стенографические отчеты
[Государственной думы].1908 г.Сессия вторая.Ч.I.Заседания 1 — 35（с
15 октября по 20 декабря）.Спб.，гос. тип.，1908.XIV стр.；3152 стлб.
（Государственная дума.Третий созыв））——280。

《国家杜马的选举》（载于 1909 年 8 月 1 日（14 日）《言语报》第 208 号（总第
1092 号））（К выборам в Гос.думу.—«Речь»，Спб.，1909，№208（1092），1
（14）августа，стр.2，в отд.：Московская хроника）——231。

《国家杜马的选举》（载于 1909 年 8 月 9 日（22 日）《言语报》第 216 号（总第
1100 号））（К выборам в Гос.думу.—«Речь»，Спб.，1909，№216（1100），9
（22）августа，стр.3）——237。

《国家杜马选举条例》[1907 年 6 月 3 日（16 日）]（Положение о выборах в
Государственную думу.[3（16）июня 1907 г.].—«Собрание узаконений и
распоряжений правительства，издаваемое при правительствующем
Сенате»，Спб.，1907，отд.I，№94，3 июня，стр.1303 — 1380）——286。

《国家杜马选举条例》（载于 1905 年 8 月 6 日（19 日）《政府通报》第 169 号）
（Положение о выборах в Государственную думу.—«Правительственный
Вестник»，Спб.，1905，№169，6（19）августа，стр.2 — 4）——341。

《〈呼声报〉四位编辑的宣言》——见《给同志们的信！》。

《火星报》（新的、孟什维克的）（日内瓦）（«Искра»（новая，меньшевистская），
[Женева]）——4、10、11、24、26、27、28、37、44、54、55、59、60、63、64、70、
77、79、81、84、92、106。

　——1903，№52，7 ноября，стр.1 — 2.——54。

большевиками и меньшевиками по вопросу об организации совместного политического выступления].—«Пролетарий», Женева, 1905, №9, 26 (13) июля, стр. 5, в отд. : Из партии)——87。

《莱比锡人民报》(«Leipziger Volkszeitung»)——57、293、335、343。

—1905, Nr. 135, 15. Juni, S. 2—3.——51, 57。

—1905, Nr. 230, 4. Oktober, S. 1—2.——104。

—1910, Nr. 214, 15. September, S. 1—2; Nr. 215, 16. September, S. 1—2.——335。

[《卢卡奇·乔·〈论议会活动问题〉一书的编者按语》]([Die Anmerkung der Redaktion zum Artikel «Die Parteikrise der Independent Labour Party» von Th. Rothstein].—«Die Neue Zeit», Stuttgart, 1909, Jg. 27, Bd. 2, Nr. 33, 14. Mai, S. 202)——225。

《卢申的信》——见《给第三次代表大会代表的公开信》。

《略谈一个热门话题》(Два слова по поводу злободневной темы.—«Голос Социал-Демократа», [Париж], 1909, №15, июнь, стр. 12—13. Подпись: Georgien)——231。

《论迫切问题》(К очередным вопросам.—«Пролетарий», Париж, 1909, №42, 12 (25) февраля, стр. 1—3)——213。

《马克西莫夫的〈公开信〉》——见《〈无产者报〉扩大编辑部被撤职的成员给布尔什维克同志们的报告书》。

《孟什维克护党派在巴黎孟什维克协助小组会议上(1910年4月4日)提出的决议》[传单](Резолюция, предложенная на собрании меньшевистской группы содействия в Париже (4 апреля 1910 г.) меньшевиками-партийцами. Листовка. Б. м., [1910]. 1 стр. (РСДРП))——309、319。

《孟什维克护党派在1910年4月19日俄国社会民主工党日内瓦第一小组会议上提出的决议》[传单](Резолюция, предложенная на собрании 1-й Женевской группы РСДРП 19 апреля 1910 г. меньшевиками-партийцами. Листовка. Б. м., [1910]. 1 стр. (РСДРП))——319。

《明星报》(圣彼得堡)(«Звезда», Спб.)——347、348、349、370。

《莫非是转折的开端?》[社论](Не начало ли поворота? [Передовая].—

«Искра», [Женева], 1905, №105, 15 июля, стр. 1—2)——63。

《莫斯科委员会委员来信摘录》(Из письма члена Моск. комитета.— Отдельный оттиск из №50 газеты «Пролетарий», [Париж, 28 ноября (11 декабря) 1909], стр. 2)——264—265。

《莫斯科新闻》(«Московские Ведомости»)——105。

《某地"学校委员会"给〈无产者报〉扩大编辑部的信》(Письмо в расширен. редакцию «Пролетария» от «Совета школы» в NN. [16 августа 1909].— «Пролетарий», [Париж], 1909, №47—48. Приложение к №47—48 газеты «Пролетарий», 11 (24) сентября, стр. 11)——233、247。

《[南俄各组织成立代表会议]关于俄国党的代表参加社会党国际局的决议》(Резолюция [учредительной конференции южных организаций] по поводу представительства Росс. партии в Интернациональном социалистическом бюро.—В листовке: [Решения южнорусской учредительной конференции РСДРП. Август 1905 г.]. Б. м., [1905], стр. 1. Гект.) ——102。

[《迫切的问题》] (传单) ([Насущные вопросы. Листок. Б. м., [1905]. 4 стр. (РСДРП). Подпись: Бюро Комитетов Большинства)——20。

《迫切的问题》(载于 1905 年 2 月 23 日 (3 月 8 日)《前进报》第 9 号) (Насущные вопросы.—«Вперед», Женева, 1905, №9, 8 марта (23 февраля), стр. 1—2. Подпись: Бюро Комитетов Большинства)——20。

《前进报》(柏林) («Vorwärts», Berlin)——158、205、231、238、293、368—369。

　—1908, Nr. 151, 1. Juli, S. 3.——293。

　—1908, Nr. 242, 15. Oktober. 1. Beilage des «Vorwärts», S. 1—2.——205。

　—1910, Nr. 201, 28. August, S. 4.——368—369。

《前进报》(日内瓦) («Вперед», Женева)——6、7—9、11、12、13、15、18、20、24、25、27、30、36、77、376—377。

　—1905, №1, 4 января (22 декабря). 4 стр.——2、3、6、9。

　—1905, №2, 14 (1) января. 4 стр.——7。

　—1905, №3, 24 (11) января, стр. 1.——4。

　—1905, №4, 31 (18) января. 4 стр.——12。

——1905，№5，7 февраля（25 января）.4 стр.——12。

——1905，№8，28（15）февраля，стр.1，4.——13、17、22。

——1905，№9，8 марта（23 февраля），стр.1—2.——20。

——1905，№10，15（2）марта，стр.1—2，4.——18，20、27。

——1905，№12，29（16）марта，стр.6.——18、39。

——1905，№13，5 апреля（23 марта），стр.2—3，6.——34、39。

——1905，№15，21（7）апреля，стр.4.——36。

——1905，№16，30（17）апреля，стр.6.——39。

［《〈前进报〉编辑部收到的捐款报表》］（载于 1905 年 3 月 16 日（29 日）《前进报》第 12 号）（［Отчет о пожертвованиях，поступивших в редакцию газеты «Вперед».——«Вперед»，Женева，1905，№12，29（16）марта，стр.6，в отд.：Из партии）——18、39。

［《〈前进报〉编辑部收到的捐款报表》］（载于 1905 年 3 月 23 日（4 月 5 日）《前进报》第 13 号）（［Отчет о пожертвованиях，поступивших в редакцию.газеты «Вперед».——«Вперед»，Женева，1905，№13，5 апреля（23 марта），стр.6，в отд.：Из партии）——39。

［《〈前进报〉编辑部收到的捐款报表》］（载于 1905 年 4 月 17 日（30 日）《前进报》第 16 号）（［Отчет о пожертвованиях，поступивших в редакцию газеты «Вперед».——«Вперед»，Женева，1905，№16，30（17）апреля，стр.6，в отд.：Из партии）——39。

《亲爱的同志们》（Chers Camarades.［Письмо редакции «Искры».8 июля 1905 г.].——«Le Socialiste»，Paris，1905，N 11，16—27 juillet，p.3. Под общ. загл.：Rectification）——81。

《人道报》（巴黎）（«L'Humanité»，Paris）——158、205。

——1907，N 1082，4 avril，p.2.——133—134。

——1908，N 1639，13 octobre，p.2.——205。

《人民报》（布鲁塞尔）（«Le Peuple»，Bruxelles，1908，12 octobre）——205。

《日内瓦小组关于脱离布尔什维克中央的声明》——见《尊敬的同志们》。

《［三个中央委员就必须向仲裁法庭控告 N 同志一事发表的］声明》（Заявление［трех членов ЦК о необходимости третейского суда над тов.

N].—«Искра», [Женева], 1904, №77, 5 ноября, стр. 8, в отд.: Из партии)——11。

《闪电》文集(«Зарницы». Вып. I. Спб., тип. Безобразова, 1907. 128 стр.)——140。

《社会党国际局定期公报》(布鲁塞尔)(«Bulletin Périodique du Bureau Socialiste International», Bruxelles, [1910], N 3. P. 73—86)——329。

《社会民主党评论》杂志(克拉科夫)(«Przegląd Socjaldemokratyczny», Kraków, 1908, N 2, kwiecień, s. 102—111)——184。

—1908, N 6, sierpień, s. 516—532.——286—287。

《社会民主党人报》[巴黎](«Социал-Демократ», [Париж], 1910, №11, 26 (13) февраля, стр. 2—3, 10—12)——297、304—305、317—318、320—321、360、363、364。

—1910, №12, 23 марта (5 апреля), стр. 5—6.——307、319、361、362、363。

—1910, №13, 26 апреля (9 мая), стр. 3—6.——319。

—1910, №14, 22 июня (5 июля), стр. 3—6.——301。

—1910, №15-16, 12 сентября (30 августа), стр. 9—10.——327。

—1910, №17, 25 сентября (8 октября), стр. 6—7, 11.——335。

《社会民主党人报》[维尔诺—圣彼得堡—巴黎—日内瓦](«Социал-Демократ», [Вильно—Спб.—Париж—Женева])——246、263、270、295、297—298、301、302、303、304、305、307、308、312、314、317、318、319、320—321、327、335、346、357、359、360、361、362、363、365、366、367、368、370、373。

—[Париж], 1909, №7-8, 8 (21) августа, стр. 3—6.——231。

—1909, №9, 31 октября (13 ноября), стр. 3—5.——264。

《社会民主党人呼声报》[日内瓦—巴黎](«Голос Социал-Демократа», [Женева—Париж])——169、184、246、279、296、298、303、308、309、314、318、320、322、342、344、360、362、363、365。

—[Женева], 1908, №1-2, февраль, стр. 24—26.——184。

—1908, №10-11, ноябрь—декабрь, стр. 5—14.——283。

—[Париж], 1909, №15, июнь, стр. 12—14.——231。

——1910，№19-20，январь—февраль. 32 стр.——314、318、319、361、362。

《社会民主党人日志》［日内瓦］（«Дневник Социал-Демократа»，［Женева]）
　　——34、247、251、252。

　　——1905，№2，август，стр. 10—49.——70、92、126。

　　——1909，№9，август. 20 стр.——279、296—297、341。

　　——1910，№11，март，стр. 1—20.——306、308、314。

《社会主义》杂志（巴黎）（«Le Socialisme»，Paris）——226。

《社会主义者报》（巴黎）（«Le Socialiste»，Paris，1905，N 8，25 juin—2 juillet.
　　Supplément à N 8 «Le Socialiste»，p. 5—6）——54。

　　——1905，N 11，16—23 juillet，p. 3）——81。

《生活》杂志（莫斯科）（«Жизнь»，М.）——341、345。

《声明》（Заявление.—«Пролетарий»，Женева，1905，№4，17 (3) июня，стр. 6，в
　　отд.：Из партии. Подписи：Ма，Бем，Владимир，Иннокентий，Андрей，
　　Ворон）——55。

圣彼得堡，8 月 1 日。［社论］（С.-Петербург，1 августа. ［Передовая].—
　　«Речь»，Спб.，1909，№208 (1092)，1 (14) августа，стр. 1）——231。

《［16 个俄国孟什维克取消派分子的］公开信》（Открытое письмо ［16-ти
　　русских меньшевиков-ликвидаторов].—« Голос Социал-Демократа »，
　　［Париж]，1910，№19-20，январь—февраль，стр. 23 — 24 ）—— 314、
　　318、319。

《19 世纪俄国史》（История России в XIX веке. Т. 1 — 9. М.，Гранат，б. г. 9 т.）
　　——202。

《实在论世界观论丛》（Очерки реалистического мировоззрения. Сборник статей
　　по философии，общественной науке и жизни. Спб.，Дороватовский и
　　Чарушников，1904. VII，676 стр.）——175。

《世界和平的保证》［第二国际哥本哈根代表会议通过的决议］（Die Siche-
　　rung des Weltfriedens. ［Резолюция，принятая на Копенгагенском
　　конгрессе II Интернационала].—In：Internationaler Sozialistenkongreß zu
　　Kopenhagen. 28. August bis 3. September 1910. Berlin，Buchh. « Vorwärts »，
　　1910，S. 34 — 35）——335。

《曙光》杂志（斯图加特）(《Заря》, Stuttgart)——83、172、175。

　　—1901, No2-3, декабрь, стр. 361 — 403.——5。

《思想报》(梯弗利斯)(《Азри», Тифлис. На груз. яз.)——360。

《思想》杂志（莫斯科）(«Мысль», М.)——302、345、349。

　　—1910, No1, декабрь, стр. 12 — 23; 1911, No2, январь, стр. 19 — 29.——
　　337—338。

《同志报》(«Товарищ», Спб.)——140。

《同志们!»(传单)[1909 年不晚于 6 月](Товарищи! В некоторых большевистских
　　организациях усиленно дебатируется вопрос об устройстве партийной
　　школы за границей... Листовка. [Париж, 1909, не позднее июня]. 1 стр.
　　(Только для членов РСДРП, считающих себя сторонниками большевистского
　　течения в партии). Подпись: Редакция газ. «Пролетарий» ( в расширенном
　　составе))——229、231。

《同志们。革命开始了》(传单)(1905 年 1 月 21 日)(Товарищи. Революция
　　началась. Листовка. Спб., 21 января 1905. 2 стр. (РСДРП). Подпись: Бюро
　　Комитетов Большинства)——15 — 16。

《土地法基本条例草案》(法文版)(Projet de propositions fondamentales con-
　　cernant la loi agraire. —В кн.: Rapport du Parti Socialiste Révolutionnaire
　　de Russie au Congrès Socialiste International de Stuttgart. (Août 1907).
　　Gand, société coopérative « Volksdruk-kerij », 1907, p. 289 — 304. Под
　　общ. загл.: Supplément au rapport du groupe parlementaire. (Parti Sociali-
　　ste-révolutionnaire de Russie)——149。

《土地法基本条例草案[以社会革命党人的名义向第二届国家杜马提出]》
　　( Проект основных положений земельного закона, [ внесенный во II
　　Государственную думу от имени группы социалистов-революционеров]. —В
　　кн.: [Материалы, поступившие в Общее собрание Государственной думы
　　2-го созыва]. Б. м., [1907], л. 486 — 491)——149。

《[土地法]基本条例草案[由 104 个国家杜马代表提出]》(Проект основных
　　положений [земельного закона, внесенный 104 членами Государственной
　　думы]. —В кн.: Стенографические отчеты [Государственной думы]. 1906

год. Сессия первая. Т. I. Заседания 1 — 18 (с 27 апреля по 30 мая). Спб.,
　　гос. тип. , 1906 , стр. 560 — 562. (Государственная дума)) —— 149。

《[土地改革]基本条例草案[以劳动团和农民协会的名义向第二届国家杜马
　　提出]》(Проект основных положений [земельной реформы, внесенный во
　　II Государственную думу от имени Трудовой группы и Крестьянского
　　союза]. — В кн. : [Материалы, поступившие в Общее собрание Государст-
　　венной думы 2-го созыва]. Б. м. , [1907], л. 17 — 19 , 37) —— 149。

《土地纲领[俄国社会民主工党第四次(统一)代表大会通过]》(Аграрная
　　программа, [принятая на IV (Объединительном) съезде РСДРП]. — В
　　листовке: Постановления и резолюции Объединит. съезда Российской
　　социал-демократической рабочей партии. [Спб.], тип. ЦК, [1906], стр. 1.
　　(РСДРП)) —— 287、339。

《我们的曙光》杂志(圣彼得堡)(«Наша Заря», Спб.) —— 341、349。
　　—— 1910 , No2 , стр. 50 — 62. —— 314、318、319。

《我们的选举运动》(彼得堡来信)(Наша избирательная кампания. (Письмо из
　　Петербурга). — «Социал-Демократ», [Париж], 1909 , No9 , 31 октября
　　(13 ноября) , стр. 3 — 5. Подпись: А. Ч. ) —— 264。

《无产阶级的示威》(Пролетарские демонстрации. — «Искра», [Женева], 1904,
　　No79 , 1 декабря , стр. 5 — 6 , в отд. : Из нашей общественной жизни) ——
　　3、4、5、6。

《无产者报》(日内瓦)(«Пролетарий», Женева) —— 41、42、48、52、55、56、61、
　　63 — 64、69、78、79、82、83、84、89、91、93、100 — 101、120、128、166。
　　—— 1905 , No1 , 27 (14) мая , стр. 1 — 3. —— 42、51、54、55、57、58、66、84、126。
　　—— 1905 , No4 , 17 (3) июня , стр. 6. —— 55。
　　—— 1905 , No5 , 26 (13) июня , стр. 6. —— 46。
　　—— 1905 , No9 , 26 (13) июля , стр. 5. —— 87。
　　—— 1905 , No10 , 2 августа (20 июля). 6 стр. —— 60。
　　—— 1905 , No11 , 9 августа (27 июля) , стр. 2 — 3. —— 52、60、66。
　　—— 1905 , No12 , 16 (3) августа , стр. 1. —— 78、84。
　　—— 1905 , No14 , 29 (16) августа , стр. 1. —— 78。

—1905，№15，5 сентября（23 августа），стр.1—3.——78、79。

—1905，№16，14（1）сентября，стр.4.——78。

—1905，№19，3 октября（20 сентября），стр.1.——84。

—1905，№20，10 октября（27 сентября）.8 стр.——72、82、91、102、128。

—1905，№21，17（4）октября.8 стр.——105。

—1905，№22，24（11）октября，стр.1.——98—99。

—1905，№25，16（3）ноября，стр.1—2.——104—106。

—1905，№26，25（12）ноября，стр.6.——129。

《无产者报》〔维堡—日内瓦—巴黎〕（«Пролетарий»，〔Выборг—Женева—
　　Париж〕）——144、147、150、151、152、159、162、163、164、165、167、168、
　　169、176、177、178、181、182、189、190、192、198—199、212、229、230、231、
　　233、234、237—239、244、245、246、247、250、252、256、261、264、266、277、
　　290、353。

—〔Выборг〕，1907，№17，20 октября.8 стр.На газ.место изд.：М.——140。

—1907，№18，29 октября，стр.2—5.——178。

—〔Женева〕，1908，№21，26（13）февраля.8 стр.——168、177。

—1908，№22，（3 марта）19 февраля.8 стр.На газ.дата：（4 мар.）19
　　февраля.——171、283。

—1908，№23，（11 мар.）27 февраля.8 стр.——168、171、179。

—1908，№30，（23）10 мая，стр.3—6.——184。

—Женева—〔Париж〕，№№39—46，26（13）ноября 1908—11（24）июля
　　1909.——234。

—Женева，1908，№40，1（14）декабря，стр.3—5.——283。

—Париж，1909，№42，12（25）февраля，стр.1—4.——212。

—1909，№44，8（21）апреля，стр.3—6.——225。

—1909，№46，11（24）июля，стр.1—2.——229、339。

—1909，№46.Приложение к №46 газеты «Пролетарий»，16（3）июля.7
　　стр.——229、231、233、240、245。

—1909，№47-48，5（18）сентября.10 стр.——234、238、239、252、256
　　—257。

— 1909，№47—48．Приложение к №47—48 газеты «Пролетарий»，11 (24) сентября，стр. 1 — 10，11 — 12.—— 233、234、239、247、250、252、256 — 257、261。

— 1909，№47—48，5 (18) сентября，стр. 3 — 7；№49，3 (16) октября，стр. 3 — 6.—— 236、237 — 238、249。

[《〈无产者报〉编辑部就格·瓦·普列汉诺夫给〈火星报〉编辑部的信所加的按语》]（[Примечание редакции «Пролетария» к письму Г. В. Плеханова в ред. «Искры»].—«Пролетарий»，Женева，1905，№5，26 (13) июня，стр. 6，в отд.: Из партии）—— 46。

《〈无产者报〉第 50 号抽印本》（Отдельный оттиск из №50 газеты «Пролетарий»，[Париж，28 ноября (11 декабря) 1909]，стр. 1 — 2）—— 264、265。

《〈无产者报〉扩大编辑部被撤职的成员给布尔什维克同志们的报告书》（4 页本）（Отчет тов. большевикам устраненных членов расширенной редакции «Пролетария». 3 (16) июля 1909. Б. м.，[1909]. 4 стр. Подпись: Н. Максимов и Николаев. Гект.）—— 252。

《〈无产者报〉扩大编辑部被撤职的成员给布尔什维克同志们的报告书》（16 页本）（Отчет тов. большевикам устраненных членов расширенной редакции «Пролетария». 3 (16) июля [1909 г.]. Б. м.，[1909]. 16 стр.）—— 231。

[《〈无产者报〉扩大编辑部会议的决议》]（[Резолюции Совещания расширенной редакции «Пролетария»].—«Пролетарий»，[Париж]，1909，№46. Приложение к №46 газеты «Пролетарий»，16 (3) июля，стр. 3 — 7）—— 233、234、245。

《五一节》（传单）[1910 年 4 月 26 日于巴黎]（Первое мая. Листовка. [Париж，26 апреля 1910]. 2 стр. (РСДРП. Отдельный оттиск из №13 «Социал-Демократа»，ЦО РСДРП)）—— 321。

《五一节》（传单）[1910 年 4 月于莫斯科]（1-ое мая. Листовка. [М.，апрель 1910]. 2 стр. Подпись: Группа с.-д.）—— 321。

《现代世界》杂志（圣彼得堡）（«Современный Мир»，Спб.）—— 146、147。

— 1907，№11，стр. 20 — 52；№12，стр. 29 — 58.—— 146、147。

《1905 年 8 月 6 日法令》——见《国家杜马选举条例》和《[关于建立国家杜马的]诏书》。

《1906 年 11 月 9 日法令》——见《给执政参议院的命令[关于农民退出村社和把份地确定为私人财产]》。

《1907 年 6 月 3 日法令》——见《国家杜马选举条例》。

[《1910 年 1 月俄国社会民主工党中央全会通过的决议》]([Резолюции, принятые на пленуме ЦК РСДРП в январе 1910 г.].—«Социал-Демократ»,[Париж],1910,№11,26（13）февраля,стр.10 — 11,в отд.: Из партии)——318 — 319、320、360、362 — 363。

《1910 年 4 月 24 日俄国社会民主工党尼斯协助小组通过的决议》(Резолюция, принятая Ниццкой группой содействия РСДРП 24 апреля 1910 г.—В листовке: Заграничное Бюро Центрального Комитета. Ко всем заграничным группам содействия РСДРП. Б. м.,[1910],стр. 3.（РСДРП））——319 — 320。

《一个工人的信(根据对时局的估计谈谈党的工作计划)》(Письмо рабочего.（О плане партийной работы в связи с оценкой текущего момента).— «Рабочее Знамя»,[М.],1908,№5,октябрь,стр.4 — 5)——243。

《站在十字路口的民主派》[社论](Демократы на распутье.[Передовая].— «Искра»,[Женева],1904,№77,5 ноября,стр.1)——4、5、6。

《真理报》[维也纳]（«Правда»,[Вена]）——230、249、255、307、319 — 320。

　　—1910,№10,12（25）февраля,стр.1.——302。

　　—1910,№11,18（31）марта,стр.3.——307 — 308。

《争论专页》[巴黎]（«Дискуссионный Листок»,[Париж]）——314、318、319、360、362。

　　—1910,№1,6（19）марта,стр.1 — 3.——312。

　　—1910,№2,25 мая（7 июня）,стр. 26 — 30. На газ. дата: 24/7 июня.——360。

　　—1911,№3,29 апреля（12 мая）,стр.3 — 8.——338、342 — 343。

《正义报》(伦敦)（«Justice», London）——205。

　　—1908,No.1,292,October 17,p.7.——205。

《政府通报》(圣彼得堡)(«Правительственный Вестник», Спб., 1905, №169, 6 (19) августа, стр. 1, 2—4)——340—341。

——1906, №252, 12 (25) ноября, стр. 1)——286—287。

《政治口角和俄国革命》[社论](Politische Klopffechterei und Revolution in Rußland. [Передовая]. —«Leipziger Volkszeitung», 1905, Nr. 230, 4. Oktober, S. 1—2)——104。

《致抵达某地学校的工人同志们》(Товарищам-рабочим, прибывшим в школу в NN. —«Пролетарий», [Париж], 1909, №47—48. Приложение к №47—48 газеты «Пролетарий», 11 (24) сентября, стр. 11—12)——256, 261。

《致〈无产者报〉扩大编辑部》(第一封信)(В расш. ред. «Пролетария». Письмо 1-ое. —Отдельный оттиск из №50 газеты «Пролетарий», [Париж, 28 ноября (11 декабря) 1909], стр. 1—2)——264, 265、266。

[《致〈无产者报〉扩大编辑部》](第二封信)([В расш. ред. «Пролетария»]. Письмо 2-ое. —Отдельный оттиск из №50 газеты «Пролетарий», [Париж, 28 ноября (11 декабря) 1909], стр. 2)——264, 265、266。

《中央委员会论国家杜马》(Центральный комитет о Госуд. думе. —«Пролетарий», Женева, 1905, №19, 3 октября (20 сентября), стр. 1)——84。

《组织章程[全俄党的工作者第一次代表会议通过]》(Организационный устав, [принятый 1-ой общерусской конференцией партийных работников]. —В кн.: Первая общерусская конференция партийных работников. Отдельное приложение к №100 «Искры». Женева, тип. партии, 1905, стр. 17—18. (РСДРП))——52、71。

《最新消息》(日内瓦)(«Последние Известия», Женева, 1905, №219, 7 марта (22 февраля), стр. 1—3)——24。

——1905, №247, 1 сентября (19 августа), стр. 1—4.——78。

《尊敬的同志们》(传单)(Уважаемые товарищи. Женевский идейный кружок большевиков на собрании 21 апреля 1909 г. постановил... Листовка. Genève, 24 апреля 1909. 1 стр.)——224。

# 编入本版相应时期著作卷的
# 书信和电报的索引

告彼得堡市区和郊区全体男女工人书(1906年2月11日〔24日〕以后)——
　　见第12卷第180—183页。

前"布尔什维克"派出席统一代表大会的代表告全党书(1906年4月25—26
　　日〔5月8—9日〕)——第12卷第358—363页。

致德国社会民主工党执行委员会(不早于1909年3月23日〔4月5日〕)——
　　见第17卷第364—366页。

致《斗争报》纪念号(1910年7月)——见第19卷第303—306页。

## 《列宁全集》第二版第45卷编译人员

译文校订：姚以恩　王问梅
资料编写：丁世俊　张瑞亭　刘方清
编　　辑：李洙泗　许易森　江显藩　钱文干　任建华　韩　英
　　　　　李京洲　阎殿铎
译文审订：袁　坚　何宏江

## 《列宁全集》第二版增订版编辑人员

李京洲　高晓惠　翟民刚　张海滨　赵国顺　任建华　刘燕明
孙凌齐　门三姗　韩　英　侯静娜　彭晓宇　李宏梅　付　哲
戚炳惠　李晓萌

审　　定：韦建桦　顾锦屏　柴方国

本卷增订工作负责人：韩　英　张海滨

项目统筹：崔继新

责任编辑：崔继新

装帧设计：石笑梦

版式设计：周方亚

责任校对：梁　悦

图书在版编目（CIP）数据

列宁全集.第45卷/(苏)列宁著；中共中央马克思恩格斯列宁斯大林著作编译局编译.
　　—2版(增订版)-北京：人民出版社,2017.3(2024.7重印)
ISBN 978 - 7 - 01 - 017130 - 2

Ⅰ.①列…　Ⅱ.①列…②中…　Ⅲ.①列宁著作-全集　Ⅳ.①A2

中国版本图书馆 CIP 数据核字(2016)第 316456 号

| 书　　名 | 列宁全集 |
|---|---|
| | LIENING QUANJI |
| | 第四十五卷 |
| 编 译 者 | 中共中央马克思恩格斯列宁斯大林著作编译局 |
| 出版发行 | 人 民 出 版 社 |
| | (北京市东城区隆福寺街 99 号　邮编　100706) |
| 邮购电话 | (010)65250042　65289539 |
| 经　　销 | 新华书店 |
| 印　　刷 | 北京新华印刷有限公司 |
| 版　　次 | 2017 年 3 月第 2 版增订版　2024 年 7 月北京第 2 次印刷 |
| 开　　本 | 880 毫米×1230 毫米 1/32 |
| 印　　张 | 18.5 |
| 插　　页 | 3 |
| 字　　数 | 493 千字 |
| 印　　数 | 3,001—6,000 册 |
| 书　　号 | ISBN 978 - 7 - 01 - 017130 - 2 |
| 定　　价 | 46.00 元 |

ISBN 978-7-01-017130-2

9 787010 171302 >